O trágico: Schopenhauer e Freud

Ao Théo

Jassanan Amoroso Dias Pastore

O TRÁGICO:
SCHOPENHAUER E FREUD

PRIMAVERA
EDITORIAL

TÍTULO O Trágico: Schopenhauer e Freud

Equipe editorial LARISSA CALDIN E LOURDES MAGALHÃES
Revisão LARISSA CALDIN
Capa e projeto gráfico SYLVAIN BARRÉ
Diagramação LARISSA CALDIN

Dados Internacionais de Catalogação na Publicação (CIP)
(Câmara Brasileira do Livro, SP, Brasil)

Pastore, Jassanan Amoroso Dias
O trágico : Schopenhauer e Freud / Jassanan Amoroso Dias Pastore. -- São Paulo : Primavera Editorial, 2015.

ISBN 978-85-61977-79-5

Bibliografia.

1. Freud, Sigmund, 1856-1939 - Crítica e interpretação
2. O trágico 3. Psicanálise 4. Schopenhauer, Arthur, 1788-1860 - Crítica einterpretação 5. Tragédia - Teoria
6. Tragédia grega - História e crítica I. Título.

15-00887 CDD-150.195

Índices para catálogo sistemático:
1. Trágico em psicanálise : Psicologia 150.195

PRIMAVERA
EDITORIAL

Av. Queiroz Filho, 1700 Vila B 37
05319-000 – São Paulo – SP
Telefone: (55 11) 3031-5957
www.primaveraeditorial.com
contato@primaveraeditorial.com

Sumário

Agradecimentos

Os MOMENTOS de reflexão solitária foram muitos. Mas, as muitas ocasiões em companhia portaram seu contraponto. Não foram poucas. Aulas, orientação na lanchonete da PUC e, especialmente, conversas peripatéticas em meio a viagens e passeios ao léu foram o sustentáculo para a configuração de um pensamento. A alguns, no entanto, um agradecimento em particular.

Ao estimado amigo, mestre e orientador Luiz Felipe Pondé, pela gratuidade do afeto ao me descortinar o horizonte da filosofia trágica; pela liberdade e confiança com que conduziu nosso vínculo durante a efetivação dessa pesquisa.

Aos mestres Franklin Leopoldo e Silva e Enio da Costa Brito pela disponibilidade na composição da Banca Examinadora.

À Ana Claudia Ayres Patitucci, pela rica fonte de inspiração sobre o trágico.

Ao mestre Oswaldo Giacoia Junior, pelas precisas e preciosas colaborações sobre a filosofia de Schopenhauer.

À querida Olgária Matos, por vislumbrar comigo os primeiros rabiscos para o desenho deste meu percurso.

À Sonia Azambuja, em memória, pela escuta sempre sensível e interessada durante os nossos quase trinta anos de convivência entre a amizade e a psicanálise.

À amiga Eliane Robert Moraes, pelas valiosas e perspicazes sugestões.

À mestre Adélia Bezerra de Menezes, pela interlocução prestimosa de seus conhecimentos literários da Antiguidade grega, que muito enriqueceram o meu repertório.

À (en)contadora de estórias Maria Cristina Rodrigues Franciscato, pelo desfrute de suas narrativas lendárias gregas, ao pé do meu ouvido.

À querida e afetuosa amiga de longa data Janice Rechulski, por existir ao meu lado.

Às queridas e carinhosas amigas Lili e Paulinha Quintão, pela constante parceria em minhas longínquas navegações em alto-mar.

Aos amigos e colegas da Sociedade Brasileira de Psicanálise de São Paulo (SBPSP), pela acolhida dos meus momentos de arroubos apaixonados.

Aos amigos e colegas do Departamento de Psicanálise do Instituto Sedes Sapientiae, pela aprendizagem dos começos sobre psicanálise.

Às amigas e colegas do grupo de estudos da Sula e do grupo de estudos Psicanálise e Linguagem da SBPSP, pela rica troca de ideias.

Aos meus pais Lourdes e Geraldo, por me trazerem ao mundo.

Às minhas adoradas filhas Giovana e Bruna, companheiras na travessia da vida, pela tolerância e compreensão, o meu sincero reconhecimento.

Ao meu amor Carlos Alberto Pastore, pela afeição. Minha profunda gratidão, pelo permanente incentivo, mesmo sofrendo com o meu recolhimento.

PREFÁCIO

Luiz Felipe Pondé

A certeza que não há salvação é uma forma de salvação, na realidade, é a salvação. Partindo daqui, podemos organizar tanto nossa própria vida quanto construir uma filosofia da história: o insolúvel como solução, como a única saída.

Émil Cioran.

ESTE TRECHO acima, do filósofo romeno Émil Cioran, resume o que podemos chamar de filosofia trágica. A ideia de que não existe nenhuma salvação para o homem, a não ser enfrentar a vida tal como ela é (p. 356), é um modo simples e direto de vermos como a visão trágica de mundo se constitui. E evidentemente, esta visão se torna mais clara cada vez que ela é colocada diante de outras visões de mundo, tais como a metafisica, a ético-religiosa (principalmente a tradição semita monoteísta), ou mesmo a política, em figuras como Hegel e Marx, que viam na história um sentido de evolução em direção a alguma forma de vida perfeita. A tragédia nega um sentido maior para a vida.

No mundo trágico não há *télos*, uma finalidade para as coisas existirem, finalidade esta que daria significado a cada evento da vida, fazendo deles "mais leves" do que realmente são.

O livro que o leitor tem em mãos é fruto de uma pesquisa de mestrado realizado pela autora, Jassanan Pastore, sob minha orientação. A autora é psicanalista com longa experiência de ver as agonias humanas passarem pelo seu divã. Agonias encarnadas, lidas pela fina pena do olhar freudiano. E Freud era um autor trágico: o homem, sob a influência do inconsciente e das pulsões (pp. 334-335), segue sua vida como um barco em meio à tormenta, lutando para não perder plenamente o controle sobre os efeitos desta tormenta. Portanto, esta obra coloca Freud na sua tradição, de modo mais específico, na sua raiz grega, no diálogo com o filósofo alemão do século XIX Arthur Schopenhauer e nas relações com outro filosofo trágico, este contemporâneo, Clément Rosset.

Voltando à ideia de "agonias encarnadas". Este tema nos leva diretamente ao coração da tragédia, experiência literária e religiosa da Grécia antiga. Para os gregos, a vida e o universo são *agon*, palavra que, num primeiro momento, nos remete aos combates em jogos, mas que, num segundo momento, será apropriada como sendo a condição mesma dos seres lançados num *agon* infinito, que podemos traduzir como sendo um conflito infinito no qual se dá a vida (pp. 331-332). Uma agonia ontológica, diriam os filósofos. Mas, para os gregos, o herói trágico, aquele sobre o qual desaba a fúria do destino (*heimarméne*) escrito pelas Moiras, é sempre um personagem "encarnado", isto é, a tragédia nunca fala apenas de uma "ideia" de conflito, mas de um conflito com nome próprio. A agonia é sempre de alguém. Minha, sua, dele, dela, nossa. Na tragédia, assim como na psicanálise, o sofrimento tem um rosto que padece e traz as marcas de um combate interminável. É este rosto que fala na análise.

Freud, como é sabido, se encantará com a história de Édipo porque nela identifica um enredo que trazemos todos em nosso inconsciente. Édipo sabia demais, mas não sabia tudo que precisava saber. Sabia seu destino, mas não sabia quem eram seus pais, por isso mesmo fugiu de casa (para evitar matar seu suposto pai e se casar com sua suposta mãe), mas acabou matando seu verdadeiro pai, Laio, e, feito herói libertador de Tebas, se casa com sua mãe, rainha viúva da cidade. Édipo era o homem que sabia mais do que os outros, por isso matou a esfinge e libertou Tebas, mas não sabia no fundo quem era. Vivemos a vida fugindo de algum tipo de trauma ou fantasia que nos define (e que habita nosso inconsciente), para no final irmos diretamente ao encontro deste mesmo trauma ou fantasia, na repetição cega da pulsão. Para além, "apenas", do Édipo como complexo, o Édipo como paradigma do homem em direção ao seu destino inconsciente.

Mais fácil é a vida das pedras ou dos demais animais que não têm conhecimento suficiente para se elevar acima do silêncio do mundo.

Schopenhauer, um dos exemplos máximos de filósofo acosmista (acosmismo em filosofia é o termo técnico para "pessimismo"), acreditava que a realidade última de todos os seres é uma vontade cega e irracional que jamais se satisfaz com o que tem. Como mostrará a autora, este conceito de vontade schopenhaueriana será essencial na organização final do conceito de pulsão em Freud (pp. 252-253).

Para Schopenhauer a vida é um combate contra essa vontade infinita. Nada há a fazer além de realizá-la e, mais uma vez, realizá-la, e mais uma vez sentir o vazio da insatisfação. Afora a solução da arte (diria um freudiano, sublimando a vontade no ato criativo), uma solução de alguma forma menor para Schopenhauer, é na fúria ascética, negando a vontade (ou o desejo, como se fala frequentemente em psicanálise), que podemos nos libertar, em alguma medida, dos efeitos da vontade. Na vida ascética, a busca da aniquilação da vontade é a única forma de enfrentar sua ação absoluta (p. 213).

Outro grande trágico, discutido pela autora, é o francês contemporâneo Clément Rosset. Na sua obra, ele cunha o conceito de cura trágica. É a ideia de acaso que se encontra no centro do seu pensamento trágico (p. 181). Sendo tudo fruto do acaso maravilhosamente cego, ao invés de sofrermos com isso, deveríamos perceber que este acaso mesmo nos liberta da neurose do significado. Não há sentido maior para a vida, a não ser ela mesma. Sente-se, em Rosset, as marcas da proposta nietzschiana quando o filósofo do martelo afirma que a busca pelo sentido do sofrimento funda a neurose como condição humana adoecida. Por isso, tanto Rosset quanto Nietzsche recusarão Schopenhauer na sua resposta "pessimista" para a condição trágica, na medida em que esta resposta enfraquece a vida "dissolvendo-a" na morte ascética. Ao contrário, devemos nos "sujar" com a vida. Este é o sentido da transvaloração criada pelo filósofo do martelo, Nietzsche.

A cura trágica seria a aceitação da falta de sentido último da vida e a celebração dessa condição, como diz Cioran na citação de abertura deste prefácio.

Mas, para Freud, essas respostas não bastavam. Nosso sábio de Viena jamais aceitou a resposta "pessimista" para a vida prática e cotidiana, nem qualquer "abstração filosófica" que não lidasse com o sofrimento concreto e banal do dia a dia de seus pacientes. Freud é um pensador do homem encarnado e com rosto (p. 342). Neste sentido, ele é mais trágico, na sua raiz grega, do que muitos dos filósofos trágicos. De certa forma, ele está mais próximo da ideia de "homem de carne e osso" do trágico espanhol, do século XX, Miguel de Unamuno.

Freud, entretanto, não deixa de propor uma cura trágica. Sua versão de cura trágica se apresenta mais como uma capacidade, um tanto estoica, de se medir com a força do olhar da medusa, como diz nossa autora (pp. 255-256; pp. 355-356). Ao mesmo tempo que seduzido por sua beleza aterrorizante, o homem freudiano deve aprender a resistir, sem destruir, o princípio do prazer que o constitui. Seu parceiro neste esforço é a capacidade de viver sob o cuidado do princípio da realidade (pp. 276-277), nem sempre belo, mas sempre um aliado no combate contra o olhar da medusa. O prazer, que buscamos incessantemente, assim como a vontade schopenhaueriana, nos delicia e nos mata. Mas, ele é quem nos dá vontade de viver. A realidade, estoica em sua face, pode nos ensinar, em alguma medida, a adiar prazeres menos essenciais, a fim de realizar outros mais consistentes (p. 345).

Não deixa de ser uma espécie de dança, como diria Nietzsche, que adorava a metáfora estética como solução para a vida. A autora, ao final, nos oferece uma metáfora poética como síntese da cura trágica freudiana: depois de cada queda, a volta por cima (p. 357). A dança está aí também presente. Entre o prazer e a realidade, caminha o homem na sua luta solitária contra seu destino (inconsciente), ou a favor dele.

Introdução

ESTE LIVRO é o resultado de pesquisas efetuadas entre os anos de 2010 e 2012, sob a orientação do professor Luiz Felipe Pondé, com o objetivo de investigar, de modo comparativo, a concepção de trágico entre a filosofia de Arthur Schopenhauer (1788-1860) e a psicanálise de Sigmund Freud (1856-1939), pensadores objeto deste estudo.

O que é o trágico? O trágico está associado à tragédia grega? O que é o trágico na filosofia moderna? E na psicanálise? Essas indagações gravitam em torno de nossos interesses nesta obra.

Nosso objeto de estudo surgiu a partir de algumas ideias, que exporemos a seguir:

1. Na transição do século XVIII para o XIX, Schopenhauer problematiza não só as tentativas de interpretar metafisicamente o mundo de maneira otimista, em especial a de Leibniz, como também as concepções dos idealistas românticos alemães, particularmente a de Hegel, que, de modo geral, ao seguirem a tradição, postulavam um princípio racional absoluto do mundo. Em sua filosofia, Schopenhauer elabora um pensamento que situa a essência do homem não na consciência e na razão, mas na Vontade, considerada por ele um impulso cego, irracional e sem fundamento que move o mundo.

De maneira semelhante, cem anos mais tarde, em meio à transição do século XIX, marcado pelo otimismo teórico do racionalismo e do primado da consciência para o século XX, caracterizado pela crise da razão, Freud funda a psicanálise, uma nova ciência sobre a alma humana que tem como fundamentos o inconsciente e as pulsões.

Críticos do seu tempo, Schopenhauer e Freud operam uma ruptura em relação à consciência e à racionalidade como formas humanas privilegiadas, e dão voz aos conteúdos inconscientes e pulsionais fundamentais do homem.

2. O estudo dos textos freudianos, a partir da perspectiva estabelecida pelos encontros e desencontros que Freud promove entre a psicanálise e a filosofia schopenhaueriana, permite examinar as possíveis aproximações e os eventuais afastamentos entre várias noções de cada um dos autores.

Nossa hipótese se centra na seguinte questão: Schopenhauer e Freud podem ser considerados pensadores trágicos? Em caso positivo, o que caracterizaria a concepção de trágico em cada um dos autores? Como podemos vislumbrar a relação entre o pensamento trágico de cada um desses autores? E qual o modo de enfrentamento de uma vida trágica proposto por cada um deles?

Antes de tudo, é preciso demarcar que estamos lidando com campos e métodos distintos, o que leva a diferentes pontos de vista e a diferentes níveis de discursos com suas destinações específicas. Schopenhauer, em sua filosofia, pretende desvendar a verdade cosmológica e existencial, ao passo que Freud se preocupa, primordialmente, com o mundo psíquico atrelado ao inconsciente, a partir de sua clínica psicanalítica orientada para o conhecimento da alma humana e o tratamento de neuróticos. Freud não faz metafísica como Schopenhauer, mas sim metapsicologia.

Nesse registro, Renato Mezan considera que "esses saberes não comportam uma redução recíproca, e nada há de ameaçador quando uma dessas disciplinas se debruça sobre a outra criando um jogo de perspectivas. No mínimo, é enriquecedor" (Mezan, 1998, p. 78). Ou seja, a psicanálise e a filosofia são dois âmbitos distintos de abordagem da psique, porém, uma vez mantidas as diferenças, podemos traçar paralelos entre esses dois campos do conhecimento.

Para realizar nosso percurso, partiremos, no primeiro capítulo, do estudo da noção de tragédia no contexto religioso-literário da Antiguidade grega. História, mito, rito, deuses e heróis compõem a trama da qual nascerá o trágico grego. Os helenistas Albin Lesky, Jacqueline de Romilly, Jean-Pierre Vernant, entre outros, e o filósofo Aristóteles serão nossas fontes de pesquisa.

Terminaremos este capítulo pesquisando o pensamento do filósofo-poeta Lucrécio, considerado o primeiro filósofo trágico do mundo antigo.

Muitos autores psicanalistas já se ocuparam de temas semelhantes sobre a relação entre a psicanálise e os gregos antigos, cada um sob uma angulação própria, como Jacques Lacan, Julia Kristeva, Mezan, dentre outros[1], e seus estudos se tornaram fonte de inspiração para novos desdobramentos.

Aliás, a problemática em torno da análise das tragédias, entre os helenistas e os psicanalistas, é esclarecida por Mezan:

> Para os helenistas, capitaneados por J.-P. Vernant, a tragédia é uma forma cultural específica do século V a. C. em Atenas, e corresponde a um momento preciso e único da civilização grega que se define por certos traços relevantes: conflito entre formas arcaicas e modernas do direito; conflito entre o passado da *polis* retratado nos mitos e as novas formas sociais e mentais; conflito entre a dependência dos caprichos dos deuses em que, segundo a religião antiga, se encontra a ação humana e a experiência de uma ainda hesitante autonomia da vontade do homem. A tragédia é, portanto, nessa perspectiva, um fenômeno singular que obedece a certas leis gerais – as leis que governam as complexas relações entre um artefato cultural e a sociedade na qual ele é criado – e nada mais aberrante do que projetar sobre ela a interpretação psicanalítica, que desconhece o contexto cultural e vai diretamente ao encontro do que já pressupunha: que a tragédia é mais uma deformação – Freud diz uma "elaboração secundária a serviço de um propósito teologizante" – do conteúdo edipiano universal (Mezan, 2002, p. 73).

Por outro lado, para os psicanalistas:

> (...) nada mais evidente do que a presença do complexo de Édipo numa série de dramas que põem em cena as diferentes modalidades do ódio e do amor entre os membros da mesma família, o problema da culpabilidade pelas ações e pelas intenções, as questões fundamentais da identidade pessoal e da diferença entre os sexos e entre as gerações (Mezan, 2002, pp. 73-74).

Para o estudo da filosofia de Schopenhauer, no segundo capítulo, adentraremos o terreno da filosofia moderna, principalmente o da filosofia trágica.

---

1 De acordo com nosso conhecimento, Ana Claudia Patitucci, Denise Maurano, Eva Migliavacca, Mauro P. Meiches.

A história da relação entre a tragédia e o trágico se altera a partir do idealismo alemão, no final do século XVIII e início do XIX, e, na sequência, temos a constituição de um campo próprio ao trágico em sua concepção filosófica moderna que se dá independentemente da teoria estético-literária que a originou.

Apresentaremos, inicialmente, um recorte do trajeto da vida pessoal e do percurso de formação de Schopenhauer, seguido de um estudo da história de seu pensamento, visto que esses planos fornecem elementos pertinentes sobre a construção de sua filosofia, sobretudo no tocante ao seu ponto de vista em relação à vida e à filosofia alemã vigente em sua época. Schopenhauer rompe e faz severas críticas aos outros filósofos do idealismo alemão – Hegel, Fichte e Schelling –, que apostavam na fé inabalável da razão, pois, ao contrário, ele defenderá a subordinação da razão à Vontade, à intuição e, sobretudo, "a subordinação da representação à vontade" (Machado, 2006, p. 171).

Uma reflexão sobre a filosofia de Schopenhauer e seus conceitos de Vontade, representação, ética, arte e ascese, a partir de sua obra magna *O mundo como vontade e como representação*, ocupa o centro desse capítulo e nos conduz à afirmação de que Schopenhauer é considerado um filósofo trágico por alguns comentadores e pessimista por outros.

De um lado, temos o teórico literário Peter Szondi, para quem Schopenhauer é um trágico. Ele explicita que a concepção de trágico no filósofo alemão "tem como base unicamente o conceito de Vontade" (Szondi, 2004, p. 53); para Alexis Philonenko, Schopenhauer é o autor que nos "revela de maneira trágica o conflito da vontade consigo mesma" (Philonenko, 1989, p. 23). O filósofo francês acrescenta que as reflexões de Schopenhauer são pessimistas, porém ele nos diz que "se trata de um pessimismo que convém entender como originariamente fundado na consciência trágica" (Philonenko, 1989, p. 50).

De outro lado, o filósofo trágico francês Clément Rosset – autor do prefácio da obra capital de Schopenhauer em língua francesa – elabora uma referência conceitual, que será discutida neste capítulo, que definitivamente identifica Schopenhauer como um pensador pessimista.

Por fim, discutiremos que Schopenhauer propõe como forma de superação de uma vida trágica/pessimista a arte como o primeiro e insuficiente estágio de abandono da Vontade e, em grau mais elevado a ascese, atitude de eliminação voluntária, consciente e completa dos desejos na figura do asceta.

No terceiro capítulo trataremos de algumas noções freudianas, em especial a de pulsão de morte, que nos encaminhará para reconhecer Freud como um pensador trágico, de acordo com Rosset. A afirmação ou a negação do acaso original constitui o critério decisivo utilizado por Rosset ao operar a distinção entre um pensador trágico e outro pessimista.

No decorrer da pesquisa, identificamos, a partir de referências que Freud faz ao pensamento de Schopenhauer ao longo de sua obra, que há proximidade entre a noção de Vontade neste e a de pulsão de morte naquele, mantidas as devidas diferenças no que se refere ao fazer metapsicológico freudiano e à metafísica imanente schopenhaueriana.

Investigaremos também a articulação entre o acaso e as pulsões freudianas, apresentada pelo filósofo e psicanalista Luiz Alfredo Garcia-Roza, outro guia nesse capítulo, ao considerar que "a pulsão freudiana seria, pois, a reafirmação constante do acaso" (Garcia-Roza, 1986, p. 19).

A reflexão sobre o modo de enfretamento da vida trágica em Freud mostra um encaminhamento semelhante ao de Schopenhauer apenas no que se refere à arte, e, radicalmente distinto em relação à proposta schopenhaueriana de ascese como a forma, por excelência, para se atingir a eliminação total do desejo e consequentemente de seus efeitos dolorosos. Freud adota o caminho mais moderado para que a vida psíquica não seja tão sacrificada e o sujeito possa ora afirmar ora renunciar os seus desejos: é o da sublimação da pulsão. Ou seja, o do processo criativo: trajeto de acesso às atividades artísticas e científicas que permitem ao sujeito atingir destinos pulsionais eróticos e sublimatórios. Além disso, o tratamento psicanalítico criado por Freud é um modo privilegiado para lidarmos com nosso corpo pulsional e sua articulação com o corpo simbólico. Assim, a noção de sublimação também será abordada neste capítulo final.

Por último, efetuaremos um cotejamento entre algumas noções da filosofia de Schopenhauer e da psicanálise de Freud, com o intuito de identificar possíveis semelhanças e dessemelhanças entre os dois pensamentos.

A interpenetração entre o pensamento freudiano e a filosofia trágica já foi reconhecida pelo psicanalista Jacques Lacan e pelo filósofo trágico Clément Rosset. A relação entre a psicanálise e a filosofia tem sido um campo de investigação de Gérard Lebrun, Joel Birman, Luiz Alfredo Garcia-Roza, Paul-Laurent Assoun e Oswaldo Giacoia Junior, entre outros.

A articulação entre a filosofia de Schopenhauer e a psicanálise freudiana tem sido objeto de estudo dos filósofos Clément Rosset, Maria Lucia Cacciola e Oswaldo Giacoia Junior.

Em suma, as questões sobre a tragédia e o trágico gregos serão apresentadas no primeiro capítulo; o trágico e o pessimismo schopenhauerianos serão discutidos no segundo capítulo; e o trágico freudiano será abordado no terceiro capítulo.

A TRAGÉDIA NO CONTEXTO RELIGIOSO-LITERÁRIO DA ANTIGUIDADE GREGA E A FILOSOFIA GRECO-ROMANA

ESTE CAPÍTULO pretende abordar a noção de tragédia grega, sua gênese e particularidades, orientada para a indagação: o trágico está vinculado, em sua origem, à tragédia grega? Para tanto, partiremos de sua matriz religioso-literária na Antiguidade grega.

A tragédia grega implica, necessariamente, dois planos: o sagrado e o humano. É conhecida a dificuldade de definir o termo "religião" de modo que possamos aplicá-lo a realidades, culturas e experiências distintas, muitas vezes estranhas umas às outras[2]. Mircea Eliade sublinha que "é lamentável não termos à nossa disposição uma palavra mais precisa que 'religião' para designar a experiência do sagrado" (Eliade, 1989, p. 9).

A herança da civilização[3] grega no que diz respeito ao desenvolvimento da cultura ocidental é amplamente reconhecida. Porém, ao nos referirmos à religião, esse legado é mais complexo e não se faz tão claro, pois a tradição judaico-cristã se constituiu de forma bem diversa

---

2 Utilizaremos, para nosso propósito, a seguinte definição de religião: "(...) Talvez seja demasiado tarde para procurar outra palavra e 'religião' pode continuar a ser um termo útil desde que não nos esqueçamos de que ela não implica necessariamente a crença em Deus, deuses ou fantasmas, mas que se refere à experiência do sagrado e, consequentemente, se encontra relacionada às ideias de *ser*, *sentido* e *verdade*. Com efeito, é difícil imaginar como poderia funcionar a mente humana sem a convicção de que existe algo de irredutivelmente *real* no mundo, e é impossível imaginar como poderia ter surgido a consciência sem conferir *sentido* aos impulsos e experiências do Homem. A consciência de um mundo real e com um sentido está intimamente relacionada à descoberta do sagrado. Através da experiência do sagrado, a mente humana apreendeu a diferença entre aquilo que se revela como real, poderoso, rico e significativo e aquilo que não se revela como tal – isto é, o caótico e perigoso fluxo das coisas, os seus aparecimentos e desaparecimentos fortuitos e sem sentido" (Eliade, 1989, p. 9).

3 "Civilização" vem do latim *civis*, cidadão. Em grego, "cidadão" se diz *polites*, aquele que pertence a *polis*, à cidade-Estado, de onde se origina o termo "política". Basta dizer que a civilização grega é, sobretudo, a civilização da *polis*, civilização política. A especificidade dessa civilização é constituída pela dimensão política presente não apenas no nível dos acontecimentos, mas igualmente no plano religioso e artístico e nos diversos domínios da vida intelectual. Quando Aristóteles definiu o homem grego antigo como um *zoon politikon*, um "animal político", era precisamente a essa realidade que ele se referia, isto é, o homem é um animal cuja característica é viver numa cidade-Estado. (Claude Mossé, 2004, p. 7; H.D.F. Kitto, 1970, p. 18.)

do universo religioso grego. Assim, ao pesquisarmos esse tema, em uma época tão distinta e longínqua da atual, perguntamos: é possível afirmar uma religiosidade grega? Que elementos operam na sua constituição? Quais suas especificidades?

Os helenistas Albin Lesky, Jacqueline de Romilly, Jean-Pierre Vernant, Walter Burkert e Werner Jaeger, nossos guias neste percurso, ressaltam que a amplitude e a complexidade da religião grega antiga compreendem os ritos, os mitos, os mistérios, os santuários e as festas religiosas públicas, e se estendem para suas expressões doméstica, cívica e artística em geral. Além disso, essas esferas não têm existência isolada, mas se encontram sempre em conexão umas com as outras, de forma a constituírem uma trama cuja tessitura se entrelaça com a vida política, social e mental da Grécia. Burkert salienta que "ao investigador da Religião grega esta religião apresenta-se-lhe sob a forma dupla do ritual e do mito" (Burkert, 1993, p. 35). Será investigado, portanto, o contexto religioso-literário da Antiguidade grega, partindo da religião cívica, que surge e se desenvolve, no século VII a.C., com a organização das *poleis*, as cidades-Estados, e de seus componentes: o rito e o mito cantado pelos poetas com seus deuses e as lendas dos heróis.

A tragédia ática, um dos mais nobres produtos da cultura grega e, talvez, do espírito humano, se deu em uma época longínqua, no século V a.C, chamado de "o século V trágico" (Vernant; Vidal-Naquet, 2008, p. 150). Segundo Vernant, "a tragédia é um gênero literário que cria o trágico" (Vernant, 2002, p. 364). Em razão disso, a tragédia grega será pesquisada, neste capítulo, com a intenção não só de conhecer essa especificidade literária surgida na Grécia antiga, como também de identificar os possíveis elementos que a ligam ao pensamento trágico.

O mito de Dionísio – patrono da tragédia – e sua religião também serão objeto de estudo do capítulo, pois marcam a origem da tragédia grega, conforme nos diz Lesky: "Dois elementos básicos, que já encontramos nos primórdios, sempre conferiram à tragédia grega seu cunho essencial: Dionísio e o mito. (...) Com a vinculação indissolúvel entre a tragédia grega e o culto de Dionísio pisamos em terreno firme" (Lesky, 2006, p. 73). A helenista francesa Romilly ressalta igualmente que "a tragédia grega tem, sem nenhuma dúvida, uma origem religiosa. Essa origem ainda era muito sensível nas representações da Atenas clássica. E estas dependem francamente do culto de Dionísio" (Romilly, 2001, pp.13-14).

Examinaremos também algumas correntes filosóficas contemporâneas ao período da tragédia grega, uma vez que não só os poetas trágicos se interessaram pela questão humana no século V a.C.; no século anterior, o pensamento filosófico, por meio dos filósofos pré-socráticos, ou da *physis*, já vinha se desenvolvendo ao redor da mesma preocupação. Em seguida, os sofistas tomaram o homem como o centro de suas reflexões e inauguraram "o período humanista da filosofia antiga" (Giovanni Reale, 1993, p. 192).

Por último, embora situado em um período bem posterior, no século I a.C., incluiremos, para nossos propósitos, o filósofo romano Tito Lucrécio Caro, considerado o primeiro filósofo trágico do mundo antigo. De acordo com Rosset: "Aos olhos do pensamento trágico, Lucrécio aparece assim como o filósofo por excelência" (Rosset, 1989, p. 159). Lucrécio antecipa algumas noções que, mais tarde, definirão o trágico na filosofia moderna, tema que será discutido no segundo capítulo.

Religião e literatura

A cultura grega, desde os seus primórdios, é uma cultura de caráter aristocrático. Baseada nos poemas atribuídos a Homero, a sociedade grega antiga se divide em duas classes sociais bem distintas e distantes: os nobres guerreiros, autodenominados *kalói tè kaì agathói* – belos e bons –, aprimorados por uma educação aristocrática, dedicam o seu tempo à vida palaciana, aos esportes, à guerra, à política; e o povo, os *kakói* – os feios –, composto por uma massa difusa de homens livres que não possuem terras nem escravos e, portanto, precisam trabalhar. A *Ilíada* e a *Odisseia* mantêm sua atenção voltada aos nobres, seu modo de vida e seus valores, e quase não retratam o povo.

A religião grega compreende um vasto campo influenciado por sua origem micênica, que remonta ao período anterior (1400-1200 a.C.) – denominado Grécia histórica ou Idade Histórica –, e por sua civilização, formada por um povo que precedeu os gregos e do qual descendem. A cultura helênica foi fruto de um longo processo que remonta à queda da civilização micênica, em especial de seu poderio palaciano (Vernant, 2009, p. 37). Dessa época data o registro, em tabuinhas de argila, da maioria das referências dos deuses olímpicos gregos, e também de Dionísio, demonstrando que eles já eram objeto de culto dos micênicos, em Creta e no Peloponeso (Vernant, 2002, p. 40). Assim, a partir de seus antepassados e de suas características micênicas, indo-europeias – a dos aqueus – e orientais, a religião grega adquire forma no período de transição da Grécia arcaica para a clássica. Essa transição é marcada pela configuração de uma estrutura social, ou seja, a vida organizada da cidade: a *polis*. Para Kitto, o advento da *polis*, situado entre os séculos VIII e VII, representa uma verdadeira invenção, em que a vida social e as relações entre os homens tomam uma nova forma, que significa, para os gregos, a descoberta "do melhor processo de viver":

> (...) a cidade-Estado, originariamente uma associação local para a segurança comum, se transforma no centro irradiante de atividades morais, intelectuais, estéticas, sociais e práticas, desenvolvendo-as e enriquecendo-as de uma maneira tal como nenhuma outra forma de sociedade tinha feito ou jamais fez. (...) a cidade-Estado foi o meio através do qual os gregos se esforçaram conscientemente por tornarem a vida da comunidade e do indivíduo mais excelente do que tinha sido até aí!
>
> Seria isto, certamente, o que um grego antigo colocaria em primeiro lugar, de entre as mais importantes criações dos seus compatriotas, ou seja, que eles, gregos, tinham descoberto o melhor processo de viver (Kitto, 1970, p. 17).

A aurora da cidade, por volta do século VII a.C., revoluciona e transforma profundamente a religião, a língua, a escrita, a cerâmica, a metalurgia e a arte em geral herdadas do período micênico (Kitto, 1970, pp. 35-48).

Segundo Vernant, os arqueólogos nos convidam a reconhecer que no século VIII o sistema da religião é reorientado e passa a se apresentar sob uma luz em que as esferas cívica e religiosa se tornam intimamente ligadas. A religião cívica não só considera a particularidade de cada comunidade pertencente a uma determinada *polis*, com o(s) deus(es) que a representa(m) – temos Atenas com seus deuses protetores Atena e Zeus –, como também favorece a união do mundo grego, que passa a ser reconhecido pelo conjunto de divindades e pelas práticas religiosas comuns.

E, por meio da relação entre o caráter particular de cada comunidade e o conjunto da Hélade, a religião cívica "se estruturou com seus diversos elementos (...): os templos, os ritos, a educação e valores do povo heleno, e a mitologia cantada pelos poetas" (Patitucci, 2008, p. 30). "Se é cabível falar, quanto à Grécia arcaica e clássica, de 'religião cívica', é porque ali o religioso está incluído no social e, reciprocamente, o social, em todos os seus níveis e na diversidade dos seus aspectos, é penetrado de ponta a ponta pelo religioso" (Vernant, 2006, pp. 7-8). A religião mantém laços muito estreitos com as outras esferas da vida coletiva, pois "os verdadeiros cultos olímpicos baseavam-se na ideia de um deus que protegia a tribo, o Estado ou a família, e tomava o hóspede ou o suplicante a seu cuidado; o deus estava, na realidade, intimamente ligado à organização social" (Kitto, 1970, p. 33).

A religiosidade dos gregos antigos se infiltra tanto no âmbito social como no doméstico. Todos os atos e os momentos da existência são permeados pela dimensão religiosa. O privado "é o que pertence a cada um propriamente, em sua singularidade, sua diferença" (Vernant, 2002, p. 27).

> Entre o religioso e o social, o doméstico e o cívico, portanto, não há oposição nem corte nítido, assim como entre sobrenatural e natural, divino e mundano. A religião grega não constitui um setor à parte, fechado em seus limites e superpondo-se à vida familiar, profissional, política ou de lazer, sem confundir-se com ela. (Vernant, 2006, p. 7).

É imprescindível a dupla presença do rito e do mito como elementos imbricados e constituintes da religião cívica:

> Ao investigador da Religião grega essa religião apresenta-se sob a forma dupla do ritual e do mito. Não existem fundadores da religião ou documentos da revelação, não há organizações de clero ou de monges. A religião encontra-se legitimada enquanto tradição que se comprova, a ela mesma, com a força incisiva da persistência que passa de geração para geração. (...) No ritual "sagrado", é incluída a exortação de forças invisíveis, que são interpeladas como algo pessoal que se encontra perante o homem. Nos textos que temos em nossa posse elas são denominadas "deuses", *theoï*. O que mais há a dizer sobre elas, é-nos relatado pelo Mito – um complexo de narrações tradicionais (Burkert, 1993, pp. 35-36).

O mito é o elemento que confere fundamentação aos rituais sagrados: "(...) o Mito dos deuses adquire a sua relevância justamente por meio de sua ligação com os rituais sagrados, aos quais ele confere, não raramente, uma fundamentação, uma 'Etiologia' (...)" (Burkert, 1993, p. 36).

A passagem da civilização micênica para a helênica tem sua importância, pois "(...) não podemos renunciar a um esboço da religião minoico-micênica como pressuposto daquilo que se considera ser grego" (Burkert, 1993, p. 34). "É esta civilização, numa fase tardia, embora imperfeitamente reconstituída, que serve de fundo à *Ilíada*" (Kitto, 1970, p. 35).

A civilização micênica é composta de uma aristocracia de guerreiros que falava uma forma arcaica da língua grega, o dialeto jônico. No período micênico, a vida social se concentra em torno do palácio do rei, que detém o poder religioso, social, político, militar, administrativo e econômico. A derrocada brusca dessa civilização, ao raiar do século XII, implica o desaparecimento da estrutura social que envolve o rei micênico como Rei Divino e, portanto, soberano em todos os campos dessa sociedade (Patitucci, 2008, p. 31).

Uma das consequências dessa mudança é o surgimento do confronto entre duas forças sociais na Grécia arcaica: o *demos* [4] – povo soberano – e a aristocracia guerreira. Esse embate acarreta a revisão dos valores religioso-aristocráticos e o desenvolvimento da democracia na Grécia clássica. Daí, a aristocracia ser o poder dos melhores ou dos excelentes, os *áristoi*, e democracia significar o poder do *démos*.

Desde seus primórdios, a cidade se organiza em pequenas vilas e nelas se formam uma classe de agricultores e outra de artífices; os indivíduos são remunerados pelo seu trabalho e tratam coletivamente dos negócios comuns. Pouco a pouco, surge uma nobreza agrária – as famílias, os *génos*, de proprietários fundiários e de guerreiros, ligadas por laços de sangue – que forma a aristocracia e institui um

---

4 O *demo*, criado pela reforma de Clístenes, é um dos fundamentos essenciais da democracia ateniense. Os *demos* áticos, no interior de cada uma das dez tribos formadas por esse estadista, eram repartidos em três grupos: os *demos* urbanos, os litorâneos e os do interior. Com sua reforma, Clístenes instaura e afirma um lugar para os cidadãos ao torná-los iguais perante a lei. O *demo* constitui o âmbito de uma vida "municipal", em que se manifesta uma democracia direta, no seio das assembleias, em que os cidadãos podem tomar decisões a respeito da vida local, do arrendamento de terras comunais, da manutenção dos santuários e da revisão de listas de cidadãos membros do *demo* e dos metecos que lá residissem (Mossé, 2004, p. 87).

regime escravista, como fora o costume sempre em todo o mundo antigo (Marilena Chaui, 2002, p. 133).

O *génos*, na realidade, é mais do que uma família: é a unidade formada pela família – ou, a casa, *oîko*, constituída por pai, mãe, filhos, escravos, bens móveis e imóveis –, pelo parentesco de sangue e pela irmandade religiosa. É, portanto, uma unidade social, econômica, religiosa e de poder. O poder é exercido pelo chefe da família, o patriarca – em grego, o *despótes* –, cuja vontade é a lei e que goza do direito de vida e morte sobre os membros do *oîkos*. É o poder de alguns sobre muitos, e o regime é a oligarquia. As lutas entre os oligarcas criam facções em disputa pelo poder, e de seus combates surge um único vencedor, que se torna o tirano de Atenas (Chaui, 2002, pp. 131-132).

No período arcaico, as famílias aristocráticas, os *génos*[5], os clãs, detêm, por privilégio, certos monopólios religiosos, em que "cada *genos* se afirma como senhor de certos ritos, possuidor de fórmulas, de narrativas secretas, de símbolos divinos especialmente eficazes, que lhe conferem poderes e títulos de comando" (Vernant, 2009, p. 49).

Porém, com o passar do tempo, e, em especial, com a reforma de Clístenes, que reordena a Ática, é instituído o espaço político da *polis* propriamente dita. Esse soberano retira do *gene*, pelo modo de sua distribuição no espaço, a concentração de seus poderes aristocráticos e oligárquicos. As construções urbanas deixam de ser agrupadas em torno de um palácio real, cercado de fortificações, e é a própria cidade que se cerca de muralhas, que protegem e delimitam, em sua totalidade, o grupo humano. E, no local onde se elevava a cidade real – residência privada, privilegiada –, são edificados os templos que se abrem para os cultos públicos (Vernant, 2009, p. 51). Assim, o território político-religioso da *polis* é formado por um conjunto que compreende um centro urbano e o campo. No primeiro, o local deixado livre de toda edificação – a *agorá* – é destinado à realização das assembleias, onde se tomam as decisões comunais.

O surgimento da *polis* trará alterações marcantes em relação aos ritos. Primeiro: os cultos praticados e dominados por algum *génos*

---

5 O substantivo *génos* designa um grupo de indivíduos ligados entre si por laços de nascimento e pela comunhão de uma natureza dada por nascimento, natureza que os constitui mais decisivamente que qualquer outro fator (Jaa Torrano, 2009, p. 75).

tornam-se oficiais; segundo: a proteção das divindades, outrora reservada aos seus favoritos, se amplia para toda a coletividade política; e terceiro: os objetos sagrados, conservados como talismãs de poderio nos palácios ou nas casas dos sacerdotes, são transferidos das mãos dos *génos* e de seus santuários familiares para o espaço público (Vernant, 2009, p. 58).

Dessa forma, os templos passam a constituir o espaço público e são as primeiras edificações construídas nas *poleis* para serem a morada dos deuses políades, o que marca o nascimento da religião cívica. O público "é o que deve ser posto em comum e igualmente repartido entre os membros do grupo" (Vernant, 2002, p. 27).

A educação é vinculada à religiosidade, uma vez que as narrativas míticas fazem parte da *paideia* – sistema educacional que tem como objetivo a formação do indivíduo/cidadão baseada nas artes/música, no letramento/gramática e na ginástica – e são referências de um "saber coletivo". Esse saber norteia os diversos setores da vida comunitária, e a religião encontra-se, então, mesclada com a vida mental, social e política. A educação reveste-se, em parte, em forma de mandamentos, e um de seus preceitos principais é a honra aos deuses, que, ao lado da honra aos pais e aos estrangeiros, é incorporada às leis elaboradas e escritas dos Estados gregos para organizar a *polis* (Jaeger, 2010, p. 23).

A fim de manter viva a tradição oral, que passava as narrativas míticas da poesia épica para as sucessivas gerações, as mulheres da família, mães e avós, além do aedo[6], se responsabilizam por contar as histórias míticas para seus filhos e netos, desde a mais tenra infância, na forma do que Platão chama de "fábulas de ama de leite" (Vernant, 2000, p. 10). Essa tradição transcorre fora de qualquer ensino oficial, sem transitar pelos livros, para formar uma bagagem de comportamentos e saberes "fora do texto".

No momento do ingresso das crianças na escola – *didaskaleion* –, "a poesia de Homero cumpre uma dupla função" (Patitucci, 2008, p. 32): aprendizagem da escrita e da leitura e, também, a formação do cidadão, pois o aedo é considerado "ponto de referência ímpar de modelos de

---

6 *Aedo* é o músico que canta e toca nos banquetes aristocráticos, e sua figura já aparece nos poemas homéricos. Trata-se de um compositor que canta as próprias obras, diferentemente do rapsodo, que é somente um cantor de obra alheia. "Os rapsodos não pertenciam, provavelmente, à classe nobre" (Jaeger, 2010, p. 42).

conduta e de valores" (Giuseppe Cambiano, 1994, p. 92). Além disso, a "*Ilíada* e a *Odisséia* eram usadas nas escolas gregas como livros didáticos; não da maneira como nós fazemos os meninos lerem algumas grandes obras de poesia para educar-lhes o gosto literário; mas sim da maneira como se aprende de cor um catecismo", ou seja, "Na Antiguidade também, assim como nos tempos modernos, Homero era indiscutido: mas não como epopeia, e sim como Bíblia" (Otto Maria Carpeaux, 1959, p. 52). As crianças, desde muito cedo, participam também dos rituais em honra aos deuses, aí incluídas as festas em honra a Dionísio, e aprendem a respeitá-los como autoridade, elemento fundamental para a estabilização da vida política.

A esfera divina tem ascensão sobre a humana, na medida em que a vida dos homens está relacionada aos deuses: "O grego antigo cuidava, então, de não ficar em falta com os deuses" (Patitucci, 2008, p. 34), de apaziguar a força divina e torná-la benfazeja para os humanos, por meio dos rituais, principalmente os sacrificiais. O rito é um elemento fundamental da religião grega da época, pois representa a convivência entre os homens e os deuses, a manutenção da religiosidade; por meio dele "se celebra e se assegura a relação positiva entre homens e poderes divinos" (Mario Vegetti, 1993, p. 235).

Além disso, a noção de fé e de crença se assenta na adesão ao rito, pois, diferentemente do que ocorrerá com outras religiões, a religião grega antiga é estranha a qualquer forma de revelação. Ela não conhece nem profeta nem messias, tampouco um conjunto teológico e um corpo de doutrinas que formam o credo; não há casta sacerdotal nem igrejas que unifiquem e delimitem as crenças e guiem os fiéis:

> Essa tradição religiosa feita de narrativas lendárias, de atos cultuais (particularmente os ritos sacrificiais), de representações figuradas do divino (especialmente a grande estátua antropomórfica que encarna a presença do deus em seu templo), não tem um carácter dogmático. Desprovida de uma casta sacerdotal, de uma Igreja ou de um clero especializado (os sacerdócios são magistraturas e toda magistratura possui um caráter religioso), ela não conhece nenhum livro sagrado no qual a verdade se encontraria fixada para sempre. Não implica um *credo* que impõe aos fiéis um conjunto de crenças indiscutíveis (Vernant, 2002, pp. 236-237).

O ritual "é sagrado na medida em que toda omissão ou interferência desencadeia um profundo temor e implica sanções" (Burkert, 1993, p. 35). Assim, a negligência no cumprimento dos ritos – honras aos deuses – ou a ocorrência de outro tipo de impiedade – como roubo de oferendas, ataque à imagem divina –, atos que representam violação das leis divinas e do sagrado –, acarretam o fenômeno do *miasma* (conspurcação, desonra, mácula, mancha), ou seja, aquilo que os gregos consideram uma contaminação pela impureza do ato cometido, agora dirigida para toda a comunidade (Patitucci, 2008, p. 34).

Essa contaminação ultrapassa a ordem política e jurídica, em função da gravidade do ato, ou melhor, é como se esse ato atingisse a ordem que está além do humano – a ordem divina –, e provocasse um verdadeiro drama na comunidade, principalmente no caso de homicídio, conforme encontramos nas narrativas trágicas das famílias míticas dos átridas e dos labdácidas:

> A contaminação é uma culpa que ultrapassa os limites da ordem jurídica e moral: faz recair sobre o culpado a vingança divina e difunde-se quer no espaço envolvendo a comunidade que o alberga (quem expia as culpas de Agamêmnon e de Édipo são o exército dos gregos e a cidade de Tebas, com a "pestilência" que lhes é enviada pelos deuses), quer no tempo, atingindo implacavelmente os descendentes do contaminado, como aconteceu às famílias dos labdácidas e dos átridas. (Vegetti, 1993, p. 236).

Porém, o *miasma* não se limita somente a esse tipo de drama: ele abrange os atos ímpios, como ocorreu com Sócrates, condenado à pena de morte.

Se, no período arcaico, o contágio recaía apenas sobre a vítima e aos familiares do assassino, a partir do desenvolvimento da *polis* o ato homicida não mais se restringe à esfera dos *génos*, e o assassino passa a ser objeto de impureza para toda a comunidade:

> O assassínio deixa de ser uma questão privada, um ajuste de contas entre *gene*; à vingança de sangue, limitado a um círculo estreito, mas obrigatório para os parentes do morto e que pode engendrar um ciclo fatal de assassínios e de vinganças, substitui-se uma repressão organizada no quadro da cidade, controlada pelo grupo, e onde a coletividade se encontra comprometida como tal (Vernant, 2009, pp. 79-80).

A recuperação da harmonia, *homónoia*, entre o universo divino e o humano, após um ato criminoso, é feita por meio de uma expiação, em que o criminoso deve ser banido da comunidade para impedir a contaminação. Ou, no caso de a contaminação já ter ocorrido, para evitar que um mal maior venha acometer a comunidade, como foi a expulsão de Édipo de Tebas. Para Vernant:

> Essa universalização da condenação do crime, o horror inspirado doravante por toda espécie de assassínio, a obsessão do *miasma* que pode representar para uma cidade, para um território, o sangue derramado, a exigência de uma expiação que é ao mesmo tempo uma purificação do mal – todas essas atitudes estão ligadas ao despertar religioso que se manifesta nos campos pelo progresso do dionisismo (...) (Vernant, 2009, p. 80).

Vernant acena, portanto, para a confluência entre o *miasma*, a *katharsis* e Dionísio, tríade marcante na religião e cultura gregas.

O indivíduo contaminado deve ser submetido aos rituais de purificação, *katharsis*, com o intuito de realizar uma limpeza. Nos casos mais graves, como os de assassinato, os ritos podem ser dirigidos pelos sacerdotes de Apolo, considerado o deus purificador, o *kathartès*.

> Antes de promulgar as penas repressivas, os legisladores querem agir preventivamente sobre os maus por uma magia purificante, que utiliza a virtude calmante da música e da palavra cantada; o criminoso é apresentado como um "possesso", um furioso enlouquecido por um mau *daimon*, encarnação de uma impureza ancestral. Nessa alma perturbada, enferma, a *cátharsis* mágica do legislador faz voltarem a ordem e a saúde, do mesmo modo que os ritos purificatórios (...) restabelecem, na cidade conturbada pelas dissensões e pelas violências, causadas por crimes antigos, a calma, a moderação, a *homónoia* (Vernant, 2009, p. 82).

Com o desdobramento do *miasma*, surge uma distinção feita recentemente por alguns antropólogos estadunidenses, isto é, a "cultura da vergonha" – medo da perda da honra pública –, predominante na sociedade descrita por Homero, é substituída de forma gradual e incompleta pela "cultura da culpa" (E.R. Dodds, 2002, p. 26), em que o sentimento de culpabilidade é intensificado pelo horror ao *miasma*, que, por sua vez, aumenta a demanda por purificação por meio dos rituais, *katharsis*. Assim, o Édipo de Homero, após a descoberta de seu erro, continua a reinar em Tebas, para depois morrer em uma batalha, mas é enterrado com as honras de um rei, ao passo que, no *Édipo* trágico, de Sófocles, Édipo "se torna um pária conspurcado por seu crime (...)" (Dodds, 2002, p. 43).

A ação humana, sua consequência, sua responsabilidade e os dilemas da cidade, advindos da mudança de tratamento dado ao homicídio, serão fonte de reflexão somente mais tarde, com o poeta trágico. Na *Orestia*, de Ésquilo, por exemplo, se fazem presentes as tensões entre o humano e o divino. O ato de vingança pessoal não é mais tolerado. Com a fundação de um tribunal civil, o ato de Orestes é julgado.

Além disso, Aristóteles, em sua *Poética*, ressalta que a tragédia tem como efeito a *katharsis* – resultante da purificação das emoções de terror e compaixão que as encenações trágicas despertam no público (1966, p. 74), o que será desenvolvido mais adiante.

Assim, vemos que a tragédia se desenvolve no contexto da "cultura da culpa", em que o herói trágico é marcado pela responsabilidade e o reconhecimento da própria ação. Na Atenas do século V, ocorre a construção do conceito de responsabilidade individual, superando-se a imposição da punição aos familiares e à descendência do criminoso.

Mito, rito, deuses e heróis

Igualmente importantes, além dos rituais que entrelaçam a religião, a literatura e a tragédia, são os mitos, enunciados por Vernant como o "breviário" das crenças como o saber coletivo de um grupo (Vernant, 2002, p. 200).

Nesse percurso, somos levados a nos interrogar: o que é um mito? Ou, mais exatamente, o que é um mito grego? Qual é seu estatuto? São relatos, como se originaram, se estabeleceram, se transmitiram e se conservaram?

No princípio era o *mythos*. A palavra "mito" tem sua origem grega em *mythos*, que deriva do verbo *mytheio*, "contar", "narrar", e de *mytheo*, "contar", "conversar".

Na sua origem, a mitologia helênica está ligada a uma função inerente ao espírito humano que é a faculdade de criar realidades imaginárias, e essa faculdade foi exercida primeiramente no domínio da religião. O mito grego se encontra "em estreita relação com a religião, embora não se confunda com ela" (Pierre Grimal, 2009, p. 9).

Na Grécia arcaica, de meados do século VIII ao VII a.C., o sentido primordial do termo *mythos* era palavra ou discurso, atrelado a uma narrativa ligada aos deuses e heróis. Na literatura grega, *mythos* surge com o sentido de história ou narrativa a ser transmitida por meio da palavra. O narrador, um poeta/aedo escolhido pelos deuses, tem a palavra sagrada, advinda de uma revelação divina e, portanto, tomada como verdade.

Para Grimal, o pensamento grego antigo oscila entre dois polos, o do *logos* e o do *mythos*. O espírito heleno opunha, "como dois modos antitéticos do pensamento", o *logos*, raciocínio, ao *mythos*, mito (Grimal, 2009, p. 7). O *logos* "é tudo aquilo de que se pode dar conta racionalmente, tudo o que alcança uma verdade objetiva e é idêntico para todos os espíritos". Por sua vez, o *mythos* "é tudo o que concerne à imaginação, é tudo o que não é suscetível de verificação, mas contém a verdade em si própria, na sua verossimilhança (...)" (Grimal, 2009, p. 7). Grimal diz que o caráter profundo e fecundo da mitologia, para a história do pensamento humano, reside em fornecer material à criação poética e filosófica, não se constituindo nem num *dado* imutável nem numa *teologia* revelada. Além disso, a mitologia consiste em um pensamento "destinado a explicar o que desafia a razão" (Grimal, 2009, p. 12).

No entanto, alguns outros pensadores sustentam que, na Grécia arcaica, *mythos* e *logos* não se opunham; ambos se referiam a um relato sagrado transmitido oralmente, ao pé do ouvido, pela geração precedente à vindoura. Na *Ilíada*, por exemplo, palavra e *logos* aparecem como sinônimos. É somente a partir do advento da filosofia helênica, no século IV a.C., que se instaura uma antinomia entre os termos *mythos* e *logos* – argumentação racional.

Em sua *Poética*, Aristóteles nos mostra a ambiguidade etimológica em que está inserida a palavra grega *mythos*, que se refere a uma fabulação com intervenção de construções imaginárias, a um relato, a uma estória, ao mesmo tempo que concerne ao arranjo dos fatos fabulosos, ao modo como os fatos se enredam (Aristóteles, 1966, pp. 76-80). O mito é, assim, um termo múltiplo desde sua raiz na língua grega e se presta a designar as composições de diversos gêneros literários – o épico, o lírico e o dramático –, os relatos históricos, as lendas da tradição oral, bem como sua ordenação, isto é, os tipos de relação que se estabelecem entre os elementos constitutivos dos relatos.

Aristóteles, na mesma obra, situa o mito na interseção entre o universal e o singular, entre a estrutura e sua atualização. É, portanto, passível de construção, reconstrução e atualização. Há uma ambiguidade de sentido nos relatos míticos e, portanto, seu significado não pode ser visto como unívoco e fixo.

Lembra Vernant que as crenças não se encontram em livros sagrados, mas são contadas por meio de narrativas; e Burkert que "a religião encontra-se legitimada enquanto tradição que se comprova, a ela mesma, com a força incisiva da persistência que passa de geração para geração" (Burkert, 1993, p. 36).

Na Grécia antiga, durante muito tempo, as narrativas orais das histórias dos deuses e dos heróis, os *mýthoi*, foram passadas e mantidas, de geração em geração, pelas mulheres da família – mães e avós – e pela tradição poética dos aedos, ou seja, o canto dos poetas em público, o que configura a estreita ligação entre o mito e o aedo – o poeta-cantor – e a gênese da conexão entre a religião e a literatura. Posteriormente, essas narrativas são fixadas por escrito em forma canônica no século VI a.C. com Hesíodo, enfim, com a tradição épica.

Uma obra de arte épica pode comportar a narração de diversos mitos, ou mesmo relatar várias partes de um mito que se realizam simultaneamente. É por essa razão que "a epopeia não tem limite de tempo" (Aristóteles, 1966, p. 73).

Ao ingressarem na escola, as crianças aristocráticas aprendem Homero e Hesíodo de cor, pois a *paideia* consiste em ensinar temas, em conjunção com os demais, concernentes ao que chamamos de religião: os deuses, os heróis, as descrições do culto, alguns pensamentos morais sobre hospitalidade, justiça, aqueles que são castigados por Zeus, etc. (Vernant, 2002, p. 201). Platão chega a dizer que, por meio da obra de Homero, se aprende a ser carpinteiro, chefe guerreiro e navegador.

O relato mítico depende da transmissão e da memória e está intimamente inserido numa tradição:

> Ele se inscreve numa tradição; quer se amolde a ela com exatidão, quer se afaste em algum ponto, é sustentado por ela, apoia-se nela e deve referir-se a ela, pelo menos implicitamente, se quiser que sua narrativa seja entendida pelo público. Louis Gernet já o assinalou: mesmo quando parece inventar tudo, o narrador trabalha respeitando a linha de uma "imaginação lendária" que tem seu modo de funcionamento, suas necessidades internas, sua coerência. (Vernant, 2006, p. 25).

Assim, memória, oralidade e tradição são as três condições de existência e preservação do mito; este só sobrevive se for contado e cantado, de geração em geração, na vida cotidiana. Esse laço, íntimo e funcional, com a memorização aproxima o mito da poesia. A esse respeito, a epopeia homérica é exemplar, conforme Vernant:

> Para tecer seus relatos sobre as aventuras de heróis lendários, a epopeia opera primeiro como poesia oral, composta e cantada diante dos ouvintes por gerações sucessivas de aedos inspirados pela deusa Memória (*Mnemosýne*). Só mais tarde é que será objeto de uma redação, cujo objetivo é estabelecer e fixar o texto oficial (Vernant, 2000, p. 12).

Ainda segundo esse autor, "se não existissem todas as obras da poesia épica, lírica, dramática, poder-se-ia falar de cultos gregos no plural, mas não de *uma* religião grega" (2006, p. 16). Cabe salientar que os poetas trágicos estão inclusos.

Nesse momento, desponta uma problemática para o historiador das religiões: essas narrativas poéticas, esses relatos dramatizados e cantados seriam considerados documentos de ordem religiosa ou teriam valor puramente literário? Ou os mitos e a mitologia, nas formas que a civilização grega nos oferece, devem ser vinculados ao domínio da religião ou ao da literatura? Ou de ambos?

Cabe refletir que a compreensão da religião e da literatura grega deve levar em conta a interseção entre essas duas esferas, pois separá-las levaria a entender o mito como pura ficção ou boa literatura e, dessa forma, operaríamos uma redução na compreensão da experiência religiosa grega e descaracterizaríamos sua noção de divino, como, infelizmente, fazem muitos comentadores (Vernant, 2006, p. 17).

Os relatos míticos dos aedos adquirem permanência por meio da escrita por volta do século VI a.C. e se transformam no legado religioso comum da Hélade. As narrativas míticas de Homero e Hesíodo, ambos da tradição poética épica, adquirem valor quase canônico, embora houvesse outros poetas e outras versões dos mitos relatados por eles, e se tornam o modelo e a fonte, na Grécia antiga, não só para as literaturas seguintes, a lírica e a trágica, como também para a filosofia e para a vida política e espiritual do povo (Vernant, 2006, p. 16).

A época arcaica, no sentido historiográfico da palavra "arcaica", designa a composição de canções hesiódicas "quando o pensamento racional começa a *pré*-figurar-se" (Jaa Torrano, 2009, p. 15).

Homero, em especial por meio da extraordinária revolução intelectual da *Ilíada*, é considerado o primeiro poeta épico que dá à religião grega a sua forma histórica (Mario Vegetti, 1993, p. 237). As epopeias homéricas – a *Ilíada* e a *Odisseia*[7] – evidenciam, ao longo das respectivas narrativas, as características e as peculiaridades do modo de viver dos habitantes da Grécia arcaica, no momento histórico em que se inicia o processo de desenvolvimento de suas cidades-Estados.

Por meio de sua poesia, Homero estabelece a visão olímpica da existência, expressão imediata do deus Apolo de Delfos, que, como princípio ético, se caracteriza como uma conduta que respeita a individualidade, viabilizada pelo autoconhecimento e pela manutenção da serenidade, pois os antigos gregos preconizam a "justa medida" – disposição valorativa que requer a presença da proporção e da moderação em todas as circunstâncias da vida.

A visão de mundo homérica, tal como expressa em sua narrativa poética, já enuncia intuitivamente o estabelecimento social da disciplina ética apolínea, uma vez que a relação intrínseca entre a beleza plástica e a harmonia do ânimo se encontra na sabedoria de vida legada por Homero ao antigo grego. Em prol da instauração da harmonia na ordem social, os códigos da justiça da Hélade preconizam que todo grego deve seguir rigorosamente as prédicas apolíneas "nada em

7 A datação precisa da composição das epopeias homéricas é motivo de controvérsia entre os estudiosos da épica grega. Seu início pode ser localizado no século XIII a.C. (Sinclair Hood, 1969, p. 138); Finley a localiza entre os séculos VIII e VI a.C. (Moses Finley, 1982, p. 14); e, entre essas duas posições, para muitos autores ela se situa entre os séculos IX e VIII-VII a.C..

demasia", *medèn ágan*, e "conhece-te a ti mesmo", *gnôthi sautón*, que significam "reconhece que não és um deus", "reconhece que és um mortal" (Burkert, 1993, p. 294), inscritas no pórtico de Delfos, com a finalidade de obter a garantia de consolidação da justiça entre os homens.

O ato de respeitar os limites individuais implica, necessariamente, o respeito pela propriedade e pelos direitos sociais do próximo. As regras apolíneas deveriam proporcionar a estabilidade e a segurança de um mundo sustentado pelo apego aos aspectos ordenados da natureza, perante a qual se passa a viver em estado de respeitabilidade e harmonia. Dodds, nesse sentido, nos diz:

> Sem delfos, a sociedade grega mal teria conseguido suportar as tensões às quais estava sujeita a era arcaica. A esmagadora atmosfera de ignorância e de insegurança humanas, o horror do *phthonos* divino e do *miasma* –[,] o peso acumulado de tudo isso teria sido insuportável sem a segurança que um conselheiro divino onisciente poderia oferecer, segurança de que por detrás do caos aparente havia conhecimento e finalidade (Dodds, 2002, p. 81).

Depois Hesíodo, inspirado em Homero, organiza as gerações divinas e sistematiza a escrita do panteão olímpico, na sua obra *Teogonia*; esta, embora tenha como inspiração o modelo épico de Homero, não pode ser tomada como obra épica propriamente dita. Hesíodo, pequeno cultivador, viveu na Beócia, no período anterior ao regime da cidade, provavelmente no final do século VIII ou no começo do século VII a.C. O poeta canta e conta sobre a genealogia divina em sua *Teogonia*, que sofre forte influência da *Ilíada* e da *Odisseia*, de Homero. Iremos nos ater, somente, aos deuses primordiais.

A primeira palavra que se pronuncia nesse canto sobre o nascimento dos deuses e do mundo é "Musas", pois "elas são o princípio do canto, tanto no sentido inaugural como no dirigente-constitutivo (da *arkhé*)" (Torrano, 2009, p. 21). As nove musas, Forças do Canto, são filhas de Memória e Zeus, em sua quinta união. A frase fundamental para Hesíodo é a das Musas, ao revelarem que falam a verdade, mas que também sabem mentir, se for necessário. Na expressão de Hesíodo, as Musas cantam as aparições – *alétheia* – e também os simulacros das aparições – *léthe*:

Pastores agrestes, vis infâmias e ventres só,
sabemos muitas mentiras dizer símeis aos fatos
e sabemos, se queremos, dar a ouvir revelações.
(Hesíodo, 2009, vv. 26-28, p. 103)

Em seguida, Hesíodo apresenta as três Forças Primordias: *Khaos*, *Gaia* e *Eros* e esclarece que nem o universo nem o que existe nele foram criados pelos deuses gregos; pelo contrário, universo, deuses e homens nascem juntos, num movimento de diferenciação das potências primordiais. Nem os deuses gregos, nem o céu e a terra foram criados por um Deus ou por alguém. Hesíodo faz um relato dos primórdios de um processo complexo que dará origem ao cosmo e às divindades que o presidirão:

Sim bem primeiro nasceu Caos, depois também
Terra de amplo seio, de todos sede irresvalável sempre,
dos imortais que têm a cabeça do Olimpo nevado,
e Tártaro nevoento no fundo do chão de amplas vias,
e Eros: o mais belo entre Deuses imortais,
solta-membros, dos Deuses todos e dos homens todos
ele doma no peito o espírito e a prudente vontade.
(Hesíodo, 2009, vv. 116-120, p. 109)

No princípio era o caos. No início de tudo, o que primeiro existe é o Abismo, *Khaos* para os gregos. Caos é um vazio escuro, onde nada se distingue: "Espaço de queda, vertigem e confusão, sem fim, sem fundo" (Vernant, 2000, p. 17). Portanto, na origem há apenas o Caos, abismo cego, noturno, ilimitado.

Depois aparece a Terra, *Gaia* para os gregos. Embora seja no seio de Caos que emerge a Terra, esta representa, em certos aspectos, o seu contrário, pois a Terra não é mais o espaço de queda escuro, indefinido, ilimitado, mas uma forma distinta, separada, precisa. Assim, à confusão e à tenebrosa indistinção de Caos opõem-se a nitidez, a firmeza e a estabilidade de Gaia, que é eterna. É possível defini-la como o lugar onde os deuses, os homens e os animais podem andar com segurança. Ela é o chão do mundo.

Entretanto, nas profundezas da Terra, há o Abismo. De certa forma, o que existe na base de Gaia, sob seu solo firme e sólido, é sempre o Abismo, o Caos. A Terra, que surgiu do Caos, a ele se liga em suas profundezas. O Caos evoca, para os gregos, uma espécie de névoa opaca em que todas as fronteiras perdem nitidez. No mais profundo da Terra encontra-se esse aspecto caótico original. Ela é a Terra negra. Os adjetivos que a definem nos relatos são similares àqueles com que se faz referência ao Abismo.

A Terra constitui essa morada que é o cosmo, mas não desempenha só essa função. Ela engendra e alimenta todas as coisas, salvo certas entidades de que falaremos mais adiante e que se originam do Caos. "Gaia é a mãe universal" (Vernant, 2000, p. 18). Florestas, montanhas, grutas subterrâneas, ondas do mar, vasto céu, é sempre Gaia, a Mãe-Terra, de onde eles nascem. A Terra se lança para o alto e desce às profundezas.

Após Caos e Terra aparece *Éros*, que os gregos mais tarde chamarão de "o velho amor", representado nas imagens com cabelos brancos: é o Amor primordial. Nesses tempos longínquos ainda não há masculino e feminino, não há seres sexuados. O Eros primordial não é aquele que surgirá mais tarde, com a existência dos homens e das mulheres, dos machos e das fêmeas.

Khaos é uma palavra neutra, e não masculina. *Gaia*, a Mãe-Terra, é evidentemente feminina. Mas quem ela pode amar fora de si mesma, já que está sozinha, ao lado de Caos? O *Eros* que aparece em terceiro lugar não é o que preside os amores sexuados. O primeiro Eros expressa um impulso no universo. Da mesma forma que Terra vem de Caos, de Terra brotará o que ela tem em suas profundezas. Terra vai parir sem precisar se unir a ninguém. Ela dá à luz o que nela existe de forma obscura.

Terra engendra, em primeiro lugar, um personagem muito importante, *Ouranós*, Céu, e até mesmo Céu estrelado, igual a si mesma, uma réplica sólida e firme como ela. Então, Urano, que possui o mesmo tamanho que Terra, se deita sobre ela, e ao fazê-lo mantém uma noite contínua. Terra e Céu constituem dois planos superpostos do universo, um chão e uma abóboda, um embaixo e outro em cima que se cobrem completamente.

Depois, Terra traz ao mundo *Pontós*, a água, a Onda do Mar, palavra masculina em grego, que a completa e se insinua dentro dela, limitando-a na forma de vastas superfícies líquidas. Mas Onda do Mar é, também, pura liquidez, fluidez disforme e inapreensível: suas águas, indistintas e confusas, se misturam a Terra. Na superfície *Pontós* é luminoso, porém, em suas profundezas, a escuridão é total, o que o vincula, como a Terra, ao Caos.

Pela sua força íntima, sem se unir a ninguém, Terra desenvolve o que já está dentro de si e que, ao sair dela, se torna seu duplo e seu contrário.

Assim, temos o mundo constituído por três entidades primordiais: *Khaós*, *Gaîa* e *Éros*, que surgem de maneira autônoma, e, em seguida, por duas entidades paridas por Terra: *Ouranós* e *Pontós*. Essas entidades são, ao mesmo tempo, forças naturais e divindades. Gaia é a terra onde pisamos e andamos e, simultaneamente, é uma deusa. Ponto representa as ondas do mar e constitui também uma força divina, à qual se pode prestar culto. A partir daí, surgem relatos e histórias violentas e dramáticas.

A multiplicação da união das forças primordiais produz os primeiros elementos que compõem o mundo: céu, mar, dia, noite, trevas e éter. No transcorrer do processo cosmológico, aparecem as gerações divinas, em três linhagens, numa disputa entre si pela soberania.

Após Gaia, divindade poderosa, Mãe-Terra, produzir Urano, seu correspondente exato, sua duplicação, seu duplo simétrico, temos a presença de um casal de contrários, de um macho e uma fêmea. Urano é *o* Céu e Gaia é *a* Terra. Na presença de Urano, Amor age de outro modo. Urano primordial não tem outra atividade além da sexual: deitar-se sobre Gaia, incessantemente. Ele só pensa nisso, ele só faz isso. Então, nem Gaia nem Urano produzem sozinhos o que cada um possui dentro de si, mas da conjunção dessas duas forças, Gaia e Urano, nascem seres diferentes, os seis Titãs e suas seis irmãs, as Titanidas.

O caçula dos Titãs é *Kronos*, astuto e cruel, chamado "Cronos dos pensamentos marotos" (Vernant, 2000, p. 21). Cronos casa-se com Reia, com quem gera três filhos, e o último deles, o caçula, será Zeus. Urano detesta seus filhos porque não queria que eles nascessem. Como vingança, Cronos priva seu pai Urano da procriação ao cortar-lhe suas partes sexuais. Além disso, Cronos disputa o poder com seu filho Zeus. Porém, Zeus vence seu pai e se torna o rei dos deuses.

A teogonia – origem dos deuses – e a cosmologia atingem sua forma definitiva com o surgimento de Zeus, em latim *deus*, que, ao se tornar soberano, completa o quadro divino e o da origem do universo (Kitto,

1970, p. 32). Assim, no topo do Olimpo, dominando o universo, encontramos Zeus soberano, senhor do Céu, Pai dos deuses e dos homens, com sua esposa legítima, a irascível Hera, a rainha, sua própria irmã. Depois, os dois irmãos do príncipe: Posídon, senhor de todas as águas, dos rios, do mar, do rio Oceano, cujo fluxo cerca o mundo, abalador do solo, senhor dos cavalos; e Hades, cujo destino é reinar sobre o mundo subterrâneo e o povo dos mortos, nas Trevas que a luz do dia jamais atravessa (Vernant, 2002, p. 231).

Logo, segundo essa visão, no início era o caos e desse caos se destaca um poder soberano que institui a ordem. Nesse sistema, as ideias de poder e potência eram fundamentais. A narrativa mostra que, em um mundo em que potências, forças, poderes se opõem e lutam entre si, em um dado momento um soberano mais poderoso do que os outros impõe sua lei. Zeus é a expressão suprema do exercício de poder. Toda a cosmogonia, na versão de Hesíodo, converge e se centra na assunção da realeza universal por Zeus. Este reúne elementos fundamentais de soberania que o distinguem dos seus antecessores porque "nele e por ele, em sua realeza, a potência e a ordem, a violência e o direito, reconciliados, conjugam-se" (Lesky, 1995, p. 31). A *Teogonia* é, em verdade, um hino às façanhas e excelência guerreira de Zeus. Sua soberania fixa a ordem do mundo, uma ordem que já aparecia em Homero, mas que em Hesíodo "atinge o auge na grandiosa imagem de Zeus na poesia de Ésquilo" (Lesky, 1995, p. 120).

A partilha das honras, isto é, o que é destinado aos homens e aos deuses, e a distribuição dos lotes são os temas centrais da *Teogonia* hesiódica (Torrano, 2009, p. 51), conforme a súplica, que finaliza o hino às Musas, quando Hesíodo pede a elas que cantem como os deuses "dividiram a opulência e repartiram as honras" (Hesíodo, 2009, v. 112, p. 109). Essa divisão da opulência e partilha das honras define a configuração do mundo divino e do humano e representa o advento de cada Deus olímpico e seu domínio, feito pela justiça de Zeus, depois de ser empossado. Estabelecida a partilha, cada divindade não permite intervenções em seu domínio. É Zeus que destina as funções e atribuições específicas que constituem o valor e o poder de cada deus, que tem um âmbito próprio, uma constelação de acontecimentos que o envolve, um elenco de noções ou de lendas associadas a ele, bem como suas experiências, seus eventos e vivências prototípicos (Torrano, 2009, p. 95).

O mito grego carrega uma multiplicidade de representações que, por sua vez, se desdobra numa diversidade de relações, ou seja, o mito comporta uma miríade de versões. O deus que representa o poder supremo no Olimpo precisa respeitar o domínio de outra divindade, mas pode decidir o que fazer sem consultar os outros deuses, pois "Zeus de um lado, todos os olimpianos reunidos do outro, é Zeus que prevalece" (Vernant, 2006, p. 31). Assim, a organização da religião grega é complexa na medida em que dela foi excluído o recurso a um código de leitura único para todo o sistema. Embora um deus grego se defina pelo conjunto de relações que o une e o opõe às outras divindades do panteão, as estruturas teológicas evidenciadas são demasiado múltiplas e diversas para poder integrar-se no mesmo esquema dominante:

> Segundo as cidades, os santuários, os momentos, cada deus entra numa rede variada de combinações com os outros. Esses reagrupamentos de deuses não obedecem a um modelo único privilegiado; eles se ordenam numa pluralidade de configurações que não se superpõem exatamente, mas sim compõem um quadro de várias entradas, de eixos múltiplos, cuja leitura varia em função do ponto de partida considerado e da perspectiva adotada (Vernant, 2006, p. 30).

Assim, a tarefa do historiador da religião grega revela-se muito mais árdua do que o das religiões indo-europeias, visto que estas possuem como sustentáculo do edifício religioso o esquema das três funções de soberania, guerra e fecundidade, que confere ao conjunto da construção uma unidade de que a religião grega é desprovida.

Homero, na *Ilíada*, já delineia as prerrogativas próprias a cada deus, bem como os traços humanos que correspondem ao divino. Ele mostra que o universo divino e o humano estão entrelaçados numa combinação em que as forças se equilibram e se ajustam; contudo, no limite, há sempre a prevalência da divina. Trata-se de um vínculo estreito e forte, já que os homens têm a proteção divina, mas, ao mesmo tempo, frágil e incerto, porque essa proteção não é nem absoluta nem incondicional.

A *Ilíada* elucida que o destino dos homens se encontra nas mãos dos deuses, que sempre se encarregam da decisão a ser tomada. Assim, as honras prestadas aos deuses nos ritos representam a necessidade, por parte dos humanos, de uma revitalização permanente dos laços de amizade com aqueles, para assegurar a proteção divina. Além disso, os humanos evitam, ao máximo, qualquer forma de indisposição com os deuses, na tentativa de não incorrer em erros, cujo preço a pagar é alto. No entanto, detalhe crucial, embora os rituais se prestem a fortalecer os laços entre o humano e o divino, nada garante que a devoção humana faça com que os deuses se manifestem sempre a favor dos mortais, conforme consta em várias passagens da *Ilíada*.

Uma das características fundamentais dos deuses gregos é que suas ações e decisões são determinadas pelas moiras, divindades do destino, *heimarméne* (Reale, 1994, p. 316), que estão acima deles. As moiras são três irmãs chamadas Cloto, Láquesis e Átropos; quase cegas, tecem desordenadamente o tecido do destino humano e dos deuses, e são, portanto, as responsáveis pela sorte ou o azar dos homens, em especial pela duração da vida de um mortal e seu quinhão de atribulações e sofrimentos. Em suas belas tapeçarias cada fio representa a vida de um indivíduo, e cada fio cortado significa a morte. Cloto, nome que em grego significa "fiar", é a fiandeira, a que tem nas mãos o fio do destino humano, a que tece a teia da vida ao segurar o fuso e puxar o fio da vida – daí sua função de presidir o nascimento; Láquesis, que em grego se traduz por "sorte", é a que enrola e põe o fio no fuso para tecer a trama do destino humano – é a responsável pelo casamento; e Átropos, que significa "sem volta", "inflexível", corta implacavelmente o fio que representa quem morrerá – portanto, sua função é presidir a morte. Assim, a concepção trágica se impôs irremediavelmente quando o grego toma consciência da precariedade humana. O homem sabe que sua vida já está decidida pelo destino, a moira, a "sorte" ou o "quinhão" que lhe foi atribuído, isto é, o tempo concedido até sua morte. ""Fiar, tecer" a sorte de alguém equivale a "atá-lo", ou seja, a imobilizá-lo numa "situação" impossível de modificar" (Eliade, 2010, p. 250).

Os poetas da Antiguidade descrevem as moiras como velhas de aspecto sinistro, com um só olho, grandes dentes e longas unhas. Inicialmente, a "fiação" era efetuada "quer seja pelos "deuses" (*Odisseia*, XX, 186; etc.) ou pelo "*daímôn*" (*Od.*, XVI, 64), quer pela *moîra* (*Ilíada*, XXIV, 209) ou pela *aîsa* (*Il.*, XX, 128). Mas finalmente, como em outras tradições indo-europeias (mas também orientais), a "fiação" do destino torna-se atributo das Fiandeiras (*klôthes*) ou das *Moîrai*" (Eliade,

2010, p. 250). "As três *moîrai* aparecem pela primeira vez em Hesíodo (*Teogonia*, 900s): são filhas de Zeus e de Têmis" (Eliade, 2010, p. 250). Na mitologia grega e na tragédia, as moiras designam o destino. Na *Ilíada*, representam uma lei que paira soberana sobre os deuses e os homens, pois nem mesmo Zeus, deus dos deuses e dos homens, está autorizado a transgredir a lei das moiras sem interferir na harmonia cósmica. Homero mostra que "homem nenhum, porém, foge à Moira, mau ou bom, desde o dia em que nasce" (Homero, 2003, VI, vv. 488-489, p. 261). Na *Odisseia* aparecem as fiandeiras.

Comandados pelas moiras, os deuses/deusas gregos não detêm pleno poder nem sobre a própria vida nem sobre a dos humanos, pois estão submetidos a regras desconhecidas e imponderáveis das moiras.

Esse mito grego predominou entre os romanos, e entre eles as moiras são conhecidas por Parcas, chamadas Nona, Décima e Morta.

Outra característica importante dos deuses gregos é a antropomorfização. As ações divinas são ditadas pelo *pathos*, e, portanto, os deuses gregos possuem traços humanos e interferem, de forma passional, nas ações dos homens e no seu destino; são temperamentais, se casam com os humanos, disputam poderes conosco, nos traem, nos destroem sem pena e explodem em sentimentos de amor e ódio por nós. No universo religioso grego, somos objetos de desejo das deusas e dos deuses.

Assim, "O homem grego pressente (...) que o fundamento de tudo é a livre vontade divina." No registro grego, "nosso destino e o destino dos deuses e das deusas são predeterminados, não há liberdade real" (Pondé, 2010, p. 119).

Lesky acentua que, na poesia homérica, o vínculo entre os deuses e os homens não é vivido como um problema ou conflito. Para o autor, há uma aliança entre a ação divina e a ação humana, que podem se complementar, ou até se contrapor, mas jamais existem isoladamente:

> A ação divina e a vontade humana que sempre estão intimamente associadas à essência das figuras apresentam-se-nos como duas esferas que se completam mutuamente, mas que também podem chegar a contrapor-se. Em geral, é tal a maneira como ambas intervêm no desenvolvimento e no resultado final, que não é lícito isolar uma

> delas. A aliança dessas duas esferas no mundo homérico é totalmente irrefletida e não problemática (Lesky, 1995, p. 93).

Assim, a tensão existente no vínculo entre homens e deuses não é vivida pelo herói épico como um conflito.

No entanto, é importante ressaltar, para os fins de nossa pesquisa, que o mito não é explorado da mesma maneira na epopeia e na tragédia. Na epopeia, o herói mítico é o representante mais significativo de uma linhagem. É forte, belo, inteligente, corajoso e virtuoso, um modelo a ser seguido, admirado e não questionado. Seus feitos são apresentados ao leitor por meio de um processo de desvendamento gradativo. Nesse registro Romilly nos diz:

> Assim, a epopeia ainda apresenta os interesses guerreiros de uma sociedade em que predominam as proezas e as aventuras; mas já tem cambiantes delicados de uma longa tradução, também ela refinada, e cujo requinte, ou, se preferirmos, beleza humana, o poeta gosta de exaltar.
>
> De fato, essa imagem do mundo heroico e dos seus valores, encarnados em personagens perfeitas, parece resultar de um certo número de escolhas próprias de Homero que o distinguem não só das suas fontes, na medida em que estas se deixam adivinhar, mas também de todos os que se lhe seguiram e trataram os mesmo heróis (Romilly, 2001, p. 94).

Porém, o contexto acima sofrerá transformações fundamentais até o início da tragédia, no século V a.C.: "Mais tarde, a situação mudará; sobretudo na tragédia ática, reconheceremos a intensidade das interrogações que cresceram deste solo antigo" (Lesky, 1995, p. 93). Essa nova situação que emerge na tragédia, prenhe de questionamentos e conflitos, será discutida no item "Tragédia grega".

Como já vimos, no poema *Teogonia*, Hesíodo mostra como se organiza o mundo dos deuses e apresenta a genealogia divina, detalhando sua linhagem e a distribuição de seus lotes e suas honras. No poema *Os trabalhos e os dias*, ou *Erga*, ele descreverá a organização do mundo dos mortais e apontará sua origem, suas limitações e seus deveres. Revela-nos, assim, em que se fundamenta a condição humana, ou seja, as origens que explicam e estabelecem essa condição. Os relatos dos mitos fundantes de *Os trabalhos e os dias* se interligam e, no conjunto, dão forma ao que seria a natureza humana em oposição à divina.

Na Antiguidade helênica, o mito de Prometeu, referência essencial para o entendimento acerca da concepção grega do ser humano, é tratado em quatro obras: no *Protágoras*, de Platão; na tragédia *Prometeu*, de Ésquilo; na *Teogonia* e em *Os trabalhos e os dias*, ambos de Hesíodo. Torrano observa que a ideia de partilha está presente em todas essas obras: em Platão, por meio do verbo *némeio*, "distribuir"; nos dois poemas hesiódicos é *dasmós*, "partilha" no sentido estrito de ligação à necessidade de ordem, organização e harmonia, seja na esfera divina como na *Teogonia*, seja na esfera humana como nos *Erga*. Na tragédia *Prometeu* de Ésquilo, a palavra que designa a ideia de partilha é *moíra*, que significa "parte", "destino". A presença das moiras é de suma importância para nosso estudo, pois é um dos elementos fundamentais na constituição do trágico grego, e será abordada mais detalhadamente no item "Trágico grego".

O mito de Prometeu – mito da criação do homem –, contado na *Teogonia*, é apontado, por Vernant, como o relato exemplar de como se deu a separação entre os deuses e os homens, e da relevância e função do sacrifício no mundo religioso grego (Vernant, 2002, p. 263). Sacrifício, rito e culto constituem a vida cívica grega.

O conflito entre a inteligência astuta do titã Prometeu, filho de Jápeto, e a inteligência soberana de Zeus, por ocasião da primeira partilha dos homens, ocorre na presença dos deuses e dos homens, no solo fértil da planície de Mecona, num tempo em que ambos ainda não estavam separados: conviviam em harmonia, sentavam juntos à mesa para comer o mesmo alimento, compartilhavam a mesma felicidade, longe de todos os males. Os humanos desconheciam então a necessidade do trabalho, as doenças, as fadigas, a velhice, as mulheres e a morte.

Se coube a Zeus a repartição das honrarias e funções entre os deuses, coube a Prometeu a partilha entre os deuses e os homens. No momento do primeiro sacrifício, o titã abate e retalha um enorme boi, mas tenta favorecer os homens, reservando para eles, de forma dissimulada, a parte mais apetitosa do animal, em detrimento dos deuses, para os quais é oferecido, por intermédio de Zeus, um presente fraudulento

– ossos coberto com gordura. Zeus o aceita, fingindo entrar no jogo, contudo, irado, não mais concede o fogo celeste para os mortais, denotando o fracasso do titã. No entanto, Prometeu não desiste de tentar sobrepujar Zeus e, então, rouba-lhe o fogo divino, imprescindível para o cozimento da carne, e o entrega aos mortais.

A armadilha preparada por Prometeu custará um preço alto a ser pago pelos homens, pois ninguém deve tentar superar o soberano dos deuses, Zeus. Nessa prova de golpes escusos, o jogo de inversão entre aparência e realidade reserva surpresas para o titã e os humanos, que serão definitivamente afastados dos deuses ao se defrontarem com suas limitações. Ao comer a carne, os humanos assinam sua sentença de morte. Doravante, os humanos estarão submetidos à constante e imperiosa procura de alimento para saciar a fome, o que implica limites corporais, uma vez que ficam condenados ao desgaste das forças, ao cansaço, ao envelhecimento e à morte; ao passo que os deuses revelam possuir natureza diferente, ou seja, são imortais, visto que se satisfazem plenamente com os odores da fumaça dos ossos que sobe em direção ao Olimpo e permanecem sempre vivos, eternamente jovens, dotados de uma existência não perecível e não corruptível (Vernant, 2002, p. 263).

A imortalidade, característica fundamental dos deuses, é a marca que separa radicalmente o divino do humano, pois esse último apresenta a fugacidade do corpo em seus componentes de juventude, força, coragem. Segundo Vernant, "imortalidade, mortalidade, é esse o fosso essencial":

> Ao procurar ser mais astuto do que Zeus para dar aos homens a melhor parte, o Titã destinou seus protegidos à triste sorte que é a sua hoje. Desde que a fraude prometeica instituiu a primeira refeição sacrificial, tudo na vida humana comporta sua sombra e seu avesso: não existe mais contato possível com os deuses além do sacrifício, consagração de uma barreira intransponível entre o humano e o divino; não há mais felicidade sem tristeza, nascimento sem morte, abundância sem trabalho, saber sem ignorância, homem sem mulher, Prometeu sem Epimeteu (Vernant, 2002, p. 268). ‘

Prometeu, "o ambivalente amigo dos homens" (Burkert, 1993, p. 131), é o fundador do primeiro rito sacrificial, porque é ele quem reparte e distribui os pedaços da vítima sacrificial e não quem a imola. Como consequência, é quem separa os homens dos deuses, que passam a se alimentar de partes diferentes. Nesse universo assim organizado, aos mortais – os *brótoi* – é dado um estatuto diferente daquele dos imortais – os *athánatoi* –, e é nesse momento sacrificial que isso se fixa, para sempre, como modelo a ser seguido pelos humanos ao honrarem os deuses:

> Ao fazer sacrifícios, os homens se submetem ao desejo de Zeus[,] que fez dos Imortais duas raças bem distintas. A comunicação com o divino é estabelecida durante um cerimonial festivo, uma relação que lembra que a antiga comensalidade acabou: deuses e homens estão separados agora, não vivem mais juntos, não comem mais à mesa (Vernant, 2002, p. 267).

"Quando se separaram os Deuses e os homens mortais" (Hesíodo, 2009, v. 535, p. 131) é criado o sacrifício. Assim, o ritual sacrificial que separa o divino do humano possibilita ao mesmo tempo um tipo de reatamento dos laços perdidos, naquela época de ouro, e a recuperação da comunicação entre os deuses e os homens: "O vínculo que o sacrifício grego estabelece sublinha e confirma, na própria comunicação, a extrema distância que separa mortais e imortais" (Vernant, 2006, p. 61).

Nem deuses nem simples mortais. Assim são os heróis em sua ambiguidade. Os gregos antigos acreditam que eles existiram numa era heroica, anterior à que viveram, e, como pertenciam à espécie dos homens, conheceram o sofrimento e a morte. Aos heróis era reservado o combate para proteção de sua *polis*. Por serem maiores, mais fortes e mais belos, lutaram contra monstros fantásticos.

Hesíodo escalona a humanidade em cinco raças: ouro, prata, bronze, heróis e ferro; a categoria de semideuses, *hemítheoi*, ele incluiu na raça dos heróis: "raça divina de homens heróis e são chamados/ semideuses, geração anterior à nossa na terra sem-fim" (Hesíodo, 2008, vv. 160-161, p. 33).

Na Grécia antiga, o indivíduo não é desvinculado dos seus feitos, dos seus prolongamentos: suas obras, suas façanhas, seus filhos, sua família, seus parentes, seus amigos, ou seja, de seus méritos heroicos. O sucesso que o grego antigo reivindica diz respeito a uma dimensão heroica; é a realização de uma façanha que garante ao seu autor, o herói, a "glória imperecível", ou seja, uma glória que sobrevive na memória do povo e que sustenta a perenidade do nome e a imortalidade do herói:

> Em uma vida humana na qual tudo é perecível, transitório, existe apenas uma coisa, para os gregos, que escapa à destruição: não é a alma dentro de nós, nem nosso corpo destinado à ressurreição, mas a glória, que faz de nosso nome, de nossas façanhas, o bem comum de todas as gerações por vir. Nisso reside a imortalidade: na memória dos homens (Vernant, 2002, p. 344).

Essa é a raça de homens – os heróis – cujas proezas são cantadas na poesia épica, e cujos nomes, celebrados pelos aedos, permanecem vivos na memória dos gregos. Como diz Vernant: "Se o nascimento às vezes lhes atribui uma ascendência semidivina, a morte também os coloca acima da condição humana" (Vernant, 2006, p. 48). O estatuto heroico permite que um mortal alcance a imortalidade pela via da glória imperecível, ou seja, pelo enfrentamento da morte heroica, em vez de descer às trevas do Hades, como um homem comum fadado ao esquecimento no suceder das gerações (Burkert, 1993, p. 131).

Vernant assinala que não é fácil falar da morte heroica na Grécia, já que elas são numerosas. No entanto, ele sugere que comecemos por Aquiles, o personagem que encarna, aos olhos dos gregos, o ideal do homem e da morte heroicos. Aquiles se caracteriza, sobretudo, por seu comportamento impetuoso, atributo que lhe concede elevada coragem e permite conquistar inúmeras vitórias sobre os adversários troianos sem temer as consequências de seus atos. Sua excelência se manifesta não por meio da ponderação, do raciocínio meticuloso, mas pelo acúmulo de forças aglomeradas nas suas disposições de ânimo, que anseiam pelo extravasamento através do combate, pois o grande prêmio para um herói grego – a glória – só é conquistado pela disputa entre dois destemidos guerreiros, na relação agonística.

Aquiles, filho de um simples mortal, Peleu, e da deusa Tétis, é confrontado com o dilema da escolha entre duas vidas: uma vida pacífica e calma, longa, com mulher, filhos, pai, e, depois, a morte no fim do caminho, o desaparecimento no Hades, onde ninguém tem nome nem individualidade, somente sombra e nada mais, ninguém. Ou, ao contrário, uma vida breve e bela – *kalos thanatos* –, isto é, a morte heroica.

Uma lei da mortalidade implica que cada geração deve, necessariamente, tomar o lugar da precedente, como o movimento das ondas do mar. Aquiles encarna a lei da sucessão de gerações: o homem nasce, cresce e morre, e ele próprio, num dado momento, deverá partir para que uma nova geração apareça.

No contexto do homem heroico, Aquiles, o mais valoroso guerreiro da Guerra de Tróia – o belo-bom –, é premiado pela trama do destino e laureado pelos deuses com a morte heroica, em troca do renome imorredouro. Torna-se assim um dos grandes heróis imortalizados pela *Ilíada* (Vernant, 2009, pp. 77-81):

> (...) *Pés de trata, a deusa Tétis, madre*
> *me avisou: um destino dúplice fadou-me*
> *à morte como termo. Fico e luto em Troia:*
> *não haverá retorno para mim, só glória*
> *eterna; volto ao lar, à cara terra pátria:*
> *perco essa glória excelsa, ganho longa vida;*
> *tão cedo não me assalta a morte com seu termo.*
> (Homero, 2003, IX, 410-416)

Assim, o herói dotado de glória imperecível permanece vivo na memória de seu povo. Além disso, a vida de Aquiles, como a de todos os heróis, tornada gloriosa, é referência de *areté*, de excelência humana ou virtude, considerada pelos gregos antigos um dos valores mais fundamentais de sua cultura. As palavras *areté* e *aristós* compartilham a mesma origem etimológica, isto é, o prefixo aumentativo *ari-*.

A palavra *areté* surge como uma característica dos nobres guerreiros homéricos, os *áristoi*, que tentam alcançar a perfeição nas duas esferas do humano, a física e a intelectual. *Áristos* é o superlativo de *agathós* – bom – e significa, portanto, o excelente, o melhor, o mais bravo, o mais nobre, etc. Assim, possuir *areté* ou ser *áristos* é atingir o ponto máximo de aperfeiçoamento que um ser pode alcançar, e esse é o objetivo do homem grego antigo, desde os primórdios da sua civilização. Segundo Jaeger, "a *areté* é o atributo próprio da nobreza. Os gregos sempre consideraram a destreza e a força incomuns como base indiscutível de qualquer posição dominante. Senhorio e *areté* estavam inseparavelmente unidos" (Jaeger, 2010, p. 26).

Isso explicaria porque o povo grego, considerado o mais humano da Antiguidade, possuía traços de crueldade, pois havia nele a valorização da disputa, que estimulava o agir, o crescimento. Por isso, a exaltação das cenas de combate porque elas expressavam o valor do *agon*, da disputa, que trazia alegria e sentido à existência. Através do combate individual buscava-se a glória, que dava brilho à existência e tornava a vida do indivíduo digna de ser vivida, pois o tornava conhecido, lembrado, simbolicamente imortal, o que significa viver, mesmo que para isso fosse preciso morrer.

A morte para o herói épico não é considerada um fato de todo maléfico, mas a possibilidade de atingir um patamar, ao menos de reconhecimento e glória, que seja tão excelso e eterno como o dos deuses olímpicos. Romilly comenta que a morte gloriosa torna o herói simbolicamente similar aos deuses (2001, pp. 87-97).

Cabe salientar que a aposta na morte heroica é a forma de a civilização assumir, de alguma forma, a responsabilidade pelos atos heroicos de seus homens e sua perpetuação nas gerações vindouras, ou seja, é a continuidade na civilização, por meio do canto dos poetas, da glória imortal do herói, e não a entrada noutro mundo, num além:

> Nessa morte heroica e por trás dessa espécie de idealidade da morte que os gregos tentaram elaborar (...) encontra-se também essa afirmação de que a vida vale ser vivida se lhe dermos um sentido e se esse sentido não estiver no exterior, num longínquo além; os deuses estão lá no mundo, mas é um mundo inacessível, há uma fronteira. (Vernant, 2009, p. 93).

O sentido da morte heroica se vincula a um paradoxo ligado à concepção grega homérica do homem, "uma concepção muito terra a terra" (Vernant, 2009, p. 86) que abriga, em seu interior, os verdadeiros valores de uma vida digna de ser vivida: a felicidade, a coragem, a força, a impetuosidade, a juventude, o prazer amoroso. Mas, ao mesmo tempo, tudo isso se esgarçará e nada sobrará? Ou, por que e para que nós, seres humanos, estamos sempre atormentados em realizar tantas coisas, enfrentar tantas lutas, tantas fadigas se nada restará? Na concepção homérica de mundo, uma vida pacata, sem peripécias, brilho e esforço não vale a pena ser vivida.

Então, como podemos aceder a uma façanha que nos distinga do comum dos mortais, não como um deus, e sim como se o brilho do divino tivesse vindo colocar-se sobre nós, seres humanos? Como podemos encontrar o meio de atingir, pelo menos em parte, a estabilidade dessa existência que atribuímos aos deuses? Essa estabilidade requer que nosso nome, nossa existência singular, o que somos permaneçam inscritos na memória dos homens – imortalizada não só pelo canto dos poetas que celebram, de geração em geração, a glória imperecível, como também pelo memorial funerário, em que um túmulo é erguido com uma estela, em que são gravados o nome do herói e algumas palavras, talvez um verso ou dois.

Para Vernant, "a solução do heroísmo, que se mantém em todas as cidades gregas antigas, constitui um esforço para resolver esse paradoxo" (Vernant, 2009, p. 88), em que a imagem da morte é, sobretudo, o rosto monstruoso da Górgona, a mitológica cabeça de Medusa, que nos petrifica e representa que a morte é algo impensável para o homem. Essa Górgona que não se pode ver nem dizer, indizível e irrepresentável, condensa o absurdo, o contrassenso, o não humano. Alguém que estava na vida e não está mais, eis o absurdo, o impensável, a morte. E é esse impensável que é preciso evitar. Esta é a resposta grega para o problema da morte, conforme nos conta Vernant:

> É porque a morte é vivida como algo monstruoso que a morte heroica foi assim idealizada, como solução vertiginosa e incrível para uma condição humana marcada pela mortalidade. E, por conseguinte, o herói que escolhe a morte heroica acolhe também a ideia de que existem poderes que simbolizam a morte (Vernant, 2009, p. 88).

Eis, portanto, a saída para a condição humana: "encontrar na morte o meio de ultrapassar essa condição humana, vencer a morte pela própria morte, dando-lhe um sentido que ela não tem, do qual está absolutamente desprovida" (Vernant, 2009, p. 89).

Se, aos deuses, se devem prestar os cultos religiosos, aos heróis também são prestadas as honras e dedicados os ritos fúnebres, cada um com as características específicas de cada herói.

Pelo que foi dito acima, não só os cultos aos deuses políades, como também as lendas dos heróis constituem um corpo mítico fundamental na organização da religião da Antiguidade grega. Os cultos de mistérios, como os mistérios de Elêusis, o dionisismo e o orfismo, exercem papel igualmente importante na espiritualidade grega. Dentre eles, somente o orfismo não foi integrado à religião cívica, contrapondo-se a ela (Vernant, 2002, p. 237).

A seguir penetraremos no mito de Dionísio, pois a tragédia grega tem sua origem no culto em honra a esse deus, ou seja, a origem da tragédia se encontra assentada na religião dionisíaca.

Mito de Dionísio

Rastrearemos as ligações entre o mito de Dionísio – patrono da tragédia, divindade mais complexa do panteão helênico homenageada nos festivais religiosos conhecidos como Grandes Dionísias, em que as tragédias são encenadas – e a tragédia grega com base nas afirmações que se seguem, algumas já mencionadas na introdução deste capítulo, que demarcam a raiz primeira da tragédia grega fincada na religião, pois atrelada ao culto de Dionísio.

Além disso, a constatação de que a tragédia grega nasce do culto ao deus Dionísio marca, necessariamente, a passagem do trágico pelo "elemento satírico", conforme aponta Aristóteles, ao dizer que a tragédia é uma evolução, por um lado, dos "solistas do ditirambo" (Aristóteles, 1966, p. 72) e, por outro, do drama satírico.

Nietzsche é categórico ao afirmar que "é uma tradição incontestável que a tragédia grega, em sua mais vetusta configuração, tinha por objeto apenas os sofrimentos de Dionísio e que por longo tempo o único herói cênico aí existente foi exatamente Dionísio" (Nietzsche, 2007, p. 66). Acrescente-se a isso que a "tradição nos diz com inteira nitidez que a *tragédia surgiu do coro trágico* (...)" (Nietzsche, 2007, p. 49).

Lesky, em *Tragédia grega*, realça que "dois elementos básicos, que já encontramos nos primórdios, sempre conferiram à tragédia grega seu cunho essencial: Dionísio e o mito. (...) Com a vinculação indissolúvel entre a tragédia grega e o culto de Dionísio pisamos em terreno firme" (Lesky, 2006, p. 73).

As palavras da abertura do livro *Teatro grego: tragédia e comédia*, do mitólogo Junito de Souza Brandão, também salientam que "a tragédia grega nasceu do culto de Dionísio". O autor prossegue e enfatiza que "isto, apesar de algumas tentativas, ainda não se conseguiu negar. Ninguém pôde, até hoje, explicar a gênese do trágico, sem passar pelo elemento satírico" (2009, p. 9).

Acrescentemos ainda que, nas linhas inicias sobre a origem da tragédia, em *A tragédia grega*, a helenista francesa Romilly, em consonância com os autores mencionados acima, ressalta que "a tragédia grega tem, sem nenhuma dúvida, uma origem religiosa. Essa origem ainda era muito sensível nas representações da Atenas clássica. E estas dependem francamente do culto de Dionísio" (2008, pp. 13-14).

Uma compreensão infinitamente valiosa do significado do coro satírico do ditirambo é revelada por Schiller, esclarece Nietzsche, no prefácio de *A noiva de Messina*: "O coro é visto como uma muralha viva que a tragédia estende à sua volta a fim de isolar-se do mundo real e de salvaguardar para si o seu chão ideal e a sua liberdade poética" (Nietzsche, 2007, p. 51). No entanto, prossegue Nietzsche, não se trata de um mundo arbitrariamente inserido pela fantasia entre o céu e a terra; mas, antes, de um mundo dotado da mesma realidade e credibilidade que o Olimpo, com seus habitantes, representava para os helenos crentes: "O sátiro, enquanto coreuta dionisíaco, vive numa realidade reconhecida em termos religiosos e sob a sanção do mito e do rito" (Nietzsche, 2007, p. 51).

O coro de sátiros caprinos tem a função de excitar o ânimo dos espectadores para que eles sintam a entrada do herói trágico no palco como uma figura nascida da visão extasiada deles próprios, e não como algum homem informe mascarado. Tal fenômeno se apresenta epidemicamente, e toda a multidão sente-se enfeitiçada. A excitação dionisíaca é capaz de provocar na multidão "o impulso de metamorfosear-se, e passar a falar de dentro de outros corpos e almas" (Nietzsche, 2007, p. 56).

O coro ditirâmbico "é um coro de transformados, para quem o passado civil, a posição social estão inteiramente esquecidos; tornaram-se os servidores intemporais de seu deus, vivendo fora do tempo e fora de todas as esferas sociais". No ditirambo, "se ergue diante de nós uma comunidade de atores inconscientes que se encaram reciprocamente como transmudados" (Nietzsche, 2007, p. 57).

Há indícios de que Dionísio está presente em terras gregas desde a Idade do Bronze. Seu nome aparece na escrita em *linear B*, em Pilos, no Peloponeso. Porém, não há consenso sobre sua origem. Alguns estudiosos sugerem a Trácia, ao norte da Grécia; para outros, ele veio da Frígia, ou ainda de Creta (Gerd Heinz-Mohr, 1994, p. 137).

O mito sempre comparece em todos os âmbitos da vida grega, inclusive na tragédia: "O mito é o princípio e como que a alma da tragédia" (Aristóteles, 1966, p. 75). Assim, passemos ao mito de Zeus e Sêmele, que dá origem a Dionísio.

Sêmele é filha de Cadmo, rei de Tebas. Tudo começa quando o pai dos deuses e dos homens se apaixona, mais uma vez, por uma mortal, a princesa tebana, que dele engravida. Hera, deusa dos amores legítimos e esposa de Zeus, tomada pelo ciúme, prepara uma armadilha para eliminar Sêmele e, ardilosamente, sugere à rival que teste a potência divina de seu amante interpelando-o para que se mostre em sua verdadeira forma. Sêmele, ingenuamente, faz tal exigência e, desse modo, assina sua sentença de morte, pois, incapaz de resistir à epifania do amante, é literalmente torrada pelos raios de Zeus, dando à luz prematuramente. Entretanto, o deus celeste recolhe o fruto inacabado de seu amor, completa a gestação de seu filho em sua coxa e traz Dionísio ao mundo após alguns meses. O próprio nome "Dionísio" alude ao episódio de sua origem, pois, etimologicamente, significa "nascido duas vezes", derivado de *dia*, "duas vezes", e de *ónisos*, "nascido". Embora tenha sido concebido por uma mortal, foi gestado também por Zeus, razão pela qual é considerado um deus (Civita, 1973, p. 227).

Eliade situa essa dualidade como uma das características fundamentais de Dionísio: "(...) e isto é essencial, as mais antigas tradições mitológicas insistem no seguinte fato: *mortal*, Sêmele gerou um *deus*. Era essa dualidade paradoxal de Dionísio que interessava aos gregos, pois só ela podia explicar o paradoxo de seu próprio modo de ser" (Eliade, 2010, p. 338).

Camille Paglia faz uma interpretação original, ao considerar que Dionísio nasce sexualmente de forma irregular, por meio de duas portas: uma feminina e outra masculina, mas permanece filho de sua mãe, em uma espécie de lealdade materna. Para a autora, "Dionísio é o lodo carnal da matriz gerativa", "é a totalidade que tudo abarca do culto da mãe". Dionísio, ao endossar a mulher, também endossa seu pântano, "e nada lhe causa nojo, já que contém tudo" (Paglia, 1992, p. 96).

Walter Otto também nos diz que "esse Deus já em sua concepção e em seu nascimento dá a conhecer sua natureza paradoxal e misteriosa" (Otto citado por Carl Kerényi, 2002, p. 115).

Para Vernant, "Dionísio é um deus à parte, Filho de Zeus e de uma mortal, Sêmele, ocupa até mesmo no panteão o lugar de 'estranho estrangeiro'. Entre os deuses e entre os homens, assume a figura do Outro" (Vernant, 2002, p. 235):

> A um só tempo vagabundo e sedentário, ele representa, entre os gregos, segundo a fórmula de Louis Gernet, a figura do outro, do que é diferente, desnorteante, desconcertante, anômico. É também, como Marcel Detienne, um deus epidêmico. Como uma doença contagiosa, quando ele aparece em algum lugar onde é desconhecido, mal chega e se impõe, e seu culto se espalha como uma onda (Vernant, 2000, p. 144).

Nesse registro, Vernant ainda discorre que o que está em questão no interior das *Bacantes* é a dimensão da alteridade, do estrangeiro, da desordem, do caos, tudo o que Dionísio representa na vida humana e no cosmo. E acrescenta que se trata de uma dimensão real, especialmente para Eurípides, assim como é real no centro do mundo humano a presença de Dionísio. Certa versão conta que Eurípides teria escrito as *Bacantes* no exílio, em território selvagem, portanto, fora da Grécia, considerada o espaço da civilização. Assim, por ter sido concebido fora do território grego, Dionísio é tratado como um deus estrangeiro.

O cerne das reflexões das *Bacantes* recai sobre o personagem Dionísio, patrono da tragédia, que só podemos abordar se aceitarmos que é possível mudar nossa visão das coisas, virar de cabeça para baixo as categorias que nos parecem bem definidas – enfim, nos tornar outros.

Nesse momento, precisamos descortinar a criação do teatro grego. Vernant sublinha que "a instituição do teatro e da tragédia no século V é um fenômeno considerável" (2002, p. 352), pois, até então, a cultura grega era, acima de tudo, oral. O aedo/poeta cantava com acompanhamento musical e esboçava alguns passos de dança para um público, mas não se ocultava atrás dos personagens. Além disso, ele contava acontecimentos ocorridos em um passado mais ou menos mítico, na época dos heróis, ou seja, em outra humanidade. Assim, os acontecimentos contados são uma referência e, ao mesmo tempo, algo muito distante.

Entretanto, o advento do teatro traz uma mudança significativa que possibilita a consciência do fictício. O poeta sai de cena e, em seu lugar, Odisseu ou Agamêmnon, por exemplo, aparecem em pessoa e falam em nome próprio, como seres encarnados. Os espectadores assistem a personagens e acontecimentos que sabem pertencer a um passado revoluto, se é que algum dia existiu de fato. Porém, a presença dos personagens no teatro tem como objetivo revelar a ausência real, ou seja, as ficções. O teatro traz o universo do fictício, mas de um fictício diretamente encenado, diferentemente da poesia, em que o fictício é evocado por meio de uma narrativa indireta.

Vernant cita a recusa de Platão ao teatro; o filósofo alega que na epopeia sabemos que é o poeta quem conta os acontecimentos, ao passo que a tragédia quer nos convencer de que os acontecimentos se passam debaixo de nosso nariz; Platão o condena, portanto, por considerá-lo a *mímesis*, a mentira, o simulacro (Vernant, 2002, p. 352). Ora, se a tragédia cria um plano de realidade que é fictício, os espectadores sabem que aquilo a que o teatro dá vida e presença não existe na realidade. Esse conhecimento é a consciência do fictício.

O teatro é, no mundo grego, uma forma de se tornar outro, de experimentar algo diferente do cotidiano, das normas. As fantasias vestidas pelos personagens embaralham as fronteiras estabelecidas, por exemplo, entre o que é homem e o que é mulher, entre o que é o homem e o que é o animal: "Dionísio é o deus que, num dado momento, faz tudo passar para outra dimensão, e é isso que o teatro realiza no centro da cidade grega" (Vernant, 2002, p. 354). Assim, o teatro cria um universo em que não se pode distinguir o fictício do real: "De certa forma até, o fictício, o imaginário e o outro são mais verdadeiros do que a realidade", diz Vernant. Daí decorre a descoberta de que "a realidade só encontra sua significação verdadeira e todo o seu peso humano após ter passado por essa espécie de transmutação que faz dela uma obra" (Vernant, 2002, p. 354).

Vernant enfatiza que o caráter ficcional da expressão estética teatral permite o entendimento de uma mensagem pelos homens que, de outra forma, eles não conseguiriam assimilar e com a qual sofreriam como uma fatalidade. E "entendem-no com certa alegria. A expressão artística permite o domínio, é o que chamamos de *catarse*. A estetização de determinadas questões é realmente uma das características da cultura grega" (Vernant, 2002, p. 355). Tudo o que Dionísio representa na vida humana e no cosmo é:

> uma dimensão real para Eurípides. Assim, como é real, no centro do mundo humano, a presença de Dionísio. Mas o único meio de traduzi-la, de expressá-la, de fazer com que seja uma mensagem para os homens é encená-la graças aos procedimentos da ilusão teatral, da transposição estética. Eurípides sabe que está produzindo ficções, um arranjo poético, mas acredita que o mundo do imaginário é o mais importante, porque é assim que pode fazer passar uma mensagem de verdade (Vernant, 2002, pp. 354-355).

"O mais terrível e o mais doce" (Vernant, 2006, p. 79), gentil e, ao mesmo tempo, horrível com os mortais, ora oferece a fuga do cotidiano, a alegria, a beatitude, ora os lança na loucura, na mácula, no crime. Para as mulheres que impele a fugir de suas casas, de suas famílias, de seus trabalhos, e a se entregar aos devaneios na montanha, oferece o delírio extático, o transe coletivo de seu tirso; aos homens, oferece o vinho, a embriaguez, o travestimento, o carnaval, a inversão das regras comuns de conduta no cortejo exuberante de seu *kômos*. Promove um desterro desconcertante do cotidiano. Dionísio oscila tanto para o alto, ao proporcionar uma confraternização idílica entre todas as criaturas, na comunhão feliz de uma idade de ouro reencontrada, quanto para baixo, ao conduzir aqueles que o negam para a confusão caótica de um horror aterrador:

> É o patrono do teatro onde, no palco, a ficção aparece como se fosse verdade. Em todos os lugares onde aparece, apresentando sua presença imperiosa, confunde por sua magia as fronteiras entre o real e o ilusório; abole a distância que separa o homem dos deuses e dos animais: para seus fiéis, oferece a volta a um estado de comunhão bem-aventurada entre todos os seres, para a felicidade de uma idade de ouro reencontrada; mas, para quem faz pouco dele, lega a queda na selvageria e na demência de uma confusão caótica (Vernant, 2002, p. 235).

Após o nascimento de Dionísio, em Tebas, Zeus leva o pequeno semideus para longe da Grécia a fim de escapar das perseguições de Hera. Entrega-o nas mãos de Sileno, que o cria juntamente com as

Ninfas, os Sátiros e as Musas, Mênades, conhecidas como bacantes, em local distante, no monte Nisa, na Ásia.

Sileno, filho do deus Pã, é o velho sábio beberrão que ensina Dionísio a fazer o vinho. Certa feita, enquanto dormia após uma embriaguez, em sua forma de sátiro, é capturado por soldados, que não o reconhecem, e entregue ao rei Midas. Ao identificar de quem se trata, Midas ordena sua soltura imediata. Sileno, então, conta ao rei Midas a sua sabedoria sobre a condição humana: "O melhor dos fados é inacessível – não nascer, não ser. Depois, o melhor fado é morrer cedo", conforme narra Homero, e depois Sófocles em *Édipo em Colono* (Mario da Gama Kury, 1997, vv. 1438-1441, p. 167).

Mais tarde, essas figuras míticas, exceto as Musas, formarão o cortejo dionisíaco, ao qual se juntam Pã e os Centauros. Lá, Dionísio vive cercado de frondosa vegetação e acaba por descobrir a videira e seu uso: ensina aos homens, pela primeira vez, a arte de cultivar vinhas. As uvas, colhidas das viçosas vides e espremidas, originam o vinho que é bebido pelo semideus em companhia de sua corte. Porém, conta-se que, certa feita, assim que as videiras cresceram, um bode, acusado de tê-las destruído, fora castigado com a morte, após ter sido perseguido e esquartejado. Os sátiros, as ninfas e Dionísio teriam bebido o novo néctar, o vinho, cantado e dançado sobre a pele do bode, até caírem desmaiados pela embriaguez.

Historicamente, esse acontecimento, ao que parece, passa a fazer parte dos rituais dionisíacos e a ser rememorado, todos os anos, por ocasião da vindima, durante os festivais, em Atenas. Após um bode ser sacrificado e oferecido a Dionísio, os participantes cantam e dançam ao som de címbalos até a exaustão. Tais cantores e dançarinos travestem-se de "sátiros, que eram concebidos pela imaginação popular como 'homens-bodes'" (Brandão, 2009, p. 10).

Deriva daí a interpretação mais comum para a origem da palavra "tragédia". Esse vocábulo é oriundo do grego *tragoidía*, palavra formada por outras duas: *trágos*, do grego arcaico, que significa o animal "bode", e *õidé*, que quer dizer "canto". Assim, etimologicamente, tragédia significa o "canto do bode". Os alexandrinos atribuem a explicação etimológica dessa palavra a duas hipóteses: primeira, a mais adotada, ao bode sacrificado a Dionísio no início de suas festas, e a tragédia seria o canto entoado durante esse sacrifício; e a segunda, ao bode oferecido como prêmio ao poeta vencedor do concurso ditirâmbico.

Os tiranos antiaristocratas, com o intuito de se sustentarem no poder, tomam medidas para obter o apoio da população agrária – os campesinos. Para tanto, Dionísio é trazido da periferia para o âmago da cidade e sua adoração é decretada como culto oficial, sob a liderança do ateniense Pisístrato (600-527 a.C.). O mesmo acontece a Deméter e Perséfone. No ano 535 a.C., Pisístrato leva para Atenas esse culto: ele ergue, aos pés da Acrópole, um templo dedicado ao deus Dionísio e institui, em sua honra, diversas festas – as Grandes Dionísias Urbanas – celebradas na primavera e que acabam por se tornar um festival que ganha o estatuto de realidade social politicamente instituído. É nesse ambiente de celebração que nasce a tragédia grega.

Nossa principal fonte de informações sobre o deus Dionísio é a tragédia *As Bacantes*, de Eurípides. Nela, Dionísio, adulto, volta a Tebas, terra onde nasceu e lá deseja ser cultuado. Sêmele morreu. Porém, o rei tebano Penteu, neto de Cadmo e primo de Dionísio, se opõe à nova religião. Ele chega como sacerdote do próprio culto, acompanhado de suas seguidoras, as mulheres da Lídia, as Bacantes, que são suas admiradoras. Por sua vez, as mulheres aristocráticas de Tebas, filhas dos reis, inclusive suas próprias tias, desprezam o deus e não o seguem. Continuam a tecer em vez de participar do culto. Para atraí-las, Dionísio as enlouquece com o vinho, e elas não só se afastam de seus afazeres domésticos, como também largam o marido e os filhos. Em seguida partem para as montanhas, onde se dedicam aos rituais dionisíacos, conforme narrado pelo coro (Trajano Vieira, 2003, vv. 135-169, pp. 54-56): corridas, abatimento da presa no ritual de *sparagmós*, dilaceramento e *omofagia*, gozo de comer a carne crua, do fluir espontâneo de leite, vinho e mel; as danças extáticas, os gritos, os saltos. A orgia dionisíaca terminava em mutilação e esquartejamento. O frenesi das Mênades era banhado em sangue. A dança dionisíaca é um extremo de torção que rasga.

O princípio violento do culto de Dionísio é o *sparagmós*, que em grego quer dizer "rasgar", "despedaçar", "estropiar' e, secundariamente, como substantivo, "convulsão", "espasmo". O corpo do deus, ou um substituto humano ou animal, é feito em pedaços que são comidos ou espalhados como sementes. A *omofagia*, o comer ritual de carne humana crua, é a assimilação e a internalização da divindade. Canibalismo é personificação, teatro primitivo. Você é o que você come. A natureza é *sparagmós*, sempre despedaça para refazer. "*Sparagmós* nega a identidade dos objetos. É a natureza triturando e dissolvendo a matéria em energia" (Paglia, 1992, p. 100). Os objetos e as ideias são turvos, enevoados. Dionísio é o novo, emocionante, mas rústico, varre tudo para começar de novo. E "*sparagmós é partilhar*, partir o pão ou o corpo" (Paglia, 1992, p. 100). O grande deus Dionísio "é a barbárie e brutalidade da mãe natureza". Dionísio "liberta destruindo. Não é prazer, mas dor-prazer, a atormentadora servidão de nossa vida ao corpo. Para cada dádiva ele extorque um preço" (Paglia, 1992, p. 98). Na natureza estamos condenados, sem apelação.

Penteu, o rei tebano, filho de Algave, é um dos maiores perseguidores do deus. Seu avô Cadmo e o velho adivinho Tirésias tentam, em vão, demovê-lo da insana hostilidade de que é tomado ao querer expulsar Dionísio de Tebas. O coro define a atitude do rei como uma *hybris* – "insolência", "desmedida", "violência". O próprio Dionísio tenta iluminar a obstinada cegueira de Penteu, mas, irredutível, o rei ordena a prisão do suposto sacerdote e de suas seguidoras. Contudo, o deus rompe as amarras e liberta também as bacantes.

Um mensageiro, vindo das montanhas, traz notícias das mulheres tebanas e de seus prodígios: todas saltam, "moças, matronas, virgens insubmissas" (Vieira, 2003, vv. 691-713, p. 84). Dormem castas, mas vestem peles de corças, usam serpentes como cinto, os cabelos soltos e coroados com hera. As que acabaram de parir amamentam filhotes de cabritos e lobos. Com o tirso, batem nas rochas e no chão e deles jorram vinho, mel, leite e água. O mensageiro faz uma advertência a Penteu, de que ele deve acolher o novo deus, um ser magnífico porque trouxe a videira aos mortais: "Se não há vinho, não há Afrodite, faltando ao homem, mágico, o deleite" (Vieira, 2003, vv. 773-774, p. 87). Afrodite é a deusa das uniões amorosas, incluída a paixão, e a paixão é loucura mortífera. Por sua irredutibilidade arrogante, Penteu é levado à ruína pelo deus Dionísio, que age com uma inteligência de sofista ao lançar mão de uma ironia trágica. O rei, dominado pela curiosidade, é convencido por Dionísio a se disfarçar e vestir-se de mulher – Mênade – para ir espionar as Bacantes na montanha. Lá, já embriagado, sobe em cima de uma árvore para espiá-las e estas, ao descobrirem o espião e sem perceberem de quem se trata, despedaçam e o matam. O mais trágico é que a própria mãe não reconhece o filho e inicia um ritual hediondo. Tomada de prazer, finca uma haste na cabeça de Penteu e corre para Tebas a vangloriar-se do seu feito: acredita ter caçado e matado um filhote de leão. Assim, aos negadores de Dionísio é reservado o destino da ruína, da automutilação.

Em seus primórdios, o culto ao deus de duplo aspecto acontece clandestinamente, pois a aristocracia, encarregada de determinar os cultos oficiais, se recusa a aceitá-lo, com a alegação de tratar-se de um deus estrangeiro, propiciador da embriaguez e contrário ao ideal de harmonia e beleza. A teogonia olímpica é que deveria ser venerada. Porém, "pelo fato de personificar a liberdade, a desobediência à ordem e à medida, Dionísio conseguiu impor-se às populações submetidas pelos gregos. Ao aceitá-lo, essas populações extravasavam, de certa forma, sua revolta contra o povo dominador" (Civita, 1973, p. 227).

Eliade nos fala que o destino de Dionísio é a perseguição – perseguição por personagens antagônicos –, o que exprime de maneira dramática a resistência contra o modo de ser e a mensagem religiosa do deus:

> Dionísio devia provocar resistência e perseguição, pois a experiência religiosa que suscitava punha em risco todo um estilo de vida e um universo de valores. Tratava-se, sem dúvida, da supremacia ameaçada da religião olímpica e suas instituições. Mas, a oposição denunciava ainda um drama mais íntimo, e que, aliás, está abundantemente atestado na história das religiões: a resistência contra toda experiência religiosa *absoluta*, que só pode efetuar-se negando o *resto* (seja qual for o nome que lhe dermos: equilíbrio, personalidade, consciência, razão). (Eliade, 2010, pp. 339-340).

Dionísio é um deus próximo dos homens, com os quais estabelece um tipo de vínculo mais íntimo, mais personalizado do que prevalece na religião grega. Ele mantém com seus devotos uma relação cara a cara e mergulha seu olhar no do seu devoto, que por seu turno fixa seus olhos hipnotizados na figura, na máscara de Dionísio. No entanto, ao mesmo tempo, talvez seja o deus mais afastado dos humanos, o mais inacessível e misterioso, aquele que não se pode captar, que não se pode enquadrar numa definição (Vernant, 2000, p. 145). Dionísio “embaralha as fronteiras entre o divino e o humano, o humano e o bestial, o aqui e o Além. Faz comungar o que estava isolado, separado” (Vernant, 2008, p. 342). Esse Além não se exprime pela esperança de uma outra vida após a morte, mas de uma experiência nesta vida que comporte a abertura da condição humana para a alteridade. Dionísio representa o aspecto inapreensível e desorientador do sagrado, pois “arrasta seus fiéis pelos caminhos da alteridade e lhes dá acesso a uma experiência religiosa quase única no paganismo, um desterro radical de si mesmo” (Vernant, 2002, p. 235).

Deus da contradição, da ambiguidade, “o biênio dionisíaco é tão exclusivamente a lógica de *zoé* e de seu oposto, a morte”, é o biênio que “abarca ambas essas tendências”, é o “biênio baseado na natureza humana” (Kerényi, 2002, p.177-178). *Zoé* “faz com *thánatos* um contraste” (Kerényi, 2002, p. XIX). Assim, “em todas as cerimônias que lhe são consagradas, Dionísio revela-se ao mesmo tempo deus da fertilidade e da morte” (Eliade, 2010, p. 343). Portanto, *Eros* e *Thanatos* são seus traços (Patitucci, 2008, p. 58). Suas manifestações e desaparecimentos inesperados refletem o aparecimento e a ocultação da vida, a alternância da vida e da morte e, por fim, sua unidade: “Seu modo de ser exprime a unidade paradoxal da vida e da morte” (Eliade, 2010, p. 351). Dionísio é o representante da psique humana.

Para os gregos, Dionísio era, antes de tudo, “um deus do vinho, um deus touro e um deus das mulheres” (Kerényi, 2002, p. 47). Sua ambiguidade está embutida na bebida inventada por ele: o vinho, que é, a um só tempo, remédio e veneno – *phármakon* –, droga por meio da qual o humano se supera ou, dependendo da dose, se transforma em animal, descobre o êxtase ou afunda na bestialidade – alteridade própria do deus que o criou. Assim, como deus do vinho, Dionísio é, também, o deus da embriaguez, da colheita e da fertilidade, da alegria e da exuberância. Ele é chamado por Hesíodo de multialegre: “Sêmele filha de Cadmo unida a Zeus em amor/ gerou o esplêndido filho Dionísio multialegre/ imortal, ela mortal. Agora ambos são deuses” (Hesíodo, 2009, vv. 940-942, p. 153). Entretanto, ao mesmo tempo, é o Dionísio-Zagreu, o deus das trevas que, nos rituais marginais de *As Bacantes*, de Eurípides, aleita os animais – rituais *diasparagmós* –, mas também os caça, os despedaça vivos e os come crus em rituais de *omofagia*, momento de aproximação entre a vida e morte.

O brado "Evoé!", emitido pelas Bacantes, imanta Dionísio para que ele apareça em epifania, em avatar – momento em que o humanamente invisível se faz visível. Sua materialização por meio da epifania nos revela um deus cruel, que impinge castigos, mas também um deus sorridente. A tragédia é algo terrível, porém festivo, carnavalesco.

Nomeado Baco pela tradição, Dionísio, por ser nascido de uma mortal, não pertence de direito ao panteão dos olímpicos; contudo, logra tornar-se aceito e obtém, juntamente, o ingresso de Sêmele. Assim, ele domina a Grécia e é colocado, pelos gregos, no Olimpo, com a mesma dignidade que os outros deuses de culto oficial; todavia, isso se concretiza somente após vencer uma série de resistências, pois sua presença introduz uma ruptura na diferenciação, anteriormente demarcada pela religião cívica, entre as esferas divina, humana e animal, o que o leva a ser considerado, também, o deus estrangeiro. Diz-nos Vernant:

> Os cultos dionisíacos fazem parte integrante da religião cívica, e as festas em homenagem a Dionísio são celebradas da mesma maneira que qualquer outra dentro do calendário sagrado. Mas, como deus da *manía*, da loucura divina, por sua maneira de apossar-se dos fiéis entregues a ele através do transe coletivo ritualmente praticado em seus tíasos, por sua repentina intrusão neste mundo sob a forma de revelação epifânica, Dionísio introduz, no seio da religião da qual constitui uma peça, uma experiência do sobrenatural estranha e até, sob vários aspectos, oposta ao espírito do culto oficial (Vernant, 2006, p. 70).

Com seu cortejo e sua fronte cingida de hera e louro, Dionísio, deus estrangeiro, viaja pela Grécia e proporciona aos seus devotos alegria e felicidade, por meio da abundância do vinho, que afasta as preocupações dos corações humanos. O medo se esvanece, a coragem é redobrada, os males encontram cura, e uma profunda confiança no próprio poder impulsiona os fiéis para atos corajosos. Enfim, a vida ganha maior esplendor.

Assim, a tragédia grega surge com Dionísio e seu cortejo, que descem pelas trilhas das montanhas e bosques acompanhados pela dança e pela música ao som da flauta mágica do deus Pã, e pelos caminhos dos bodes, despertando as mais violentas sensações em seus possuídos. Sim, Dionísio era uma possessão, daí ser considerado, também, o deus da presença, *parousía*; as pessoas se tornam possuídas e embriagadas por ele, e se transmudam naquilo que têm de mais erótico, de mais sensual, de mais atrelado à vida. Sua presença desperta entusiasmo e êxtase e arrasta seus devotos à *manía* e à loucura divina, própria dos ritos em sua homenagem. A irrupção do desejo tenta ocultar o medo primevo, sentido como insuportável por aqueles que se sabem mortais e que precisam viver, como uma necessidade inexorável, a imortalidade, nem que seja por alguns momentos ou num instante divino, sem passado e sem futuro, sem normas e sem limites, em que o humano se torna união com a totalidade, com a mãe Gaia:

> Ao menos enquanto durava a embriaguez, os homens sentiam dentro de si a presença de uma força superior, divina, e acreditavam-se dotados de poderes iguais aos que tinham os deuses. Por isso dispensavam a Dionísio um culto diferente do que reservavam às demais divindades olímpicas: estas existiam fora deles, enquanto Dionísio muitas vezes tomava a vida e atuava em seus corações. (Civita, 1973, p. 226).

Eliade acentua o aspecto de superação humana embutido no estado de êxtase: "O êxtase da *manía* demonstrava que a condição humana podia ser superada" (Eliade, 2010, p. 352).

O ator, um dos principais componentes do teatro, e consequentemente da tragédia, passa a existir porque, ao atingir o estado de entusiasmo e de êxtase, após a dança vertiginosa provocada pela degustação excessiva do néctar de Dionísio, alcançaria as condições para transpor todas as medidas e chegar, assim, a um estado de correspondência ao outro, ou seja, seria capaz de incorporar um personagem.

Dionísio é "o deus mais epidêmico do panteão" (Detienne, 1988, p. 14), visto ter na parúsia uma forma de ação privilegiada, em que o poder de contágio é tão forte como a mancha do sangue derramado. Há nele uma pulsão epidêmica que o afasta dos outros deuses de epifanias regulares, programadas e sempre arrumadas segundo a ordem de culto das festas oficiais, cada uma no seu tempo. Porém, a efígie de Dionísio "cai do céu, sua nave surge na linha do horizonte do mar; à frente de um comando de mulheres ataca as portas da cidade (...)" (Detienne, 1988, p. 14).

As epidemias são os sacrifícios oferecidos às potências divinas, no momento em que estas descem para a terra e vão a um santuário, assistem a uma festa, ou comparecem a um sacrifício. São os deuses migrantes que têm direito às epidemias, pois entre os deuses há movimento, que se torna mais intenso nas *Teoxênias*, ocasiões em que uma cidade ou uma divindade oferece hospitalidade a certas potências divinas, ou a todas juntas. Assim, ao habitarem a terra, os deuses nela permanecem, "epidemizam" (Detienne, 1988, p. 13).

Porém, além de prazer e esperança, a embriaguez produz selvageria e loucura. Para enfrentar as resistências contra seu modo de ser e contra a implantação de seu culto, Dionísio utiliza-se do vinho como arma poderosa que atua, sobretudo, sobre as mulheres, cujo raciocínio fica obscurecido, e que cometem os crimes mais atrozes. Assim, como já mostramos, ocorreu com o rei Penteu ao se recusar a venerar Dionísio: ele é despedaçado pelas mulheres, enfurecidas sob o poder do vinho. Esse episódio mítico constitui o tema da tragédia *As Bacantes*, de Eurípides.

À indagação "Quem é Dionísio?", Otto responde que é "o deus de êxtase e terror, de selvageria e de liberação a mais abençoada – o deus delirante cuja aparição leva os homens ao delírio –, esse Deus já em sua concepção e em seu nascimento dá a conhecer sua natureza paradoxal e misteriosa" (Otto citado por Kerényi, p. 115). É o deus do *enthousiasmos*, de onde se origina a palavra "entusiasmo", um estado louco de santa inspiração, em que o devoto é *éntheos*, cheio do deus (Paglia, 1992, p. 98).

Otto indica, ainda, como o êxtase provoca no devoto uma experiência que dá sentido à sua existência: "Dionísio era o deus da embriaguez e do amor mais vivaz. Mas, também, era o perseguido, o sofredor e o moribundo, e todos os que o acompanhavam e eram tocados por seu amor deviam compartilhar com ele seu trágico destino" (Otto citado por Patitucci, 2008, p. 75).

Dionísio "escapa a todas as definições, reveste todos os aspectos sem se deixar encerrar em nenhum. À maneira de um ilusionista, joga com as aparências, embaralha as fronteiras entre o fantástico e o real" (Vernant, 2006, p. 77). Não é possível enquadrá-lo numa definição; ele se apresenta, ao mesmo tempo, em todas e em nenhuma, presente e ausente. "Assim que ele aparece, as categorias distintas, as oposições nítidas, que dão coerência e racionalidade ao mundo, esfumam-se, fundem-se e passam de umas para as outras" (Vernant, 2006, p. 77). Por isso ele é o deus mais complexo do panteão ao assumir várias facetas: é múltiplo, multifacetado, fragmentado, polimórfico – pode assumir forma humana e animal – e representa a personagem "prototípica de tantas atividades humanas" (Brandão, 2009, p. 38).

Ele transita por todas as formas de ser: humana, animal, vegetal e mineral e nenhuma delas detêm *status* especial. Todas são igualadas e sacralizadas no *continuum* de energia natural e, ao nivelar a cadeia do ser, a hierarquia é dissolvida. Assim, a "identificação dionisíaca é sentimento de camaradagem, identidade extensa ou ampliada" (Paglia, 1992, p. 98).

Não há uma linha divisória precisa entre a expressão minoica e o que sabemos sobre o culto dionisíaco a partir de testemunhos gregos. É sabido que os monumentos minoicos e os textos gregos são complementares. Pressupõe-se que, em alguns palácios, enormes rítons, *rhýta*, cornos artificiais com a forma de cabeças de touro, eram utilizados como jarros de vinho na celebração de rituais centrados nessa bebida. Bezerros também eram colocados de um lado dos sarcófagos para serem utilizados como oferendas aos mortos, enquanto do outro lado se preparava um touro para o sacrifício. Milênio e meio mais tarde conta-se que, durante o festival de inverno de Dionísio, os homens carregavam nos braços um touro que escolhiam por inspiração divina. Uma vaca com bezerro recebia cuidados como se fosse uma mulher grávida e, em seguida, como uma dama parturiente. Isso era feito em prol de Dionísio, ali conhecido como "deus triturador de homens". Nascido o bezerro, este era calçado com botas de caçador, semelhantes às de Dionísio, e era sacrificado no lugar de uma criança – que não era outra senão o menino Dionísio. A identificação do deus com o bezerro e o touro é atestada pelos epítetos como "filho da vaca" e "pés de touro delirante" (Kerényi, 2002, pp. 48-49).

Homero conhece Dionísio, conforme demonstram suas referências, mas nem o rapsodo nem seus ouvintes se interessam por esse deus estrangeiro, tão diferente dos olímpicos. Homero sabe do culto extático que as mulheres dedicam a Dionísio e, quando faz Zeus dizer que o filho de Sêmele nasce para a alegria dos homens, provavelmente estava pensando no vinho (Kerényi, 2002, p. 49):

> *ou das moças tebanas, de Alcmene e Sêmele;*
> *Aquela gerou Héracles, de coração*
> *Corajoso, enquanto esta, o júbilo dos homens,*
> *Dionísio;* (...)
> (Homero, 2003, XIV, vv. 323-326, p. 79)

Homero também tinha conhecimento do poder ambivalente do vinho. Com sua visão clara dos deuses olímpicos, ele teve de cingir-se ao papel de testemunha reticente no tocante à esfera dionisíaca:

> *Veneranda não me ofertes vinho*
> *melifluente; receio que me entorpeça e o íntimo*
> *me empane; temo a Zeus libar um vinho flâmeo*
> *com mãos não limpas; nem se pode, ao nuvinegro*
> *Zeus, ao Croníade, orar com mão sujas de sangue,*
> *pulverulentas. Vai, porém, com as matronas*
> (Homero, 2003, VI, vv. 264-269, p. 247)

Em uma de suas raras referências ao deus, Homero o chama de o "delirante Dionísio", *mainómenos Diónysos*, designando, para o poeta, um estado passageiro de alienação – a embriaguez –, por conta do efeito produzido nas mulheres: primeiro em suas míticas nutrizes, depois em todas as suas seguidoras (Homero, 2003, VI, vv. 130-141, pp. 239-241).

Na tradição órfica, datada da época micênica, Dionísio é assimilado ao deus cretense Zagreu – deus da caça –, que em sua lenda introduz o elemento da paixão. *Zagreús*, em grego, "é o nome dado a um caçador que captura animais vivos" (Kerényi, 2002, p. 72). Em Creta, de Zeus e Perséfone nasce Dionísio-Zagreu, filho preferido de Zeus e destinado à sucessão do governo. Daí decorre sua morte pelos titãs, a mando de Hera. O coração, ainda palpitante, foi salvo por Palas Atena e engolido por Sêmele, que o fecunda.

Os adeptos do orfismo – religião fundada pelo poeta mitológico Orfeu, cuja doutrina admite a imortalidade e a reencarnação da alma humana após a morte corporal para purificação dos pecados – conferem um sentido místico a essa paixão e a sua ressurreição. Assim, Dionísio, deus "da excitação de toda espécie e da união mística" (Heinz-Mohr, 1994, p. 137), não é só a divindade rústica do vinho, da alegria e do delírio orgíaco, mas igualmente uma espécie de mártir que, uma vez morto, renasce. Exatamente por isso Dionísio passa a representar uma das forças fecundantes do mundo, responsável – como Apolo e Deméter – pela mudança das estações, pela colheita e pela fertilidade. Dessa atribuição decorre a sua celebração no início da primavera, estação em que reaparece purificado dos atos de demência cometidos durante as viagens.

Inicialmente, a esse deus foram assimiladas duas outras divindades: Sabázio e Bassareu. O primeiro, venerado na Frígia e, de acordo com algumas fontes, também na Trácia, consiste numa divindade solar que produz e sustenta a vida. É representado com chifres e possui como emblema uma serpente. Em sua honra são realizadas as festas noturnas que lembram as orgias em que os participantes bebem vinho e se entregam a danças agitadas. Com o transcorrer do tempo, Sabázio foi assimilado a Dionísio e as lendas das duas divindades começam a se confundir. Origina-se daí a designação da Trácia ou da Frígia como pátria de Dionísio. Certa variante do mito descreve Sabázio como um educador do deus do vinho, enquanto outra o apresenta como seu filho.

O segundo, Bassareu, também de origem oriental, é venerado, sobretudo, como conquistador, e a identificação de Dionísio com ele poderia explicar as vitórias deste último na Grécia. Bassareu vem do trácio *bassara*, um manto feminino de pele de raposa.

Por fim, entre os deuses da Grécia, Dionísio é o menos sedentário. "Não se sente em casa em parte alguma", principalmente em Tebas, onde sua mãe, a mortal Sêmele, o carregou no ventre. "Deus nômade, seu reino não tem sede" (Detienne, 1988, p. 8).

Dodds fornece sua interpretação de que Dionísio "é Lusios, o Libertador", o deus que nos possibilita por um breve tempo *deixarmos de ser nós*, e com isso nos liberta. "O objetivo desse culto era *ecstasis* – que podia significar qualquer coisa, desde 'tirar-nos de nós mesmos' até uma profunda alteração da personalidade" (Dodds citado por Paglia, 1992, p. 99).

Para terminar, Detienne poeticamente nos fala sobre Dionísio:

> É preciso deixar Dionísio em suas províncias, em suas terras, com suas vagabundagens. Conceder-lhe inteira liberdade para suas epifanias. Que ele surja na Anatólia, nos arredores de Sardes, sobre as escarpas do Tmolo – o tmolita, evidentemente –, misturando-o com um pouco de água para oferecê-lo à deusa Reia, sua mãe neste local. Ou que, no alto do Vesúvio, quando os sátiros comandam a dança, um nobre vinho da região faça transbordar a cuba com seus eflúvios, enquanto Dionísio, o corpo em forma de cacho, envolto em túnica avermelhada pelos frutos maduros, serve negligentemente à sua pantera uma bebida do mais fino teor.
>
> Argo, Lesbo, Elêuteras, Olímpia, Taso, Delfos e Orcômeno, e até a ilha misteriosa à beira do Atlântico, lá, e ainda alhures, Dionísio surge, salta, dança, pega, rasga, faz delirar. Entrelaçando, no arco-íris de suas aparições, as cores afins do sangue que jorra e do vinho que espuma. Dionísio do ataque brutal, que faz estrebuchar sua presa, que leva à loucura, ao homicídio, à infâmia; Dionísio das vinhas que amadurecem em um dia, das fontes de vinho, da bebida inebriante que provoca efervescência. Esse deus duplo, não seria ele, enfim, o mesmo? (Detienne, 1988, pp. 8-9)

Dionísio é o representante fiel da tragédia grega, pois é seu nascedouro. Deus do vinho, do excesso, *hybris*, da loucura, do *pathos*, paixão, é, por excelência, o deus trágico.

Em seguida trataremos da tragédia grega para então, chegarmos à concepção de trágico grego.

Tragédia grega

A tragédia ática nasce numa época longínqua, a do século V a.C., denominado "o século V trágico" (Vernant; Vidal-Naquet, 2008, p. 150). Para Vernant "a tragédia é um gênero literário que cria o trágico: quando a tragédia funciona, então podemos dizer que existe um homem trágico". Vernant insiste que "não existe trágico na sociedade ateniense, existe trágico *na tragédia*" (Vernant, 2002, p. 364).

A produção trágica grega está circunscrita aos três grandes tragediógrafos: Ésquilo, Sófocles e Eurípides, lembrando que as peças de tragédias gregas se situam na fronteira entre a religião e a literatura, ligada ao teatro, à dramaturgia.

Discorreremos a seguir sobre a definição aristotélica de tragédia, suas características e seus elementos constitutivos: a fábula, o enredo, o herói e o coro. Por fim, pretendemos chegar à investigação do trágico grego, ou, como diz Vernant, do homem trágico.

Como já foi dito, o período que transcorre entre Homero e os poetas trágicos no século V a.C. apresenta uma mudança significativa no sentimento religioso, que se manifestará na tragédia, resultante da reflexão dos poetas acerca do lugar do homem, do limite e da responsabilidade de sua ação diante do mundo divino. Decorre daí que, na tragédia, a tensão no vínculo entre os deuses e os homens se torna um problema ou conflito, que será vivido na própria pele, pelo herói trágico, segundo informa Romilly:

> Ao recusar os temas desfavoráveis, ao envolver tudo num contexto de beleza, Homero escolheu para seus heróis a luz mais sedutora.
>
> Por outro lado, é um facto que os heróis de Homero, depois dele, reviveram na tragédia. Ora, aí todos foram enegrecidos, endurecidos, contestados. (Romilly, 2001, p. 95).

Aristóteles, filósofo grego da época clássica, é o primeiro teórico da literatura grega que formula, no século IV a.C., a definição de tragédia, enquanto roteiro de dramaturgia, em sua obra *Poética*:

> É, pois a tragédia imitação de uma ação de caráter elevado, completa e de certa extensão, em linguagem ornamentada e com as várias espécies de ornamentos distribuídas pelas diversas partes [do drama], [imitação que se efetua] não por narrativa, mas mediante atores, e que, suscitando o "terror e a piedade", tem por efeito a purificação (*katharsis*) dessas emoções (Aristóteles, 1966, p. 74).

O fundamental na dramaturgia da tragédia, para Aristóteles, é o despertar da polaridade de sentimentos de terror e compaixão por meio da "trama dos fatos" (Aristóteles, 1966, p. 75); a tragédia não é imitação de homens, mas sim de ações e de vida, de felicidade e de desventura, as quais, por sua vez, residem na ação. A ação deve ser complexa e possuir como elementos a peripécia – reviravolta súbita, mudança de um estado em seu contrário – e o reconhecimento – compreensão da verdade por parte do herói.

Aristóteles teoriza que, para realizar-se como obra de arte, o espetáculo trágico deve sempre provocar a *katharsis*. Ao assistir às terríveis dilacerações do herói trágico, ao sensibilizar-se com o horror em que a vida dele se transforma, e ao sentir profunda compaixão pelo infausto que o destino reserva ao herói, o público deveria passar por uma espécie de exorcismo coletivo.

O conceito de catarse está ligado ao domínio da medicina, e seu sentido é de alívio combinado ao prazer dos afetos mencionados. A catarse não está ligada a nenhum efeito moral, apesar de Platão ter banido, rigorosamente, a tragédia de sua República ideal, por considerá-la nefasta à moral dos cidadãos (Lesky, 2006, p. 28). Em sua concepção, Aristóteles associaria a tragédia à catarse pelo fato de ter sido médico, o que teria contribuído para que entendesse a encenação dramática como uma espécie de remédio da alma, que ajuda o público a expelir suas dores e sofrimentos ao presenciar o desenlace.

Num momento seguinte, Aristóteles esclarece que os homens são tais ou quais segundo o seu caráter, mas são felizes ou infelizes, bem ou mal-aventurados, de acordo com suas ações e suas experiências (Aristóteles, 1966, p. 75). A bem-aventurança ou a desdita do homem depende de suas ações. De fato, não é o caráter que determina o trágico, e sim a ação; o caráter é próprio do homem e restringe-se a ele; a ação, pelo contrário, deve ser compreendida, em última instância, a partir da polaridade entre o homem e o mundo em que ele se insere.

Esses são os dois pressupostos fundamentais da tragédia, o homem e o mundo, levantados por Gerd Bornheim:

> No momento em que esses dois polos, de um modo imediato ou mediato, entram em conflito, temos a ação trágica. (...) Deve-se mesmo afirmar que todo trágico reside nesse estar suspenso na tensão entre os dois pressupostos fundamentais. (...) Na medida em que um dos pressupostos perde sentido e força, o teor trágico da ação enfraquece, perde sua razão de ser (Bornheim, 2004, p. 74).

A maioria das peças trágicas gregas coloca, diante dos espectadores, personagens que devem responder por seus atos. Antígona, em função dos seus valores religiosos e da sua consciência familiar, ousa ir contra o Estado, a consciência coletiva, e ultrapassa a ordem decretada por Creonte de não dar sepultura ao seu irmão morto, Polinices. Em virtude de sua insolência, *hybris*[8], a protagonista é condenada a ser sepultada viva. A partir da definição de Aristóteles tomada no contexto sócio-histórico em que a tragédia surge, podemos considerar o estado de bem-aventurança ou infortúnio, vivenciado pelo herói trágico, como a experiência sentida em profundidade por um indivíduo que está sujeito às consequências de suas ações.

O nascimento da tragédia grega se dá num contexto histórico em que os valores coletivos da *polis* tendem a prevalecer sobre os valores individuais da aristocracia. É um período de transição entre um conjunto de valores marcadamente religiosos, valores do *oikos*, "lar", e os novos valores democráticos, ou seja, um momento caracterizado por um estado particular de articulação entre o mito e o pensamento jurídico, em plena fase de elaboração. Essas duas últimas categorias se confrontam nos palcos gregos e exprimem o debate entre o passado mitológico e o presente da cidade.

Decorre daí a afirmação de Walter Nestlé de que a tragédia floresce "quando se começa a olhar o mito com olhos de cidadão" (citado por Vernant; Vidal-Naquet, 2008, p. 10). Nessa perspectiva, não só o universo do mito como também o mundo da cidade, em face de um declínio na sua consistência, tornam-se alvos de questionamentos.

Os cidadãos, em suas atividades políticas, enfrentam não só as tensões provenientes do conflito interno da aristocracia dividida entre o pequeno grupo da oligarquia – ricos proprietários de terra – que não compartilha o novo regime e a aristocracia democrática, como também a antiga tensão entre povo e nobreza que, apesar de mais branda, ainda sobrevivia. A realização dos concursos dramáticos é um fator de integração do corpo cívico pela democracia ateniense, na medida em

8 "Com esse termo, intraduzível para as línguas modernas, os gregos entenderam qualquer violação da *norma da medida*, ou seja, dos limites que o homem deve encontrar em suas relações com os outros homens, com a divindade e com a ordem das coisas. (...) Aristóteles deu a esse termo um significado mais restrito: entendeu tratar-se de ofensa gratuita feita aos outros apenas pelo prazer de sentir-se superior: o que é insolência" (Nicola Abbagnano, 2007, p. 604).

que toda a comunidade participa de seu processo de organização, do mais comum cidadão ao mais importante representante de Atenas. A escolha do poeta vencedor cabe a uma espécie de tribunal composto por cidadãos sorteados entre as diversas tribos áticas.

Para Vernant e Vidal-Naquet, a consciência trágica provoca angústia pelo fato de levantar questões, mas não poder fornecer soluções:

> Mesmo no mais otimista dos Trágicos, em Ésquilo, a exaltação do ideal cívico, a afirmação de sua vitória sobre todas as forças do passado tem menos o caráter de uma verificação, de uma segurança tranquila que de uma esperança e de um apelo em que a angústia jamais deixa de estar presente, mesmo na alegria das apoteoses finais. Uma vez apresentadas as questões, para a consciência trágica não mais existe resposta que possa satisfazê-la plenamente e que ponha fim à sua interrogação (Vernant; Vidal-Naquet, 2008, p. 11).

A tragédia discute as novas mudanças na organização social da *polis*, embora o passado mítico, de um mundo já decorrido, continue presente na consciência do homem grego. O herói do teatro grego pertence ao universo lendário, à aristocracia, porém, num momento em que seus valores já se mostram decadentes. O coro, constituído por cidadãos que defendem os valores da *polis*, entra em contraposição ao herói, que, ao praticar uma ação desmedida, *hybris*, consciente ou não, é conduzido à *harmatía*, o erro trágico segundo Aristóteles, e culmina com sua derrocada. Esse desfecho é a consumação da vitória da nova ordem de valores democráticos.

O advento do direito, no quadro da cidade, também provoca questionamentos acerca dos mitos que se tornam objeto de debate diante do público. Nele, o herói lendário constitui-se como sujeito responsável por seus atos, sofre julgamento por parte dos deuses e dos homens, marcando assim uma etapa na "formação do homem interior", do homem que deve pagar por suas atitudes. No entanto, a derrota não significa denegrecimento da imagem dos valores antigos, pois, ao mesmo tempo que eles são vencidos, a derrota é gloriosa, já que tais heróis demonstram extraordinária nobreza, honra e superioridade na maneira como suportam os sofrimentos. Aliás, na maioria das peças, embora os representantes das linhagens reais de outrora não consigam evitar a própria morte, acabam por preservar seus nomes contra a difamação.

Vernant e Vidal-Naquet salientam a figura do direito na compreensão da tragédia: "Para o intérprete, trata-se apenas de algo prévio que finalmente deve levá-lo de volta à tragédia e ao seu mundo a fim de explorar certas dimensões que, sem esse desvio pelo terreno do direito, ficariam dissimuladas na espessura do texto" (Vernant; Vidal-Naquet, 2008, p. 9). Mas os autores enfatizam que a tragédia, apesar de assimilar a imagem de um processo judicial, não discute um direito já fundado e fixado sobre princípios, organizado num sistema coerente, e sim as discordâncias de um pensamento jurídico inacabado e questionável.

A tragédia grega corresponde menos a um reflexo da realidade social do que à expressão crítica de uma dissonância, ou, melhor dizendo, do que a manifestação estética do incerto momento de inauguração de uma nova ordem:

> Isto corresponde a um período em que os gregos estavam tentando distinguir claramente o plano humano – o que Tucídides chamaria de natureza humana – das forças físicas, naturais, dos deuses, etc. A tragédia surge neste momento e para exprimir que o homem é enigmático. A cidade vivia com uma imagem do homem oriunda da tradição heroica e viu surgir, então, um homem totalmente diferente, o homem político, o homem cívico, o homem do direito grego, aquele cuja responsabilidade é discutida nos tribunais em termos que nada mais têm a ver com a epopeia. A imagem do homem heroico, em contato direto com os deuses, agido por eles, subsiste ao lado de outro homem que, quando matou sua mulher, não pôde invocar as maldições ancestrais e que é interrogado sobre o porquê de seu ato e o modo como o realizou. As duas imagens do homem são absolutamente contraditórias e, como os gregos estavam divididos entre elas, o homem se tornava um enigma. (Vernant, 2002, p. 355).

Então nos perguntamos: qual é a relação entre um homem e o ato que realiza? Eis uma das grandes e inquietantes questões que a tragédia, da mesma forma que os tribunais da época, expõe à sua maneira diante do público: "A relação é a mesma quando entende suas condições, quando age com conhecimento de causa ou quando age cegado por uma paixão, em estado de legítima defesa, ou na ignorância completa da pessoa que matou?" (Vernant, 2002, p. 365). Existem a falta que é cometida intencionalmente, com conhecimento de causa, e a falta involuntária, cometida sem saber? Existe a culpa de nascença, resultante da mácula ligada a toda uma linhagem? E quanto aos crimes instigados pelos deuses? Devem os homens pagar por eles? A fatalidade elimina a responsabilidade humana? A escolha do herói é produto dos deuses? Quais são suas possibilidades de escolha? São essas as questões sobre as quais a tragédia se debruça, mas não oferece respostas nem indica soluções. Nesse sentido, o herói trágico grego se apresenta para os espectadores como um ser problemático, induzindo-os a um processo de reflexão.

Graças às circunstâncias de um direito em estado de desenvolvimento, ou seja, inconcluso, este se configura como um problema e não há como deixar de sê-lo. Além disso, estamos falando de uma época, conforme aponta Vernant, em que o homem ainda não é concebido como um agente totalmente autônomo e a noção de livre-arbítrio inexiste:

> A vontade ainda não está verdadeiramente delineada, não existe a noção de livre-arbítrio. Também não existe a noção de autonomia do homem; não há noção de vontade. Tudo isto não existe. Há uma tensão espiritual entre os gregos, sobre a questão da falta, entre o que a religião e a vida social, política e, principalmente, o direito estavam começando a elaborar, e é nesse intervalo que a tragédia insere suas questões. Mostrará que de fato o herói é sempre aquele que fez uma escolha pessoalmente, que se engajou em atos que correspondem ao que ele é – a vontade de Édipo pertence a ele e o constitui – e que ao mesmo tempo os deuses prepararam tudo, de forma que o homem foi simplesmente empurrado, atravessado pelas potências divinas, sem entender nada do que estava fazendo (Vernant, 2002, pp. 367-368).

É precisamente nesse conflito, *agon*, nessa dualidade que reside a mola da ação que acarreta o surgimento de uma consciência trágica. Para sua existência, é necessário que os planos humano e divino – graças à formação da noção de uma natureza humana possuidora de aspectos próprios, de sua moral e seus valores – sejam bastante distintos para se opor, sem que, no entanto, deixem de aparecer como indissociáveis.

Não podemos nos esquecer de que, nessa forma estética, temos a presença de um forte destino que condiciona os caminhos do herói e, assim, o ato humano não pode ser concebido como totalmente autônomo: "O ato é sempre ao mesmo tempo produto de todos os mecanismos intelectuais da pessoa, do caráter, do temperamento do agente e produto de todas as forças que agem por meio dele. É um, é outro. É a interferência" (Vernant, 2002, p. 368). Todavia, a conduta dos lendários personagens, seus sistemas de valores e suas ações – não inteiramente voluntárias – são extremamente problemáticos e não se coadunam com os horizontes políticos dos novos tempos, pois comportam algo de excessivo e transgressor.

Há assim o estabelecimento de um conflito, pois a nova cidade não comporta mais crimes de sangue, incestos, nem sequer a vingança pautada nas leis do *oîkos*, ou mesmo de determinadas potências divinas. Segundo o helenista francês Vernant, "as transformações das estruturas sociais, da família, a própria fundação da cidade grega como unidade que supera os grupos familiares desembocam no fato de que a cidade e o tribunal é que passarão a regulamentar a vingança" (Vernant, 2002, p. 365). Busca-se, precisamente, que o interesse coletivo prevaleça sobre o individual.

Resta-nos ainda um aspecto importante a ser mencionado: a implantação da democracia arruína o monopólio político da aristocracia e acirra a divisão interna dessa antiga classe social. De um lado, o grupo de aristocratas que apoia a derrubada da tirania continua a participar do governo da cidade, por meio de cargos civis ou militares, e se torna uma importante liderança democrática, como é o caso de Clístenes e Péricles. Ambos descendem da família aristocrática ateniense dos alcmeônidas, engajados na história de Atenas desde o século VII (Mossé, 2004, p. 34). Os aristocratas governam a favor e com o corpo de cidadãos, embora estes tivessem uma representação reduzida nas assembleias, e formam um "compromisso entre os senhores e o povo" (Luciano Canfora, 1994, p. 120). De outro lado, um pequeno grupo desses senhores, os oligarcas – ricos proprietários de terra –, não compactua com o novo regime e se torna uma ameaça constante de golpe à democracia (Moses Finley, 2002, p. 69).

Assim, os cidadãos, em suas atividades políticas, enfrentam não só as tensões provenientes do conflito interno da aristocracia, dividida entre o pequeno grupo da oligarquia e a aristocracia democrática, como também a antiga tensão entre povo e nobreza, que, apesar de mais branda, ainda sobrevivia. A própria realização dos concursos dramáticos é um fator de integração do corpo cívico pela democracia ateniense, na medida em que toda a comunidade participa de seu processo de organização, do mais comum cidadão ao mais importante representante de Atenas.

A religião passará por uma reestruturação e atuará, em certas peças, como aliada do Estado na punição dos violadores dos limites impostos pela convivência em sociedade, sacrificando-os pelo bem da *polis*, da recente democracia instaurada na Grécia antiga.

Fábula e enredo

Em sua *Poética*, Aristóteles apresenta uma sistematização dos elementos constituintes da dramaturgia grega, ou seja, dos elementos necessários para que uma peça teatral seja considerada uma tragédia: a fábula, o enredo, o herói e o coro, que abordaremos mais detalhadamente a seguir.

A fábula presente na tragédia, da mesma forma que na epopeia – sua antecessora na cronologia da literatura grega –, se refere ao mito, à idade heroica das grandes famílias reais, como as dos átridas e dos labdácidas. Contudo, não cabia aos autores trágicos e épicos criar personagens, mas sim fazer uso do material existente na memória do homem grego, daquilo que ele acreditava ser o seu passado, o horizonte longínquo dos homens de outrora. O mito tomado em seu estado puro não assinalava o efeito trágico; cumpria, então, ao tragediógrafo reinterpretá-lo tragicamente:

> O mito heroico não é trágico por si só, é o poeta trágico que lhe dá esse caráter. É certo que os mitos comportam, tanto quanto se queira, essas transgressões de que se nutriam as tragédias: o incesto, o parricídio, o matricídio, o ato de devorar os filhos, mas não comportam em si mesmos nenhuma instância que julga tais atos, como as que a cidade criou, como as que o coro exprime a seu modo. Em qualquer lugar onde se tem a ocasião de conhecer a tradição, onde se exprimiu o mito, constata-se que é o poeta trágico que fecha o círculo que é a tragédia (Vernant; Vidal-Naquet, 2008, p. 271).

Nas primeiras versões do mito de Édipo, o herói não se pune furando os próprios olhos; ele morre tranquilamente instalado no trono de Tebas. São precisamente Ésquilo e Sófocles que dão ao herói sua versão trágica.

O mito não é desenvolvido da mesma maneira na epopeia e na tragédia, embora ambas se situem na idade heroica. O herói, na tragédia, diferentemente da epopeia, deixa de ser um modelo e passa a ser, com suas ações, um problema a ser enfrentado diante dos espectadores. A virtude trágica é a coragem diante da morte, por meio da qual o herói trágico suporta com dignidade o seu destino.

No tocante ao texto de natureza trágica, a ação deve se restringir apenas a um mito, ou melhor, a um único episódio lendário. Aristóteles, em sua *Poética*, afirma que "a tragédia procura, o mais que possível, caber dentro de um período do sol, ou pouco excedê-lo" (Aristóteles, 1966, p. 73). Segundo o filósofo grego, "é, pois, necessário (...) não fazer uma tragédia como se ela fosse uma composição épica (chamo épica à que contém muitos mitos), como seria o caso do poeta que pretendesse introduzir numa só tragédia todo o argumento da *Ilíada*" (Aristóteles, 1966, p. 89).

O poeta trágico deve escolher o momento crucial da vida de um herói em que são colocados, frente a frente, o livre-arbítrio do eu, que agiu de forma distinta do previsto, e os valores estabelecidos pelos deuses ou pelo Estado, e aí estabelecer um corte.

A quase totalidade da ação concentra-se no diálogo. As cenas de violência não são encenadas, apenas relatadas. Tudo acontece com implacável e terrível rapidez. Em oposição à epopeia, a tragédia apresenta-se de forma altamente concentrada. Na maioria das vezes, inclusive, o que é encenado no palco grego são ações que já ocorreram antes do início da peça.

Neste momento crítico da vida do herói, ele ocupa a posição de réu e suas ações passadas serão julgadas e solicitarão um desfecho. Trata-se de alguém, como vimos, marcadamente deslocado. O mundo em que se apresenta é o da *polis*, do direito, da ordem plenamente aceita; porém, o herói representa o mundo antecedente, o da aristocracia – um mundo em que todo crime, por exemplo, deveria ser vingado obrigatoriamente mediante a ação de consanguíneos ou de descendentes.

Assim, em consequência de um delito, perpetra-se outro ainda mais nefasto. Não é por acaso que, para Aristóteles, o espaço trágico por excelência situa-se no coração das fortes alianças. É por intermédio de ações catastróficas que se sucedem "entre amigos – como o irmão que mata ou esteja em vias de matar o irmão, ou um filho o pai, ou a mãe um filho, ou um filho a mãe, ou quando acontecem outras coisas que tais" (Aristóteles, 1966, p. 83) – que a piedade e o temor são despertados. Para o filósofo, "se as coisas se passam entre inimigos, não há pelo que nos compadecer, nem pelas ações nem pelas intenções deles, a não ser pelo aspecto lutuoso dos acontecimentos; e assim, também, entre estranhos" (Aristóteles, 1966, p. 83).

Com efeito, com a instituição da democracia, é o Estado que promove a punição de tais atrocidades. Nessa nova organização social, o sujeito passa a ser responsável pelos próprios atos. Se agir em desmedida, será sujeitado ao veredicto de um tribunal em que os juízes são os deuses e os homens, e deverá pagar alto preço por romper as normas que regem o bom convívio social. O seu sacrifício representa a anulação do velho direito do mundo titânico e tirânico e o predomínio de uma nova ordem. Dessa forma, o papel representado em cena pelo herói trágico é o de bode expiatório a ser imolado diante de uma comunidade, a fim de que essa ordem possa predominar com segurança.

Normalmente, o lugar cênico único, escolhido para a efetivação do julgamento e punição da figura cantada pela tradição oral, situa-se diante de um templo, caso o erro cometido seja de ordem religiosa, como nas *Eumênides*, de Ésquilo, ou diante de um palácio, se este se caracterizar como sociopolítico, como em *Antígona*, de Sófocles.

Outro elemento fundamental ligado à fábula é o enredo de uma tragédia, ou seja, a estruturação artística dada à fábula, que se compõe de peripécia, reconhecimento e catástrofe.

O enredo trágico caracteriza-se pela mudança de sorte do herói, que se realiza por meio da peripécia, *peripetéia*, dor e conhecimento, e, algumas vezes, mediante a catástrofe configurada como espetáculo grotesco, seja pela maneira como se efetiva a morte do herói, seja por sua mutilação. A peripécia "é a mutação dos sucessos, no contrário" (Aristóteles, 1966, p. 80) e consiste no estabelecimento de um conflito, em função de uma ação que acontece ao contrário da que está programada e volta-se para o seu oposto. Trata-se de um momento em que se dá a inversão da situação do personagem, e este se torna um dos polos de uma "contradição inconciliável". Conforme Aristóteles, "no Édipo, o mensageiro que viera no propósito de tranquilizar o rei e de libertá-lo do terror que sentia nas suas relações com a mãe, descobrindo quem ele era, causou o efeito contrário" (Aristóteles, 1966, p. 80).

O reconhecimento, *anagnórisis*, é a passagem da ignorância ao conhecimento, geralmente ao final do enredo trágico. Não se trata de um momento em que o público toma conhecimento de algum fato, mas daquele em que o herói toma consciência de algo que assumirá um papel significativo no seu destino. Ele reconhece que cometeu um terrível erro – *harmatía* – impulsionado por sua desmedida – *hybris* – e aceita o retorno à ordem, nem que para isso deva pagar com o próprio sangue ou com a morte daqueles que lhe são queridos.

Ao comentar o *Édipo Rei*, de Sófocles, Aristóteles afirma que "a mais bela de todas as formas de reconhecimento é a que se dá juntamente com a peripécia" (Aristóteles, 1966, p. 80). Édipo, ao investigar o assassinato de Laio, descobre-se pai de quatro filhos, frutos de uma relação incestuosa, e o responsável pela morte do próprio pai – ou seja, o culpado da peste que se abate sobre Tebas. O herói passa de um estado de felicidade para um estado de infortúnio. O que é trágico nesse personagem é que, ao conduzir sua investigação até o final, ele descobre, ao mesmo tempo, que matou Laio e quem ele é. E acontece de ele ser o contrário do que acreditava ser, ou, mais exatamente, descobre que tem em si duas faces contraditórias. Nesse sentido, esse saber é trágico, pois não atinge o conhecimento, mas a tomada de consciência radicalmente problemática do homem – o homem como alguém que não pode ser definido, que não possui uma essência (Vernant, 2002, p. 373).

A catástrofe, *sparagmós*, é a ação resultante da combinação da peripécia com o reconhecimento que produz destruição e dor no final da obra. Ao assumir a culpa, o herói acaba por se mutilar ou se suicidar. Ao sacrificar-se, purga o crime pela comunidade, purificando-a, e opera o restabelecimento da integração perdida. Aliás, essa é a própria base na qual se fundamenta o enredo trágico:

> O enredo de uma tragédia constitui-se, pois, como restabelecimento do equilíbrio perdido, *némesis*. Acontece impessoalmente, exibindo a onipotência de um destino exterior, a denominada moira, expressão da essência divina, quer por sua justiça, quer por sua providência, exibindo ainda a onipotência de uma necessidade, *ananké*,

a existir independentemente da ação humana. O agente efetivador do restabelecimento da ordem, *némesis*, é variante: tanto pode ser a vingança de um deus quanto de um mortal, tanto pode ser a ação do acaso quanto da organização lógica das ações do herói. A ordem inevitavelmente se restabelece, transparecendo através dessa ocorrência a preexistência de uma lei, seja da natureza, seja divina, seja uma estrutura social rígida. O indivíduo nunca sai vitorioso numa obra de arte literária trágica (Adelaide C. Cézar, 1999, p. 145).

Na tragédia grega, *Ananke* é a necessidade-destino inevitável e inelutável determinada por suas filhas, as *Moirai*, as moiras. Necessidade é a ordem das coisas estabelecidas pela divindade como lei; lei da natureza. "Coisas e humanos são forçados ou constrangidos a ser como são e a agir como agem por força da necessidade (divina, natural). Opõe-se ao acaso. Personificada é a deusa *Ananke*" (Chaui, 2010, p. 344).

Essa é a configuração trágica ideal, segundo Aristóteles, para produzir a finalidade última da tragédia, que é a catarse das emoções do público. E essa só pode ocorrer como consequência do *páthos*, ou seja, de uma experiência em que o espectador é intensamente impactado pelas emoções de terror e compaixão.

De acordo com Nicole Loraux, o substantivo *páthos* deriva do infinitivo *pathein*, o padecer, aquilo que, no teatro grego, "se enuncia como lei da condição mortal (Ésquilo, *Persas*, 293-4; Sófocles, *Electra*, 1169-71)" (Loraux, 1992, p. 27), pois aquele que sofre, o homem, é designado com mais frequência pelos tragediógrafos por meio da palavra *brotós*, homem destinado à morte. *Brotós* é habitualmente empregado na tragédia em uma perspectiva vertical, mostrando a relação dos homens com os deuses, ou confrontando a fraqueza dos homens com a elevação dos seus ideais de sabedoria. Para Loraux, o aprendizado se dá a partir de uma experiência de dor, ou seja, do *páthos*:

> o que se sofre, o sofrimento, mas também a experiência que, para os humanos, se adquire somente na dor. Pronunciada, a palavra *páthos* difere apenas por uma letra de *máthos*, nome do conhecimento adquirido, e, explorando essa pequena diferença, Ésquilo formou o adágio *páthei máthos* (*Agamêmnon*, 177; cf. 249-50), que é a quintessência do trágico. "No sofrimento, o conhecimento", ou ainda: "Experiência dá sapiência". É por ter sofrido que se compreende (...) (Loraux, 1992, p. 27).

Ser pático – portanto, ser afetado pelo *páthos* – significa passar por uma vivência de ser impactado, ou sofrer o impacto de fortes emoções, o que, na tragédia, deveria ter como efeito a aquisição de uma aprendizagem por meio da dor, do sofrimento despertado pela identificação com o herói. Essa condição trágica fundamental deixa o homem à mercê das piores atrocidades como agente e vítima.

À medida que a peça caminha para o clímax, o espectador se envolve com a trama, e o despertar de sentimentos de compaixão e temor faz com que sofra com o herói, com que se identifique com a inexorabilidade do destino a que aquele está submetido.

A compaixão emerge por sua desgraça imerecida e o temor pela possibilidade de vivenciar o mesmo infortúnio. Embora os acontecimentos funestos experimentados pelo herói estejam localizados em um tempo imaginário, pela via do poético, produzem efeitos como se fossem reais.

Nesse sentido, a representação de uma tragédia funciona como uma espécie de remédio da alma, ao ajudar os espectadores a expelir suas dores e sofrimentos. O prazer sentido pelo público seria descrito em termos de alívio, que é considerado tanto mais forte quanto mais afetado cada um esteja pela compaixão e pelo temor.

A tragédia é o gênero artístico mais caro à democracia, como afirma Charles Segal:

> Enquanto a lírica coral tende a consolidar as tradições e os valores das famílias aristocráticas, a forma relativamente nova do espetáculo dramático é a que caracteriza a *polis* democrática. Na verdade, com a sua integração na vida da cidade, a sua estrutura de debate dialético, as relações sempre instáveis entre herói e comunidade representada pelo coro, a tragédia é o gênero mais caro à democracia, após seu início no tempo de Pisístrato (Segal, 1994, pp. 194-195).

Herói e coro

O terceiro elemento constitutivo da tragédia que podemos depreender da *Poética* é o herói, como consta do capítulo XIII, denominado "A situação trágica por excelência. O herói trágico". Vejamos quais são as características do herói trágico na Antiguidade grega.

Para que a tragédia possa atingir o seu fim próprio, ou seja, suscitar as emoções de temor e compaixão, a escolha do herói exerce um papel fundamental, além da estrutura do enredo. Para que o poeta consiga provocar essa reação no público, a situação trágica ideal a ser representada deve ser:

> a do homem que não se distingue muito pela virtude e pela justiça; se cai no infortúnio, tal acontece, não porque seja vil e malvado, mas por força de algum erro; e esse homem há de ser algum daqueles que gozam de grande reputação e fortuna, como Édipo e Tiestes ou outros insignes representantes de famílias ilustres (Aristóteles, 1966, p. 82).

Ligado a linhagens reais, o herói trágico equilibra virtude e vício. É belo, forte, jovem, inteligente, rico e possui grande domínio da palavra e poder de persuasão.

O centro do espetáculo teatral gira em torno do destino infeliz do herói, tema comum à maior parte das narrativas antigas. Nelas, o herói é um vencedor que está no esplendor da vida e que usufrui a glória recebida pelos feitos das suas armas quando, repentinamente, se vê vítima de uma reviravolta brusca imposta pelo destino. Um acontecimento terrível apaga seu estado jubiloso, o conduz à desgraça e o empurra ao mundo das sombras. Com efeito, é graças às qualidades que o caracterizam que ele consegue agir e reagir aos sofrimentos. O herói trágico demonstra extraordinária nobreza na forma como os suporta e revela dignidade na queda. Mantém-se firme mesmo quando se trata de uma posição insustentável ou impossível. Ele não recua perante a sua ruína, como se seus desígnios e aspirações importassem mais que a própria vida.

Assim ocorre com Édipo, rei de Tebas, casado com a rainha viúva e com quem tem quatro filhos – dois varões e duas moças –, quando os acontecimentos desabam ao seu redor. *Agamêmnon*, o rei de Micenas, ao retornar para casa, vitorioso, sucumbe ao golpe assassino de Cliptemnestra, sua mulher. Prometeu, o titã, que traz do Olimpo o fogo dos céus para os homens, é banido, preso e encarcerado no alto das montanhas do Cáucaso.

Para que um espetáculo seja considerado tragédia, é preciso que ele apresente certas características que constituem seus três postulados.

Em primeiro lugar, a tragédia deve revelar a dignidade da queda. Como diz Aristóteles, "já ficou assente que a tragédia é imitação de uma ação completa, constituindo um todo que tem certa grandeza" (Aristóteles, 1966, p. 76). O herói é sempre uma figura reconhecidamente grande, importante, que consegue manter a integridade moral mesmo quando as coisas desandam ao seu redor. O herói trágico é, portanto, um estoico, pois é capaz de suportar o infortúnio e o sofrimento, inclusive diante da morte. A virtude trágica é essa coragem de enfrentar os conflitos e as dores da vida até o último instante.

Em segundo, a tragédia tem que conter a importância da altura da queda, que deve transmitir a ideia do desmoronar de uma vida de segurança e felicidade, para as mais profundas das misérias. Tal queda, o herói deve aceitá-la em sua consciência. Não se entende como tragédia o caso em que a vítima é alguém sem vontade, conduzido para a desgraça como se fosse uma marionete inconsciente dos deuses. E, por último, deve resultar na falta absoluta de solução. Não há outra saída do que aquela determinada pelos acontecimentos que vão se descortinando diante do herói.

Alguns autores cristãos concebem a tragédia como um gênero pertencente exclusivamente ao mundo pagão. O cristianismo a teria banido pelo fato de não se enquadrar na ideia da alma pecadora que atinge sua redenção por uma graça de Deus, pois não há salvação nem perdão para o herói trágico. A tragédia seria possível somente na cultura pré-cristã, que desconhece os princípios do arrependimento e da absolvição, ou ainda o gesto inesperado e miraculoso da graça divina.

O pecado original do herói trágico é ser o produto de uma *hybris*, uma violação da medida, da ordem natural do universo determinada pelos deuses – ordem que não pode ser rompida. Por gozar de elevada reputação, é movido pela soberba e pelo orgulho. É alguém caracterizado pela excessiva confiança em si, de caráter transgressor. É, precisamente, essa sua especificidade o elemento responsável por propiciar ao herói a segurança acerca de seus valores e a ousadia suficiente para enfrentar os valores opostos aos seus, impulsionando-o, assim, para a desventura por incorrer em erro, *harmatía*. Cegado completamente por sua *hybris*, o herói trágico não tem olhos para a *dike*, para a ordem estabelecida.

Convém, no entanto, ressaltar que a ação desmedida praticada pelo herói se efetiva inconscientemente e o erro a ele imputado, apesar de apresentar natureza transgressora, não é moral:

> Tal falta, *hamartía*, Aristóteles o diz claramente, não é uma culpa moral e, por isso mesmo, quando fala da (...) reviravolta, que faz o herói passar da felicidade à desgraça, insiste em que essa reviravolta não deve nascer de uma deficiência moral, mas de um erro, de uma falta, *hamartía*, cometida. (...) *Harmatía* significa etimologicamente "errar o alvo, com o arco e a flecha" e, nesse sentido, (...) enganar-se. Trata-se, por conseguinte, de um ato inábil, mas não moralmente culpável. É um ato em que o homem é vítima da fatalidade, (...) do acaso e até mesmo de uma "escolha", mas não de um "erro por ignorância", como desejava Platão. Antígona nada ignorava e, por isso mesmo, é tão trágica (Brandão, 1992, p. 48).

Entretanto, ao erro cometido pela personagem, se seguem, necessariamente, o castigo, o infortúnio, pois é desse modo que se trabalha a ética sob a qual se estrutura o universo trágico. Segundo Northrop Frye, "a tragédia parece conduzir a uma epifania da lei, daquilo que é e deve ser" (1957, p. 205), em que por toda *hybris* se paga muito caro (Brandão, 1992, p. 49).

Ao ser punido, o herói trágico perde o espaço político e social que antes possuía por direito e fica isolado. Enredado num conflito insolúvel, ele alça à sua consciência todas as suas perdas e sofre conscientemente. O herói não é condenado ao silêncio, mas sim a falar. Sobre ele pesam graves acusações que, por sua vez, estão, igualmente, bem estruturadas em fala e são desferidas pelos seus acusadores, mais precisamente por aquele que ocupa o lugar de seu opositor.

A esse embate oratório dá-se o nome de *agon*, agonia ou conflito, um dos mais fortes elementos trágicos da tragédia grega. Romilly, em *A tragédia grega*, afirma que o *agon* é entendido como:

> uma espécie de confronto organizado, no qual se contrapõem dois longos discursos, geralmente seguidos de um intercâmbio de versos, tornando os contrastes mais densos, mais tensos, mais cintilantes. No *agon*, cada um defendia o seu ponto de vista com toda força retórica possível, num grande desdobramento de argumentos, que

> naturalmente contribuíam para esclarecer o seu pensamento, ou a sua paixão (Romilly, 2008, p. 41).

O receptor, em face da lucidez e da árida lógica do discurso do herói, e cônscio de que este agira de maneira contrastante com a justiça da nova cidade, sensibiliza-se com o horror que a sua vida se tornara e sente profunda compaixão pelo infausto que o destino, com mãos de ferro, lhe reserva.

O coro e o herói trágico constituem os dois elementos fundamentais da tragédia grega, numa relação que é permeada de certa tensão. O coro é formado sempre e exclusivamente por homens, mesmo quando o papel a ser representado diz respeito a um grupo de moças ou de mulheres. Enquanto o herói – personagem individualizado pela máscara – representa o estado de alguém "sempre mais ou menos estranho à condição comum do cidadão" (Vernant; Vidal-Naquet, 2008, p. 12), o coro exprime, "a seu modo, diante do herói atingido pelo descomedimento, a verdade coletiva, a verdade média, a verdade da cidade" (Vernant; Vidal-Naquet, 2008, p. 274). Mais do que exaltar as virtudes exemplares do herói, esse ser coletivo e anônimo as coloca em questão diante do público. Com um discurso expresso por meio de cantos líricos corais e marcadamente solene, permeado de expressões religiosas, louva como normas de conduta a medida e a prudência. É nesse sentido que "o coro representa a forma mais pura e abstrata do espírito agonístico da *polis* clássica", nos diz Kathrin Holzermaur Rosenfield (2000, p. 122).

Apesar de a ação do herói constituir o centro da tragédia grega, o coro não é um elemento absolutamente estranho a ela. Aristóteles afirma na *Poética* que "o coro também deve ser considerado um dos atores; deve fazer parte do todo, e da ação" (Aristóteles, 1966, p. 89). A ação, "normalmente, se encontra nele. É por ele, por intermédio dele, que ela pode tocar os espectadores. Fica claro que ele tinha que intervir, suplicar, esperar, e que, por fim, as suas emoções acompanhem do início ao fim as diversas etapas da ação" (Romilly, 2008, p. 30).

Ao analisar, criticar os personagens e exprimir em seus temores, em suas interrogações e julgamentos os sentimentos dos espectadores que compõem a comunidade cívica, o coro exerce, pois, a função de intermediário, uma espécie de "eco da sabedoria popular, traço de união entre público e atores" (Brandão, 1992, p. 51).

A voz do coro é a voz da sabedoria. Por meio de suas piedosas e prudentes exortações, verificamos que este "assume um ponto de vista privilegiado e totalmente excepcional que não é concebido normalmente aos humanos. A partir desse ângulo, ele vê por um momento – 'num piscar de olho' – o que o entendimento humano não seria capaz de conceber" (Rosenfield, 2000, p. 109). O coro tem uma forma específica de reflexão que escuta tudo com certa distância e procura captar a totalidade das implicações, levando em consideração todos os pontos de vista. Apesar de exprimir simpatia pelos seres excepcionais das grandes linhagens reais e de sofrer pelos golpes aos quais eles são submetidos, na tragédia o coro exprime uma norma social:

> embora fiel, representa ordinariamente a sociedade de onde o herói é gradualmente isolado. Por isso o que ele exprime é uma norma social, de acordo com a qual a *hýbris* do herói possa ser medida. O coro não é a voz da consciência do herói, de modo algum, mas muito raramente o encoraja em sua *hýbris* ou o instiga à ação desastrosa (Frye, 1957, pp. 214-215).

Conforme afirmam Danziger e Johnson (1974, pp. 142-143), o coro é igualmente sujeito às consequências da desmedida. Assim, ao evocar os perigos que um crime pode suscitar, o coro teme por ele mesmo, é o seu futuro que está em jogo. Daí a presença de um tom exortativo dirigido ao aspecto rememorativo do passado, buscando extrair dele a lição. O componente musical e os sentimentos são introduzidos em forma de canto. A ansiedade, o terror, a compaixão, a esperança e a exaltação, dentre outros, se efetivam mediante movimentos coreográficos descritivos durante a encenação.

Após essa apresentação sobre as características e os elementos constitutivos, segundo Aristóteles, de uma peça teatral trágica, penetraremos na compreensão do trágico grego.

Trágico grego

Lesky abre seu texto "O problema do trágico" enfatizando que "é da natureza do trágico o fato de que, quanto maior a proximidade do objeto, tanto menor é a possibilidade de abarcá-lo numa definição" (Lesky,

2006, p. 21). Esse autor esclarece que não se propõe formular "a essência do trágico, mas tentamos evidenciar uma parte importante de uma problemática que, por muitos lados, permanece aberta" (Lesky, 2006, p. 21). Nesse registro, ao partirmos em busca da noção do trágico "deparamos com a complexidade de um conceito polissêmico, que escapa à definição" (Patitucci, 2008, p. 17).

Em seu livro *A tragédia grega*, Lesky levanta algumas indagações que são deixadas em aberto. Embora nos fale que a partir do conceito de catarse aristotélica "nenhum caminho nos leva à concepção do trágico no moderno sentido de cosmovisão" (Lesky, 2006, p. 26), o autor questiona se a *Poética*, que trata muito especialmente da tragédia e que dominou com vigor as opiniões durante muitos séculos, não teria lançado as sementes para uma concepção posterior: "Porventura não podemos encontrar na *Poética* os germes de uma concepção do trágico, que vá além da análise técnica da obra de arte? E a exposição de Aristóteles sobre a *catarse* como finalidade da poesia trágica não contém a resposta à nossa pergunta acerca da essência do trágico?" (Lesky, 2006, p. 28).

Não obstante concorde, de modo geral, com o comentário de Max Kommerell sobre Aristóteles, ao declarar que "toda sua forma de considerar [na *Poética*] é descritiva e sumariante e ele se detém diante do fenômeno do trágico, explicando-o, mas sem avaliá-lo", Lesky indaga "se Aristóteles não aponta uma vez sequer para além desses limites, preparando pontos de vista dos autores posteriores" (Lesky, 2006, p. 29).

Lesky problematiza, também, sobre os primórdios do trágico na epopeia, pois acredita que, nessa criação literária, se ergue sempre, a partir de seu centro, o herói radioso e vencedor, aureolado pela glória de suas armas e feitos; no entanto, ele se ergue diante do fundo escuro da morte certa que dele arrancará as alegrias para levá-lo ao nada, ou a um lúgubre mundo de sombras, não melhor do que o nada. "Nessa tensão aqui indicada e em geral fortemente sensível na poesia heroica, é mister vislumbrar um momento do trágico" (Lesky, 2006, p. 24). O autor afirma que desde que a modernidade tornou novamente possível considerar a *Ilíada* e a *Odisseia* aquilo que realmente são, ou seja, "obras de arte plasmadas por seus criadores a partir de uma pletora de elementos tradicionais diversos, segundo planos grandiosos de construção, suscita-se com crescente vivacidade a questão relativa dos germes do trágico nas duas epopeias" (Lesky, 2006, p. 23).

O poeta trágico considera que o sentido da vida humana está vinculado à condição mortal do homem. Essa questão está presente das mais diferentes maneiras nas tragédias, visto serem permeadas de uma religiosidade que demarca uma ruptura intransponível entre os pobres homens mortais e os bem-aventurados, ou amaldiçoados, deuses imortais, o que caracteriza a força e a fragilidade da condição humana (Lesky, 2006, p. 24). Sim, amaldiçoados, pois os deuses gregos vivem entediados por serem imortais, e por isso se ocupam e se intrometem, tanto para o bem como para o mal, na vida dos homens mortais.

O aspecto mais importante, salientado por Lesky, dos germes do verdadeiro trágico em Homero, e que o distingue de toda a literatura épica, não é a formação de uma cadeia de acontecimentos, e sim "o encadeamento dos acontecimentos, das personagens e das suas motivações" (Lesky, 2006, p. 25), o que faz com que Homero dê os primeiros passos em direção à tragédia. Para Lesky, a genialidade dos poetas da *Ilíada*, ao colocar no centro o tema da ira de Aquiles, faz com que o herói se transforme numa figura trágica. A desmedida de sua ira, ao ver recusada sua petição, se transforma em *hybris* e causa seu sofrimento mais profundo: a morte daquele que lhe é mais caro, seu amigo Pátroclo. Surge, então, o desejo de vingança que é consumado sobre Heitor, mas essa vingança provoca o fim do próprio Aquiles.

Outros acentos trágicos também são discerníveis em outras figuras intimamente vinculadas a Aquiles pelo amor e pelo ódio, acrescenta Lesky. Em uma cena incomparável, o poeta ressalta o trágico destino de Heitor quando Zeus, o deus onisciente, observa o homem tomado pela vitória, possuído pelo orgulho, e lhe concede ainda uma hora de exaltação. Mas, quando Aquiles varre o campo da batalha, as portas da cidade se fecham para os fugitivos e Heitor, em terrível abandono, espera o adversário implacável diante das muralhas, momento em que toma consciência de seu destino e conhece a culpa que expia com a morte.

Lesky admite, porém, que, apesar de tudo o que tem sido mostrado, a epopeia homérica não passa de "um prelúdio à objetivação do trágico na obra de arte, ainda que seja um prelúdio muito importante" (Lesky, 2006, p. 26). Os poemas de Homero, a *Ilíada* e a *Odisseia*, apresentam vários momentos de infelicidade pelos quais os grandes passam, como o desespero de Aquiles quando perde o seu amigo Pátroclo num combate; o encontro de Ulisses com Aquiles na morada dos mortos; a desgraça de Heitor, o bravo guerreiro morto num duelo pela defesa da sua cidade; a humilhação de Príamo, o velho rei de Troia, obrigado a suplicar a Aquiles a devolução do corpo do filho. O objetivo do poeta Homero, entretanto, não é exatamente o mesmo do autor dramático. Esses episódios da *Ilíada* e da *Odisseia* fazem parte da narrativa geral, mas têm a intenção de enaltecer a bravura e os feitos dos combatentes, e não de provocar a compaixão ou qualquer outro sentimento nos leitores, ouvintes ou espectadores.

Assim, Lesky conclui que a interrogação a respeito dos traços essenciais do trágico deve partir "necessariamente de sua configuração no drama" (2006, p. 26).

Um dos traços marcantes sobre os primórdios do trágico, apontado por esse autor, é seu vínculo originário com a tragédia ática, assim expresso por ele: "Toda a problemática do trágico, por mais vastos que sejam os espaços por ele abrangidos, parte sempre do fenômeno da tragédia ática e a ele volta" (Lesky, 2006, p. 23).

Vernant faz a ressalva de que, embora em estreita ligação com a política, o trágico ainda não aparece na sociedade grega, e que está presente somente na tragédia, gênero literário a partir do qual germina a noção de trágico. O autor sinaliza que é possível falar de condição humana na tragédia grega, desde que se levem em conta as características de como ela é descrita pelo poeta trágico, em seu contexto da Grécia clássica do século V. a.C. (Vernant citado por Patitucci, 2008, p. 18).

Lesky adverte que, com o decorrer do tempo, a palavra "trágico" se descolou da forma artística do classicismo helênico e assumiu outros significados: "A palavra 'trágico', sem dúvida alguma, desligou-se da forma artística com que a vemos vinculada no classicismo helênico e se converteu num adjetivo que serve para designar destinos fatídicos de caráter bem definido e, acima de tudo, com uma bem determinada dimensão de profundidade (...)" (Lesky, 2006, p. 26).

Há algo, sem dúvida, nos diz Lesky, que podemos afirmar com inteira segurança: "(...) os gregos criaram a grande arte trágica e com isso realizaram uma das maiores façanhas no campo do espírito, mas não desenvolveram nenhuma teoria do trágico que tentasse ir além da plasmação deste no drama e chegasse a envolver a concepção do mundo como um todo" (Lesky, 2006, p. 27).

O tragediógrafo escreve a tragédia a partir da mitologia, representante do passado de seu povo, e a utiliza, abrangendo questões próprias da época, para promover a reflexão e o diálogo com o público.

Os helenistas Lesky e Vernant "consideram que o trágico nas tragédias gregas designa sempre uma contradição fundamental da condição humana". Essa contradição "pode situar-se no mundo dos deuses, e seus polos opostos podem chamar-se Deus e homem, ou pode tratar-se de adversários que se levantem um contra o outro no próprio peito do homem" (Lesky, 2006, p. 31).

O sentido do trágico residiria na dualidade, na coexistência de sentimentos opostos, variáveis segundo cada autor, como inocência e culpabilidade, lucidez e cegueira, impureza e purificação, possessão e cura, loucura e saúde, etc. Em *Édipo*, o personagem sofocliano, pesa a culpa de dois crimes hediondos: o parricídio e o incesto. Contudo, ao mesmo tempo em que é culpado, o herói trágico é inocente, visto não ter consciência de que matara o pai e desposara a própria mãe. Édipo é vítima de uma maldição ancestral da qual não pôde escapar e que atinge até mesmo seus filhos, destinando-os ao fratricídio.

Vernant e Vidal-Naquet acrescentam que "o trágico traduz uma consciência dilacerada, o sentimento das contradições que dividem o homem contra si mesmo" (Vernant; Vidal-Naquet, 2008, p. 2). Os autores esclarecem que a tragédia, embora tenha suas raízes na realidade sociopolítica, não se restringe a refleti-la – ao contrário, pretende expandir essa realidade, interrogando-a: "Apresentando-a dilacerada, dividida contra ela própria, torna-a inteiramente problemática" (Vernant; Vidal-Naquet, 2008, p. 10). Assim, os poetas trágicos questionam as ambiguidades acerca do próprio homem: "(...) que ser é este que a tragédia qualifica de *deinós*, monstro incompreensível e desnorteante, agente e paciente ao mesmo tempo, culpado e inocente, lúcido e cego, senhor de toda a natureza através de seu espírito industrioso, mas incapaz de governar-se a si mesmo?" (Vernant; Vidal-Naquet, 2008, p. 10).

E, acerca da relação do homem com suas ações:

> Quais são as relações desse homem com os atos sobre os quais o vemos deliberar em cena, cuja iniciativa e responsabilidade ele

> assume, mas cujo sentido verdadeiro o ultrapassa e a ele escapa, de tal sorte que não é tanto o agente que explica o ato, quanto o ato que, revelando imediatamente sua significação autêntica, se volta contra o agente, descobre quem ele é e o que ele realmente fez sem o saber? (Vernant; Vidal-Naquet, 2008, p. 10).

E, por fim, sobre o lugar do homem num mundo cheio de contradições:

> Qual é, enfim, o lugar desse homem num universo social, natural, dividido, ambíguo, dilacerado por contradições, onde nenhuma regra aparece como definitivamente estabelecida, onde um deus luta contra outro deus, um direito contra outro direito, onde a justiça, no próprio decorrer da ação, se desloca, gira sobre si mesma e se transforma em seu contrário? (Vernant; Vidal-Naquet, 2008, p. 10)

É da perspectiva "do problema que o tragediógrafo aborda a realidade política de seu tempo e o lugar do homem no mundo" (Patitucci, 2008, p. 90).

Ao topar com essas forças opostas, o herói depara com uma ordem previamente estabelecida, cuja natureza varia: "pode ser o cosmo, os deuses, a justiça, o bem ou outros valores morais, o amor e, sobretudo, o sentido último da realidade" (Bornheim, 2004, pp. 73-74). Diante dessa ordem, o herói compreende a sua desmedida e a sua impotência, responsáveis por sua perdição. A tomada de consciência de que tais forças jamais serão superadas caracteriza a tragédia.

É nesse sentido que na tragédia nos defrontamos com o sentimento de dor, dor própria de um herói que é sacrificado, como o bode em honra a Dionísio, por um motivo que ele não pode alterar. A ele nada mais resta senão se debater numa luta incessante até a queda vertiginosa das alturas.

O trágico revela-se, pois, pela inexorabilidade do destino. É por meio do encadeamento dos fatos que o herói, um ser sem escolha, se dá conta ao mesmo tempo de sua coragem, a virtude trágica, e de sua impotência e vulnerabilidade diante das forças divinas. A piedade trágica é a aceitação de que a vida dos humanos está nas mãos dos deuses, que devem ser por eles adorados, além de oferecerem sacrifícios a eles. A culpa atribuída a Orestes pelo assassinato da própria mãe, Clitemnestra, se caracteriza como involuntária e inevitável. Ao herói trágico só subsiste como escolha agir vingativamente pelas próprias mãos. O protagonista da *Oréstia*, como a maioria dos heróis trágicos, é um ser cuja ação é determinada por uma força sobrenatural.

Nas tragédias, o herói, ao acreditar que age racionalmente, não se dá conta de que seu destino já está traçado por mãos divinas e de que, se age de determinada forma, é porque é constrangido a fazê-lo. As opções que são apresentadas a ele são inelutáveis e o precipitam na desgraça. É impossível evitar a culpa. O herói pode estar isento de uma intenção delituosa, mas não do reconhecimento e da responsabilidade.

O herói trágico é, assim, um indivíduo caracterizado pela *hybris*, a responsável por efetivar seu erro e por afetar a relação entre os deuses e os homens e a própria vida pública. Se nada acontece sem a vontade dos deuses, nada tampouco acontece sem a participação e o engajamento do homem.

Para Vernant e Vidal-Naquet:

> nos trágicos, a ação humana não tem em si força bastante para deixar de lado o poder dos deuses, nem autonomia bastante para conceber-se plenamente fora deles. Sem a presença e o apoio deles, ela nada é; aborta ou produz frutos que não são aqueles a que visava. A ação humana é, pois, uma espécie de desafio ao futuro, ao destino e a si mesma, finalmente um desafio aos deuses que, ao que se espera, estarão ao seu lado. Neste jogo, do qual não é senhor, o homem sempre corre o risco de cair na armadilha de suas próprias decisões. Para ele, os deuses são incompreensíveis. Quando por precaução os interroga antes de agir e eles acedem em falar, a sua resposta é tão equívoca e ambígua quanto a situação sobre a qual seu conselho é solicitado (Vernant; Vidal-Naquet, 2008, p. 21).

É, precisamente, do conflito entre seu *ethos*, caráter, e o *daímon*, destino, que nasce o herói trágico. "*Ethos-daímon*, é nessa distância que o homem se constitui. Suprimido um desses dois termos, ele desaparece" (Vernant; Vidal-Naquet, 2008, p. 15).

A tragédia repousa sobre uma leitura dupla e, desde que não seja possível lê-la dessa forma, ela perde seu caráter enigmático, sua ambiguidade, e não há mais consciência trágica porque, "para que haja tragédia, o texto deve significar ao mesmo tempo: no homem, o que se chama *daímon* é o seu caráter – e inversamente: no homem, o que se chama caráter é realmente um demônio" (Vernant; Vidal-Naquet, 2008, p. 15).

Assim, a lógica da tragédia consiste em "jogar nos dois tabuleiros" (Vernant; Vidal-Naquet, 2008, p. 15), em deslizar de um sentido para o outro, tomando consciência dessa oposição, e sem jamais renunciar a nenhum deles. Lógica ambígua, mas, segundo Vernant e Vidal-Naquet, não se trata mais, como no mito, de uma ambiguidade ingênua que ainda não se questiona a si mesma. Ao contrário, a tragédia, na medida em que passa de um plano a outro, demarca nitidamente as distâncias e sublinha as contradições, que nunca chegam a uma solução que resulte no desaparecimento dos conflitos, quer por conciliar os contrários, quer por ultrapassá-los. "E essa tensão, que nunca é aceita totalmente, nem suprimida inteiramente, faz da tragédia uma interrogação que não admite resposta" (Vernant; Vidal-Naquet, 2008, p. 15).

Na perspectiva trágica, "o homem e a ação se delineiam, não como realidades que se poderiam definir ou descrever, mas como problemas. Eles se apresentam como enigmas cujo duplo sentido não pode nunca ser fixado nem esgotado" (Vernant; Vidal-Naquet, 2008, p. 16).

Acreditar na cumplicidade dos deuses é o maior engano do herói trágico. Édipo, ao consultar Delfos a respeito de sua ascendência, é avisado de que um dia mataria o pai e se casaria com a própria mãe. Entretanto, o oráculo, com sua linguagem ambígua, não esclarece que o rei e a rainha de Corinto não eram seus pais legítimos. Apesar de não tê-lo enganado, Delfos deu a ele a oportunidade de errar. Ao viver um destino, que em nada a ele pertence, mas sim à vontade divina, Édipo, como os heróis trágicos, caminha para a morte consciente de que seu desfecho poderia ter sido outro.

Na tragédia encontram-se os elementos do trágico grego – a agonia, ou melhor, o conflito –, pois, embora possa corajosamente debater-se e lutar, o herói trágico não tem total controle sobre suas ações, que estão nas mãos desordenadas dos deuses, e no final ele encontra sempre a queda, a morte. Assim, o trágico grego está vinculado à condição mortal dos homens. Lutamos pela vida mesmo sabendo que no final estará tudo perdido. Há um destino predeterminado do qual não escapamos. A noção de destino está assentada na condição mortal dos homens. O destino é a morte inevitável, "daí a ausência de liberdade, porque não podemos não morrer" (Pondé, 2010, p. 123).

De modo geral, pode-se dizer, com base em Danziger e Johnson, que a visão trágica trata das problemáticas humanas, como a nossa precariedade, ou seja, "presta atenção às partes problemáticas da vida humana e se apresenta em sua forma mais séria. Os temas que parecem repetir-se na tragédia dizem respeito à terrível precariedade da existência humana, quer o herói se defronte com obstáculos esmagadores ou opções impossíveis" (Danziger; Johnson, 1974, p. 138).

A vitória de deuses antagônicos, a maldição familiar, a ação de um opositor mais poderoso e a dilaceração causada por uma falha íntima, uma conjugação infeliz de circunstâncias, são algumas das situações-limite, evidências da precariedade humana, que nos fazem sentir que o herói foi escolhido a dedo por um inominável infortúnio ou ardil do destino, que o arrastam à morte: "(...) estamos cônscios da posição terrivelmente exposta, da extraordinária vulnerabilidade do homem e, é claro, quanto mais elevado e aparentemente seguro o herói parece estar, no começo, mais nos apercebemos da sua vulnerabilidade" (Danziger; Johnson, 1974, p. 138).

Nas tragédias gregas, "a pergunta 'O que é o homem?' é central e viva" (Vernant, 2002, p. 355); nelas, "tudo é contradição, estamos no calor da ação, e até mesmo os deuses estão em luta. O mundo é enigmático, o homem é problemático, logo o homem está no centro" (Vernant, 2002, pp. 355-356).

O poeta trágico, portanto, tem um olhar específico para o homem, e isso é fundamental, já que este, assim como a realidade da *polis*, se apresenta como um problema, como enfatiza Vernant: "Tragédia não é um gênero literário que indica soluções, atitudes, que delineia uma natureza humana, uma forma do indivíduo; trata-se de um gênero fundamentalmente problemático" (Vernant, 2002, p. 369).

Filosofia na Antiguidade greco-romana

Faremos um pequeno recorte, dentro dos objetivos deste estudo, de algumas correntes filosóficas vigentes no período próximo ao século V, época do surgimento do teatro grego e da tragédia, pois, lado a lado aos poetas trágicos, temos os filósofos pré-socráticos (séculos VI-V) e os sofistas (séculos V-IV), que também se preocupam com a questão humana. Na esfera dos pré-socráticos, destacaremos o pensamento do filósofo Empédocles de Agrigento, que exercerá forte influência sobre a noção de trágico em Freud, relação que será abordada no terceiro capítulo. Por fim, embora num período bem posterior, no século I a.C., estudaremos algumas noções, pertinentes à nossa pesquisa, do filósofo poeta romano Lucrécio, considerado o primeiro filósofo trágico, por excelência, do mundo antigo.

Os filósofos Sócrates, Platão e Aristóteles não serão objetos de estudo neste livro devido à delimitação de tema e de espaço, embora seus pensamentos tenham influenciado, de forma significativa, o pensamento ocidental e constituído uma alternativa ao trágico.

Quando, no século XII a.C., o poder micênico desaba sob o ímpeto das tribos dóricas que irrompem na Grécia continental, não é uma simples dinastia que sucumbe, mas um tipo de realeza que é para sempre destruída; uma forma de vida social, centralizada em torno do palácio, que é definitivamente abolida; um personagem, o rei divino, que desaparece do horizonte grego.

A derrocada do sistema micênico ultrapassa, em suas consequências, o domínio da história política e social. Ela repercute no próprio homem grego: modifica seu universo espiritual e transforma algumas de suas atitudes psicológicas por meio de inovações, como a cidade, e, a seu lado, o pensamento racional, conforme acentua Vernant em seu livro *As origens do pensamento grego*: "O desaparecimento do rei pôde desde então preparar, ao termo do longo, do sombrio período de isolamento e de reconsideração dos fatos que se chama a Idade Média grega, uma dupla e solidária inovação: a instituição da cidade, o nascimento de um pensamento racional" (Vernant, 2009, p. 10).

Inicia-se um tipo de reflexão em que, no lugar do rei, cuja onipotência é exercida sem controle, sem limite, no recesso de seu palácio, a vida política grega pretende ser o objeto de um debate público, em plena luz do sol, na *agorá*, entre cidadãos definidos como iguais e para os quais o Estado deve ser a questão comum; no lugar das antigas cosmogonias associadas a rituais reais e a mitos de soberanos, um novo pensamento procura estabelecer a ordem do mundo em relações de simetria, de equilíbrio, de igualdade entre os diversos elementos que compõem o cosmo.

A virada do século VIII para o século VII a.C. marca essa época de mutação decisiva, momento em que a Grécia toma um novo rumo e explora suas próprias vias, quando então lança os fundamentos do regime da *polis* e assegura, por essa laicização do pensamento político, o advento da filosofia:

> A razão grega apareceu-me assim como solidária de toda uma série de transformações sociais e mentais ligadas ao advento da *polis*. Ela surgiu em um contexto em que podiam se desenvolver a retórica, a sofística, a demonstração de tipo geométrico, certas formas de histórias da medicina, mas não a ciência experimental: uma razão imanente à linguagem, à troca verbal, e que visa agir sobre os homens, a convencê-los ou a persuadi-los, mais do que transformar a natureza (Vernant, 2009, p. 23).

Pré-socráticos

Desde o tempo dos pré-socráticos, na época arcaica do século VI a.C., alguns pensadores passam a se dedicar a compreender a ordem da vida e do mundo. Em oposição à tendência ao misticismo floresce a escola de Mileto – metrópole da cultura jônica ou cidade grega no litoral da Ásia Menor –, com sua busca da origem do cosmo, por meio da qual nasce o que chamamos filosofia, ou seja, uma tentativa de compreender o mundo que não recorre a forças irracionais. No entanto, em sua *Paideia*, Jaeger ressalta que "não é fácil traçar a fronteira temporal do momento em que surge o pensamento racional" (Jaeger, 2010, p. 191). O que temos de fato é que, no espaço de cinquenta anos, se sucedem os expoentes milesianos: Tales, Anaxímenes e Anaximandro, chamados de pré-socráticos (séculos VI e V).

Não só o estabelecimento do marco de surgimento da filosofia é, segundo Vernant, em *Mito e pensamento entre os gregos* (1990, p. 476), permeado de certa complexidade, como também o é o estatuto dos milesianos na filosofia tradicional.

Não temos como propósito aprofundar o significado do termo "razão" e, portanto, nos limitaremos a apresentar somente algumas definições. Para Abbagnano, um dos significados fundamentais da razão é o de "referencial de orientação do homem em todos os campos em que seja possível a indagação ou a investigação. Nesse sentido, dizemos que a Razão é uma 'faculdade' própria do homem, que o distingue dos animais" (2007, p. 969).

Como complemento dessa definição Chaui destaca:

> Na cultura da chamada sociedade ocidental, a palavra razão origina-se de duas fontes: a palavra latina *ratio* e a palavra grega *lógos*. Essas duas palavras são substantivos derivados de dois verbos que têm um sentido muito parecido em latim e em grego. *Lógos* vem do verbo *legein*, que quer dizer contar, reunir, juntar, calcular. *Ratio* vem do verbo *reor*, que quer dizer contar, reunir, medir, juntar, separar, calcular (Chaui, 2008, pp. 61-62).

A autora conclui a definição de "razão", afirmando: "Por isso, *lógos*, *ratio* ou razão significam pensar e falar ordenadamente, com medida e proporção, com clareza e de modo compreensível para outros" (Chaui, 2008, p. 62).

Cabe, então, indagar: o que sucede na realidade? Os milesianos já são filósofos no sentido do termo? Em que medida as suas obras, das quais temos raros fragmentos, marcam um corte decisivo em relação ao passado? Em que sentido suas inovações permitem que a eles creditemos o advento de um novo modo de reflexão de pesquisa que denominamos filosofia?

A Grécia antiga é conhecida como o berço dos pensadores, e os *sophos*, "sábios" em grego, procuram formular, no século VI a.C., explicações racionais para tudo aquilo que, até então, era explicado pela mitologia.

Vernant, no entanto, adverte que, para começar, no século VI ainda não existem as palavras "filósofo" e "filosofia". O primeiro emprego atestado de *philósophos* figura em um fragmento atribuído a Heráclito, no início do século V. Na realidade, esses termos passam a ter direito de cidadania somente com Platão e Aristóteles, ao adquirirem um valor preciso, técnico e de certo modo polêmico. Embora se diga que Tales não tenha ultrapassado a soleira da nova morada, o reconhecimento da filiação está presente, e ele é considerado, por Aristóteles, o iniciador de certo tipo de filosofia (Vernant, 1990, p. 477).

O entrelaçamento do surgimento da *polis*, da democracia e do direito, na Grécia antiga, lança a base inicial sobre a qual será alicerçada a filosofia:

> Parece impossível distinguir entre o surgimento de uma nova maneira de abordar os problemas que dizem respeito à criação do mundo e as transformações que o mundo grego sofreu no século VII, que contribuíram para moldar essa forma original de Estado, a cidade-Estado, ou seja, uma organização política estabelecendo entre todos os membros da comunidade cívica uma igualdade teórica perante e segundo a lei (*isonomia*), colocando, além disso, nas mãos do conjunto dos cidadãos o poder de decisão, depois de um debate onde são expressas ideias contraditórias (Mossé, 2004, p. 138).

Em sua *História da filosofia*, Hegel distingue filosofia oriental, descrita por ele como religião, e filosofia grega, considerada uma ruptura em face da religião. Para esse filósofo alemão do século XIX, em contraste com a filosofia-religião oriental, surge na Grécia a filosofia propriamente dita, isto é, "aquilo que era uma substância indefinida e indeterminada torna-se definida, determinada, qualificada, rica em individualidades reais, e não apenas aparentes e efêmeras" (Chaui, 2002, p. 29).

Ao descrever as condições históricas objetivas que tornam possível o nascimento da filosofia grega, Hegel aponta, também, o desaparecimento da sociedade patriarcal, o surgimento das cidades livres e organizadas por leis, nas quais passam a ter proeminência homens de talento, poder, imaginação e conhecimento científico, conhecidos como os Sete Sábios, entre eles Sólon, ilustre na política, e Tales de Mileto, fundador da filosofia.

Apesar de Hegel ter produzido uma linhagem de historiadores da filosofia que, como ele, ligam o nascimento da filosofia a uma descontinuidade radical com a religião e os mitos, Chaui aponta um traço importante da descrição hegeliana que une o advento da filosofia ao da política:

> (...) não podemos separar o início da filosofia e o da política, pois são duas invenções eminentemente gregas. A descrição hegeliana é interessante também porque nela o primeiro filósofo grego já não aparece na condição que teria um "filósofo oriental", isto é, não é um

sacerdote, um mago, uma figura da religião, mas é um homem político e um pensador (Chaui, 2002, p. 30).

Jaeger, em oposição ao pensamento de ruptura da filosofia com os mitos, em sua obra *Paideia* considera que a filosofia emerge do interior da epopeia homérica, pois nela "o pensamento racional se infiltra no mito e começa a influenciá-lo" (Jaeger, 2010, p. 191) ao modo de uma interpenetração que os confunde, e dos poemas de Hesíodo, vistos como um prelúdio para a transição da cosmogonia à cosmologia[9], que inicialmente é permeada de criação mitológica. Para esse autor, nessa filosofia dos começos ainda está presente uma dimensão teológica, na medida em que a pergunta sobre a essência da natureza implica necessariamente a questão da presença do divino (Lesky, 1995, p. 191). Logo, "o início da filosofia científica não coincide, assim, nem com o princípio do pensamento racional nem com o fim do pensamento mítico" (Jaeger, 2010, p. 192). De fato:

> Nas duas grandes epopeias de Homero, o fantástico raramente é o monstruoso; nelas, os acontecimentos nunca são apresentados numa simples sequência narrativa, mas o poeta sempre se preocupa em apresentar as causas e os motivos das ações e dos feitos; e nelas há o esforço para apresentar a realidade no seu todo – deuses e homens, terra, céu e mar, guerra e paz, bem e mal, justiça e injustiça. Por sua vez, a *Teogonia* de Hesíodo, ao narrar a genealogia do mundo por meio da genealogia dos deuses, prepara o caminho para a passagem da cosmogonia à cosmologia (Chaui, 2002, p. 35).

---

9 Vejamos a distinção entre teogonia, cosmogonia e cosmologia. A teogonia "narra, por meio das relações sexuais entre os deuses, o nascimento de todos os deuses, titãs, heróis, homens e coisas do mundo natural. A cosmogonia narra a geração da ordem do mundo pela ação e pelas relações sexuais entre forças vitais, que são entidades concretas e divinas. Ambas, teogonia e cosmogonia, são genealogias, são *génesis*, nascimento, tempo do nascimento, lugar do nascimento, descendência, reunião de todos os seres criados, ligados por laços de parentesco. A cosmologia – forma inicial da filosofia nascente – é a explicação da ordem do mundo, do universo, pela determinação de um princípio originário e racional que é origem e causa das coisas e de sua ordenação. A ordem – cosmos – deixa de ser o efeito de relações sexuais entre entidades e forças vitais, deixa de ser uma genealogia para tornar-se o desdobramento racional e inteligível de um princípio originário" (Chaui, 2002, p. 37).

Além disso, o poema *Os trabalhos e os dias*, de Hesíodo, imprime na mentalidade grega a ideia de que a justiça é a virtude fundamental e a condição de todas as outras virtudes. Essa noção predominará no pensamento dos primeiros filósofos e em toda a filosofia grega.

Finalmente, os poetas líricos fixam no espírito grego a ideia e o sentimento da moderação ou da medida – ou do "justo meio" –, que se torna o núcleo da filosofia clássica.

Jaeger considera, portanto, que o mito recebe da filosofia a forma lógica, ou a conceituação lógica, enquanto a filosofia recebe do mito os conteúdos que precisam ser pensados, de sorte que "devemos encarar a história da filosofia grega como o processo de racionalização progressiva da concepção religiosa do mundo implícita nos mitos" (Jaeger, 2010, p. 192). Há, assim, uma unidade arquitetônica ou uma conexão orgânica entre mito e filosofia, própria dos gregos e somente deles.

Para Vernant, é fundamental a crítica de Jaeger à ideia de descontinuidade entre mito e filosofia. Aliás, em relação à filosofia científica, Jaeger afirma que "é certo que foi só gradual a sua libertação dos mitos" (Jaeger, 2010, p. 197).

Após o reconhecimento da filiação da filosofia no mito, Chaui comenta que Vernant expõe de outra maneira o problema do surgimento da filosofia. Vejamos como esse autor trata a questão:

> Já não se trata apenas de encontrar na filosofia o antigo, *mas de destacar o verdadeiramente novo*: aquilo que faz, precisamente, com que a filosofia deixe de ser mito para ser filosofia. Cumpre, por conseguinte, definir a mutação mental de que a primeira filosofia grega dá testemunho, precisar sua natureza, sua amplitude, seus limites, suas condições históricas (Vernant citado por Chaui, 2002, p. 36).

No pensamento não só dos milesianos Tales, Anaxímenes e Anaximandro, como também dos demais pré-socráticos Heráclito e Empédocles de Agrigento, observamos que subsistem elementos daquilo que, algumas vezes, foi chamado de pensamento mítico, em oposição ao pensamento lógico racional.

Se Tales toma a água como o princípio originário de todos os seres, é provavelmente porque os poetas homéricos afirmavam que o deus

Oceano é a origem de todas as coisas; se Empédocles afirma que as relações ordenadas entre as coisas se devem à ação do amor e do ódio como forças naturais de união e separação, isso não teria tido como fonte de inspiração a força cosmogônica *eros*, amor, presente nos poemas de Hesíodo? (Jaeger, 2010, pp. 191-192). E assim por diante.

Jaeger explicita que "o ponto de partida dos pensadores naturalistas do século VI era o problema da origem, *a physis*" (Jaeger, 2010, p. 196). Ele enfatiza que o significado da palavra *physis* em grego não deve ser confundido com a moderna concepção da física. Esses filósofos da *physis*, embora com soluções diversas, interrogam-se sobre a natureza, *physis*, cuja origem e evolução buscam compreender.

Contudo, Jaeger se pergunta se o que eles formulam como princípios primordiais – a água, o ar, a terra, o indeterminado – não evocariam as potências divinas que, nos antigos poetas, estavam na origem da ordenação do cosmo? A esses filósofos, devotados ao conhecimento do cosmo, ou seja, às ciências das coisas do alto, o povo grego costuma atribuir a *hybris* – condutas e aspirações desmedidas como tentativa de "ultrapassar os limites impostos ao espírito humano pela inveja dos deuses" (Jaeger, 2010, p. 195).

Mossé, a respeito dos pré-socráticos, cujo período compreende o século VI até o início do século IV a.C., diz: "Entretanto, ao menos pelo que podemos julgar pelos poucos fragmentos que chegaram a nós, não apenas eles renunciaram a fazer intervir os deuses nesse processo, como também utilizaram a prosa, a linguagem da razão" (Mossé, 2004, p. 138).

Nem cantores, nem poetas, nem narradores. Os milesianos se exprimem em textos escritos, que não visam mais desenrolar, na linha da tradição, o fio de uma narrativa, mas sim expor uma teoria explicativa, concernente a certos fenômenos naturais e à organização do cosmo. Do oral ao escrito, do canto poético à prosa, da narração à explicação, a mudança de registro corresponde a um tipo de investigação inteiramente novo. Novo pelo objeto que designa: a natureza, *physis*; novo pela forma de pensamento que aí se manifesta e que é totalmente positivo (Vernant, 1990, p. 478). Com os filósofos jônios, a natureza invade todo o campo do real; nada existe, nada se produz que não se encontre na *physis*, tal como podemos observá-la a cada dia, seu fundamento e sua razão. É a força da *physis*, em sua permanência e na diversidade de suas manifestações, que toma o lugar dos antigos deuses.

Vernant, em consonância com Hegel, enfatiza que a inovação dos filósofos jônicos está intimamente ligada às necessidades políticas da *polis*, sem a identificar com o "milagre grego", destituído de história:

> Os traços que marcam o caráter inovador dos milesianos não surgiram no século VI como o advento milagroso de uma Razão estranha à história. Ao contrário, [ela] aparece intimamente ligada às transformações que as sociedades gregas conheceram em todos os níveis e que, após o desmoronamento dos reinos micênicos, as conduziram ao advento da cidade-Estado, *polis*. Devem-se sublinhar a esse respeito as afinidades entre um homem como Tales e o seu contemporâneo de Atenas, o poeta e legislador Sólon. Ambos figuram entre os Sete Sábios que encarnam, aos olhos dos gregos, a primeira espécie de *sophia* que surgira entre os homens: sabedoria toda penetrada de reflexão moral e de preocupações políticas. Essa sabedoria tende a definir os fundamentos de uma nova ordem humana que substituiria por uma lei escrita, pública, comum, igual para todos, o poder absoluto do monarca ou as prerrogativas de uma pequena minoria (Vernant, 1990, p. 480).

Assim, de Sólon a Clístenes, a cidade adquire, no decorrer do século VI a.C., a forma de um cosmo circular, centrado na *agorá*, a praça pública, onde, como todos os outros, cada cidadão, ao obedecer e comandar, alternadamente, ocupa e cede todas as posições simétricas que compõem o espaço cívico, seguindo sucessivamente a ordem do tempo. Essa é a imagem de um mundo social regulamentado pela isonomia, a igualdade em relação à lei, que encontramos em Anaximandro, projetada no universo físico.

As antigas teogonias estavam integradas aos mitos de soberania enraizados nos rituais de realeza. O novo modelo de mundo elaborado pelos milesianos, em sua concepção de uma ordem igualitária, em seu quadro geométrico, é solidário às formas institucionais e às estruturas mentais da própria *polis*.

Vernant nos diz que, de silenciosa veneração, a admiração ao divino abre-se para o questionamento, a interrogação:

> "Admirar-se", declara o Sócrates do *Teeteto*, "a filosofia não tem outra origem." Admirar-se diz-se *thaumázein*, e esse termo, pelo fato de testemunhar a derrocada que a investigação dos milésios efetua com relação ao mito, estabelece-os no mesmo ponto em que se origina a filosofia. No mito, *thâuma* é "o maravilhoso"; o efeito de assombro que ele provoca é o sinal da presença nele do sobrenatural. Para os milésios, a estranheza de um fenômeno, em vez de impor o sentimento do divino, propõe-no ao espírito em forma de problema. O insólito não fascina mais, ele mobiliza a inteligência. De silenciosa admiração faz-se questionamento, interrogação (Vernant, 1990, p. 481).

Os primeiros pré-socráticos, os milesianos, opuseram às entidades sobrenaturais do mito uma ordem natural, pois pensaram a *physis* com total independência dos feitos dos deuses e dos heróis. Esse impulso proveniente de Mileto se espalha pelo conjunto de um mundo grego expandido pela colonização. Na Grécia asiática, Heráclito afirma a realidade de um equilíbrio baseado em funções antagônicas, em que "a guerra é o pai e o rei de todas as coisas" (Chaui, 2002, p. 28), o mundo é luta e harmonia dos contrários, e que, se a predição de Homero – o fim das discórdias – se realizasse, o mundo acabaria; Demócrito, por sua vez, explica a formação do mundo sensível por meio de combinações de átomos a turbilhonar no vazio – teoria atomista grega. Mais tarde, no século I a.C, o filósofo romano Lucrécio irá abraçar o atomismo grego a partir principalmente de Epicuro e se tornará um dos primeiros filósofos trágicos do mundo antigo. Seu pensamento trágico será discutido mais adiante.

O pré-socrático e profeta siciliano com algo de mágico Empédocles de Agrigento, que viveu aproximadamente de 483 a 424 a. C., acredita na mistura dos quatro elementos – fogo, água, éter ou ar e terra –, por ele designados, poeticamente, de "raízes de todas as coisas". Essa mistura é sua explicação para a variedade das coisas no mundo. Empédocles proclama o ódio e o amor, a amizade e a discórdia como os princípios organizadores do cosmo. Para ele, "o ódio que separa e o amor que une são coeternos como os elementos" (Reale, 1993, p. 136). O filósofo fala efetivamente "da alternância entre o predomínio de uma ou de outra força, em ciclos constantes fixados pelo Destino" (Reale, 1993, p. 136), ou, "entrelaçando-se os influxos do amor e do ódio nascem as coisas" (Reale, 1993, p. 136), visão expressa em seu fragmento 26:

> Em turnos prevalecem [amor e ódio] no recorrente ciclo,
> e entre si se fundem e se somam nas vicissitudes do destino.
> São, pois, estes que são [os elementos], e passando uns através dos [outros
> *tornam-se* homens e outras estirpes ferinas,
> ora por amizade convergindo em unidade de harmonia,
> ora, ao invés, separadamente, cada um levado pela inimizade da contenda,
> até que depois de terem crescido na unidade do todo, de novo se abismam.
> Assim, como o Uno surge de muitas coisas
> e distinguindo-se o Um, muitas coisas resultam,
> deste modo estas *se tornam* e não é estável a sua vida;
> e enquanto não cessam nunca de se transformar
> por isso são sempre imóveis no ciclo [do universo].
> (Reale, 1993, pp. 136-137)

A teoria de Empédocles sobre os dois princípios – amor e discórdia – do devir na vida do mundo e na vida da mente que estão em constante guerra um com o outro será retomada por Freud e exercerá forte influência sobre sua elaboração da noção psicanalítica de conflito permanente entre a pulsão de vida e a pulsão de morte, conforme discutiremos, detalhadamente, no terceiro capítulo.

Anaximandro, outro pré-socrático, interroga-se sobre a origem das coisas e a encontra no *apeiron*, que inclui o infinito e o informe, o indiferenciado. Desse elemento infinito e indiferenciado separam-se os germes cheios de força criadora que dão origem ao individual.

Anaximandro, outro pré-socrático, interroga-se sobre a origem das coisas e a encontra no *apeiron*, que inclui o infinito e o informe, o indiferenciado. Desse elemento infinito e indiferenciado separam-se os germes cheios de força criadora que dão origem ao individual. Para Anaximandro, as coisas voltam àquilo de onde saíram como está prescrito, porque devem reparar a injustiça da separação. Todas as coisas que são devem pagar umas às outras com seu desaparecimento. "Com isto, não se refere à individuação como um pecado, mas sim ao fato de que as 'coisas se chocam no espaço' e uma rouba ou restringe a possibilidade de vida à outra" (Lesky, 1995, p. 193). Nos contínuos gênese e declínio, surgem no *apeiron* diversos mundos.

Para Nietzsche (1844-1900), o filósofo trágico do século XIX, a filosofia nasce e morre com os filósofos pré-socráticos (Chaui, 2002, pp. 27-29). Ao se contrapor ao predomínio da imagem da harmonia e da totalidade perfeita dos gregos, Nietzsche considera que os gregos não temiam o dilaceramento, a dualidade, o lado cruel e sombrio dos humanos e da natureza. Longe de serem os homens da moderação ou da medida, os gregos foram criaturas da desmedida – a *hybris* – e da luta sem tréguas entre os contrários – do *agón*, palavra grega que significa "batalha", "luta", "jogo", "disputa interminável entre os opostos".

Nietzsche alega que os gregos, antes de inventar a filosofia, criaram o que daria origem a ela: a tragédia. E o que é a tragédia? Culto religioso, transformado mais tarde em obra teatral, a tragédia narra a morte e o renascimento do deus Dionísio e, ao fazê-lo, expõe o princípio cruel e desmedido de embriaguez e pessimismo, de lutas subterrâneas entre poderes titânicos na batalha contra o sofrimento para a passagem da indiferenciação caótica da matéria à individuação organizada das formas. O princípio que guia a tragédia é a desumanidade e a barbárie que fecundam o espírito grego, denominado "princípio dionisíaco".

Segundo o filósofo alemão, ao lado do princípio dionisíaco, oferecido pela tragédia, os gregos inventam outro princípio, contrário e oposto ao primeiro, e responsável pelo surgimento da filosofia. Trata-se do princípio da luminosidade, da forma perfeita, da individuação, da medida ou moderação, e da serenidade figurado por Apolo, deus da luz e da palavra. Esse princípio é por Nietzsche chamado de "apolíneo".

Assim, Dionísio, patrono da tragédia, tem como seu oposto Apolo, patrono da filosofia. Para Nietzsche, a antítese insuperável entre o princípio dionisíaco e o apolíneo governaria o espírito dos gregos:

> Somente por terem sido conquistadores cruéis, escreve Nietzsche, senhores de escravos, dominadores de outros povos, animados pelo impulso das desarmonias e da desmedida, divididos em suas cidades em dezenas de facções contrárias e sempre em guerra, puderam colocar como ideal inalcançável o apolíneo: a estatuária, a poesia lírica, a épica e a filosofia exprimiriam a busca desse ideal de luz e serenidade, contrário à realidade brutal e sangrenta da vida grega (Chaui, 2002, p. 27).

Está posto, portanto, que a filosofia, para Nietzsche, começa e termina com os filósofos pré-socráticos, ou seja, com os filósofos que consideram a dualidade entre o princípio dionisíaco – a fúria dos contrários e da desordem – e o apolíneo – desejo de harmonia, luz e ordem – o núcleo da própria natureza e da realidade.

Segundo Nietzsche, os filósofos Sócrates, Platão e Aristóteles, preocupados apenas com o princípio apolíneo, teriam destruído a filosofia, que é a luta interminável entre o dionisíaco e o apolíneo. A partir de Sócrates, a filosofia é morta e nasce o racionalismo, isto é, um meio covarde usado pelos fracos para dominar os fortes. O predomínio exclusivo do apolíneo é, para Nietzsche, a agonia e a morte do espírito grego e da filosofia. A razão como princípio único do real e da conduta humana, domestica o espírito trágico e agonístico dos gregos, e afirma que o bem, o belo e o justo são a concórdia e o acordo entre os homens e entre os seres.

O ideal da harmonia não é, assim, a tradução da realidade grega, e sim o antídoto buscado pelas artes e pela filosofia para "curar" os antagonismos e as desmedidas reais. Em meio a tantas diferenças, conflitos e guerras, os gregos inventam as artes e a filosofia como expressão de um ideal inatingível, isto é, de luz, harmonia, racionalidade, equilíbrio, moderação; em suma, o que os sábios chamam de *sophrosýne*, como remédio eficaz contra a *hybris* que os movia (Chaui, 2002, p. 29).

O caminho aberto pelos filósofos da *physis* desembocará num outro horizonte, muito diferente, como revela Vernant: "Chamado para comparecer no tribunal do *logos* da razão demonstrativa, todo o aparato de noções sobre o qual os físicos asseguravam a sua investigação – a natureza, a gênese, a mudança, a emergência do múltiplo e do móvel a partir de um elemento único e permanente – acha-se denunciado como ilusório e inconsistente" (Vernant, 1990, p. 482).

No início do século V a.C., surgem várias correntes de pensamento que, ao prolongarem ou contradizerem as ideias dos pré-socráticos, constituirão a outra vertente do arco sobre a qual a filosofia vai apoiar o seu edifício: diante da plena positividade dos físicos da Jônia, afirma-se o ideal de uma inteira e perfeita inteligibilidade, como nos diz Vernant:

> Para que o discurso humano sobre a natureza não se desmorone, arruinado no interior à maneira dos antigos mitos, não é suficiente que os deuses tenham sido deixados de fora; é preciso ainda

que o raciocínio seja inteiramente transparente a si mesmo, que não comporte a menor incoerência, a sombra de uma contradição interna. (Vernant, 1990, p. 482).

Para os fins de nossos propósitos, estudaremos a seguir algumas questões ligadas à crise dos valores aristocráticos, bem como o surgimento de uma das correntes mencionadas acima – a sofística.

Os sofistas

A partir de meados do século V a.C., época do apogeu clássico, um duplo fenômeno emerge na história do pensamento grego. Atenas, transformada em potência hegemônica no mundo grego, atrai os grandes pensadores. Ora, o que caracteriza Atenas é seu regime político, a democracia que alavanca mudanças nos valores humanos, na justiça, no direito e nas ações humanas, e que coloca, em primeiro plano, a importância do debate contraditório na tomada de decisões.

Essa nova experiência, contudo, mantém resíduos da realidade religiosa que conformava os antigos valores aristocráticos. Nesse contexto, portanto, entram em cena dois movimentos antagônicos: de um lado, os valores e referenciais tradicionais, o *ethos* derivado da antiga religião olímpica, em que deuses e heróis tinham seu lugar de honra garantido na vida política, e, de outro, o desenvolvimento do pensamento filosófico. Em uma realidade em que política e religião estão entrelaçadas, alterações em uma esfera automaticamente afetam a outra. É precisamente nesse momento que os sofistas adquirem realce, em contraposição ao sólido terreno da religião tradicional: "A filosofia, a partir daquele momento, desvia-se das preocupações a respeito da *physis*, deixa de olhar para o céu e passa a interrogar as sociedades humanas, as leis, o Justo e o Bem, e a maneira de conhecê-los. O movimento começa com os sofistas (...)" (Mossé, 2004, p. 138). A proeminência sofística ocorre no período entre os séculos V e IV a.C.: "O período que agora estudaremos pode ser definido como aquele cujo início é narrado por Heródoto – a vitória de Atenas contra os persas – e cujo término é narrado por Tucídides – a derrota de Atenas na Guerra do Peloponeso. Nesse intervalo transcorre o "século de Péricles" e floresce o império ateniense" (Chaui, 2002, p. 129).

Os sofistas demarcam uma ruptura decisiva com o mito e o surgimento do pensamento racional que gera a história da filosofia, ao tomarem o humano como tema e problema. A sofística introduz uma mudança do centro da reflexão filosófica que substitui a preocupação com a natureza e a cosmologia pela formação do cidadão e do sábio virtuoso, e se volta para os temas da política, da ética e da teoria do conhecimento. A *polis* e os humanos tornam-se os objetos filosóficos por excelência.

Nosso intuito neste momento será pesquisar como a sofística se origina da democracia ateniense e se torna, ao mesmo tempo, seu fundamento. Embora sejam professores de eloquência que privilegiam a demonstração a ponto de fazer dela um puro jogo intelectual – o silogismo –, os sofistas são os primeiros educadores preocupados em formar jovens aspirantes para participar do governo da cidade, em indagar-se sobre a origem das sociedades humanas, das crenças nos deuses e das leis que governam as cidades. Assim,

> confiantes na razão e na inteligência, [os sofistas] desenvolveram a arte do *logos*, a capacidade de pensar, discutir e criticar mediante o domínio do discurso e da retórica, instrumentos eficazes nas discussões e decisões cotidianas dos tribunais e assembleias. Assim, o sofismo nasceu estreitamente ligado à democracia ateniense, e tornou-se seu fundamento (Patitucci, 2008, p. 93).

Os tragediógrafos miram o olhar exatamente na direção dessa situação transitória: eles recuperam o mito, num momento em que este havia declinado, para interrogar os valores cívicos e humanos, os valores tradicionais e os nascentes, e problematizar o pensamento que sustentava os diversos aspectos da prática política.

Não nos esqueçamos de que a tragédia é, antes de tudo, uma instituição social, e não apenas uma manifestação literário-teatral, de cunho democrático. Instituição, em primeiro lugar, porque são escritas e representadas durante as festas cívicas; em segundo, porque o coro é formado por um colégio de cidadãos; em terceiro, porque a cidade financia a escrita e as apresentações das peças; em quarto, e, sobretudo, porque a tragédia é uma reflexão dos cidadãos sobre o nascimento da democracia.

A tragédia põe no palco deuses e personagens do mundo aristocrático – reis, rainhas, príncipes e suas famílias –, definidos pelos valores da aristocracia, isto é, pela coragem na guerra, pela beleza física e pelos laços de sangue ou de famílias, mas coloca no coro um colegiado de cidadãos que, ao comentar as ações que transcorrem no palco, julga e dialoga com as personagens aristocráticas.

Dessa maneira, a distribuição cênica visa marcar a diferença entre o passado aristocrático, que está no palco, representado por artistas profissionais, e o presente democrático, que está no coro, cantado pelos cidadãos. Que ação se desenrola no palco? Uma sequência de crimes, impostos pela lei da família ou da aristocracia, que exige a vingança de um crime sangrento em seu interior, na família, como o parricídio, o matricídio, o fratricídio, o infanticídio, por outro crime sangrento, também em seu interior – exigência dos deuses, particularmente das protetoras das famílias, as Erínias Vingadoras. A *dike* aristocrática impõe a justiça como pena de talião, isto é, "olho por olho, dente por dente". Ora, a sequência de crimes sangrentos se torna interminável e revela que a lei de uma sociedade aristocrática é a vingança sem-fim.

A tragédia se propõe, precisamente, questionar esse mar interminável de crimes:

> Uma das funções da tragédia é mostrar que essa lei precisa ter e pode ter um fim. De fato as tragédias costumam ser escritas formando trilogias e, na terceira peça, os deuses, que, desde a primeira, determinaram a obrigatoriedade da vingança, se reúnem e discutem se, afinal, devem continuar impondo essa lei aos mortais, ou se cabe aos mortais julgar os próprios mortais, criando leis e os tribunais. Decidem que os mortais julguem os mortais (Chaui, 2002, p. 138).

A tragédia narra, assim, o advento da *polis*, das leis, do direito e da política democrática. No palco, o passado aristocrático em extinção; no coro, o presente democrático da cidade.

Jaeger afirma que a *paideia* é a educação como formação cultural completa e sua finalidade é a realização, em cada um, da *areté*, a excelência das qualidades físicas e psíquicas para o perfeito cumprimento dos valores da sociedade. A Grécia aristocrática institui uma *paideia* em conformidade com os valores de uma nobreza fundiária e guerreira, baseada nos laços de sangue. Ser um *áriston* é possuir ou alcançar a *areté*, é portar um corpo perfeito e ter a coragem como virtude suprema, para se realizar plenamente nos perigos da guerra. Esse ideal supunha a existência de escravos e o desprezo pelos trabalhos manuais, considerados inferiores e deformadores do corpo.

Ora, numa sociedade urbana, comercial, artesanal e democrática como Atenas, a antiga *areté*, fundada nos privilégios do sangue e das linhagens, já não faz mais sentido e perde seu lugar, e "essa é uma das mensagens principais da tragédia" (Chaui, 2002, p. 157).

Para formar o cidadão da democracia, uma nova *paideia* com uma nova *areté* se torna premente: uma *areté* política, ética e moral que forme o cidadão para a condução da *polis*. A excelência não é mais a coragem do jovem guerreiro em busca da "bela morte", e sim a virtude cívica, ou seja, o respeito às leis e a participação nas atividades políticas. A cidade precisa de guerreiros belos e bons, mas precisa, acima de tudo, de bons cidadãos.

Então, Chaui indaga: "Qual o instrumento principal para a realização da virtude cívica?". A palavra. Pois, é com ela e por meio dela que o cidadão participa, na praça do mercado, informa-se dos acontecimentos, ouve opiniões, discute-as para formar a sua própria, preparando-se para falar e deliberar nas assembleias. A palavra não é nociva à ação, como julgam os aristocratas e tiranos, que desprezam a troca de ideias e opiniões antes de decidir. Como diz Péricles: "Somos a escola da Hélade inteira" (Chaui, 2002, p. 159), ao fazer dos atenienses os educadores, os formadores de todos os helenos. "Na nova *paideia*, o ideal de excelência e mérito é o bom orador" (Chaui, 2002, p. 158).

Se a nova arte é a cidadania e se a educação visa à formação do cidadão virtuoso, os primeiros sofistas, não atenienses, provenientes das colônias gregas da Jônia e da Magna Grécia, se apresentam como professores de *areté*, ou, como ficaram conhecidos na tradição, como os professores da democracia.

Embora os pré-socráticos já tivessem iniciado uma crítica aos deuses homéricos ou à religião, os sofistas irão dessacralizar, dura e radicalmente, a realidade política grega baseada na tradição heroica com seus ideais que pretende garantir o ideal de harmonia e unidade na existência do homem. Jaeger assinala que "os deuses de Homero são, por assim dizer, uma sociedade imortal de nobres" (Jaeger, 2010, p. 32). O pensamento sofista impõe, portanto, uma ruptura da ordem política.

Conhecemos pouco dos sofistas porque possuímos apenas fragmentos de seus dois principais representantes, Protágoras de Abdera e Górgias de Leontini. Além disso, os testemunhos recolhidos foram escritos pelos seus inimigos Tucídides, Aristófanes, Xenofonte, Platão e Aristóteles, cujos relatos são desfavoráveis e nos quais o sofista aparece como impostor, mentiroso e demagogo (Chaui, 2002, p. 159).

Porém, a partir do final do século XIX, os historiadores da Grécia e da filosofia reconhecem os sofistas como os fundadores da arte da educação do cidadão. Arte, e não ciência, pois se trata de um modo de educar e não de uma doutrina.

Os sofistas pretendiam ser os "sucessores educacionais dos poetas", segundo W. C. K. Guthrie, e, para isso, "inseriam em sua arte dos *logoi* a exposição e crítica da poesia" (Guthrie, 1995, p. 47). A transformação da poesia em prosa artística, ou a transposição do conteúdo da poesia em prosa, é vista por Jaeger "como o signo de sua definitiva racionalização" (Jaeger, 2010, pp. 271-272).

Ao pregarem o antropocentrismo e se contraporem à visão oficial cosmocêntrica, os sofistas provocam a primeira revolução na história da filosofia, principalmente por meio de Protágoras. O pouco que se sabe a seu respeito chegou até nós pelo diálogo *Protágoras*, de autoria de seu maior inimigo – Platão. Na época trágica de Péricles, o aristocrata democrático Protágoras proclama, de acordo com afirmação de Sócrates no *Teeteto*, que "o homem é a medida de todas as coisas" (Mossé, 2004, p. 139) – e não mais os deuses –, das que são, que elas são, e das que não são, que elas não são. Por "coisas" devemos entender "desde os artefatos feitos pela linguagem e pelas mãos dos técnicos até os objetos naturais, desde as qualidades opostas (quente, frio, seco, úmido, luminoso, obscuro, liso, rugoso) até as opiniões ou *lógoi*, desde as diretamente visíveis ou perceptíveis até as invisíveis ou imperceptíveis, alcançadas pelo pensamento. Tudo, portanto. 'Todas as coisas'" (Chaui, 2002, p. 170).

O homem passa a ser, portanto, o critério da realidade: do que as coisas são e do que não são. Se "o homem é a medida de todas as coisas", o ser e o não ser dependem inteiramente de nossas sensações, percepções, opiniões, ideias e ações; não é possível um conhecimento verdadeiro, mas apenas provável; não há uma lei moral absoluta, somente leis convencionais e, nessa dimensão empírica do conhecimento humano, o prazer se apresenta como a única meta para o homem.

Nesse sentido, Protágoras opta por um subjetivismo radical, em que não há mais *physis*, não há um ser idêntico que subjaz às aparências e que pode ser universalmente conhecido por todos através do pensamento. "A medida ou a moderação, que toda filosofia anterior havia colocado na própria *physis*, se transfere para o homem" (Chaui, 2002, p. 170). Aliás, uma das principais preocupações dos sofistas Protágoras e Górgias é substituir a ideia de natureza pelas ideias de convenção e de instituição, a filosofia da *physis* pela filosofia do *nómos*. De maneira semelhante, vinte séculos mais tarde, Montaigne irá substituir a ideia de natureza pela de costume (Rosset, 1989, p. 102).

O fragmento "o homem é a medida de todas as coisas" filia-se à invenção da história – as convenções sofísticas, os hábitos, as leis, ou a defesa do *nómos* – e ao desenvolvimento da medicina – a ideia de saúde e doença. Essas, embora possuidoras de características que permitem um saber universal, são sempre individuais, e a cura está associada ao indivíduo, que é o critério ou a medida da ação do médico, ou seja, o objeto de sua ação.

Além disso, Protágoras esclarece que os homens criam muitas técnicas – caça, pesca, agricultura, metalurgia, tecelagem, olaria, carpintaria, navegação, comércio, medicina, poética, etc. –, porém nem sempre elas estão em harmonia, pois uma técnica pode ser boa para determinado fim, mas prejudicial para outro. É preciso, então, torná-las compatíveis, eliminar o conflito entre elas, por meio de uma medida que só pode ser uma técnica capaz de moderar todas as outras – a saber, a política: "(...) a política, arte moderadora dos conflitos e instituidora da lei ou o *nómos*. Se a justiça é o equilíbrio de forças e a reparação de faltas, somente a política é capaz de conciliar, em cada cidade, o *nómos* e a *dike*, isto é, a lei e a justiça. A lei ou o *nómos* é a medida de todas as coisas e o critério para avaliar e regular as técnicas" (Chaui, 2002, p. 171). Assim, o fragmento acima tem o significado de que é pela ação humana que as coisas existem tais como são e de que outras não existem porque os homens convencionam, por meio de leis, não admiti-las.

No entanto, a educação da *areté* proposta pelos sofistas, em especial por Protágoras, desperta algumas críticas por ser considerada demasiado otimista ao admitir uma natureza humana inclinada para o bem e capaz de progredir (Jaeger, 2010, pp. 280-281). Dodds problematiza a questão da *areté* na educação dos primeiros sofistas por considerá-la uma "visão cujo otimismo é patético":

> Através de uma crítica às tradições, de uma modernização do *Nomos* criado por seus ancestrais e eliminando os últimos vestígios de "tolice bárbara", o homem poderia adquirir uma nova arte de viver. A vida humana poderia ser elevada a novos patamares até então inimagináveis. Uma esperança assim é compreensível em homens que haviam testemunhado o repentino crescimento da prosperidade material [ocorrido] logo após as Guerras Médicas, além do florescimento inaudito do espírito grego que o acompanhou e que culminaria nas geniais realizações da Atenas de Péricles (Dodds, 2002, p. 185).

Para essa geração, o paraíso não está atrás, e sim à frente, e não muito distante; a idade de ouro não seria o paraíso perdido, mas reencontrado. Entretanto, dizer que o homem é a medida da realidade não significa que ele tem o poder total para fazer as coisas serem ou não, mas sim que seu poder é pleno para decidir o que elas são ou que podem ou devem ser, e quais não deverão passar à existência.

O movimento é outra característica do pensamento sofístico, ao admitir que não só as coisas mudam continuamente; o mesmo acontece com o homem:

> Por isso dois homens podem ter percepções e opiniões opostas sobre coisas que parecem idênticas ou iguais e as duas opiniões serem verdadeiras, do ponto de vista de cada sujeito. Não há princípio de identidade, porque não há *phýsis*, e não há princípio de contradição, porque nossa percepção e nossa opinião sempre têm razão, ainda que opostas às de outros. Eis por que mudamos de opinião somente se formos persuadidos por outra melhor ou mais forte do que a nossa (Chaui, 2002, p. 172).

Vernant nos diz que, "para os sofistas, o homem é um fazedor de discursos e a todo discurso pode-se opor o discurso contrário. Não existe verdade" (Vernant, 2002, p. 356), ou seja, não há saber universal. Na tragédia, os personagens trocam discursos opostos. No século trágico e problemático, a sofística é uma das correntes de pensamento contra a existência da verdade absoluta:

> As ideias gerais sobre as coisas (as qualidades opostas, a justiça, o bem, o útil, as leis, os deuses, as ciências como a geometria ou a astronomia) são convenções nascidas de um consenso entre os homens para a utilidade da vida em comum e de cada um. Não há saber universal e necessário sobre as coisas – não há a verdade, apenas opiniões verdadeiras em movimento e as técnicas nascidas da experiência e da observação para o uso e a ação dos homens. A arte retórica e a arte política devem persuadir-nos de quais são as melhores verdades e as melhores técnicas para cada cidade (Chaui, 2002, p. 172).

Em sua crítica à religião tradicional, ao afirmar que os deuses e a religião existem por convenção, pois "a existência dos deuses é suposição indemonstrável" (Guthrie, 1995, p. 10), Protágoras é acusado, perante a assembleia, de impiedade ou de ateísmo, o que o leva a fugir de Atenas (Chaui, 2002, p. 169).

Vislumbra-se, com a sofística, um novo homem, independente dos deuses, capaz não só da "autonomia do pensar e do sentir" (Lesky, 2006, p. 193), como também "do agir, e do agir com êxito" (Jaeger, 2010, p. 268). Essa visão magnânima do homem encontra seu contraponto, no mesmo século V a.C., no pensamento dos poetas trágicos, para os quais o homem, além de ter sua vida subordinada à vontade dos deuses – portanto, uma vida sem liberdade –, é "um enigma sem resposta" (Vernant, 2002, p. 373).

Lucrécio

A partir de uma concepção religioso-literária o trágico vai migrando e contaminando a filosofia, e na dimensão filosófica o trágico aparece atrelado ao acaso. Assim, para nossos propósitos, daremos um salto para o século I a.C. a fim de chegarmos ao filósofo e poeta romano Lucrécio (97-55 a.C.), tido como o primeiro filósofo trágico do mundo antigo, como nos informa Rosset: "Aos olhos do pensamento trágico, Lucrécio aparece assim como o filósofo por excelência" (Rosset, 1989, p. 159), pois é quem introduz, mais explicitamente, a presença do acaso na filosofia ocidental.

A Roma de Lucrécio é sacudida por episódios violentos: ditadura aristocrática de Sila, ditadura de Pompeu, insurreição de Espártaco, conspiração de Catilina, guerras diversas, subida de César ao poder, conflitos sociais a contrapor escravos e senhores, nobres e cavaleiros.

Lucrécio renuncia não só à ideia de Deus, como também à de natureza. Em seu poema filosófico *De rerum natura*, editado por Cícero após sua morte, rejeita o princípio divino da criação, ao afirmar que, "para início, tomaremos como base que não há coisa alguma que tenha jamais surgido do nada, por qualquer ação divina" (Lucrécio, 1973, p. 41), o que, com efeito, desconsidera a ação dos deuses sobre o terror que se instala nos homens.

Já vimos que antes de Lucrécio os filósofos gregos usam a palavra *physis*, que corresponde à *natura* latina, para designar uma ordem original, um princípio de ordenação e uma explicação causal. Talvez possamos dizer que, com os pré-socráticos, o homem sonhou que estaria livre do acaso. Porém, Lucrécio não emprega o termo *natura* para designar uma ordem imanente ao cosmo, e sim para designar as próprias coisas. Para o filósofo, o termo "natureza" designa o conjunto das coisas singulares existentes. Se alguma ordem é revelada nas coisas pela experiência, será sempre uma ordem-efeito, uma ordem constituinte do real. Segundo Lucrécio, não há razão para as coisas; para que algo seja não há necessidade de qualquer razão. Assim, se a natureza prescinde de qualquer referência a uma ordem *a priori*, podemos identificá-la com o acaso. E, então, "a *natura* lucreciana (...) não se refere a uma natureza das coisas, mas ao acaso" (Rosset, 1989, p. 141). Vejamos este pensamento sob a pena do próprio Lucrécio: "(...) foi por eles próprios, espontaneamente, batendo ao acaso, que os elementos, depois de se terem unido de mil modos, mas em vão e inutilmente, formaram por fim as bases de que sairiam os princípios das grandes coisas, da terra, do mar, do céu, das espécies de seres vivos" (Lucrécio, 1973, II, p. 68).

Assim, no filósofo romano, a natureza não é necessidade, mas puro acaso, como se lê neste trecho de seu poema:

> Não é por certo em virtude de um plano determinado nem por um espírito sagaz que os átomos se juntaram por certa ordem; também não combinaram entre si com exatidão os movimentos que teriam; mas, depois de terem sido mudados de mil modos diferentes através de toda a imensidade, depois de terem sofrido pelos tempos eternos toda espécie de choques, depois de terem experimentado todos os movimentos

> e combinações possíveis, chegaram finalmente a disposições tais que foi possível o constituir-se tudo o que existe. (Lucrécio, 1973, I, p. 52).

Sua filosofia tem como fonte principal o atomismo de Demócrito e Leucipo, que são os primeiros pré-socráticos a afirmar a existência do vazio. E mais: além do vazio há apenas átomos, partículas de matéria indivisíveis e não acessíveis ao conhecimento empírico. O atomismo inicial está ligado à necessidade. Essa teoria atomista dos inícios será retomada por Epicuro e, mais tarde, por seu seguidor Lucrécio. E nessas passagens vai sofrendo modificações.

Em sua teoria do *clinamen*, Lucrécio afirma a negação de todo princípio. O *clinamen* é definido como a declinação original dos átomos. Para que as combinações entre os átomos aconteçam, é necessário que ocorra uma declinação dos elementos, que pode se dar em qualquer tempo e lugar. Assim, o que preside o nascimento das coisas não é uma lei, uma ordem *a priori*, e sim o puro acaso do *clinamen*. A natureza é, portanto, princípio do diverso, o que significa admitir a ausência de princípios, a ausência de qualquer ordem. O mundo é fruto exclusivo do acaso.

O *clinamen* não acontece por acidente a uma ordem constituída; ele está presente nos elementos que vão constituir as coisas. O fundamental em Lucrécio, como assinala Gilles Deleuze, é a afirmação da natureza como princípio do diverso e de sua produção. A natureza é uma soma infinita que não totaliza seus elementos.

O átomo passa a constituir uma singularidade, "um ponto de gravidade representado como existência singular" (Pessanha, 1979, pp. 7-8). O peso torna-se fundamento da singularização, da individuação. Dotados de peso, os átomos caem em linha reta no vazio, em trajetórias paralelas que não propiciam colisões e, consequentemente, não possibilitam o eventual surgimento de mundos. Essa situação primeira é minimamente alterada, apenas o necessário para que a possibilidade se transforme em efetividade do mundo. É preciso, portanto, admitir que, em algum ponto, algum átomo desvia-se da trajetória vertical – fatalidade mecânica – e é o que basta para que ocorram colisões e acabem surgindo conglomerados atômicos. Esse desvio, *clinamen*, é assim descrito por Lucrécio:

> Quando os corpos são levados em linha reta através do vazio e de cima para baixo pelo próprio peso, afastam-se um pouco de sua trajetória, em altura incerta e em incerto lugar, e tão-somente o necessário para que se possa dizer que se mudou o movimento. Se não pudessem desviar-se, todos eles, como gotas de chuva, cairiam pelo profundo espaço sempre de cima para baixo e não haveria para os elementos nenhuma possibilidade de colisão ou de choque; se assim fosse, jamais a natureza teria criado coisa alguma. (Lucrécio, II, 1973, p. 58).

Todavia, criou: logo, o *clinamen* é condição indispensável para que o mundo, cuja existência é provada por nossos sentidos, fosse gerado.

Se o peso dos átomos fundamenta a individuação, o *clinamen* justifica a efetivação das coisas percebidas. Mas também explica a possibilidade de o homem reorientar sua vida interior, desviando-se de sensações dolorosas para ir ao encontro do prazer. O *clinamen* consiste na tentativa de romper o determinismo inerente a qualquer situação objetiva e, de forma desviante, abrir espaço para o exercício da autonomia. A especificidade e a autonomia do plano subjetivo resultam do desvio em relação à determinação que rege a natureza *das coisas*.

A natureza, *physis*, é constituída tão somente por átomos se movendo no infinito vazio: única realidade permanente e fonte de inumeráveis e efêmeras construções atômicas – como o homem, seu corpo e sua alma.

A concepção trágica da vida em Lucrécio se refere ao modo como o filósofo vê o mundo, ou melhor, os mundos, que, por sua vez, está em conexão com o atomismo. Há o vazio e há corpos, os átomos, situados nesse vazio. Tudo que existe é feito de átomos, vazio, movimento. Também a alma humana. Constituída por átomos mais leves e sutis, ela habita a casa do corpo. A morte é simplesmente a desagregação desse conjunto atômico, nada mais. Tudo está aí e nada mais. O que fazem esses corpos no vazio? Eles são móveis, submetidos a seu peso e aos choques incessantes que recebem da parte dos outros átomos. Esse movimento constante dos átomos que se entrechocam ao infinito no vazio infinito nunca começou e nunca terá fim. Eis aí nosso mundo – ou melhor, o universo em sua realidade –, tal como se ofereceria ao olhar penetrante da razão; este não veria homens, animais, água ou fogo, vivos ou mortos, cores ou formas, mas apenas uma infinidade de corpos atômicos em movimento eterno no vazio infinito. Lucrécio afirma que nós mesmos, a olho nu, conseguimos às vezes, num raio de sol que atravessa a obscuridade de um quarto, perceber essa realidade.

Para sermos mais precisos, podemos passar do mundo aos mundos. Dos movimentos atômicos sempiternos no vazio imenso formam-se ao acaso, aqui ou acolá, por agregação, corpos compostos, eles próprios provisoriamente estáveis, pois o que choques puderam fazer outros choques podem desfazer; corpos compostos que, eles próprios, aqui ou acolá, ao acaso, podem se agregar entre si, formando amontoados maiores, imensos, mundos provisoriamente estáveis, submetidos ao nascimento, ao desenvolvimento, à morte, mundos infinitos no universo infinito, alguns deles semelhantes ao nosso, outros diferentes dele. Em alguns desses mundos provisórios e precários, formam-se também, ao acaso, corpos, alguns dos quais são vivos; entenda-se com isso que eles, e somente eles, têm a possibilidade de se perpetuar por um certo tempo, seja em sua individualidade corporal (regeneração pelo alimento), seja na identidade de sua espécie (geração pela reprodução). O homem, o animal, a natureza, o sentimento etc. são apenas propriedades ou acidentes dos corpos e do vazio.

Portanto, num determinado momento, ao acaso, os átomos se separam e o corpo se desmancha. É a morte. "A morte é a dissolução dos átomos no ser vivo" (Lucrécio, 1973, p. 33). Em suma, "tudo o que existe é fruto da combinação cega e contingente dos átomos formando os corpos, inclusive 'o vento', que é nossa alma, ou espírito (aqui como sinônimos)" (Pondé, 2010, p. 120).

Lucrécio, o poeta, usufrui da poesia. Lê, relê, aprende de cor, assimila a doutrina graça aos versos, a seu ritmo, à sua musicalidade, os faz seus, eles se tornam uma parte dele mesmo, de sua substância e de seu pensamento. As letras de seu poema tornam-se, aos poucos, átomos de seu espírito, elementos que compõem seu pensamento, isto é, seu corpo, já que tudo é corpo ou vazio.

Da natureza das coisas foi escrito com o objetivo de mostrar que não há natureza das coisas (Rosset, 1989, p. 140). Para Lucrécio "a realidade última das coisas é o acaso, a 'natureza das coisas' (...) é não ter natureza alguma. Não há uma ordem (uma natureza) que produziria algum sentido esperado no mundo e na vida. O acaso desarticula qualquer esperança no sentido das coisas" (Pondé, 2010, p. 120). Pondé explicita que um mundo governado pelo acaso cego está associado à "indiferença sonambúlica dos elementos" (2010, p. 123), à "indiferença do ser para conosco, da solidão sem-fim que nos envolve, das pedras mudas como nossa origem e nossa herança" (Pondé, 2010, pp. 120-121). É essa a visão trágica da vida que Lucrécio nos legou.

Na história da filosofia trágica, Lucrécio é considerado o filósofo trágico mais significativo do mundo antigo. De acordo com Rosset, "aos olhos do pensamento trágico, Lucrécio aparece assim como o filósofo por excelência" (Rosset, 1989, p. 159). De todos os pensadores do mundo antigo, ele é identificado como o primeiro filósofo trágico, pois é quem introduz, mais explicitamente, a presença do acaso na filosofia ocidental, ao expressar a ideia de que toda e qualquer ordem se constitui sobre um fundo de acaso original – acaso que designa a ideia de risco, de perigo, de situação que se furta a qualquer possibilidade de controle (Rosset, 1989, p. 87).

Pondé ressalta que no trágico lucreciano encontramos liberdade, pois aqui não se trata do destino traçado pelas moiras. "Mas, então, por que seria trágico?", indaga Pondé, que responde: "Porque se trata de uma liberdade que anula o valor dela mesma, como anunciada por Sartre e pelos existencialistas contemporâneos de que estamos condenados a ser livres". Ele prossegue dizendo que "A liberdade é trágica na medida em que é pura contingência que desarticula o valor da própria liberdade moral (ou seja, a liberdade de escolha)". Para Pondé, "o mundo nesse cenário em que reina o acaso, como diria Kant, não é suficiente, e a razão entra em agonia" (Pondé, 2010, pp. 120-121).

Schopenhauer: entre o trágico e o pessimismo

ESTE SEGUNDO capítulo tem como foco a investigação da filosofia de Schopenhauer no que diz respeito ao pensamento trágico a partir, especialmente, de sua obra magistral *O mundo como vontade e como representação*, com o propósito de pesquisar o argumento segundo o qual Schopenhauer apresentaria um elo inegável com a psicanálise, na medida em que seu pensamento teria antecipado algumas noções, mantidas as diferenças entre os dois campos, que seriam mais tarde incorporadas por Freud como declara o filósofo francês, e autor do prefácio da obra de Schopenhauer em língua francesa, Clément Rosset: "A filosofia de Schopenhauer contém o germe do pensamento de Nietzsche e de Freud" (Rosset, 1989, p. 35). O filósofo Jair Barboza também endossa que: "A psicanálise de Freud absorve por completo a teoria dos impulsos inconscientes, o papel da sexualidade na vida humana, o retorno ao inorgânico, etc. de *O mundo*" *como vontade e como representação*, de Schopenhauer (Barboza, 2005, p. 11).

Como vimos no primeiro capítulo, o trágico surge na tragédia ática, durante o século V a. C., a partir de questões políticas e religiosas que originaram tanto a poesia trágica grega, abordada pela análise poética de Aristóteles, como, consequentemente, a noção do trágico grego.

Porém, essa concepção se modifica, no final do século XVIII e início do XIX, com a reflexão estética idealista alemã; relacionada aos ideais do Romantismo, ela abre uma nova perspectiva para a arte poética e instaura uma "poética filosófica" (Szondi, 2004, p. 16) em que o trágico se torna um problema filosófico e objeto de estudo da filosofia e inaugura a tradição do pensamento trágico na filosofia moderna, que se dá independentemente da teoria estético-literária que a originou.

Acompanharemos o pensamento de Szondi que, em seu *Ensaio sobre o trágico*, diz que "desde Aristóteles há uma poética da tragédia; apenas desde Schelling, uma filosofia do trágico" (Szondi, 2004, p. 23). Além disso, esse teórico literário especifica que a concepção de trágico em Schopenhauer "tem como base unicamente o conceito de Vontade" (Szondi, 2004, p. 53).

Também será utilizado como referência o filósofo Alexis Philonenko que, em seu livro *Schopenhauer, una filosofia de la tragédia*[10], identifica Schopenhauer como o "último grande idealista alemão" (Philonenko, 1989, p. 43), e como aquele que nos "revela de maneira trágica o conflito interior da vontade consigo mesma" (Philonenko, 1989, p. 23). Além disso, esse autor explicita que as reflexões de Schopenhauer são pessimistas, no entanto "se trata de um pessimismo que convém entender como originariamente fundado na consciência trágica" (Philonenko, 1989, p. 50).

Embora seja considerado um autor trágico por Szondi e Philonenko, Schopenhauer é reconhecido como pessimista por Rosset e Thomas Mann. Rosset introduz o conceito de acaso vinculado ao trágico filosófico, ao declarar que "o conceito de acaso sempre esteve ligado ao trágico e à tragédia" (Rosset, 1989, p. 90), e alega que "duas diferenças maiores, uma de 'conteúdo', outra de intenção, distinguem tais pensadores (os trágicos) dos filósofos propriamente pessimistas, como Schopenhauer" (Rosset, 1989, p. 19). Mann considera que a Vontade schopenhaueriana e o pessimismo não se distinguem.

Nosso intuito neste capítulo, portanto, será investigar não só a concepção de trágico em Schopenhauer, como também o seu pessimismo, a partir dessa diferenciação operada por Rosset. Por fim, examinaremos a proposta de enfrentamento do trágico e do pessimismo em Schopenhauer.

Vida e obra

Inicialmente, será feito um recorte do trajeto da vida pessoal e do percurso de formação de Schopenhauer, na medida em que esses planos nos fornecem elementos importantes sobre a construção de seu pensamento, em especial no tocante ao seu ponto de vista em relação à vida e à filosofia alemã vigente em sua época.

Schopenhauer exerceu fascínio em muitos pensadores, romancistas, compositores e poetas. Esta recepção entre os artistas se deve ao lugar atribuído à arte em seu pensamento. Durante muitos anos, um dos poucos textos sobre sua filosofia, em português, foi escrito pelo renomado romancista Thomas Mann, cujo livro foi publicado no final de

10 A tradução dos trechos e citações deste livro foi feita pela autora.

1930 e permanece até hoje como um dos mais citados. Mann percorreu várias regiões da Alemanha difundindo e proferindo palestras sobre o pensamento de Schopenhauer.

No Brasil, o emigrante alemão Anatol Rosenfeld é um dos pioneiros a publicar vários textos em seus livros sobre as influências estéticas de Schopenhauer. Para aquele mestre de várias gerações de intelectuais brasileiros, Schopenhauer ocupa um papel fundador na revolução da história da filosofia ocidental. Exerce influência também sobre Machado de Assis e Augusto dos Anjos.

Reza a lenda que Borges aprendeu alemão para ler as obras do mestre no original. Nietzsche sempre manifestou a importância de Schopenhauer para a sua formação. Em *Schopenhauer como educador*, Nietzsche diz ter sido a influência de Schopenhauer a maior razão para se tornar filósofo. Freud reconhece a ascendência de várias noções da filosofia de Schopenhauer sobre a psicanálise, como será discutido no terceiro capítulo.

Wagner, sob a mesma inspiração, escreve *Beethoven*, um livro sobre a teoria da música que tem como ponto de partida a filosofia da música de Schopenhauer. Brahms, Lizst e Schönberg também ressaltam a importância da filosofia da música de Schopenhauer. Para Mahler, os escritos de Schopenhauer foi um dos mais profundos que lera. Pronunciaram-se ainda sobre a obra de Schopenhauer: Pirandello, Tolstoi, Dostoiévski, Tchekhov, Joyce, Beckett, Conrad, Mallarmé, Maupassant, Proust, Celine, Chaplin.

O filósofo alemão Arthur Schopenhauer, primogênito, nasce em 22 de fevereiro de 1788, na cidade livre de Dantzig, atual Gdansk, na Polônia. Sua única irmã Adele nascerá em Hamburgo nove anos mais tarde e, como a mãe, será escritora.

Naquela época, Immanuel Kant (1724-1804), filósofo alemão cuja obra influencia profundamente Schopenhauer, ainda vivia e contava com 64 anos. Georg Wilhelm Friedrich Hegel (1770-1831), do movimento filosófico denominado idealismo alemão e futuro opositor e concorrente de Schopenhauer na Universidade de Berlim, já era um adolescente de dezoito anos.

O pai Heinrich Floris, comerciante abastado, é casado com Johanna Henriette Trosina, vinte anos mais nova, romancista. Ele provavelmente comete suicídio quando Schopenhauer está com dezessete anos. As circunstâncias que cercam essa morte despertam dúvidas. O forte vínculo de Schopenhauer com o pai leva-o a expressar sua perda dizendo que, "aos meus dezessete anos, ainda sem nenhuma formação escolar, fui tão fortemente abalado pela *penúria da vida* (...)" (Schopenhauer citado por Barboza, 2003, p. 14).

Vítima de pneumonia, Schopenhauer falece em 21 de setembro de 1860, aos 72 anos. Vale deixar registrado que Freud nasce em 1856.

Um ano após o nascimento de Schopenhauer estoura a Revolução Francesa e, uma década mais tarde, uma geração de jovens alemães deslumbra o mundo com a poesia romântica que irá impregnar a obra do filósofo. Schopenhauer é considerado, entre os filósofos, sob muitos aspectos, como veremos mais adiante, uma figura peculiar para seu tempo. Só para citar um de seus traços mais marcantes, ele é pessimista, ao passo que a maioria era, em algum sentido, otimista.

O pai não se preocupa com a educação intelectual de Schopenhauer; na verdade, seu desejo é de que o destino do filho seja como o dele: atuar no comércio e nos negócios da família (Rosset, 2005, p. 18).

Desde jovem, em 1803, aos quinze anos, Schopenhauer viaja com os pais por diversos países da Europa. Ele emprega os anos da viagem para contemplar a natureza, observar a vida humana e redigir uma série de considerações melancólicas e pessimistas sobre a miséria da condição humana. Já na juventude se afasta dos dogmas judaicos e reconhece as dores do mundo, com a certeza de que esse mundo não é obra de um Deus misericordioso. Seus biógrafos contam que desde a infância Schopenhauer revelava extrema sensibilidade pelo sofrimento humano e tendência à depressão. Durante a viagem, o diário de sua mãe registra as alegrias humanas, enquanto o filho adquire a certeza de que a vida é um inferno, cheia de sofrimentos e infelicidades, conforme registra em seu diário: "Erra muito menos quem, com olhar sombrio, considera esse mundo uma espécie de inferno e, portanto, só se preocupa em conseguir um recanto à prova de fogo. (...) O desconhecimento dessa verdade, favorecido pelo otimismo, é fonte de muitas desgraças" (Schopenhauer, 2006, pp. 142-143). Essas palavras não derivam de reflexões filosóficas, mas expressam a maneira como Schopenhauer reconhece a vida.

Avesso à sabedoria de gabinete, o estilo de Schopenhauer é o de um *homme du monde,* e suas viagens pela Europa, na época napoleônica, lhe proporcionam experiências que, talvez, ele não encontraria em nenhuma academia de universidade. Por isso, "sua linha de pensamento revela o homem experiente e realista que não acumulou sabedoria no gabinete" (Rosenfeld, 2007, p. 47).

Somente após dois anos da morte do pai, quando está com dezenove anos, o futuro filósofo retoma a carreira universitária. Nessa época, sua mãe se instala com sua filha Adele em Weimar, centro cultural dos Estados germânicos, deixando o filho em Hamburgo (Rosset, 2005, p. 19).

Em Weimar, a capital espiritual da Alemanha, *Frau* Schopenhauer goza a vida e realiza semanalmente um salão literário em sua casa. Nessas ocasiões, ela recebe e desfruta da amizade da fina flor intelectual da sociedade weimarense, inclusive do poeta Wolfgang Goethe, que se tornará seu grande amigo, assim como de seu filho. Goethe o incentiva a escrever uma doutrina sobre as cores. De fato, em 1816 Schopenhauer publica *Sobre a visão e as cores*, porém suas concepções se chocam com as de Goethe e provocam uma ruptura entre eles.

O forte clima de rivalidade entre temperamentos opostos, a incompatibilidade de humor e as disputas em torno da herança financeira levam Schopenhauer a se afastar da mãe após a morte do pai.

Em 1809, ele ingressa no curso de filosofia e estuda Platão e Kant, autores que se tornarão a base de sua filosofia (Schopenhauer, 2005, pp. 22-23), pois "é com esses autores que se aprende verdadeiramente a filosofar" (Barboza, 2003, p. 12).

Em 1813 redige sua tese doutoral *Sobre a quádrupla raiz do princípio de razão suficiente*, que será defendida na Universidade de Berlim. O cerne do pensamento desse texto, que será incluído no Livro Primeiro de *O mundo*, investiga a faculdade de conhecimento a partir de uma quádrupla perspectiva.

Em Dresden, Schopenhauer produz e escreve de um só jato, em quatro anos, o seu sistema filosófico, sua obra principal – *O mundo* –, concluída em 1818, aos trinta anos, e publicada com data de 1819 (Rosset, 2005, p. 21). Nela, procurará fazer-se intérprete da vida e do sofrimento do mundo, em consonância com seu pensamento de que o sofrimento e as dores do mundo são o núcleo da vida: "A vida é uma coisa desagradável. Propus-me a meditar sobre ela" (Barboza, 2003, p. 14).

Nessa obra, de beleza literária, sistema inteiriço, pulsa a experiência dolorosa de um mundo devastado pela crueldade das guerras napoleônicas que se afigura como "o pior dos mundos possíveis". Trata-se de um repúdio à afirmação de Gottfried Wilhelm Leibniz de que "esse mundo é o melhor dos mundos possíveis", ou seja, o mundo é bom porque a causa é Deus (Rosenfeld, 2007, p. 48). Em sua obra, Schopenhauer expressa todo o *Weltschmerz*, toda a "dor do mundo" dos românticos, que encerra, em termos filosóficos, a trágica experiência de um continente destruído, em que a esperança de uma revolução fracassa e milhões de homens perecem, aparentemente sem sentido. Não havia sentido, tudo era caos. "Na obra de Schopenhauer surge, pela primeira vez no nosso tempo, o espectro do niilismo" (Rosenfeld, 2007, p. 49).

Assim, sua obra magna não só problematiza as tentativas de interpretar, metafisicamente, o mundo de maneira otimista, conforme o faz Leibniz, como também as concepções dos idealistas românticos alemães de sua época – Johann Gottlieb Fichte, Friedrich Wilhelm Joseph von Schelling e Georg Wilhelm Friedrich Hegel, sucessores de Immanuel Kant –, os quais, de modo geral, seguindo a tradição, postulam um princípio racional absoluto do mundo. Porém, Schopenhauer dirá que as coisas possuem um fundo infundado que é essencialmente obscuro, irracional.

Após o término da escrita de sua obra capital, recebida desfavoravelmente pela crítica, devido às rupturas que introduz na tradição filosófica, Schopenhauer embarca para a Itália e sustenta a expectativa de um reconhecimento futuro. Em 1820, com 32 anos, presta concurso para professor com seu grande opositor Hegel na banca examinadora e habilita-se como docente de filosofia na Universidade de Berlim. Porém, ao cabo de um ano, ele renuncia à universidade.

Em seu livro *Sobre a filosofia universitária*, Schopenhauer expõe a crise da verdade filosófica e seu repúdio à corrupção na formação universitária de sua época, no seu entender, dominada pela religião do Estado: o cristianismo judaico-otimista, órgão responsável por contratar professores como Fichte, Schelling e Hegel, que usam a filosofia para transmitir esse tipo de cristianismo, de forma que a cátedra de filosofia praticava a teologia que "recobre com seu véu todos os problemas da filosofia" (Schopenhauer, 2001b, p. 80). Para Schopenhauer, a filosofia estaria perdendo a sua principal finalidade, a busca da verdade, por isso ele defende seu desenvolvimento de maneira independente do Estado e da religião.

Assim, as ideias filosóficas de Schopenhauer destoam das de sua época e ele é considerado um pensador marginal. Com efeito, somente trinta anos após a publicação, sua obra começa a ter repercussão, com tradução em várias línguas. Cria-se então uma escola filosófica schopenhaueriana de grande importância na Alemanha e na França.

Em 1833, com 45 anos, o filósofo se fixa em Frankfurt, onde passará o resto de sua vida. Nessa época, a influência da filosofia hegeliana começa a declinar, e surgem desconfianças em torno da eficácia da luz racional diante da irrupção de terríveis obscuridades, como a persistência das guerras, dos extermínios, dos massacres, das violências, etc.

Em 1839, um ano após a morte de sua mãe, ele lança o *Ensaio sobre a liberdade da Vontade*, premiado no concurso promovido pela Real Academia de Ciências da Noruega, em que ataca o conceito de livre-arbítrio, ou seja, a ideia de que o homem seria racionalmente soberano para determinar e escolher a própria vontade e, assim, optar entre o bem e o mal.

Em 1840, com a obra *Sobre o fundamento da moral*, participa do concurso promovido pela Real Sociedade Dinamarquesa de Ciências, em Copenhague. No entanto, dessa vez, apesar de ser o único concorrente, não é agraciado com o prêmio, pois a academia argumenta que ele deixa de abordar o assunto solicitado e que se refere desrespeitosamente "a vários e excelentes filósofos contemporâneos" (Barboza, 2003, p. 22), ou seja, aos idealistas alemães. Nessa obra, Schopenhauer identifica a compaixão como o único fundamento possível de uma ação genuinamente dotada de valor moral.

Parerga e paralipomena[11], de 1851, sua última produção, escrita em dois tomos, e reconhecida entre as mais límpidas e belas da língua alemã, ao lado da de Heinrich Heine e Friedrich Nietzsche, contém ensaios sobre política, moral, literatura, filosofia universitária, história da filosofia, estética, ética e metafísica, entre outros. Essa obra, em especial o ensaio "Aforismos para a sabedoria de vida", alcança inesperado sucesso, logo após seu lançamento. Dois anos mais tarde, em 1853,

11 Ou *Ornatos e suplementos*.

o artigo "Iconoclastia na filosofia germânica", escrito pelo crítico John Oxenford e publicado na revista inglesa *Westminster and Foreign*, contra Hegel, e a favor da filosofia de Schopenhauer, alavanca a difusão de seu pensamento, e a partir daí, já decorridas três décadas da publicação de sua obra magna, a notoriedade do autor se espalha pela Alemanha, onde a filosofia de Hegel começa a entrar em declínio, e pela Europa. Depois de 1860, Schopenhauer torna-se figura dominante na filosofia e Nietzsche chega a considerá-lo, ao lado de Hegel, Heine e Goethe, um dos quatro grandes acontecimentos literários germânicos de envergadura europeia (Barboza, 2003, p. 22). Há o surgimento de círculos de adeptos que propagam de modo crescente o seu pensamento, que concebe a Vontade irracional e cega como princípio do mundo.

Na sua vertente estética, o pensamento de Schopenhauer traz uma inovação, à medida que passa a representar uma fonte de inspiração para os artistas, que nele encontram uma justificativa metafísica para a arte, como uma forma especial de conhecimento, ao lado da ciência.

Em seguida, faremos uma breve apresentação das influências de filósofos que marcaram o pensamento de Schopenhauer, quer em seus momentos de aproximação, quer naqueles de distanciamentos.

A história do pensamento de Schopenhauer

A volta às origens do pensamento de Schopenhauer se faz necessária, pois ela nos fornece a compreensão que o autor nutre pela filosofia alemã de sua época com suas severas críticas aos filósofos do idealismo alemão – Hegel, Fichte e Schelling.

Na história da filosofia, o idealismo tem Platão e suas Ideias como o maior representante. *Grosso modo*, é uma corrente filosófica que possui uma concepção do conhecimento caracterizada por fazer das ideias o fundamento do conhecimento verdadeiro, contrário, portanto, da opinião. O conhecimento verdadeiro se apoia em elementos universais e necessários e em conceitos que fundamentam qualquer conhecimento científico. Logo, um conhecimento é verdadeiro quando a sua expressão teórica corresponde à natureza de seu objeto, e essa correspondência entre a representação teórica e o objeto, como tal, se sustenta nas ideias.

O realismo é outra posição teórica que disputa a explicação correta do conhecimento verdadeiro contra o idealismo, ou seja, que contrapõe o empirismo ao intelectualismo. De modo geral, segundo o realismo, um conhecimento é verdadeiro quando a representação do objeto coincide com a própria natureza do objeto, mas o conceito é formado a partir das impressões que a coisa mesma deixa em nosso aparelho cognitivo, e não em conceitos e ideias abstratas. Portanto, para o realismo, o fundamento do conhecimento é a empiria.

Por idealismo alemão entendemos aquele subsequente a Kant, que é o divisor de águas dessa polêmica. Para Kant, se a ciência é possível, não é porque nosso conhecimento deriva da nossa experiência, e sim pelo fato de nosso conhecimento, por meio de seus conceitos puros, informar a experiência. Em primeiro lugar, por meio de conceitos de espaço e tempo, que não são propriedades das coisas, mas formas da nossa percepção de objetos, e em segundo lugar, pela maneira como combinamos percepções, por meio de juízos como a quantidade, a qualidade, a causalidade, etc.

Assim, o idealismo alemão surge com a introdução, por Kant, da coisa em si, isto é, aquilo que no conhecimento é pensado como correspondente à coisa em si mesma, e do fenômeno, aquilo que aparece. Aquilo que conhecemos é o que aparece das coisas, de acordo com as formas, anteriores à experiência, do nosso aparelho cognitivo – que são as formas da sensibilidade, espaço e tempo –, e os conceitos puros do entendimento, as categorias, a causalidade.

Para Kant, tudo aquilo que nós podemos conhecer é o fenômeno. As coisas tal como elas são nelas mesmas, independentemente das formas do nosso aparelho cognitivo, são incognoscíveis para nós. Podemos apenas pensá-las, mas não conhecê-las cientificamente. A natureza, afirma Kant, é um conjunto de fenômenos submetidos a leis gerais, isto é, ordenados segundo relações de causa e efeito. Tais relações não são propriedade das coisas, e sim uma forma lógica da nossa mente. Então, tudo aquilo que existe na natureza é o resultado da relação causal entre os fenômenos do tempo.

A história do pensamento de Schopenhauer remete-nos ao divino Platão – fonte do conhecimento de que se abeberou o Ocidente. Schopenhauer se diz herdeiro não só desse pensador grego, como também do filósofo alemão Kant. É o que nos informa Mann, em seu livro *O pensamento vivo de Schopenhauer*, no qual apresenta os pontos de convergência e de divergência entre o pensamento de Schopenhauer e os de Platão e Kant (Mann, 1951, pp. 12-18).

Para o filósofo ateniense, as coisas do mundo não têm existência verdadeira e estão sempre em devenir, jamais são. Assim, não valem como objeto do verdadeiro conhecimento, visto que só existe conhecimento do que é em si, por si e sem mudança. Ora, em sua multiplicidade e na relatividade de seu ser de empréstimo, que poderíamos chamar de não ser, as coisas do mundo jamais podem ser senão o objeto de uma opinião provocada por uma sensação – são, portanto, sombras. O que é verdadeiro, o que não cessa de ser, sem jamais transformar-se e perder-se, são os arquétipos – realidades a que as sombras correspondem –, são as Ideias eternas, os protótipos de todas as coisas. Estes ignoram a multiplicidade porque, por essência, cada um deles é único, é o original preciso, cujas cópias ou sombras não são mais que coisas ostentando o mesmo nome, coisas isoladas, perecíveis e semelhantes (Mann, 1951, pp. 12-13). Assim, na religião de Platão, o real são as puras ideias, os puros conceitos: "As ideias (...) são intemporais e verdadeiramente existentes. Para elas não há 'devenir' nem aniquilamento, como para suas cópias caducas. Só delas, pois, há um conhecimento verdadeiro, como do que, em todos os tempos e de todos os pontos de vista, é" (Mann, 1951, p. 13).

Platão faz distinção entre um mundo de realidade, diagnosticado pelas nossas ideias, e um mundo de aparência, diagnosticado pelas nossas sensações. Assim, se as coisas que vemos e tocamos são sombras efêmeras, só podemos nos aproximar da realidade por meio do pensamento. A teoria do ser, para Platão, é a da aparência ilusória, o que corresponde à enganosa opinião sensível; o conhecimento verdadeiro é aquele que se refere às essências, às ideias. É aí que se firma o ideal platônico; temos, então, o estabelecimento da antítese entre o mundo fenomenológico, formado pelos postulados da sensibilidade, e o mundo das essências, que só pode ser alcançado por intermédio da indução e da definição.

Fazer ciência, para Platão, é subordinar a multiplicidade dos fenômenos à Ideia, combinar com ela a verdade e a autêntica realidade, ater-se à abstração contemplativa e à espiritualização do conhecimento (Mann,

1951, p. 13). A elevação da ideia, realidade única, acima dos fenômenos e da sua efêmera multiplicidade, está em íntima conexão com outra ideia, profundamente moral: a desvalorização do sensível em benefício do espiritual, do temporal em proveito do eterno, embutida no espírito do futuro cristianismo. Neste, o fenômeno passageiro e a afeição sensual são transportados para o domínio do pecado e, portanto, só aquele que se volta para o eterno encontra a salvação, a verdade. Assim, "vista sob esse aspecto, a filosofia de Platão mostra o parentesco e a aliança entre a ciência e o ascetismo moral" (Mann, 1951, p. 14). Ou seja, para Platão, a ascese – disciplina e autoconhecimento, estritos do corpo e do espírito – é um caminho imprescindível em direção a Deus, à verdade ou à virtude.

Cabe lembrar que a filosofia de Schopenhauer é também influenciada pela sabedoria hindu, em especial pela filosofia védica a partir dos *Vedas*, textos das escrituras sagradas do hinduísmo, e do budismo, com seu conceito de nirvana. Em seu prefácio à primeira edição, o filósofo alemão afirma que o "pensamento dos VEDAS, cujo acesso permitido pelo *Upanixade*, aos meus olhos, é a grande vantagem que este século ainda jovem tem a mostrar aos anteriores" (Schopenhauer, 2005, p. 23).

A filosofia de Schopenhauer tem como mediador direto Kant. Crítico do conhecimento, Schopenhauer reconduz a filosofia para o espírito humano, toma-o por objeto de sua investigação e traça limites à razão (Mann, 1951, pp. 16-17). Assim, Schopenhauer afirma que:

> (...) explicitei que minha filosofia parte da kantiana e, por conseguinte, pressupõe um conhecimento bem fundamentado dela. Isso eu repito aqui. Pois a doutrina de Kant produz em cada cabeça que a apreendeu uma profunda transformação, tão intensa, que é comparável a um renascimento espiritual. Apenas ela permite remover o realismo inato creditável à determinação do intelecto, para o que nem Berkeley nem Malebranche são competentes; pois estes permanecem demasiadamente no geral, enquanto Kant vai ao particular, e em verdade de uma maneira que não conhece nem antecessores nem terá imitadores, e exerce efeito tão característico, e por assim dizer imediato, sobre o espírito, que este sofre uma desilusão profunda e em seguida mira todas as coisas sob outra luz (Schopenhauer, 2005, pp. 33-34).

Na segunda metade do século XVIII, Kant ensinava em Königsberg, na Prússia, princípios muito semelhantes àqueles que, dois milênios antes, Platão havia exposto. "Toda a nossa experiência do mundo, dizia Kant, está submetida a três leis e condições que são as formas em que, necessariamente, é elaborado todo o nosso conhecimento. Chamam-se tempo, espaço e causalidade" (Mann, 1951, p. 17). A multiplicidade, a aparição e a desaparição são possíveis apenas por meio dessas condições e são sustentadas unicamente pela aparência, e absolutamente nada podem saber da "coisa em si", à qual não podem ser aplicadas. Essa forma de conhecimento "estende-se, inclusive, ao nosso próprio Eu: conhecemo-lo somente como aparência e não em sua essência". Assim, "espaço, tempo e causalidade são dispositivos da nossa inteligência, e a concepção das coisas que nos chega por imagem condicionada por eles se chama, pois, imanente" (Mann, 1951, p. 17).

Em seu pensamento Schopenhauer irá abraçar profundamente esses dois conceitos tradicionais, a Ideia e a coisa em si. Porém, vai mais longe e ousa transformá-los, ao afirmar saber o que é "a coisa em si", mesmo a despeito de Kant ter considerado ser impossível, e a define e a nomeia como Vontade[12]: "Que é a coisa em si? – Nossa resposta foi: a Vontade" (Schopenhauer, 2005, p. 180). Assim, nos aproximamos do núcleo da obra *O mundo*, via para chegarmos ao saber trágico de Schopenhauer e para explorá-lo em suas profundidades.

Trágico e pessimismo em Schopenhauer

O mundo é a obra em que Schopenhauer apresenta, de forma mais acabada, a sua filosofia, a sua metafísica, mais tarde aprimorada com a introdução de algumas modificações. Pretendemos, inicialmente, destrinchar os dois conceitos inovadores e fundamentais do pensamento de Schopenhauer, a saber, o de Vontade e o de representação.

A ideia da existência de objetos absolutos, inacessíveis ao conhecimento, concebidos, contudo, como reais em si mesmos, remonta aos primórdios da filosofia e representa a própria essência da metafísica. Podemos dizer, *grosso modo*, que a metafísica tem início com a postulação desse objeto.

12 Barboza esclarece, numa nota de rodapé, que o termo Vontade é utilizado por Schopenhauer com "V" maiúsculo, já que é a coisa em si, a natureza toda, e, também, para diferenciá-la da vontade individual, grafada com "v" minúsculo, que vem a ser uma objetidade da Vontade. (Barboza, 2005, p. 169).

A partir de então, o mundo dos objetos é cindido em duas esferas. Uma delas diz respeito aos objetos da nossa experiência, concebidos como fenômenos ou mera aparência ilusória, e a outra se refere aos objetos absolutos concebidos como coisa em si, verdadeira realidade. Essa cisão no mundo dos objetos é acompanhada de uma cisão no mundo do conhecimento. O conhecimento dos fenômenos passa, então, a ser visto como defeituoso, como imperfeito e de valor duvidoso, enquanto o conhecimento da coisa em si se transforma no objetivo da metafísica (Garcia-Roza, 1990, p. 74).

Contudo, é preciso explicitar que a filosofia de Schopenhauer é uma metafísica, porém imanente ao corpo, isto é, acessível ao conhecimento, pois tem como ponto de partida o mundo da experiência, pela via do corpo, e como ponto de chegada o mundo da experiência. Seus princípios não ultrapassam o mundo dado na experiência. O mundo é explicado a partir dele mesmo, e qualquer afirmação está fundamentada nesse mundo. Assim, o termo "metafísico" na filosofia schopenhaueriana não pode ser entendido à maneira da religião cristã, como a afirmação de algo além deste mundo, e sim como algo que se dá neste mundo mesmo, e vai além do nosso modo de conhecer as coisas, mas não além deste mundo das coisas.

Esse lugar privilegiado concedido à experiência implica que o sistema filosófico de Schopenhauer não se baseia nem se fundamenta em conceitos ou conhecimentos abstratos; ao contrário, sua filosofia é erguida no solo da realidade intuitiva, do conhecimento imediato e intuitivo do mundo que lança e consolida os conceitos abstratos. Metodologicamente, Schopenhauer está inserido no "método analítico, isto é, não o que tem de ir da razão às consequências, mas o que tem de ir das consequências à razão" (Schopenhauer, 2001a, p. 209).

Em sua obra capital, o filósofo discorre sobre sua concepção de que as coisas do mundo possuem um fundo infundado, que é essencialmente irracional e obscuro. Nela, Schopenhauer, embora pós-kantiano, faz um ajuste de contas com os idealistas alemães, que, ao seguirem a tradição consagrada de pensamento, postulam um princípio racional do mundo. Faz também um acerto de contas com as tentativas de uma interpretação otimista do mundo, no caso a de Leibniz, que afirma ser este o melhor dos mundos possíveis (Barboza, 2003, p. 15).

O mundo é uma obra composta de quatro livros e, a seguir, apresentaremos uma síntese sobre cada um deles. Philonenko, historiador de filosofia, sobretudo, a alemã, analisa criticamente o pensamento de Schopenhauer e afirma que sua obra "reflete a imagem de uma espiral" (Philonenko, 1989, p. 47), que possui unidade e coerência internas semelhantes às de um organismo cujo ponto de partida é uma intuição que não possui princípio nem fim (Philonenko, 1989, p. 48). Nesse registro, enfatiza a insuficiência de cada etapa da filosofia de Schopenhauer, se consideradas separadamente. Pois, como o conhecimento, para Schopenhauer, se funda numa intuição, a apreensão do todo precede logicamente a inteleção das partes e, numa exposição discursiva, o conhecimento do todo pressupõe a compreensão das partes e de sua conexão lógica. Vejamos como Philonenko caracteriza e denomina cada estágio da elevação dessa espiral.

No Livro Primeiro, Schopenhauer expõe sua teoria do conhecimento. Trata-se do momento que Philonenko denomina dianoiologia. É o momento da pura teoria do mundo como representação, *Die Weltistmeine Vorstellung*, em que se levanta a questão: o que é o fenômeno? A partir do legado kantiano e das condições prévias de possibilidade da experiência – espaço, tempo e causalidade –, existentes *a priori* na consciência, o autor examina o mundo do ponto de vista da representação, ou seja, o mundo tomado como mero fenômeno para o sujeito. Nesse momento, o mundo é representação submetida ao princípio de razão (Barboza, 2003, pp. 15-16).

O Livro Segundo é o degrau da metafísica da natureza, ou seja, etapa da aparição da Vontade, em que se pretende refletir sobre esta indagação: o que é a coisa em si? O mundo não é apenas fenômeno; ele também possui um em si, que é precisamente a Vontade, diferente inteiramente da representação. A Vontade anseia com ímpeto, em toda parte e em toda a vida, escalona-se em Ideias ou espécies da natureza e exibe-se diante de nós numa pluralidade infinita de indivíduos, até atingir, após passar pelos reinos inorgânico, orgânico e animal, a plena consciência de si no homem. Nesse processo dá-se a "objetivação da vontade".

O Livro Terceiro refere-se ao patamar da Metafísica do belo: é o patamar da representação superior. Trata-se da retomada do mundo do ponto de vista da representação, já abordada no Livro Primeiro. Nesse livro, porém, irá se tratar a representação independente do princípio de razão. Ou, dito de outra forma, as ideias platônicas, que antes eram manifestas em indivíduos, são agora intuídas, esteticamente, a partir da vivência do belo natural e, caso expostas artisticamente pelo gênio, tornam-se o "objeto da arte" (Barboza, 2003, p. 16).

Dedicado à metafísica da ética, o Livro Quarto é chamado por Philonenko de fenomenologia da vida ética: é o ápice da espiral, momento em que a vontade se compreende a si mesma (Philonenko, 1989, p. 43). É o retorno ao mundo do ponto de vista da Vontade, já exposto no Livro Segundo; entretanto, após a Vontade ter atingido a autoconsciência, ela decidirá entre uma afirmação ou uma negação de si. Ou seja, Schopenhauer diz que o mundo, na figura de tipos especiais, como o gênio, o asceta e o santo, pode obter um sim ou um não decisivo, cujo significado é um sim ou um não à vida. Para o autor, decorre daí a ação moralmente boa – desinteressada – ou má – interessada (Barboza, 2003, p. 16).

Por fim, no apêndice *Crítica da filosofia kantiana*, Schopenhauer passa em revista os principais temas, alguns dos quais já expostos anteriormente, do grande inspirador de seu pensamento. A seguir, explicitaremos cada uma das quatro etapas acima descritas.

O fio condutor do pensamento do filósofo é o pressuposto de que a realidade possui um fundo infundado, que é essencialmente uma fúria implacável, intratável, incontrolável que se apraz em atrair a nossa própria destruição, em devorar tudo e todos sem nenhuma racionalidade. Até mesmo a beleza está assentada sobre essa estrutura feroz.

Em *O mundo*, Schopenhauer apresenta, logo nas primeiras páginas, a problemática central de sua filosofia que não só é "O mundo é minha representação" (2005, p. 43), frase inaugural dessa obra, como também e, sobretudo, "O mundo é minha vontade" (2005, p. 45), ou melhor, o mundo é Vontade – máxima schopenhaueriana.

A Vontade, *Wille*, como coisa em si, é definida por Schopenhauer ora como "ímpeto cego", *blinder drang*, irresistível, ora como "impulso", *trieb*, gratuito; dito de outra forma, a Vontade é cega de razão, a Vontade é irracional e sem fundamento, *grundlos*. A filosofia de

Schopenhauer consiste nesta única, terrível e profunda verdade: o mundo é autoconhecimento da Vontade. A Vontade, como coisa em si, é a substância do mundo, é a essência do homem; a Vontade está no mundo e em nós, no nosso corpo e no nosso pensamento.

Nas palavras de Mann, a Vontade é "a causa primeira e irredutível do ser, sua base mais profunda, a fonte de todos os fenômenos, a potência presente e operante em cada um deles, a criadora de todo o mundo visível e de toda a vida, porque seria o querer viver" (Mann, 1951, p. 19). O autor prossegue, afirmando que "jamais a vontade quereria outra coisa senão a vida" e, ao mesmo tempo, se inquieta e reflete:

> E por que a quereria? Por que a achasse desejável? Por que era o resultado de alguma investigação objetiva sobre o valor da vida? Oh! Não! Qualquer conhecimento a respeito desse querer continuaria a ser perfeitamente estranho; seria algo que não dependeria dela, algo primordial e incondicionado, um *impulso cego*, um *instinto* absolutamente gratuito, de uma profundeza sem fundo e dependeria muito pouco de quaisquer juízos sobre o valor da vida que, ao contrário, seriam esses juízos que dependeriam inteiramente do grau de potência do querer viver (Mann, 1951, p. 19).

A afirmação do mundo como Vontade, estudada nos Livros Segundo e Quarto de *O mundo*, é identificada como uma "verdade, que tem de ser deveras séria e grave para cada um, quando não terrível, e que cada um justamente pode e tem de dizer (...)" (Schopenhauer, 2005, p. 45). Essa é uma espécie de verdade matriz, pois a partir dela tudo no mundo é derivado.

Ora, se a Vontade é a coisa em si, como já foi dito, o indivíduo será apenas fenômeno, e então a minha vontade – a vontade individual, a vontade de cada ser humano – é a minha representação do mundo, que, por sua vez, está contaminada pela Vontade universal. Se a Vontade é primordial, é a substância do mundo, então o mundo será o espelho da Vontade. Assim, somos sombra da Vontade:

> Como a Vontade é a coisa em si, o conteúdo íntimo, o essencial do mundo, e a vida, o mundo visível, o fenômeno, é seu espelho; segue-se daí que este mundo acompanhará a Vontade tão inseparavelmente quanto a sombra acompanha o corpo. Onde existe Vontade, existirá

> vida, mundo. Portanto, à Vontade de vida, a vida é certa, e, pelo tempo em que estivermos preenchidos de Vontade de vida, não precisamos temer por nossa existência, nem pela visão da morte. Decerto vemos o indivíduo nascer e perecer (Schopenhauer, 2005, p. 358).

Ao alegar que o indivíduo é apenas fenômeno, Schopenhauer também nos mostra que estamos submetidos às leis do princípio de razão: tempo, espaço e causalidade. Ele denomina "o tempo e o espaço pela expressão *principium individuationis*" (2005, p. 171), como veremos a seguir: "O indivíduo é apenas fenômeno, existe apenas para o conhecimento pertencente ao princípio de razão. Para o *principium individuationis*. Da perspectiva desse conhecimento, o indivíduo ganha a sua vida como uma dádiva, surge do nada, e depois sofre a perda dessa dádiva através da morte, voltando ao nada" (Schopenhauer, 2005, p. 358).

Schopenhauer escancara nossa passagem transitória pela vida, ao dizer que "os indivíduos são fenômenos fugidios" (2005, p. 358) em relação à perpetuação da espécie, ou melhor, "justamente aí se tem a transitoriedade dos seres individuais em meio à imortalidade da espécie" (2005, p. 360). O nascimento e a morte pertencem "exclusivamente ao fenômeno da Vontade, logo à vida, à qual é essencial expor-se em indivíduos, os quais nascem e perecem". Nascimento e morte "se equilibram como condições recíprocas, ou, caso se prefira a expressão, como polos de todo o fenômeno da vida" (Schopenhauer, 2005, p. 358). Assim, geração e morte são correlatos essenciais que reciprocamente se neutralizam e se suprimem.

Visto até aqui o conhecimento do mundo como Vontade – a única coisa que o mundo revela para além da representação –, teremos agora que considerar o mundo como minha representação.

Se o mundo é representação de um sujeito, é porque existe para o conhecimento – portanto, o mundo é objeto para um sujeito que intui. O mundo existe em relação a um sujeito, ou, melhor, como um objeto que pressupõe um sujeito, que tem como condição o sujeito; logo, é apenas uma representação, um objeto pensável, cognoscível. A volição implica sempre um objeto, que só existe no mundo externo, e constitui uma condição que determina o efetivo ato da vontade. Toda volição tem, portanto, uma relação entre uma vontade e seu objeto, ou seja, um motivo.

Em Schopenhauer, a realidade do mundo exterior é dependente de um sujeito, e objeto algum se deixa pensar isento de contradição, sem sujeito. Para o autor, "o primeiro erro de Kant foi o menosprezo desse princípio" (2005, p. 44).

A originalidade de Schopenhauer é que, em sua filosofia, "o corpo desempenha um papel privilegiado" (Philonenko, 1989, p. 58). Somos convocados por ele a "considerar, sem resistência, todo tipo de objeto existente, até mesmo o próprio corpo apenas como representação, designando-os mera representação" (2005, p. 45). Assim, o primeiro objeto é o nosso próprio corpo, considerado com a particularidade de ser o único objeto imediato. Ou seja, é a partir da minha noção de Eu que represento o mundo, o que implica a existência de um sujeito e de um objeto. O ser humano não se encontra no mundo como um sujeito sem corpo, mas, ao contrário, o indivíduo habita um corpo que é comandado pela Vontade.

Em suma, o sujeito é o sustentáculo do mundo, a condição universal e sempre pressuposta de tudo o que aparece, de todo objeto, pois tudo o que existe, existe para o sujeito. E todo tipo de objeto, inclusive nosso próprio corpo, é representação, entretanto o corpo é o único objeto imediato.

Ora, uma filosofia que considera o mundo da experiência a confirmação de suas verdades, é uma filosofia que atribui um papel fundamental à intuição, à apreensão imediata dos objetos. Assim, o conhecimento do sujeito é intermediado pelo seu corpo, e esse corpo é o ponto de partida da intuição, isto é, o conhecimento dos objetos se efetua por meio de uma apreensão imediata. Essa operação coloca a intuição como base do pensamento de Schopenhauer, o que marca uma diferença em relação aos outros idealistas de sua época. A intuição, para Schopenhauer, não é racional, e sim representativa. Ela implica uma configuração do mundo de acordo com nossa subjetividade (Barboza, 2003, p. 25).

O mundo como representação possui "duas metades essenciais, necessárias e inseparáveis" (Schopenhauer, 2005, p. 46), porque na representação o sujeito e o objeto não se separam, são como um primeiro fato da consciência. A declaração de que "o mundo é minha representação" é explicitada pelo filósofo por meio da afirmação de que o homem "não conhece sol algum e terra alguma, mas sempre apenas um olho que vê um sol, uma mão que toca uma terra":

> // "O mundo é minha representação". Esta é uma verdade que vale em relação a cada ser que vive e conhece, embora apenas o homem possa trazê-la à consciência refletida e abstrata. E de fato o faz. Então nele aparece a clarividência filosófica. Torna-se-lhe claro e certo que não conhece sol algum e terra alguma, mas sempre apenas um olho que vê um sol, uma mão que toca uma terra. Que o mundo a cercá-lo existe apenas como representação, isto é, tão somente em relação a outrem, aquele que representa, ou seja, ele mesmo. (...) O que existe para o conhecimento, portanto o mundo inteiro, é // tão somente objeto em relação ao sujeito, intuição de quem intui, numa palavra, representação. (...) Tudo o que pertence ao mundo está inevitavelmente investido desse estar condicionado pelo sujeito, existindo apenas para este. O mundo é representação (Schopenhauer, 2005, p. 43-44).

Fica claro que a representação envolve a presença universal da dualidade sujeito-objeto, e que o conceito de representação está ligado a essa relação. Para ganhar existência para o sujeito, o mundo tem que passar pelo conhecimento desse sujeito.

O mundo como representação é o mundo tal como nos aparece em sua multiplicidade e em suas numerosas particularidades. Essa diversidade não é caótica, mas regrada e articulada no espaço e no tempo. Os dois princípios interligados que regem a ordem do mundo são o de individuação e o de razão suficiente.

Se o sujeito é composto pelo princípio de razão – tempo, espaço e causalidade –, isto é, a forma com que os objetos aparecem, então, o sujeito não vê nenhum objeto do jeito que é em si mesmo, mas sim sua representação por meio do princípio de razão. É por isso que o mundo inteiro é representação: "O princípio da razão suficiente aparece como lei de causalidade e, enquanto tal, o denomino princípio de razão suficiente do devir, *principium rationis sufficientisfiendi*" (Schopenhauer, 2005, p. 181).

Assim, a sucessão é a forma do princípio de razão no tempo, a situação é a forma do princípio de razão no espaço, e o conteúdo do espaço e do tempo é a matéria (Philonenko, 1989, p. 10). Denominamos "o tempo e o espaço pela expressão *principium individuationis*" (Schopenhauer, 2005, p. 171).

Representação quer dizer aparência, ou seja, o mundo como fenômeno é sinônimo de aparência. Mas, como já foi dito, a representação é apenas um dos aspectos do mundo. Ao mundo como aparência para um sujeito cuja tessitura se compara à de um sonho se contrapõe o mundo considerado Vontade. Ou seja, não basta o ponto de vista idealista da representação, pois, como seu complemento, exige-se o ponto de vista do mundo como Vontade. Não basta representar; é preciso querer, pois a representação não pode ocorrer destituída do querer. O homem, como indivíduo terrestre, de carne e de osso, é representação entre as representações.

Vejamos agora as propriedades fundamentais da Vontade, que são a unidade e a ausência de fundamento.

A primeira propriedade da Vontade, como coisa em si, "é a unidade, identidade ou indivisibilidade" (Machado, 2006, p. 168). Para demonstrarmos a identidade da Vontade una e indivisa em todos os seus tão diferentes fenômenos, desde os mais tênues até os mais nítidos, temos de considerar a relação existente entre a Vontade como coisa em si e o seu fenômeno, a representação – e a coisa em si é completamente diferente da representação, como distingue Schopenhauer:

> Se a coisa em si, (...) é a Vontade, então esta, considerada nela mesma e apartada de seu fenômeno, permanece exterior ao tempo e ao espaço; por conseguinte não conhece pluralidade alguma, portanto é UNA. Mas, como já disse, una não no sentido de que um indivíduo, ou um conceito é uno, mas como algo alheio àquilo que possibilita a pluralidade, o *principium individuationis*. Por consequência, a pluralidade das coisas no espaço e no tempo, que em conjunto são sua OBJETIDADE, não lhe concerne, e ela, apesar dessa pluralidade, permanece indivisa (Schopenhauer, 2005, p. 189).

Pelo fato de se situar fora do princípio de individuação, no sentido de existir independentemente do tempo e do espaço, a Vontade exclui a pluralidade. Há uma importante distinção entre a Vontade e a representação: "A representação é o objeto, o fenômeno, a visibilidade, a manifestação, a objetivação, a objetidade, *ojektität*, da Vontade" (Machado, 2006, p. 168), ao passo que a Vontade é a coisa em si, é o núcleo de cada coisa particular e do conjunto dos entes. Há um diferencial entre a Vontade e a representação, pois somente a Vontade é tomada como abstração.

Insistimos nessa diferenciação entre a representação e a Vontade, um dos pilares fundamentais do pensamento schopenhaueriano: a Vontade é primordial, primária, fundamental, e a representação é secundária, subordinada, condicionada. Nos dizeres de Philonenko, a noção de representação "é uma 'qualidade secundária' do eu, cuja autêntica essência é a Vontade" (Philonenko, 1989, p. 79).

Com efeito, coube a Mann a indagação: como isso é possível, "uma vez que a própria faculdade de conhecer se liga à objetivação da Vontade nos graus superiores, e, que, sem ela, não teria nenhuma ocasião de se realizar?" (Mann, 1951, p. 20). O autor reflete que em um mundo concebido como obra da Vontade, do instinto de viver absoluto, gratuito, que ignora razões e juízos de valor, a inteligência só pode pretender o segundo lugar:

> O mundo seria representação, minha representação, como a tua e a de todo indivíduo e a representação que cada qual faz de si para si – especialmente por meio da inteligência que conhece e que, nos graus superiores de sua objetivação, a vontade criou para torná-la seu facho"(Mann, 1951, p. 20).

Do ponto de vista da Vontade, há "uma unidade essencial entre todos os seres", ou seja, a Vontade é o fundo infundado permanente na diversidade dos fenômenos:

> A Vontade dá coerência a toda diversidade da natureza fenomenal, à qual se liga a individualização. E sua unidade é constitutiva, no sentido de que não existe em oposição à pluralidade. Do ponto de vista da Vontade, há uma unidade essencial entre todos os entes, desde a matéria inorgânica até o homem, que é o mais individualizado (Machado, 2006, p. 168).

A Vontade cega com sua exigência de existir demanda a objetivação – a vida humana ou qualquer outro fenômeno –, que, por sua vez, desdobrará a unidade primitiva em multiplicidade caracterizando o princípio de individuação, como nos diz Mann:

> A vontade, pois, esse absoluto, exterior ao espaço, ao tempo e à causalidade, cegamente e sem razão, mas com o irresistível ardor de seu desejo e de sua alegria de existir, reclamaria a vida, a *objetivação*, e essa objetivação se realizaria de tal maneira que sua unidade primitiva se tornaria multiplicidade, o que caracteriza perfeitamente o princípio de individuação (Mann, 1951, pp. 19-20).

Assim, para saciar seu desejo, a Vontade ávida de vida objetiva-se segundo o princípio de razão e se espalha em miríades de parcelas que constituem o mundo dos fenômenos, incluídos aí o espaço e o tempo. Mesmo o minúsculo e mais isolado desses fragmentos é produto e expressão da Vontade – sua objetivação no espaço e no tempo.

Como já foi dito, o ponto de partida do pensamento de Schopenhauer ancora-se na filosofia kantiana. Ele adota a distinção de Kant entre o mundo dos fenômenos e o da coisa em si, mas introduz o contraste entre a representação e a Vontade, a pluralidade e a unidade, noções não existentes naquele filósofo.

No entanto, o fato de a Vontade ser una não impede que a Vontade exista num combate geral, em um conflito contínuo, em uma guerra perpétua pela existência:

> Assim, em toda parte na natureza vemos conflito, luta e alternância da vitória, e aí reconhecemos com distinção a discórdia essencial da Vontade consigo mesma. Cada grau de objetivação da Vontade combate com outra por matéria, espaço e tempo. (...) Esse conflito pode ser observado em toda a natureza. Em verdade, esta só existe em virtude dele (Schopenhauer, 2005, p. 211).

Ou seja, desde a matéria inorgânica há um conflito de forças que se estende por toda a natureza até o homem, no qual a Vontade se objetiva de forma mais perfeita.

Mas como pode haver, simultaneamente, unidade e luta contra si mesma na Vontade? Schopenhauer esclarece que isso é possível porque o combate se dá no nível do fenômeno, ou seja, no nível das vontades individuais. A luta da Vontade contra si mesma tem como causa a multiplicidade de indivíduos e está subordinada ao princípio de individuação. Assim, no Livro Terceiro de *O mundo*, ele nos diz:

> Vimos no livro precedente que, apesar da acomodação de todos os fenômenos da vontade entre si no que diz respeito às suas espécies, (...), permanecia entre aqueles fenômenos, tomados como indivíduos, uma disputa insuperável e isso em todos os seus graus, pelo que o mundo se torna um contínuo campo de batalha entre todos os fenômenos de uma única e mesma Vontade, com o que precisamente se torna visível a sua discórdia interna consigo mesma (Schopenhauer, 2005, p. 348).

A problemática do conflito da Vontade contra si mesma impulsiona Mann a enfatizar que a vontade morde sua própria carne:

> Tornando-se mundo segundo o princípio de individuação, pela sua fragmentação na multiplicidade, a Vontade esquece a unidade primitiva e, embora, não obstante todo o seu esmigalhamento, continue una, torna-se uma vontade que está milhões de vezes em luta consigo mesma, que se combate e se desconhece a si própria, que, em cada uma de suas manifestações, procura seu bem-estar, seu "lugar ao sol", a expensas de outra e, ainda mais, a expensas de todas as outras, não cessando, pois, de morder a própria carne, como aquele habitante do Tártaro que avidamente se devorava a si mesmo (Mann, 1956, pp. 22-23).

É preciso que essa exposição seja compreendida literalmente, ressalta Mann, pois as Ideias de Platão adquirem, em Schopenhauer, voracidade incurável, visto que os graus atingidos pela Vontade, que se objetiva, disputam entre si a matéria, o espaço e o tempo. A matéria do mundo é a Vontade. O mundo vegetal deve servir de alimento para o mundo animal e cada animal, por sua vez, de presa e alimento para outro – e, assim, a vontade de vida não perde o fôlego de se devorar a si mesma.

Continuaremos a explicitar a segunda propriedade da Vontade, que é a ausência de fundamento. A Vontade é sem fundamento, *grundlos*, sem razão, sem determinações, sem regras, sem causas ou finalidades. Assim, não é determinada ou condicionada pela causalidade, que resulta da relação do tempo e do espaço. Ela está fora do tempo e do espaço, fora do princípio de individuação, ou seja, da pluralidade, como apresenta Schopenhauer: "(...) a Vontade como coisa em si encontra-se fora do domínio do princípio de razão e de todas as suas figuras, e, por conseguinte, é absolutamente sem fundamento" (Schopenhauer, 2005, pp. 171-172), embora cada um de seus fenômenos esteja por inteiro submetido ao princípio de razão. A Vontade é, pois, "livre de toda PLURALIDADE apesar de seus fenômenos no espaço e tempo serem inumeráveis" (Schopenhauer, 2005, p. 172).

Se, por um lado, a Vontade é livre, independente do princípio de razão, por outro, suas manifestações – o mundo do fenômeno – estão submetidas à necessidade, isto é, à relação de causa e efeito.

Dessa forma, no Livro Quarto de *O mundo*, patamar denominado por Philonenko "A fenomenologia da vida ética", Schopenhauer penetra no estudo da conduta moral dos indivíduos a partir do tema dos motivos conscientes. Ele esclarece que os motivos "não explicam o querer em sua essência, mas apenas suas manifestações em determinado momento. A Vontade está fora do domínio da lei da motivação, e, portanto, não é regida por motivos" (Machado, 2006, p. 170), pois a ausência de qualquer finalidade e de qualquer limite é uma característica essencial da Vontade. Todo ato particular tem uma finalidade, ao passo que a Vontade é um esforço sem-fim. Os atos de um indivíduo consciente necessitam de um motivo, que determina o tempo e o espaço de cada ato, contudo a Vontade age cegamente.

Schopenhauer demarca que a Vontade não é guiada pelo conhecimento; ao contrário, o conhecimento é uma manifestação da Vontade, e não pode dirigi-la. A representação não é uma condição necessária da atividade da Vontade, e sim resultado dela: "A Vontade é sem dúvida ativa; porém se trata de uma atividade cega, que até é acompanhada de conhecimento, sem, no entanto, ser conduzida por ele. (...) a representação enquanto motivo não é de modo algum condição necessária e essencial para a atividade da Vontade" (Schopenhauer, 2005, p. 174).

É importante destacar essa inversão na hierarquia entre a razão e a Vontade efetuada por Schopenhauer em relação à filosofia tradicional. Para o autor, não é a inteligência que produz a Vontade, mas o inverso: a Vontade engendra a inteligência. Assim, a vontade se constitui como o elemento primeiro e dominador sobre a inteligência, o espírito e a faculdade de conhecer que, por sua vez, se tornam seus súditos.

Em suma, como essência do mundo, a Vontade é uma força obscura, inconsciente, indeterminada, livre, um ímpeto cego. Schopenhauer assim se posiciona sobre a Vontade:

> A Vontade que, considerada puramente em si, destituída de conhecimento, é apenas um ímpeto cego e irresistível – como a vemos aparecer na natureza inorgânica e vegetal, assim como na parte vegetativa de nossa própria vida – atinge, pela entrada em cena do mundo como representação desenvolvida para o seu serviço, o conhecimento de sua volição e daquilo que ela é e quer, a saber, nada senão este mundo, a vida, justamente como esta existe. Por isso denominamos o mundo

> fenomênico seu espelho, sua objetidade;// e, como o que a Vontade sempre quer é a vida, precisamente porque esta nada é senão a exposição daquele querer para a representação, é indiferente e tão somente um pleonasmo se, em vez de simplesmente dizermos "a Vontade", dizemos "a Vontade de vida" (Schopenhauer, 2005, pp. 357-358).

Schopenhauer enfatiza, insistentemente, ao longo de sua obra, que "a Vontade em si é absolutamente livre e se autodetermina por inteiro, não havendo lei alguma para ela" (Schopenhauer, 2005, p. 370), ou seja, a Vontade é soberana sobre a razão: "A Vontade, // como coisa em si, está tão pouco submetida ao princípio de razão quanto o sujeito do conhecimento, que definitivamente, numa certa perspectiva, é a Vontade mesma ou sua exteriorização" (Schopenhauer, 2005, p. 363). Percebemos, portanto, que "a liberdade empírica é uma ilusão. As ações dos indivíduos são determinadas pela Vontade. Não há escolha, pois a essência das coisas é alheia à razão, independente do princípio de razão" (Machado, 2006, p. 170). "A razão é apenas um fogo-fátuo sobre um abismo de trevas e horrores" (Machado, 2006, p. 170).

Vejamos agora, mais minuciosamente, o estatuto do conhecimento da Vontade a partir da teoria do corpo: "Teoria em que o meu corpo – o corpo próprio, tal como é imediatamente sentido em minha experiência afetiva, com suas dores e seus prazeres –, é a condição do conhecimento da minha vontade, a revelação imediata de minha vontade como coisa em si" (Machado, 2006, p. 195).

Se a Vontade é apenas em parte desconhecida, diferentemente do *x* incognoscível da coisa em si de Kant, cabe estabelecer a instância que permite seu conhecimento. Ora, é no corpo que a Vontade se manifesta diretamente e se dá a conhecer por meio dos atos dele, que são os atos da Vontade. O indivíduo é, então, sujeito do conhecer, afeito às representações submetidas ao querer. É somente no corpo que podemos reconhecê-la.

Schopenhauer é inovador ao defender uma metafísica ancorada no corpo, isto é, que não ultrapassa a experiência, que leva em conta não só a experiência exterior como também a interior, não só o mundo objetivo como também o subjetivo. A Vontade como atividade cega se manifesta nos fenômenos do mundo de modo imanente. Ela não é algo que transcende o mundo como representação, ao modo de um fundamento absoluto, mas algo que no mundo se manifesta e o constitui como sua outra face:

> Schopenhauer defende a possibilidade de uma metafísica, porém imanente, isto é, *centrada no corpo*. Uma metafísica que, se tem lá os seus rasgos dogmáticos, tenta corrigi-los com referências constantes de suas proposições à experiência, interna ou externa. Nesta tarefa, tanto o objetivo (realidade, domínio da física) quanto o subjetivo (espírito, interioridade, domínio da psicologia) serão levados em conta. Tem-se, dessa forma, o projeto filosófico de uma metafísica imanente, ancorada na *physis* exterior e interior, cujo eixo é justamente a noção de corpo (Barboza, 2007, pp. 226-227).

Além disso, Schopenhauer dá lugar central aos impulsos inconscientes e sexuais do corpo e adquire uma relevância epistemológica na filosofia ocidental ao incluir o corpo do investigador, sua subjetividade, no conhecimento. Schopenhauer se refere a um corpo com impulsos inconscientes e o principal deles é o impulso sexual, ou seja, o impulso sexual é o foco da Vontade, esse ímpeto cego desejante, eternamente insatisfeito:

> Esse corpo, humano e animal, que ganha uma ampla e inédita relevância epistemológica na filosofia ocidental, é um corpo com impulsos inconscientes, sendo o principal deles o impulso sexual. Este é o foco da coisa em si do mundo, a Vontade, ímpeto cego desejante que jamais encontra uma satisfação final. Corpo e sexualidade, assim, têm funções nevrálgicas no pensamento schopenhaueriano, no sentido de justificar a sua pretensão de uma metafísica imanente, que enraíza o investigador no mundo por meio das vicissitudes de sua sensibilidade e sentimento, dos quais emerge um tipo de conhecimento acerca do núcleo dos corpos do mundo em analogia com o corpo do investigador, que revela, no núcleo de sua subjetividade, aquilo denominado pelo termo vontade (Barboza, 2007, p. 227).

Assim, da mesma maneira que outras partes do organismo, o aparelho sexual, juntamente com a sensibilidade, o cérebro, os nervos, é a expressão da Vontade em um determinado momento de sua objetivação, e a representação decorrente, destinada a seu serviço, constitui um meio para a vontade atender a seus fins (Mann, 1951, p. 21).

Essa questão do conhecimento da vontade pela via do corpo também é tema de reflexão em Jacques Taminiaux, que esclarece:

> Para descrever a vontade, que é a essência de todas as coisas e o princípio verdadeiro do mundo, seria preciso conseguir negar todas as determinações, todas as regras, todas as causas, todos os alvos que fazem do campo da representação um conjunto ordenado, submetido ao princípio de razão suficiente e de individuação. O fenômeno que nos é mais próximo nos ajuda a realizar essa descrição negativa: é nosso corpo não enquanto é visto de fora, no espaço-tempo, mas enquanto é sentido, experimentado interiormente em nossa vida afetiva. As alternâncias repetidas de nossas aspirações e de nossas decepções, de nossas faltas e de nossas satisfações, de nossas dores e de nossos prazeres, nos permitem entrever que nada mais somos do que joguetes derrisórios de uma potência que nos ultrapassa e que é a vontade (Taminiaux citado por Machado, 2006, p. 195).

Partiremos, então, para a análise dessa relação entre o corpo e a Vontade, já que o corpo é o caminho para o conhecimento do mundo como Vontade.

A base de argumentação de Schopenhauer é a afirmação, já apontada, de que o corpo humano, e somente ele, é um objeto profundamente diferente dos outros, "pois o corpo é objeto entre// objetos e está submetido à lei deles, embora seja objeto imediato" (Schopenhauer, 2005, p. 45). Para o autor, o corpo ocupa um lugar especial, na medida em que, para "o sujeito do conhecimento que entra em cena como indivíduo mediante sua identidade com o corpo, este corpo é o único objeto dado de duas maneiras completamente diferentes" (Schopenhauer, 2005, p. 157). Neste registro, Machado esclarece que o corpo humano, "por um lado, é dado como representação no conhecimento fenomenal, como objeto entre outros objetos e submetido a suas leis. Por outro, e diferentemente de todos os outros objetos, que somente são conhecidos como representação, o meu corpo é o único objeto que pode, também, ser conhecido de outro modo: como Vontade" (Machado, 2006, 195).

O corpo humano é o objeto sentido, experimentado, vivido. Ou, mais precisamente, "é objeto representado e objeto vivido. Esse corpo, objeto que se dá imediatamente na minha experiência, é minha vontade tornada visível, minha vontade objetivada, minha vontade tornada perceptível" (Machado, 2006, 195). No entanto, mesmo no corpo, a Vontade não é inteiramente conhecida, pois ela se apresenta no tempo, último véu que impede seu desvelamento. Se é pela experiência que cada um tem de seu próprio corpo que podemos captar a atividade da Vontade, como instância metafísica, é somente de modo imperfeito que tal conhecimento pode ocorrer.

Está posto, portanto, o papel fundamental que o corpo desempenha no pensamento de Schopenhauer. O corpo não é apenas uma representação entre outras, não faz parte apenas do mundo dos fenômenos, mas é o único lugar em que a Vontade se manifesta e pode ser conhecida ou desvelada, ainda que parcialmente.

A experiência humana revela que somos seres ativos e que nossas ações expressam nossas vontades. O conhecimento da vontade é dado pela experiência interior que cada um tem com o próprio corpo em ação, já que cada ato da vontade corresponde a um movimento corporal. "Todo ato verdadeiro de sua vontade é simultânea e inevitavelmente também um movimento de seu corpo" (Schopenhauer, 2005, p. 157), ou seja, o querer e o fazer são a mesma coisa:

> O ato da vontade e a ação do corpo não são dois estados diferentes (...); mas são uma única e mesma coisa, apenas dada de duas maneiras totalmente diferentes, uma vez imediatamente e outra na intuição do entendimento. A ação do corpo nada mais é senão o ato da vontade objetivado, isto é, que apareceu na intuição (Schopenhauer, 2005, p. 157).

Ao definir o corpo como objetidade da vontade, Schopenhauer visa assinalar o aparecimento da vontade no corpo "sem que ela se torne um objeto ou uma representação" (Machado, 2006, p. 196) e, além disso, expressar que "toda ação sobre o corpo é também simultânea e imediatamente ação sobre a vontade, que enquanto tal se chama dor, caso a contrarie, ou bem-estar, prazer, caso lhe seja conforme" (Schopenhauer, 2005, 158).

No entanto, Schopenhauer adverte que a dor e o prazer não são representações, e sim impressões imediatas do querer, sob sua forma fenomenal, ou "são afecções imediatas da vontade em seu fenômeno, o corpo, vale dizer, um querer ou não querer impositivo e instantâneo sofrido por ele" (2005, p. 158). Uma ação executada sobre o corpo, e por isso sobre a vontade, causa dor se vai contra ela, mas prazer se é conforme a ela. Prazer ou dor dependem de se querer ou não a impressão que o corpo recebe.

Como modificações da vontade Schopenhauer aponta a aspiração, o desejo, a repulsa, a esperança, o medo, o ódio – enfim, tudo o que provoca de pronto felicidade ou sofrimento, prazer ou dor. Essas modificações do corpo, suas tendências, inclinações, desejos, paixões, emoções, etc., são, propriamente, o ponto de partida para o conhecimento da Vontade.

A experiência interior nos faz conhecer como indivíduos que têm tendências, necessidades, aspirações, em um sentido amplo, uma vontade; além disso, ela nos faz ver essa vontade tão intimamente ligada a nosso corpo que toda tendência ou desejo se traduz, imediatamente, em um movimento corpóreo (Emile Bréhier citado por Machado, 2006, p. 196).

O corpo nos seus atos de vontade é, então, o lugar do conhecimento do mundo como vontade, embora esse conhecimento nunca se dê completamente, na medida em que o corpo não pode ser conhecido na sua totalidade, de uma só vez, mas apenas, *a posteriori*, a partir de seus atos sucessivos no tempo. Nesse sentido é que Schopenhauer diz que "a vontade é o conhecimento *a priori* do corpo, e o corpo é o conhecimento *a posteriori* da vontade" (2005, p. 157).

Em suma, o conhecimento da Vontade pela via do corpo pode ser resumido assim:

> Por fim, o conhecimento que tenho da minha vontade, embora imediato, não se separa do conhecimento do meu corpo. Conheço minha vontade não no todo, como unidade, não perfeitamente conforme sua essência, mas só em seus atos isolados, portanto no tempo, que é a forma do fenômeno de meu corpo e de qualquer objeto. Por conseguinte, o corpo é condição do conhecimento da minha vontade; logo, propriamente dizendo, não posso de modo algum representar a vontade sem representar meu corpo (Schopenhauer, 2005, p. 159).

A consciência de si é o saber íntimo da vontade própria de cada indivíduo, em suas diversas manifestações, como as paixões e os afetos que traduzem os movimentos da vontade, e essa consciência imediata do "eu quero", no tocante aos objetos externos, torna possível o conhecimento do mundo como Vontade. O ato de vontade é o elemento do querer que é dependente da autoconsciência, juntamente com o absoluto domínio sobre os membros do corpo. O exercício desse domínio é a ação corporal executada. Sobre a consciência de si, Schopenhauer diz:

> A consciência de si é consciência da vontade própria de cada um, que contém essa vontade nas suas diversas manifestações, ou seja, paixões e afetos que traduzem os movimentos da vontade. A consciência de si é a consciência imediata de um querer, do eu como querer, do "eu quero". Por outro lado, essa consciência de si como querer, como vontade individual, consciência de que o eu é querer, tem por isso mesmo – pois querer é querer alguma coisa – de se referir a objetos exteriores. Ao chegar, assim, à consciência de si, e ao conhecimento da vontade humana, esse conhecimento torna possível a consideração do mundo como Vontade (Machado, 2006, p. 197).

Os atos da vontade são determinados pelos objetos ou motivos que propiciam a ocasião que mobiliza a vontade. Os motivos são representações do intelecto relacionadas à consciência do mundo exterior, não à dimensão interior cônscia de si.

Por fim, vale ressaltar que Schopenhauer encontra "entre a vontade e o desejo senão uma diferença de grau, não de natureza", e "eis aqui o abandono do primado da razão prática" de Kant (Philonenko, 1989, p. 234). Nesse ponto, Schopenhauer se distancia de Kant, que distingue vontade e desejo, e admite um querer independente do desejo. Schopenhauer os confunde ao admitir uma diferença mínima entre desejo e querer. Certa equivalência, *Gleichsetzung*, entre a vontade e o desejo orienta o seu pensamento.

O ato da resolução executado é a exibição atestatória, para a autoconsciência, do efetivo ato de vontade. Até então, trata-se apenas de simples desejo. Enquanto o movimento volitivo não é levado à resolução, não pode ser chamado de ato de vontade. Podemos desejar um objeto qualquer, bem como seu contrário. Mas querer, podemos apenas e necessariamente um deles, visto que querer é o resultado da relação causal entre o motivo e a concretização individual da vontade que constitui o caráter.

Vimos que o mundo, para Schopenhauer, é Vontade e representação, que pressupõe uma forma, a do sujeito e a do objeto. E que o corpo tem lugar especial como objeto para o sujeito. Vimos, também, que existe sempre um resíduo irredutível, um conteúdo da representação que não pode se reduzir à sua forma. Esse resíduo é a Vontade

Nosso próximo passo será destrinchar as noções de egoísmo, maldade e compaixão, componentes da ética schopenhaueriana.

ÉTICA: EGOÍSMO, MALDADE E COMPAIXÃO

A máxima do marquês de Vauvenargues de que "os grandes pensamentos procedem do coração" (Philonenko, 1989, p. 43) se converte em uma das máximas da filosofia schopenhaueriana: "O instrumento verdadeiro do pensamento é a imaginação oriunda do coração" (Philonenko, 1989, p. 67). A partir desse fundamento, a fenomenologia da vida ética em Schopenhauer não se baseará em "nenhuma doutrina do dever, nenhum princípio moral universal, nenhum *dever* incondicionado" (Philonenko, 1989, p. 232).

Em *O fundamento da moral* Schopenhauer não propõe a palavra "fundamento" como "um princípio a que é preciso obedecer, senão que delega à compaixão o fundamento das ações que julgamos morais". Para o filósofo, "seria insensato se contássemos com os nossos sistemas de moral para fazer homens virtuosos e nobres" (Philonenko, 1989, p. 233). Assim, sobre a razão prática Schopenhauer fala que "[...] não se trata de virtude ou vício em semelhante razoabilidade na conduta. Esse uso prático da razão constitui a prerrogativa própria do homem [...]" (Schopenhauer, 2005, p. 646). Por isso Schopenhauer concebe a ética separada da razão prática, em oposição a Kant. Ele funda sua ética na experiência e considera que o fenômeno ético se encontra no próprio mundo. O filósofo não deve prescrever normas, mas esclarecer o que de fato acontece.

Se a ética diz respeito à conduta do homem, vejamos a definição de homem, segundo Schopenhauer:

> O homem como objetivação perfeita da Vontade é, em conformidade com o dito, o mais necessitado de todos os seres. Ele é querer concreto e necessidade absoluta, é uma concretização de milhares de necessidades. Com estas, encontramo-lo sobre a face da terra abandonado a si mesmo, incerto sobre tudo, menos em relação à sua carência e miséria (Schopenhauer, 2005, p. 402).

Portanto, o homem é definido com as mesmas características presentes na Vontade. Isso porque, como já vimos, o ser humano é fenômeno da Vontade e, como tal, o fenômeno não pode ser diferente da sua essência. Se a Vontade é um querer a vida, o homem é um querer concreto. Se a Vontade não se satisfaz, assim também ocorre com o homem. As suas necessidades são absolutas. Daí que "a essência do homem consiste em sua vontade se esforçar, ser satisfeita, e novamente se esforçar, incessantemente (...)" (Schopenhauer, 2005, p. 401). As exigências imperiosas se anunciam todos os dias ao homem, que, com vigilância, "com passo cuidadoso e tatear angustiante, segue o seu caminho, enquanto milhares de acasos, milhares de inimigos lhe preparam emboscadas" (Schopenhauer, 2005, p. 402). O homem é esse querer concreto no mundo. Ao nos remeter à história da humanidade, Schopenhauer aponta que o homem "assim já caminhava no estado selvagem, assim caminha na vida civilizada; não há segurança alguma para ele". E evoca os versos do filósofo e poeta trágico Lucrécio: "Ah, em que trevas da existência, em que grandes perigos, / É a vida despendida, pelo tempo em que dura" (Schopenhauer, 2005, p. 402).

Schopenhauer expõe sua consideração sobre o uso prático possível da razão. O valor ético das ações não passa pelo raciocínio, pois a razão pode servir para a realização metódica e refletida tanto de atos nobres quanto vis, tanto das máximas prudentes quanto das imprudentes. Assim, o valor da razão não está em oferecer um caráter moral à conduta humana. A razão torna a vida humana diferente da vida dos animais, pois, paralelamente à realidade concreta, temos uma segunda vida *in abstracto*, que nos possibilita dominar, até certo ponto, nossa natureza animal. Assim, o homem, diferente dos animais, é dotado de uma vivência dupla. Por um lado, há a vida *in concreto*, em que ele está sujeito às intempéries da realidade, tendo que se esforçar, sofrer e morrer como os animais, mas, por outro, como sua prerrogativa, há a vida *in abstracto*, que corresponde à reflexão por meio da razão e ao exercício da ponderação, diferentemente de outros seres. A razão nos faculta a visão de um panorama amplo da vida em seu conjunto, por meio da qual podemos antecipar, de forma reduzida e abstrata, sua dimensão; nos permite conectar os aspectos fragmentários e unilaterais do vivido intuitivamente e lidar com as contradições das nossas ações; e, nos oferece um conhecimento prospectivo que podemos utilizar na nossa própria vida:

> Verdadeiramente podemos dizer que aqui a razão se mostra em seu sentido prático: onde quer que a conduta esteja dirigida pela razão, onde os motivos sejam conceitos abstratos, onde o determinante não sejam as representações particulares e intuitivas, nem a impressão do instante que guia ao animal, manifesta-se a razão prática (Schopenhauer, 2005, p. 141).

O fundamento da ética humana em Schopenhauer tem como ponto de partida "algo existente, efetivo e demonstrável" (Schopenhauer, 2001a, p. 205), ou seja, a realidade empírica. A moral deve ser tomada como fenômeno, algo que aparece na experiência humana. A reflexão ética se apoia na vida real, na realidade intuitiva do homem.

A razão possui um uso prático no sentido de possibilitar que as pessoas não se guiem meramente pelas impressões sensoriais, mas também por pensamentos e conceitos. A conduta racional é aquela em que o indivíduo age refletidamente, tendo máximas fundamentais como seus motivos. Porém, agir racionalmente, para Schopenhauer, não significa fazê-lo moralmente, pois é possível praticar o mal usando a razão, assim como realizar o bem sem o concurso dela, como distingue:

> Pode-se, pelo contrário, agir muito racionalmente, portanto refletida, prudente, consequente, planejada e metodicamente, seguindo, todavia, as máximas as mais egoístas, injustas e mesmo perversas. Por isso é que, antes de Kant, jamais ocorreu a alguém identificar o comportamento justo, virtuoso e nobre com o comportamento racional (Schopenhauer, 2001, pp. 60-61).

Em seu uso prático da razão, Schopenhauer se orienta pela ética estoica, fundada na convicção de que devemos buscar mais a atenuação da dor do que o prazer:

> O desenvolvimento perfeito da RAZÃO PRÁTICA, no verdadeiro e autêntico sentido do termo, o ápice a que o homem pode chegar mediante o simples uso da razão, com o que a sua diferença do animal se mostra da maneira mais nítida, foi exposto, enquanto ideal, na SABEDORIA ESTOICA. (Schopenhauer, 2005, p. 142).

Schopenhauer diz que a ética estoica é uma tentativa "digna de atenção para usar a grande prerrogativa do homem, a razão, em favor de um fim importante e salutar, a saber, elevá-lo acima dos sofrimentos e dores aos quais cada vida está exposta" (Schopenhauer, 2005, p. 146). Essa ética segue as instruções que visam uma vida sábia ao invés de se orientar pelo ensinamento e pela doutrina pura e universal da virtude de Kant; é uma incitação à vida racional, entendida como o uso da razão para tentarmos evitar, o máximo possível, os sofrimentos da vida, e alcançarmos o fim pretendido, que é a vida feliz tornada possível pela ataraxia: "A ética estoica não é originária e essencialmente uma doutrina da virtude (no sentido kantiano), mas mera instrução para uma vida racional, cujo fim e objetivo é a felicidade mediante a tranquilidade de ânimo" (Schopenhauer, 2006, p. 141). A conduta virtuosa pode ser encontrada no caminho, *per accidens*, mas não é propriamente o fim (Schopenhauer, 2005, p. 142). Por "Viver feliz", deve-se entender "viver menos infeliz", ou seja, de modo suportável" (Schopenhauer, 2006, p. 141), ou, "A felicidade não é coisa fácil: é muito difícil encontrá-la em nós, e impossível encontrá-la alhures" (Chamfort citado por Schopenhauer, 2006, p. VII).

Em sua vivência prática o homem pode optar, após a reflexão, por uma ou por outra ação, mas está também "sujeito às tempestades da realidade efetiva" (Schopenhauer, 2005, p. 140). Nas ações conduzidas pela faculdade racional, os motivos são conceitos abstratos, e o determinante não são representações intuitivas particulares, nem a impressão do momento. Apesar de não ser soberano de sua razão prática, o homem tem a possibilidade de, anterior ou posteriormente à ação, tornar-se mero espectador da realidade. É como se fosse um ator que, logo após ter desempenhado sua função numa peça, passasse a fazer parte da plateia, transformando-se em espectador. Por meio desse recuo reflexivo, ele assiste à sucessão dos acontecimentos mesmo que essa sucessão seja a preparação de sua morte. Contudo, ao voltar a agir como ator, tende a sofrer, sujeitando-se aos mesmos acontecimentos que há pouco contemplava.

Assim, a razão prática em Schopenhauer não está relacionada com a ação moral, a ação racional não tem valor moral intrínseco, pois ela pode ser tanto boa quanto má e servir aos propósitos vis ou nobres, à máxima inteligente ou à imprudente. A razão é vista como a capacidade humana de ponderar ou executar ações que advêm do exercício da abstração. Trata-se de um agir com prudência, guiando-se por representações abstratas e utilizando-se de conceitos gerais.

A capacidade de reflexão torna as pessoas "conhecedoras da ilusão das impressões momentâneas, da inconstância de todas as coisas, da brevidade da vida, da vacuidade dos prazeres, da alternância da sorte, e das grandes e pequenas insídias creditáveis ao acaso" (Schopenhauer, 2005, p. 645). Além disso, prepara o homem para encarar as adversidades com coragem e serenidade: "Não cedas à adversidade, mas marcha audaz contra ela" (Virgílio citado por Schopenhauer, 2006, p. 244), ou, "Por isso, vivei forte, opondo às adversidades o peito valente" (Horácio citado por Schopenhauer, 2006, p. 245).

Schopenhauer concebe que "A dor é essencial à vida e também é determinada em seu grau conforme a natureza do sujeito", e, por consequência, "não penetra em nós do exterior, mas cada pessoa porta em seu interior a sua fonte inesgotável" (Schopenhauer, 2005, p. 410). "A medida de nossa dor e de nosso bem-estar já está, segundo nossa hipótese, de antemão determinada subjetivamente no todo e em cada instante no tempo" (Schopenhauer, 2005, pp. 408-409). No entanto, procuramos "uma causa externa particular como se fora um pretexto para a dor que nunca nos abandona" (Schopenhauer, 2005, p. 410).

Como "Toda vida é sofrimento", Schopenhauer encontra nos estoicos a maneira de o homem resistir às suas dores, segundo a consideração de que se a vida é tão cheia de tormentos e atribulações, ou eles são suportados pelo pensamento, ou se tem que abandonar a vida. Schopenhauer atribui que "todo sofrimento propriamente dito resulta da desproporção entre o que por nós é exigido e aquilo que nos é dado. Desproporção esta, entretanto, que manifestamente só se encontra no conhecimento e poderia ser inteiramente eliminada por uma melhor intelecção" (Schopenhauer, 2005, p. 144). É preciso viver segundo as leis da natureza, dizem os estoicos. Além disso, à dor atroz corresponde uma alegria excessiva, que é, justamente, a queda de uma altura, o que nos remete à inscrição délfica: "Nada em excesso" (Schopenhauer, 2005, p. 645). Conforme a ética estoica precisamos nos habilitar para não nos deixarmos dominar pelas ilusões e pelas paixões, e para incutir em nossa mente uma equanimidade, como louva Horácio em sua ode: "Lembra sempre de preservar equânime / A tua mente nos momentos de adversidade e de / Temperar a tua alegria insolente nos momentos de felicidade" (Horácio citado por Schopenhauer, pp. 409-410).

No tocante ao nosso destino mortal, Schopenhauer alerta que "o último cume a que em geral acede o significado da existência é indubitavelmente o ético", pois é inegável o fato de que o caminho dos pensamentos de um homem que se aproxima da morte toma uma "direção *moral*, e ele se esforça em fechar a conta sobre o curso consumado da vida por meio de considerações *morais*" (2001a, p. 206). O balanço da própria vida reside, como consequência, mais nos males que evitamos, do que nos prazeres que fruímos. O filósofo nos transporta para os testemunhos dos gregos antigos, que são de suma importância pelo fato de ainda não estarem sob a influência cristã. E traz a lume esta passagem do legislador Zaleukos: "Tem de se ter diante dos olhos aquele ponto do tempo em que cada um tem de deixar a vida. Pois todos os que devem morrer serão tomados pelo remorso assim que pensarem nos atos injustos que cometeram e serão tomados pelo desejo de ter agido justamente em todos os casos" (Schopenhauer, 2001a, p. 207).

Ao abordarmos a questão ética, isto é, a interpretação do agir humano, é preciso levar em conta que, para o autor, as três potências ou motivações fundamentais das ações humanas que impulsionam todos os outros motivos são o egoísmo, a maldade e a compaixão/ascese. Além disso, as ações de compaixão, que são desinteressadas, são o fundamento da moral. Schopenhauer esclarece que "as três motivações morais dos homens, o egoísmo, a maldade e a compaixão estão presentes em cada um de modo incrivelmente diferente" (2001a, p. 195), e que essa "diferença dos caracteres é inata e indelével" (2001a, p. 190).

Penetrar no fundamento da moral pela via da realidade empírica exige coragem, diz Schopenhauer, devido à forte disposição humana para o egoísmo e o ódio. Não por acaso, por um lado, muitos filósofos optaram por dar um salto em direção a explicações abstratas sobre a moral, bem distantes da realidade. Por outro, muitos dos que se detiveram apenas na realidade empírica trazem uma visão cética sobre a existência de verdadeiras ações compassivas desinteressadas e alegam que não passam de uma domesticação do egoísmo e da maldade do gênero humano.

Em conformidade com sua definição de Vontade e de homem, para Schopenhauer "a motivação principal e fundamental, tanto no homem como no animal, é o egoísmo" (2001a, p. 120). O egoísmo pertence ao seu íntimo mais profundo, pois se a Vontade é querer, o seu fenômeno – o homem – também o é.

O egoísmo é definido como "o ímpeto para a existência e o bem-estar" (Schopenhauer, 2001a, p. 120), segundo o interesse próprio de cada um, fundamentado no *princípio de individuationis*, forma do fenômeno. O egoísmo do homem, de acordo com sua natureza, é sem limites, é colossal, e o homem quer conservar sua existência e seu bem-estar, incondicionalmente, a todo custo e a qualquer preço, e nunca se coloca uma medida suficiente.

O egoísmo pode levar "a todas as formas de crimes e delitos, mas os prejuízos e as dores causados a outrem são para si um mero meio e não um fim, aí entrando de modo apenas acidental". "Em contrapartida, para a maldade e a crueldade o sofrimento e a dor de outrem são fins em si; alcança-los é o que dá prazer" (Schopenhauer, 2001a, p. 126). A máxima do mais extremo egoísmo é: "Não ajudes a ninguém, mas prejudica a todos, se acaso fores levado a isso" (Schopenhauer, 2001a, p. 126).

Como o egoísmo persegue incondicionalmente o seu fim, em seu clímax se manifesta como maldade que habita o homem. Encontramos, assim, "na ordem do dia, para a incontável multidão de indivíduos a "guerra de todos contra todos" e para a desgraça de todos" (Schopenhauer, 2001a, p. 123), como anuncia Hobbes no seu *Leviatã*.

A fonte capital da maldade é a inveja. Entretanto, "sentir inveja é humano, mas gozar alegria maligna é diabólico". A máxima da maldade é: "prejudica a todos que puderes" (Schopenhauer, 2001a, p. 126). Na prática, entretanto, inveja e prazer com a desgraça alheia se tornam maldade e crueldade em que, diferentemente do egoísmo, a dor do outro é o fim em si: "Em contrapartida, para a maldade e a crueldade o sofrimento e a dor de outrem são fins em si; alcançá-los é o que dá prazer" (Schopenhauer, 2001a, p. 126). Lucrécio expressa no seu poema *De rerum natura*: "Quando o mar está bravio e os ventos açoitam as ondas, / É agradável assistir em terra aos esforços dos marinheiros:/ Não que nos agrade assistir aos tormentos dos outros,/ Mas é um prazer nos sabermos livres de um mal" (Lucrécio citado por Schopenhauer, 2005, p. 412).

Passemos para a discussão do conceito de compaixão, relacionando-o com a realidade empírica. Schopenhauer assim define a compaixão:

> A participação totalmente imediata, independente de qualquer outra consideração, no sofrimento de um outro, e, portanto, no impedimento ou supressão desse sofrimento, como aquilo em que consistem todo o contentamento e todo o bem-estar e felicidade. Essa compaixão sozinha é a base efetiva de toda a justiça livre e de toda a caridade *genuína*. (Schopenhauer, 2001a, p. 136).

Aqui deparamos com a seguinte problemática: como podem existir ações de compaixão no homem se a Vontade está em constante luta contra si mesma, incitando-o a ser o lobo do homem? Schopenhauer esclarece que o conhecimento baseado no *princípio individuationis* pode situar o homem em duas situações diferentes. Se ele tiver uma disposição inata para a maldade, ele pode oscilar do simples egoísmo até a extrema crueldade; porém, se ele tiver uma propensão em sentido contrário, ele pode elevar-se da simples justiça até a compaixão:

> Se, de um lado, vimos o ódio e a maldade condicionados pelo egoísmo e este basear-se no conhecimento do *princípio individuationis* [forma do fenômeno], de outro encontramos como a origem e essência da justiça e, quando esta é levada ao mais elevado grau, do amor e da nobreza de caráter, justamente a visão através do *princípio de individuationis*, única que, ao suprimir a diferença entre o próprio indivíduo e os outros, torna possível, e elucida, a perfeita bondade de disposição, o amor desinteressado e o mais generoso autossacrifício pelos outros (Schopenhauer, 2005, pp. 480-481).

Schopenhauer esclarece que o fenômeno da compaixão só é possível por meio de um processo em que "eu me *identifique* com o outro, quer dizer, que aquela diferença total entre mim e o outro, sobre a qual repousa justamente o meu egoísmo, seja suprimida pelo menos num certo grau (...) através do conhecimento que tenho dele" (Schopenhauer, 2001a, pp. 135-136). Já que não me é possível entrar na pele do outro, concretamente, então, só por meio do conhecimento que tenho dele na minha cabeça é que posso me identificar com ele, na medida em que minha ação anuncie aquela diferença como suprimida. Isso pressupõe, necessariamente, que eu sofra com o mal-estar do outro, "sinta *seu* mal como se fora o meu e, por isso, queira seu bem como se fora o meu próprio" (Schopenhauer, 2001a, p. 135).

Na compaixão, a diferença entre os indivíduos é apagada por intermédio da participação desinteressada no sofrimento alheio. É por isso que a compaixão é "amor puro", pois, no momento da ação moral – a compaixão –, o agente está purificado de todo *princípio de individuationis*, portanto, do egoísmo que é a motivação natural de todo homem (Schopenhauer, 2005, pp. 476-480). A compaixão é, depreende-se, o fundamento da moral na medida em que, como realidade empírica, suprime o sofrimento alheio de modo desinteressado. Sua máxima é: "Não prejudiques a ninguém, mas ajuda a todos quanto puderes" (Schopenhauer, 2001a, p. 140).

Porém, a compaixão não é capaz de transformar um homem de coração de pedra em compassivo, visto que o conceito de caráter é definido como uma qualidade da coisa em si, da Vontade. Em toda a parte, a essência fundamental, o decisivo, no campo moral, intelectual e físico é o inato, pois o caráter do homem é inato:

> Através do caráter inato de cada homem, os fins em geral, em direção aos quais ele tende invariavelmente, estão determinados já em sua essência; os meios aos quais ele recorre para aí chegar estão determinados em parte pelas circunstâncias exteriores, em parte pela concepção que ele tem delas, cuja exatidão depende, por sua vez, do entendimento e da formação que ele possui. Como resultado, temos a sucessão de seus atos isolados, portanto, o conjunto do papel que ele deve desempenhar no mundo (Oswaldo Giacóia Junior, 2012, p. 8).

Assim, a diferença dos caracteres – maldoso, compassivo, etc. – é inata e indelével. E, "em toda a parte, a arte só pode auxiliar" (Schopenhauer, 2001a, p. 199). Por conseguinte, o nosso caráter manifesto na vida cotidiana é determinado pelo caráter inteligível, qualidade fora do tempo e do espaço.

Schopenhauer não perde o fôlego ao elencar diversos pensadores condizentes com essa noção inata de caráter. Cita Sêneca que diz "*Velle non discutir*" – "Não se pode aprender o querer" (Sêneca citado por Schopenhauer, 2001a, p. 190). Já o pai da ética, Sócrates, afirma, segundo a indicação de Aristóteles, que "não está em nosso poder sermos bons ou maus" (Sócrates citado por Schopenhauer, 2001a, p. 190); e o próprio Aristóteles, em *Ética a Nicômaco*, ao expressar que "todo o mundo admite, com efeito, que cada tipo de caráter pertence a seu possuidor, de qualquer modo, por natureza: pois somos justos, temperantes ou fortes, e assim por diante desde o momento de nosso nascimento" (Aristóteles citado por Schopenhauer, 2001a, p. 191). Até mesmo a doutrina originária do cristianismo está conforme essa visão segundo uma passagem de Lucas, no capítulo 6 do Sermão da Montanha: "O homem bom produz o bem do bom tesouro de seu coração, e o homem mau produz o mal do mau tesouro do seu coração" (Lucas citado por Schopenhauer, 2001a, p. 193), em analogia à imagem do fruto que sempre sai de acordo com a árvore.

Lembra-nos Schopenhauer que Platão investiga, minuciosamente, no *Mênon*, se é possível ensinar a justiça. O resultado a que chega é de que "*Aretè àn eín oúte physei oúte didaktón*; *Allà theía moíra paragignoméne áneu nou, ois an paragígnetai*", isto é, "a virtude, *areté*, não é nem inata nem ensinável, mas é distribuída pela sorte divina e sem entendimento àqueles que foram sorteados". A diferença entre "*physei*" e "*theía moîra*" indica mais ou menos aquela que existe entre o físico e o metafísico (Platão citado por Schopenhauer, 2001a, p. 191). Para os antigos, a moira, *heimarméne*, que tece, meio às cegas, o tecido do destino dos homens, é o elemento responsável por nosso caráter. Assim, Schopenhauer confirma que "cada um é aquilo que é, como que por 'graça divina', por 'jure divino', por *theía moira* [escolha divina]" (Schopenhauer, 2001a, p. 199). Ou seja, o acaso está presente na vida dos homens desde o nascimento.

A ciência ética tampouco pode pretender mudar o caráter, o que seria uma contradição, uma vez que é impossível a ciência, que surge no tempo e no espaço, pretender mudar algo que está fora do tempo e do espaço.

O trágico na filosofia moderna

Para a compreensão do surgimento do trágico na filosofia moderna[13], partiremos da afirmação inicial da Introdução do livro *Ensaio sobre o trágico*, em que Szondi diz: "Desde Aristóteles há uma poética da tragédia; apenas desde Schelling, uma filosofia do trágico" (Szondi, 2004, p. 23).

Já mencionamos que o trágico, em suas raízes gregas, se originou da tragédia ática. Aristóteles em sua *Poética* apresenta as teorias normativas e seus requisitos formais para que uma obra de arte seja considerada uma tragédia, ou seja, "seu objeto é a tragédia, não a ideia de tragédia", nem "o exame do fenômeno trágico" (Szondi, 2004, p. 23). Assim, a tradição da poética da tragédia, com seu ponto de vista formal e classificatório, não vê a tragédia como a expressão de um tipo de visão do mundo, ou de sabedoria que a modernidade chamará de trágica.

13 A palavra "moderna" é tomada para designar a época que se inicia, no final do século XVIII e início do século XIX, com a ruptura introduzida na filosofia por Kant e os pós-kantianos. (Roberto Machado, 2006, p. 8).

Porém, na transição do século XVIII para o século XIX, a reflexão estética idealista, intimamente ligada aos ideais do Romantismo, abre uma nova perspectiva na arte poética e instaura um novo gênero, a "poética filosófica" (Szondi, 2004, p. 16) pensada como filosofia da arte. A poética filosófica passa, então, a privilegiar a reflexão sobre a essência do trágico, em detrimento do efeito catártico da compaixão e do terror, característico da poética aristotélica (Szondi, 2004, pp. 16-17).

Lembremos que no século XVIII, período anterior à análise poética idealista, já havia um movimento cultural de valorização do ideal grego de beleza, que será resgatado pela arte alemã por meio do projeto de renovação cultural da Alemanha, iniciado por Winckelmann e seguido por muitos outros artistas e intelectuais da época como Goethe, Schiller, Schelling, Hegel e Hölderlin, dominados pela "nostalgia da Grécia":

> É na sequência desse movimento cultural de valorização do ideal grego de beleza e da necessidade de sua retomada pela arte alemã – movimento que se inicia com Winckelmann e tem Goethe como principal expoente – que nasce, principalmente, a partir de Schelling (...) uma reflexão sobre a essência do trágico, relativamente independente da forma da tragédia (Machado, 2006, p. 22).

Mas é somente com a poética filosófica que surge uma transformação na análise poética da tragédia, em que a tragédia migra de uma análise normativa para uma reflexão em que o trágico se instaura como um problema filosófico, fundando a filosofia do trágico. É exatamente por isso que Szondi considera que é apenas a partir de Schelling que se dá o nascimento de uma filosofia do trágico, isto é, um pensamento sobre o significado do trágico – *tragisch* –, uma reflexão sobre o fenômeno trágico, sobre a ideia de trágico, sobre as determinações do trágico, sobre o sentido do fenômeno trágico, sobre a tragicidade, *tragik*.

Como "construção eminentemente moderna" (Machado, 2006, p. 42), a originalidade dessa reflexão filosófica, em relação ao que havia sido pensado anteriormente, se encontra, segundo o filósofo Machado, no fato de o trágico aparecer "como uma categoria capaz de apresentar a situação do homem no mundo, a essência da condição humana, a dimensão fundamental da existência" (Machado, 2006, pp. 42-43), inaugurando uma teoria sobre o trágico. Assim, "em sua trajetória da poética da tragédia para a filosofia, o trágico passa de um conceito que define um gênero literário e suas especificações para um conceito que descreve a condição humana, significando a existência" (Patitucci, 2008, p. 137).

Szondi, na "esperança de estabelecer um conceito universal de trágico" (Szondi, 2004, p. 25), acaba por reconhecer sua problemática, ao proclamar que "a própria história do trágico não está livre de tragicidade", e que há uma diversidade de concepções sobre o trágico na filosofia, da mesma forma como Jaeger aponta que cada poeta ateniense possui uma concepção própria de trágico. Szondi lança mão de uma metáfora esclarecedora, a do voo de Ícaro:

> Ela é como o voo de Ícaro: quanto mais o pensamento se aproxima do conceito geral, menos se fixa a ele o elemento substancial que deve impulsioná-lo para o alto. Ao atingir a altitude da qual pode examinar a estrutura do trágico, o pensamento desaba, sem forças. Quanto mais uma filosofia, como filosofia do trágico, torna-se mais do que o reconhecimento da dialética a que seus conceitos fundamentais se associam, quando tal filosofia não conhece mais a sua própria tragicidade, ela deixa de ser filosofia. Portanto, parece que a filosofia não é capaz de apreender o trágico – ou então que não existe *o* trágico (Szondi, 2004, p. 77).

Assim, em meio a uma crise na concepção do trágico na era pós-idealista, e na impossibilidade de estabelecer a existência de um trágico em si, Szondi elabora sua própria concepção em cujo interior se vislumbra a inexistência de uma única definição:

> Não existe *o* trágico, pelo menos não como essência. O trágico é um *modus*, um modo determinado de aniquilamento iminente ou consumado, é justamente o modo dialético. É trágico apenas *o* declínio que ocorre a partir da unidade dos opostos, a partir da transformação de algo em seu oposto, a partir da autodivisão. Mas também só é trágico o declínio de algo que não pode declinar, algo cujo desaparecimento deixa uma ferida incurável. Pois a contradição trágica não pode ser suprimida em uma esfera de ordem superior – seja imanente ou transcendente. Se for esse o caso, ou o aniquilamento tem como objeto algo de insignificante, que como tal escapa à tragicidade e se manifesta no cômico, ou a tragicidade é superada no humor, suplantada na ironia, ultrapassada na crença (Szondi, 2004, pp. 84-85).

Lesky constata, portanto, que a época do neo-humanismo significou, em relação ao problema do trágico, um novo começo sobre os soterrados germes mais antigos, pois nessa época surge uma relação inteiramente nova e fecunda entre os pensadores e a tragédia grega. Lesky admite que desde então qualquer tentativa para determinar a essência do trágico deve partir, necessariamente, das palavras pronunciadas em 1824 por Goethe: "Todo o trágico se baseia numa contradição inconciliável. Tão logo aparece ou torna possível uma acomodação, ele desaparece" (Goethe citado por Lesky, 2006, p. 31). Goethe situa a contradição trágica no universo das antinomias radicais, ou seja, dos conflitos insuperáveis. Esse é "o fenômeno que nos esforçamos para compreender a partir de suas raízes" (Lesky, 2006, p. 31). O filósofo austríaco acrescenta que a determinação dos polos contrários antinômicos fica em aberto, já que se estende "para todo o campo do trágico, tanto na obra de arte como na vida real" (Lesky, 2006, p. 31), o que evidencia a natureza complexa e a impossibilidade de encontrarmos uma essência do trágico (Patitucci, 2008, p. 145).

Na filosofia moderna, Schopenhauer é um dos primeiros filósofos trágicos que "forma a tradição ou a herança teórica que chegará finalmente a Nietzsche, uma de suas mais sublimes expressões" (Machado, 2006, p. 44). Essa influência já está bem estabelecida e, segundo Pierre Hadot, o próprio Nietzsche reconhece em *Ecce Homo*, que "tomou por máscara, ao escrever suas *Considerações extemporâneas*, seus mestres Schopenhauer e Wagner" (Hadot, 2012, p. 15). Nietzsche se refere a "um Wagner ideal e a um Schopenhauer ideal que não são outros além do próprio Nietzsche" (Hadot, 2012, pp. 15-16).

Schopenhauer, seguindo os rastros dos filósofos idealistas alemães, inicia sua reflexão acerca da tragédia por meio de uma análise poetológica. Porém, esse não é seu alvo de interesse, pois ele é um autor fundamentalmente trágico, isto é, possuidor de uma visão trágica do mundo, e não um pensador do trágico.

O elemento trágico, por excelência, na filosofia de Schopenhauer é o seu conceito de Vontade cósmica cega, a coisa em si, destituída de fim final. Essa Vontade é a substância do mundo e a essência do homem; a Vontade está no mundo e em nós, no nosso corpo e no nosso pensamento. Ou seja, "em Schopenhauer, 'Deus é perverso'" (Pondé, 2010, p. 122). A Vontade, esse absoluto cego e prenhe de vida, exige irresistivelmente sua objetivação – a vida humana ou qualquer outro fenômeno – que, por sua vez, desdobrará a unidade primitiva em multiplicidade, pelo princípio de individuação. Do ponto de vista da Vontade, há "uma unidade essencial entre todos os seres", ou seja, a Vontade é o fundo infundado permanente na diversidade dos fenômenos, de todo ser humano.

Embora ocorra uma acomodação de todos os fenômenos da vontade entre si no que diz respeito às suas espécies, permanece entre os fenômenos, tomados como indivíduos, uma disputa insuperável em todos os seus graus, o que torna o mundo um contínuo campo de batalha entre todos os fenômenos de uma única e mesma Vontade, deixando visível a discórdia interna da Vontade contra si mesma. (Schopenhauer, 2005, p. 348). Schopenhauer nos remete ao pré-socrático Empédocles de Agrigento, que postulou a guerra perene entre os dois princípios do devir, amor e discórdia, na vida do mundo e na vida da mente, e sublinha: "Pois, se o conflito não fosse inerente às coisas, tudo seria uno, como diz Empédocles" (Schopenhauer, 2005, p. 211). Assim, a Vontade existe em um combate geral, numa guerra perpétua pela existência. Cada grau de objetivação da Vontade combate com outra por matéria, espaço e tempo. "Esse conflito pode ser observado em toda a natureza. Em verdade, esta só existe em virtude dele" (Schopenhauer, 2005, p. 211).

Se a matéria do mundo é a Vontade, encontraremos um conflito de forças desde a matéria inorgânica que se estende por toda a natureza até o homem, no qual a Vontade se objetiva de forma mais perfeita. O homem, por sua vez, por dominar as demais espécies, vê a natureza como instrumento de seu uso. "Esse mesmo gênero humano (...) manifesta em si próprio a luta, a autodiscórdia da Vontade da maneira mais clara e terrível quando o homem se torna o lobo do homem, *homo homini lupus*" (Schopenhauer, 2005, p. 212), e contribui para acirrar, com a mais espantosa evidência, o horror do combate de todos contra todos, do autoestilhaçamento da vontade. Enfim, a Vontade de vida crava continuamente os dentes na própria carne.

É nesse sentido que Szondi afirma que a concepção de trágico em Schopenhauer "tem como base unicamente o conceito de Vontade" (Szondi, 2004, p. 53). Neste, "o processo trágico é a autossupressão [*Selbstaufhebung*] daquilo que constitui o mundo" (Szondi, 2004, p. 52). Assim, Schopenhauer pode denominar o "autoconhecimento" da vontade "o único evento em si", e o equipara ao processo trágico: "(...) ele se dá com a objetivação da vontade" (Szondi, 2004, p. 53). A concepção do trágico em Schopenhauer está intimamente ligada à autodestruição e à autonegação da vontade.

Em consonância com Szondi, Philonenko também afirmará que Schopenhauer é o autor que nos "revela de maneira trágica o conflito da vontade consigo mesma" (Philonenko, 1989, p. 23). Além disso, ao considerá-lo o último idealista alemão, Philonenko ressalta que ele se distingue daquele na medida em que rompe com a teologia e com a imortalidade da alma e, sobretudo, por ter na vontade seu tema central.

Vejamos mais de perto como essa visão trágica da vida é traduzida em inúmeras passagens e de infinitos modos na obra schopenhaueriana.

A vida é anseio e tormento obscuro, acompanhada, na maioria dos seres, de uma série de pensamentos triviais, análoga ao automatismo de um relógio: "Assemelham-se a relógios aos quais se deu corda e funcionam sem saber por quê. Todas as vezes que um homem é gerado e nasce, o relógio da vida humana novamente recebe corda, para mais uma vez repetir o seu estribilho inúmeras vezes tocado" (Schopenhauer, 2005, p. 414).

Ao referir-se ao desejo, Schopenhauer aponta que a quase totalidade dos desejos não é satisfeita. Acrescente-se a isso que o desejo não tem satisfação durável, uma satisfação última; portanto, cada desejo satisfeito cede lugar, em breve, a um novo desejo, e assim por diante, infinitamente. Se a vontade encontra obstáculo para atingir seu objetivo, surge em nós o sofrimento; contudo, se ela alcança seu objetivo, experimentamos a satisfação, conforme assinala Schopenhauer: "Nomeamos SOFRIMENTO a sua travação por um obstáculo, posto entre ela e o seu fim passageiro; ao contrário, nomeamos SATISFAÇÃO, bem-estar, felicidade, o alcançamento do fim" (Schopenhauer, 2005, p. 399). Porém, como a satisfação não é duradoura, buscaremos, em seguida, um novo objeto do desejo. Esse processo interminável leva Schopenhauer a concluir que, se não há fim último para o esforço humano, não há término para o sofrimento:

> Vemo-los assim envoltos em constante sofrimento, sem felicidade duradoura. Pois todo esforço nasce da carência, do descontentamento com o próprio estado e é, portanto, sofrimento pelo tempo em que não for satisfeito; nenhuma satisfação, todavia, é duradoura, mas, antes, sempre é um ponto de partida de um novo esforço, que, por sua vez, vemos travado em toda parte de diferentes maneiras, em toda parte

> lutando, e assim, portanto, sempre como sofrimento: não há nenhum fim último do esforço, portanto, não há nenhuma medida e fim do sofrimento (Schopenhauer, 2005, p. 399).

A vontade é, consequentemente, fonte inesgotável de sofrimento, já que "todo querer nasce da carência, portanto, do sofrimento"; ainda, "a vontade é mais frequentemente contrariada que satisfeita" (Schopenhauer, 2005, p. 463).

Para Schopenhauer "o sujeito do querer está sempre atado à roda de Íxion, que não cessa de girar, está sempre enchendo os tonéis das Danaides, é o eternamente sedento Tântalo"[14] (Schopenhauer, 2005, p. 266). Evoca também o filósofo romano Lucrécio, de alma melancólica, século I a.C., : "Pelo tempo em que nos falta o objeto que desejamos, ele parece suplantar a tudo;/ Mas quando ele é adquirido, parece ser diferente;/ E uma sede de viver sempre igual mantém o anseio pela vida" (Schopenhauer, 2005, p. 410).

Se o desejo, a privação, é a condição preliminar do prazer, a satisfação cessa o desejo e, portanto, o prazer. É o tédio: descontentamento de si próprio. A satisfação é, então, apenas um alívio momentâneo em relação a uma necessidade. O fato imediato é somente a necessidade, ou seja, a dor. A falta, a privação, a necessidade, e em decorrência a dor, que nascem da vontade de viver, são a única realidade positiva. A satisfação, o prazer, a felicidade é uma realidade negativa, pois cada satisfação é sucedida pelo tédio, que, por sua vez, é substituído por uma nova dor, e assim por diante, o que torna a vida um fardo:

> Toda satisfação, ou aquilo que comumente se chama felicidade, é, própria e essencialmente falando, apenas NEGATIVA, jamais positiva. Não se trata de um contentamento que chega a nós originariamente, por si mesmo, mas sempre tem de ser a satisfação de um desejo; pois o desejo, isto é, a carência, é a condição prévia de todo o prazer.

14 Na mitologia grega, Íxion tenta se envolver afetivamente com Hera, esposa de Zeus, e é por este condenado a girar eternamente numa roda flamejante; Tântalo desafia a onisciência dos deuses, cozinha o próprio filho e o serve a eles. Porém, descoberto em seu embuste, é condenado à sede e à fome eternas, no inferno, pendurado num galho do qual tenta alcançar a água próxima que sempre se afasta, ou comer frutos de galhos sempre levados pelo vento; as Danaides, companheiras de infortúnio de Íxion e Tântalo, por terem assassinado os maridos, são condenadas a encher de água infinitamente tonéis sem fundo.

> Eis por que a satisfação ou o contentamento nada é senão a liberação de uma dor, de uma necessidade, pois a esta pertence não apenas cada sofrimento real, manifesto, mas também casa desejo, cuja inoportunidade perturba nossa paz, sim, até mesmo o mortífero tédio que torna a nossa existência um fardo (Schopenhauer, 2005, p. 411).

O homem é, portanto, movido por dois movimentos complementares: do desejo ao tédio e do tédio ao desejo. A metáfora do movimento do pêndulo, retomada por Proust, é utilizada por Schopenhauer para ilustrar como nossa vida oscila entre um estado e outro, entre a dor e o tédio, e vice-versa, que são, em realidade, seus componentes básicos. Daí decorre a máxima schopenhaueriana: "TODA VIDA É SOFRIMENTO" (Schopenhauer, 2005, p. 400).

> A base de todo querer, entretanto, é necessidade, carência, logo, sofrimento, ao qual o homem, em consequência, está destinado originariamente pelo seu ser. Quando lhe falta o objeto do querer, retirado pela rápida e fácil satisfação, assaltam-lhe vazio e tédio aterradores,// isto é, seu ser e sua existência mesma se lhe tornam um fardo insuportável. Sua vida, portanto, oscila como um pêndulo, para aqui e para acolá, entre a dor e o tédio, os quais em realidade são seus componentes básicos (Schopenhauer, 2005, pp. 401-402).

Se, para Descartes, temos a máxima "Penso, logo existo", em Schopenhauer podemos enunciar a máxima "Sofro, logo existo".

Schopenhauer explicita que o conhecimento da essência do mundo é expresso com franqueza pelo vate Calderón de la Barca, em *A vida é sonho* – e, sem dúvida, um mau sonho: "Pois o delito maior/ Do homem é ter nascido" (Schopenhauer, 2005, p. 334). Essa assertiva o transporta para a Antiguidade grega ao evocar a sabedoria de Sileno, o companheiro de Dionísio, ao responder para o rei Midas que: "O melhor dos fados é inacessível – não nascer, não ser. Depois, o melhor fado é morrer cedo", ou, "O melhor de tudo era não nascer, mas uma vez que se viu a luz, o melhor é voltar para o lugar de onde se veio o mais depressa possível" em *Édipo em Colono*, de Sófocles (Kury, 1997, vv. 1438-1441, p. 167).

Schopenhauer adverte que a vida governada pelo desejo não admite felicidade duradoura e é, por isso, essencialmente, sofrimento – um estado de infelicidade radical. Viver é passar por uma série de infelicidades:

"Um homem, ao fim de sua vida, se fosse igualmente sincero e clarividente, talvez jamais a desejasse de novo". É possível que, antes, preferisse um nada a essa vida, e cita Hamlet: "A nossa condição é tão miserável que o decididamente preferível seria a completa não existência" (Hamlet citado por Schopenhauer, 2005, p. 417). Nem mesmo algumas satisfações anulam a penúria da vida, é o que afirma Schopenhauer:

> A vida do indivíduo, quando vista no seu todo e em geral, quando apenas seus traços mais significativos são enfatizados, é realmente uma tragédia; porém percorrida em detalhes, possui o caráter de comédia, pois as labutas e vicissitudes do dia, os incômodos incessantes dos momentos, os desejos e temores da semana, os acidentes de cada hora, sempre produzidos por diatribes do acaso brincalhão, são puras cenas de comédia. Mas os desejos nunca satisfeitos, os esforços malogrados, as esperanças pisoteadas cruelmente pelo destino, os erros desafortunados de toda a vida junto com o sofrimento crescente e a morte ao fim, sempre nos dão uma tragédia (Schopenhauer, 2005, pp. 414-415).

E, mais uma vez, a concepção de uma vida trágica:

> Toda a vida humana, vista em seu conjunto, revela as propriedades de uma tragédia e percebemos que a vida, via de regra, nada mais é do que uma série de esperanças malsucedidas, tentativas fracassadas e enganos reconhecidos tardiamente, e por ela se verifica a veracidade deste triste verso: Então, de mãos dadas, a experiência e o envelhecer,/ Conduziram-no à morte e fizeram-no compreender,/ Após o caminho tão longo e penoso que percorreu,/ Que durante toda a sua vida no erro permaneceu (Schopenhauer, 2009, 1205).

As miseráveis satisfações em face de inúmeras insatisfações são a esmola que se dá aos pobres e que, tolamente, regozijamos à escusa de uma subjetividade trágica:

> Assim, como se o destino ainda quisesse adicionar à penúria de nossa existência a zombaria, nossa vida tem de conter todos os lamentos e dores da tragédia, sem, no entanto, podermos afirmar a nossa dignidade de pessoas trágicas; ao contrário, nos detalhes da vida, desempenhamos inevitavelmente o papel tolo de caracteres cômicos (Schopenhauer, 2005, p. 415).

Por meio de incontáveis passagens, Schopenhauer insiste que a vida do ser humano, tomada em conjunto, é uma verdadeira tragédia. Experimentamos constantemente a insatisfação dos desejos nunca realizados plena e duradouramente, a incessante exposição à dor, as esperanças desfeitas por um destino impiedoso, os desenganos cruéis e o sofrimento crescente. Além disso, como se já não bastasse tanto sofrimento, na extremidade, como um excesso, a inegociável morte: eis o bastante para vivermos uma tragédia.

A repetição ocupa um estatuto de compulsão em Schopenhauer. A vontade é um querer que se repete *ad infinitum*. Se não há no mundo nem causalidade, nem finalidade nem liberdade, é porque a vontade se repete cegamente fora de qualquer princípio ou fundamento. Schopenhauer reencontra as palavras do Eclesiastes: nada de novo sob o sol. "Donde um mundo *morto* (que lembra as descrições freudianas da pulsão de morte) em que o gesto é sempre falso gesto, caricatura desajeitada de uma vida ausente" (Rosset, 1989, p. 76). Se tudo está previsto, não há lugar para a repetição diferencial.

Schopenhauer proclama que o lado mais trágico da vida reside na consciência de que arrastamos nosso próprio cadáver, incessantemente, dia após dia:

> Cada um desses esboços fugidios, desses contornos vazios, tem de ser pago com toda a Vontade de vida em sua plena veemência, mediante muitas e profundas dores e, ao fim, com uma amarga morte, longamente temida e que finalmente entra em cena. Eis por que a visão de um cadáver nos torna de súbito grave (Schopenhauer, 2005, p. 414).

Se a vida e a morte são condições recíprocas da vida fenomenal, Schopenhauer constata que "só o homem carrega consigo em conceitos abstratos a certeza de sua morte" e, ainda, que, "contra a voz poderosa da natureza, a reflexão pouco pode" (Schopenhauer, 2005, p. 365). É o momento em que a razão nos abandona em face da vastidão do sentimento. A filosofia schopenhaueriana expõe a condição finita do homem – a sua condição de ser transitório, que vai morrer –, que se ancora no fundo irracional do cosmo.

Nesse registro, Philonenko considera a "limitação do homem" (Philonenko, 1989, p. 48) o primeiro e fundamental elemento constitutivo da filosofia trágica de Schopenhauer. E esse pensamento da finitude humana não é herança de Kant, pois este "acreditava no progresso da humanidade" (Philonenko, 1989, p. 48), o que deflagra uma clara ruptura entre os dois filósofos.

Comenta Philonenko que Schopenhauer toca em algo muito simples, até banal de tão natural, mas suscetível de provocar uma das mais profundas angústias no ser humano, ao refletir que "o homem é o único ser que passa pelo mundo com a certeza da sua morte" (Schopenhauer, 2005, p. 55). Philonenko então se pergunta: o que é caminhar? Sua reflexão é de que o homem percorre em zigue-zague a linha reta de sua miserável existência.

Em Philonenko, é suficiente assimilar que o trágico schopenhaueriano é, justamente, o homem se saber mortal; é, justamente, essa consciência humana da morte em vida, e não somente a morte em si, pois nem ao menos temos a experiência dela. Ele nos diz: "O essencial é compreender que o mais importante é menos a morte que o saber dela, que todo homem possui sem ter experiência dela". Esse saber introduz uma ruptura irreparável, irremediável, entre a vida e a consciência, ou seja, "limitada por esse saber da morte, a consciência não pode aderir-se completamente à vida"; em última instância, temos a "*definição* da consciência *trágica*, vida ou conhecimento" (Philonenko, 1989, p. 49) – ou, ainda, vida ou consciência.

Schopenhauer define essa consciência trágica – a árvore do conhecimento não é a árvore da vida –, essa intuição que sustenta seu sistema inspirado nos versos de Lord Byron, em *Manfred*: "Dor é Conhecimento: os que mais sabem/ Devem suportar o duelo mais profundo desta fatal Verdade/ A árvore do Conhecimento não é a árvore da Vida (ato I, cena I)" –; é, sem dúvida, a árvore da morte, complementa Philonenko (1989, pp. 49-50).

Philonenko considera que "as reflexões que se apoiam nessa intuição são pessimistas, mas se trata de um pessimismo que convém entender como originariamente fundado na consciência trágica", ou melhor, o trágico filosófico é o alicerce fundante do pessimismo. "Não é o pessimismo que funda a filosofia da tragédia, mas o inverso" (Philonenko, 1989, p. 50). Por isso Philonenko concebe que "Schopenhauer não se expressa como pessimista senão como filósofo trágico" (Philonenko, 1989, p. 240). Ou seja, a consciência do trágico em Schopenhauer o conduz para o pessimismo.

Na "certeza ontológica de sua morte, certeza que é um saber, o homem vê desabar as muralhas serenas da existência e da vida, tendo sempre que começar de novo" (Philonenko, 1989, p. 50). Se a vida se alimenta da morte, ela não se converte, portanto, em outra. "A vida se renova a partir dela mesma, permanece *idêntica* a si, manifestando desse modo sua inércia metafísica. O saber da impossível alteridade está no coração do pensamento trágico de Schopenhauer" (Philonenko, 1989, p. 50). Daí, ser uma filosofia que se propõe, em seu cerne, transcender a morte à procura de um calmante.

Schopenhauer sabe que, embora o homem, atado ao refúgio ilusório do véu de Maia, raramente se angustie com a morte, como em alguns momentos particulares, "quando uma ocasião a presentifica na fantasia", nada impede que, "quando a morte entre em cena para o indivíduo, no particular e na efetividade, ou apenas na fantasia, ele tenha então que encará-la nos olhos, sendo assim assaltado pelo medo da morte, tentando de todas as maneiras escapar dela" (Schopenhauer, 2005, p. 367). Ora, argumenta Schopenhauer: "Como o indivíduo é a Vontade de vida mesma numa objetivação singular, todo o seu ser se insurge contra a morte", pois o que de fato mais "tememos na morte é o sucumbir do indivíduo, como ela sonoramente proclama ser" (Schopenhauer, 2005, p. 367).

O pensamento trágico de Schopenhauer pode ser visto como o resultado da ideia de que "o conhecimento não está limitado, unicamente, à matemática ou à física – existe a terra, com sua inesgotável riqueza de vida e de morte, de doçuras e de horrores" (Philonenko, 1989, p. 85).

Por fim, Schopenhauer considera que, em face da impossibilidade de uma vida feliz, o homem está destinado a uma trajetória de vida heroica: "Uma vida feliz é impossível: o máximo que o homem pode atingir é um curso de vida heroico. Este o possui aquele que, de um modo qualquer numa circunstância qualquer, luta por um bem destinado a todos contra dificuldades gigantescas, vencendo por fim, mas recebendo pouca ou nenhuma recompensa por seu esforço" (Schopenhauer, 2009, p. 1341).

Acaso, trágico e pessimismo

Acompanharemos a seguir o pensamento do filósofo trágico francês Rosset, autor do prefácio de *Le monde* (edição francesa da obra de

Schopenhauer), que formula definitivamente uma distinção entre a filosofia trágica e a filosofia pessimista no pensamento moderno.

O pensamento de Rosset se baseia numa oposição à racionalização do real, a toda forma de pensamento de um mundo melhor. Para o autor, o trágico seria a natureza exata da alegria de viver, ou melhor, a alegria é a essência da tragédia e age como prodigioso antídoto diante da angústia, da dor e do sofrimento do mundo ou da vida. Rosset considera que a "alegria de viver é o reconhecimento do acaso" (Rosset, 1989, p. 187).

Segundo Rosset, "resta-me precisar que minha lógica do pior (...) gira em torno da ideia de acaso" (Rosset, 1989, p. 9), pensamento que ele considera o mais "sombrio e desesperador" para a maioria dos filósofos acometidos por uma incapacidade de suportar a realidade.

No prefácio da edição brasileira de seu livro *Lógica do pior*, Rosset deixa sua impressão acerca da vida no Brasil, a partir tanto de suas visitas para proferir aulas e palestras em várias universidades do país, na década de 1990, como do filme *Orfeu Negro*, de 1959. O autor aproxima a vida do brasileiro mais da sabedoria trágica do que do positivismo de Auguste Comte, expresso na frase *Ordem e Progresso* da bandeira nacional. E dedica ao brasileiro a máxima "Sejamos felizes, tudo vai mal":

> O sentimento da festa e da vida que prevalece no Brasil constitui uma alegria verdadeira porque, constantemente, impregnada do sentimento da tragédia. De sorte que a divisa da sabedoria brasileira me parece principalmente residir, não nas palavras "Ordem e progresso", de Auguste Comte, que ornam a bandeira brasileira, mas antes numa fórmula do gênero: "Sejamos felizes: tudo vai mal" (Rosset, 1989, p. 8).

A referida película, dirigido pelo cineasta francês Marcel Camus, e consagrada ao Brasil, em especial ao Carnaval[15] do Rio de Janeiro, transporta para a favela o mito de Orfeu e Eurídice. Nesse filme, o tom satírico e a percepção carnavalizada do mundo estão fortemente presentes. Enquanto a animação popular atinge o clímax e um casal de jovens apaixonados experimenta sua primeira alegria de "estar a dois", a morte irrompe na figura de um dançarino mascarado e anônimo, sombra ameaçadora que rodeia os amantes e prefigura o acidente

15 A carnavalização é a representação artística da subversão contra as convenções e a proposição de uma nova ordem – na verdade, a desordem, baseada na vida do instinto individual, que deseja a igualdade e a quebra das hierarquias. (Bakhtin, 1987, p. 47).

mortal que trará um termo súbito à vida da jovem. Para o autor, o "sinistro acompanhante da festa faz uma reviravolta em torno da alegria, como a noite em torno do dia, e a morte em torno da vida", parafraseando Virgílio, na *Eneida*[16] (Rosset, 1989, p. 7). Rosset realça, assim, o vínculo sinistro, mas necessário, entre o prazer de viver e o conhecimento da morte, entre o conhecimento da vida e o do trágico:

> Sinistro acompanhante, mas acompanhante *necessário*: pois uma ligação indissolúvel une o gozo pela vida ao conhecimento da morte, o conhecimento da vida àquele da tragédia. Não há triunfo da vida sem igual triunfo da morte, nem verdadeiro transbordamento de alegria sem igual transbordamento de desespero. Toda alegria que pretendesse desconsiderar o trágico, ou ignorá-lo graças à aparente e passageira plenitude de sua felicidade, é, necessariamente, uma alegria falsificada (Rosset, 1989, p. 8).

Segundo esse autor, se o pensamento, para ele essencial, da ligação entre a alegria de existir e o caráter trágico da existência é encontrado em abundância nos escritos literários, em contrapartida é raro no domínio dos escritos filosóficos.

Rosset nos traz uma reflexão acerca dos percalços sobre a história de constituição e de reconhecimento da filosofia trágica. Inicialmente, ele lembra que a história da filosofia ocidental se descortina pela constatação de um luto: a desaparição das noções de acaso, de desordem, de caos. Anaxágoras, filósofo grego pré-socrático, é testemunha fiel desse pensamento ao dizer que, "no começo era o caos; depois vem a inteligência, que arruma tudo" (Rosset, 1989, p. 13).

Assim, as primeiras palavras que tiveram ressonância na consciência filosófica do homem ocidental foram que "o acaso não era mais" (Rosset, 1989, p. 13), ou seja, a filosofia ocidental evacua de seu campo a ideia de acaso original, constitutivo, gerador de existência. No seio da filosofia tradicional, o acaso encontrará, então, um novo lugar, o de segundo nível: "O acaso existia, mas somente a partir, e no quadro, de uma ordem que lhe servia de horizonte" (Rosset, 1989, p. 14). Assim, a tarefa da filosofia tradicional tem por objeto a revelação de certa ordem:

16 *"Sed nox atra caput tristi circumvolat umbra"*: "mas uma noite negra aí está que voa e envolve sua cabeça com sua sombra triste", diz Virgílio, na *Eneida*.

> Arrumar a desordem aparente, fazer aparecer relações constantes e dotadas de inteligibilidade, tornar-se senhor dos campos de atividades abertos pela descoberta dessas relações, assegurando assim à humanidade e a si mesma a outorga de uma melhora em relação ao mal-estar vinculado à errância no ininteligível – é esse o programa comum a toda filosofia reputada séria. (Rosset, 1989, p. 14).

Nessa dimensão, encontramos o fantasma do otimismo, a esperança secreta de que a força da inteligência é capaz de dissolver o mal-estar e propiciar a felicidade. Esse fantasma é "ao mesmo tempo de natureza ontológica e teleológica" (Rosset, 1989, p. 14). Ontológica porque estima que a ordem dos pensamentos tem ascendência sobre a ordem dos seres, o que supõe o fato de que o ser é, de certo modo, ordenado; teleológica, na medida em que a revelação dessa ordem, intelectual e existencial, é suscetível de culminar com a obtenção de uma melhora, de um aperfeiçoamento, enfim, de um progresso. Nessas duas perspectivas, segundo Rosset, "o exercício da filosofia recobre uma tarefa séria e tranquilizadora: um ato simultaneamente construtor e salvador" (Rosset, 1989, p. 14).

Por outro lado, Rosset mostra que, à margem e opostamente a essa filosofia, surgem pensadores, os filósofos trágicos, determinados em cumprir uma tarefa inversa, uma vez que eles têm como alvo dissolver a ordem aparente para reencontrar o caos enterrado por Anaxágoras, dissipar a ideia de felicidade para afirmar a desgraça e, na sua radicalidade, a pior das desgraças – o trágico filosófico. Assim, o chamado trágico filosófico vai assimilar o exercício do pensamento a uma lógica do pior, ao partir da ordem aparente e da felicidade virtual, passando pelo necessário corolário da impossibilidade de toda felicidade, para culminar na desordem, no acaso, no silêncio e, no limite, na negação de todo pensamento (Rosset, 1989, p. 14).

A filosofia trágica torna-se, então, um ato disruptivo, desastroso, na medida em que o pensamento passa a ter como propósito desfazer, dissolver, desconstruir – enfim, privar o homem de tudo aquilo de que ele havia se munido, intelectualmente, a título de provisão e de remédio em caso de desgraça.

No horizonte da cultura ocidental, Rosset destaca como pensadores trágicos os sofistas e, sucessivamente, Lucrécio, Montaigne, Pascal, Nietzsche e Freud. Cada um, em angulação própria, apresenta a preocupação comum e paradoxal de pensar e afirmar o pior. O discurso segundo o pior é tarefa necessária da filosofia trágica (Rosset, 1989, p. 15) e é, portanto, considerado um ponto de partida de acordo com o discurso da convenção dos sofistas e o da não natureza em Lucrécio, como já discutido no primeiro capítulo. Rosset acrescenta o discurso do homem sem Deus em Pascal, no século XVII, do homem dionisíaco em Nietzsche no século XIX e Freud no século XX (Rosset, 1989, p. 15). No século XVIII, Schopenhauer se destaca como o filósofo trágico por excelência, porém Rosset irá considerá-lo um filósofo pessimista, conforme será esclarecido mais adiante.

Na origem desse discurso se encontra, invariavelmente, o pressuposto metodológico de que o que é buscado e dito, antes de tudo, é o trágico. E é precisamente aí que a filosofia trágica constitui uma "lógica do pior" (Rosset, 1989, p. 15). O trágico só tem sentido se for admitida a existência do postulado de que todo pensamento é, necessariamente, de ordem desastrosa. Desta forma, trata-se de uma filosofia que traz "não a cura, mas a peste" (Rosset, 1989, p. 15), assim como a psicanálise.

Na história da filosofia houve muita resistência em admitir uma filosofia trágica porque significaria "uma negação prévia de toda *outra* filosofia" (Rosset, 1989, p. 17). Assim, é preferível tirar o trágico do circuito da filosofia e abandoná-lo à arte e à literatura (Rosset, 1989, p. 17). Porém, se o século XVII francês legou à posteridade, de um lado, um grande número de filósofos unânimes em louvar a razão, a ordem do mundo e o progresso, deixou-nos, de outro, aqueles que se caracterizam por afirmar uma visão de mundo desesperada. No entanto, esses filósofos, ao introduzirem a peste no discurso filosófico, são condenados a um lugar marginal, e até mesmo de exclusão, no campo propriamente filosófico.

A filosofia trágica não nasce das exigências da razão, e sim de imperativos outros, como o coração, a afetividade, a angústia, o acaso (Rosset, 1989, p. 17). Tudo indica que a principal censura está menos ligada ao fato de não serem filósofos do que de serem filósofos trágicos, ou seja, é a noção de filosofia trágica que está no centro do debate – noção contestada por uma recíproca exclusiva: "O trágico sendo admitido senão a título de não filosófico, e o filosófico a título de não trágico" (Rosset, 1989, p. 18). Enfim, ora filósofos, ora trágicos, mas jamais filósofos trágicos.

Rosset enfatiza que sua lógica do pior gira em torno da ideia de acaso, ou, mais precisamente, do resgate do acaso na consciência filosófica, do resgate da afetividade filosófica. A existência de uma filosofia trágica não é, portanto, mais ilógica que as outras filosofias; ao falarmos em lógica do pior, "o termo *lógica* visa designar o caráter *filosófico* do discurso trágico" (Rosset, 1989, p. 18), já que o trágico é, antes de tudo, aquilo que deve ser falado – *légein* significa "falar", e daí "lógica" (Rosset, 1989, p. 30). Não se trata, de modo algum, de buscar ligações logicamente necessárias que permitam, uma vez posto um mal qualquer, seguir, de mal a pior, até a evidência filosófica do pior. Rosset esclarece que sua lógica do pior "não significa então nada além do que a filosofia trágica considerada como possível" (Rosset, 1989, p. 19).

Em seguida, acompanharemos o estudo minucioso realizado por Rosset que nos oferece uma categorização, etimológica e epistemológica, sobre a gênese da ideia de acaso e suas nuances.

O acaso é definido por esse filósofo francês como o que foge a qualquer lei – portanto, falar do acaso é falar do impensável, do irrepresentável. Assim, o princípio do acaso, por definição, contradiz o princípio de demonstração, na medida em que "o acaso é, precisamente, a recusa de toda ideia de necessidade" (Rosset, 1989, p. 82), por isso, não pode ser demonstrável em nome de nenhuma necessidade.

A partir daí, segundo Rosset, penetramos num dos problemas centrais do pensamento trágico: determinar de que acaso estamos tratando ao falarmos de acaso no registro trágico. Ou seja, a que conceito de acaso estamos nos remetendo? Há diferentes conceitos sobre o acaso? Qual é a natureza?

Rosset responde, por meio de um estudo pormenorizado, que há diferentes noções de acaso e formula uma categorização, etimológica e epistemológica, sobre a gênese de sua ideia. O autor explicita quatro níveis distintos de acaso que partem do que é menos casual ao que é mais casual.

O primeiro nível é a noção de sorte, expressa pelo grego *tique*, ou pelo latim *fors*. O acaso aqui significa que se atribui a um *x* – nomeado Fortuna – a responsabilidade de uma série causal feliz ou infeliz para o homem, ou homens em geral. Sorte/*tique*/*fors* supõem, por um lado, a existência de séries causais e, por outro, o caráter feliz ou infeliz dessas séries, de um ponto de vista subjetivo. Esse conceito de acaso implica, ao mesmo tempo, a ideia de uma responsabilidade causal, mesmo que o responsável seja inominável e, de certa maneira, não inexistente, já que não implorável, e a ideia de uma referência conhecida – a felicidade ou a infelicidade – a partir da qual essa responsabilidade se efetua.

Sorte/*Tique*/*fors* dizem respeito, portanto, a um acaso antropológico e teleológico. Se a origem não pode ser remetida a um Deus conhecido, como Zeus, a ela será atribuída uma origem *outra* que diferirá somente por seu caráter desconhecido e incontrolável no imediato, ou seja, uma causa a mais entre as causas. Daí a personificação e a deificação da noção de sorte em Fortuna, *fors*, ou Necessidade, *ananque*. É a noção de *tique* hesitando, desde a literatura grega, entre dois polos opostos: o absolutamente não necessário – o acaso –, e o seu contrário, o absolutamente necessário – o destino. O acaso já era conhecido como o imprevisível para o homem, mas não para o Destino ou a deusa Fortuna.

Em resumo, dois referenciais fundamentais sustentam a noção de sorte/*tique*/*fors*: a ideia de encadeamento dos acontecimentos e a ideia de finalidade ou teleologia.

Rosset adverte que a língua francesa tem o privilégio de dispor, no seu uso corrente, da palavra *hasard*[17] para designar o acaso, mas que todas as outras línguas europeias não gozam do mesmo privilégio. O inglês utiliza quase sempre *chance*, o alemão *zufall*, o italiano *caso* e o espanhol *casualidad* – palavras que derivam da ideia ou palavra latina *casus*, "queda" (de *cadere*, "cair"). Porém, a noção de *casus* não recobre precisamente a ideia de acaso.

O segundo nível de acaso, portanto, se refere à noção de encontro que é expressa pelo latim *casus*, que significa "queda", e por todos os seus derivados europeus, como *chance*, no inglês; *zufall*, no alemão; *caso*, no italiano e *casualidad*, no espanhol.

Casus designa um ponto de interseção entre duas ou várias séries causais; o fortuito é deslocado do conjunto de um encadeamento ao caráter imprevisível do encontro, em certos pontos, de certos encadeamentos, conforme esclarece Rosset:

> Acaso acontecimentual[18] (...) que não incide sobre as séries elas mesmas (...), mas sobre o fato de que em um certo ponto do espaço e do tempo as duas séries se encontram. Fala-se então de chegada fortuita:

17 *Hasard:* o termo correspondente em português – acaso – não tem o mesmo privilégio, estando vinculado a sua origem latina (*casus*). Ela será adotada na ausência de alternativa satisfatória. (N.T.) (Rosset, 1989, p. 84).

18 *Événementiel*: em francês, trata-se de um neologismo, "relativo ao acontecimento" (*événement*). (Rosset, 1989, p. 85).

> não que as séries que assim se encontram tenham elas mesmas um caráter de acaso, nem mesmo, aliás, que sejam precisamente casuais o lugar e o tempo de seu encontro – mas porque os referenciais desse encontro são imprevisíveis, nenhuma inteligência humana podendo prever em detalhe todos os encontros possíveis entre todas as séries existentes (Rosset, 1989, pp. 85-86).

Essa definição de acaso adquire certa abrangência em relação à do primeiro nível, pois não é restrita a uma visão subjetiva. Ela não designa nem séries aleatórias, nem que o tempo e o espaço do acontecimento sejam, necessariamente, casuais, e sim, mais precisamente, o ponto de interseção de diferentes séries causais.

Mas qual a relação entre essa noção de encontro e a ideia de queda presente na origem latina de *casus*? A hipótese provável, arrisca Rosset, é a da reincidência do lance de dados: a queda simultânea de dois objetos representando a imagem elementar do encontro de duas séries independentes (Rosset, 1989, p. 86). Assim, nesse caso, a ideia de dualidade é anterior à de queda, e essa é o meio que faz coincidir – *cum-cadere* – duas séries complementares, inclusive no lance de um único dado, cuja reincidência entrelaça igualmente duas séries: a trajetória espacial e o tempo concedido antes da chegada ao solo.

Em síntese, a ideia fundamental de *casus* é a de chegar inesperadamente junto, como testemunha uma das expressões gregas do acaso *tó sumdainon*, derivada da palavra grega *sumdaino*, que significa "caminhar junto".

Para sustentar a noção de encontro/*casus*, comparece somente um referencial: a ideia de séries causais constituídas.

Os dois sentidos de acaso até agora apresentados são estranhos à concepção de acaso da perspectiva trágica, pois para essa o acaso é anterior a todo acontecimento e a toda necessidade, do mesmo modo que o caos – considerado o estado primeiro do mundo pelos antigos filósofos gregos – é anterior a toda ordem.

O terceiro nível é a noção de contingência: derivada, também, da ideia de simultaneidade, *cum-tangere*, mas orientada, na linguagem filosófica, para uma concepção abstrata de não necessidade. O acaso da contingência designa o princípio geral de imprevisibilidade aplicado aos encontros, e não mais o fato casual que favorece a coincidência de duas séries.

Do *casus*, a contingência retém apenas a ideia geral de possibilidade. Se tudo não é previsível, então, talvez, tudo não é necessário, e o não necessário recebe o nome de contingente. A noção de contingência é sustentada apenas por um referencial: a ideia de necessidade.

Retrocedendo na história, encontramos em Aristóteles, pela primeira vez, em sua investigação sobre as causas[19], o uso das noções de sorte/*tique/fors*, e do acaso, que o autor chama de *automaton* em seu livro *Física I-II*. Ele nomeia essa modalidade de causalidade, a contingência, de causa por acidente, *causa per acidens*, e a considera como aquilo que não é necessário, mas contingente, diferentemente da causa formal ou essencial.

A *causa per acidens* se refere à infinita possibilidade de acidentes que podem atuar na existência de um ser: "Assim, pois, a causa essencial ou em si é determinada; porém, a causa acidental é totalmente indeterminada, porque o número de coisas que podem acontecer acidentalmente a um ser é ilimitado" (Aristóteles, 2009, pp. 48-49).

Outra característica da causa acidental é que, embora englobe a sorte/*tique/fors* e o acaso – *automaton* –, nem sempre a *tique* comparece, visto que nem todo acontecimento do acaso obedece à sorte.

Se o acidente não está submetido a nenhuma determinação, como considerá-lo um tipo de causalidade, já que a noção de causa remete necessariamente à de determinação? Encontramos aqui uma ambiguidade? Estamos diante de uma postulação pré-científica, em que, de um lado, causalidade formal/essencial, necessária, e, de outro, acidental, livre não se mostram completamente distintas, ou seja, antinômicas?

Poderíamos pensar, *grosso modo*, que o acidental para Aristóteles é o que se fix, por acaso, e suas consequências ocorrem, também, ao acaso e são, portanto, imprevisíveis e inesperadas. É importante salientar que, se os encontros se repetem sempre da mesma maneira, ou seja, com a mesma finalidade, eles passam a fazer parte da causalidade essencial ou formal – ou seja, o acaso se transforma em necessidade.

Aristóteles apresenta a noção de possibilidade ao dizer que "algo é possível se, ao passar ao ato do qual se diz que este algo tem a potência,

---

19 Aristóteles define quatro tipos de causa: 1) Formal ou essencial: o modelo da coisa; 2) Eficiente: o sujeito do efeito; 3) Final: para que é feita a coisa; 4) Material: de que é feita a coisa.

não resulta disso nenhuma impossibilidade" (Aristóteles, 1969, p. 135). O autor sublinha, também, que o possível alude, simultaneamente, a uma dimensão lógica – o que é logicamente possível – e a uma dimensão ôntica – o que é realmente possível. Na dimensão ôntica, o possível é associado à noção aristotélica de potência.

O quarto nível de acaso se refere à noção que Rosset denomina acaso e é o que é relativo ao pensamento trágico. A concepção de acaso da perspectiva trágica considera o acaso anterior a todo acontecimento e a toda necessidade, do mesmo modo que o caos – estado primeiro do mundo segundo os filósofos gregos – é anterior a toda ordem. Falar do acaso como um conceito trágico, próximo do silêncio, priva-nos de falar do acaso a partir de referenciais constituídos – série de acontecimentos –, ou pensados – ideia de necessidade.

Essa noção de acaso é derivada da palavra árabe *hazart*, que designa, provavelmente, o nome de um castelo situado na Síria, no século XII. Nessa época foi escrita a *Historia rerum in partibus transmarinis gestarum*, em que Guillaume de Tyr, cronista das Cruzadas, narra que "Rodoans, o senhor de Halape (Alep), manteve guerra e contenda com um barão que era castelão de um castelo chamado Hazart (Acaso). (...) e sabe-se que ali se descobriu e dali provém o jogo de dados que assim se chama" (Rosset, 1989, p. 87).

A palavra "acaso" sofreu uma série de deslizamentos ao longo da história. Inicialmente, como descrito acima, designou o nome de um castelo, Castelo do Acaso, e, depois, um jogo de dados praticado nesse castelo. Esse jogo se propagou entre os cruzados, e, por meio deles, foi importado pela Europa. Em seguida, o acaso vem a significar, durante certo tempo, a face do dado que traz o número 6 – "lançar o acaso" significava o lance em que se obtinha esse número. Somente mais tarde "acaso designará, de modo geral, a ideia de risco, de perigo, de situação que se furta a toda possibilidade de *controle*", que "é o sentido da palavra em Montaigne, e que permaneceu nas línguas europeias outras que o francês, nas quais *hazard*, *azzardo*, *azar*, implicam, em geral, num contexto lúdico, a ideia de um lance de má sorte, mais precisamente de um abandono ao aleatório que torna possível e ameaçadora a eventualidade de um revés" (Rosset, 1989, p. 87).

Enfim, desde o século XVII, a palavra toma em francês o sentido geral que permanece até hoje, paralelamente ao sentido de *casus* que "acaso" acabou por anexar: ou seja, "uma espécie de silêncio original do pensamento que recobre tudo o que não é, de uma maneira ou de outra, *avaliável por um olhar do espírito*" (Rosset, 1989, p. 87).

Assim, o acaso, hoje, é considerado uma espécie de silêncio original do pensamento que recobre tudo aquilo que não é passível de definição pela razão humana.

O que se passava naquele jogo, outrora praticado no Castelo do Acaso, para que a palavra daí resultante tenha permanecido até os dias atuais? Rosset conjectura que esse jogo devia caracterizar-se por uma inabitual passividade do jogador, a quem era recusada toda possibilidade de intervenção: somente o acaso presidia o acontecer da partida.

O filósofo francês lembra-nos ainda que os jogos de azar eram praticados desde a Antiguidade, mas que provavelmente a responsabilidade pelo percurso do jogo era atribuída à deusa Fortuna – sorte/tique/*fors*. O caráter religioso que os gregos antigos emprestam às cerimônias do sorteio acompanha essa hipótese. Nesse sentido, pela primeira vez, o jogo do castelo traz uma exclusão absoluta de qualquer outra ideia de acaso que não o acaso mesmo, "implicando assim a interdição de todo recurso exterior, chame-se ele sorte, destino, fado, providência ou fatalidade. Implicando assim, consequentemente, a experiência da perdição" (Rosset, 1989, pp. 89). A perdição significa, com efeito, a perda de toda referência.

Em síntese, para sustentar a palavra "acaso" não é necessário nenhum referencial, ou melhor, somente a ideia de ausência de qualquer referencial.

O acaso significa, então, exatamente nada. Se sorte/*tique*/*fors* designam destino; *casus* e seus derivados designam encontro; e contingência designa não necessidade, o acaso mesmo designa o ato da negação, ignorância original, sem referência precisa sobre o que nega.

Lucrécio repete, implicitamente, a cada página do *De rerum natura*, que o mundo não veio dos átomos, mas sim que o mundo *é* átomos; que é por uma coincidência fortuita dos átomos, minúsculas partículas da matéria, que a criação apresenta a sua forma atual (Rosset, 1990, p. 153). O *clinamen* lucreciano é o princípio do acaso original e desempenha papel fundamental e constitutivo no seu pensamento, pois representa uma instância fortuita em um mundo propriamente fortuito. Em

Lucrécio, "o artifício e o acaso constituem a própria trama da existência" (Rosset, 1990, p. 176).

Um ponto fundamental é que o acaso não remete a uma negação aniquiladora; ao contrário, é uma negação direcionada para a recriação: "O acaso não é destruidor: ele é antes questionamento prévio, instância anterior à construção" (Rosset, 1989, p. 89).

Para clarear a afirmação que o acaso é um conceito trágico, ou precisamente, que "o acaso (...) é o trágico mesmo" (Rosset, 1989, p. 90), Rosset nos conduz para a reflexão da relação entre as noções de trágico e de natureza.

Trágico e natureza

Rosset introduz o vínculo entre o acaso e o trágico ao considerar que "o conceito de acaso sempre esteve mais ou menos ligado ao trágico e à tragédia" e que "há, nisso que a tragédia exprime, lugar para o acaso" (Rosset, 1989, p. 90).

Ele lembra que "O que é representado em cena, num espetáculo trágico, diz Schopenhauer várias vezes em *O mundo como vontade e como representação*, é – notadamente – o reino, o poder do acaso" (Rosset, 1989, p. 90; Schopenhauer, 2005, p. 357) para mostrar que existem vários conceitos de acaso e, assim, esclarecer que a Vontade segundo o filósofo alemão está ligada a um tipo de noção de acaso que é a de *casus*; e esta, por sua vez, se encontra atrelada à ideia de uma natureza já constituída, o que caracteriza a filosofia pessimista, e não a filosofia trágica. Um mundo "em que reina o acaso, como diria Kant, não é suficiente, e a razão entra em agonia" (Pondé, 2010, p. 121).

Rosset explicita que "a tragédia carrega, em certa medida, o imprevisível, a irresponsabilidade e a cegueira", mas que a concepção de trágico (filosófico) traz um sentido específico de acaso:

> De maneira geral, a expressão do trágico supõe um coeficiente de cegueira, de imprevisibilidade, de irresponsabilidade; de qualquer maneira que se figure o branco que aparece, por ocasião da tragédia, em substituição a uma paternidade assinalável – "fatalidade", "destino", "ironia da sorte" – haverá relação entre esse branco e o acaso.

> Mas não qualquer relação: a concepção de trágico depende, ao mesmo tempo, da natureza e da quantidade de acaso, como admite a expressão (trágico) (Rosset, 1989, pp. 90-91).

Assim, para a compreensão da distinção entre o trágico e o pessimismo filosófico, é fundamental levar em conta duas questões: quanto de acaso e qual acaso? Essas duas questões são interdependentes, ou seja, "a "quantidade" de acaso como função da natureza que lhe é reconhecida" (Rosset, 1989, p. 91).

Retomando a classificação entre os quatro níveis de acaso apresentados acima, Rosset acrescentará um novo e fundamental elemento que se constituirá como um divisor de águas na distinção entre as três primeiras modalidades – sorte/*tique*/*fors*, encontro/*casus* e contingência e – a quarta – o acaso mesmo.

Faz-se necessário, segundo Rosset, adentrar o terreno movediço do conceito de natureza. Muitos estudiosos consideram que, desde Lucrécio até a filosofia moderna, ainda não se obteve nenhuma definição convincente a respeito. Nesse estudo assumiremos algumas considerações sobre a ideia de natureza do ponto de vista da filosofia trágica, de acordo com Rosset.

É em Lucrécio que vamos encontrar, pela primeira vez, de modo claro e explícito, a afirmação de um acaso original e a dissolução do próprio conceito de natureza. Para ele, "não há natureza das coisas" (Rosset, 1989, p. 137); "não há natureza: nunca houve (nunca começou a existir)" (Rosset, 1989, p. 160).

Para o pensamento trágico, o que se entende por "natureza" é, precisamente, nada. Assim, "a definição, vaga e negativa, que não ensina nada sobre a 'natureza' da natureza, está conforme o pensamento trágico". O acaso é "tudo o que existe (compreendendo tudo o que se pensa)" (Rosset, 1989, p. 91). O pensador trágico convoca o acaso "para dissolver essa ilusão maior da filosofia que tomou o nome de natureza" (Rosset, 1989, p. 92).

Se levarmos em conta o conceito de natureza que designa todo ser cuja existência não é somente casual, ao supor que tais seres existam, ou, mais precisamente, ao supor que haja uma "natureza", o "natural", esse conceito será o oposto do acaso. Mas, Rosset salienta que é arriscado trabalhar com essa definição de natureza que implica opor o natural ao acaso, e não ao artificial, já que ambos, natureza e acaso, se definem "por certo modo de existência que prescinde, para ser, de toda intervenção exterior" (Rosset, 1989, p. 92).

Se o que existe não tira sua existência de nenhuma outra instância, além de si mesmo, poderíamos nomeá-lo, indistintamente, de natureza e de acaso (Rosset, 1989, p. 92). Tomemos, por exemplo, uma queda-d'água: ela pode ser dita natural por oposição àquela que resulta de uma barragem artificial e, ao mesmo tempo, pode ser dita casual na medida em que não resulta de nenhuma necessidade determinável, e sim de uma confluência de circunstâncias geológicas. Qual seria, então, o elemento distintivo entre o que é natureza e o que é acaso, se, "como o acaso, a natureza se define por certa falta de intervenção"? (Rosset, 1989, p. 92).

Rosset afirma haver uma diferença significativa no tipo de intervenção que falta para o acaso e para a natureza, ou seja, são diferentes tipos de intervenção. No caso da natureza, não há presença de intervenção humana, então o natural se opõe ao artificial. No acaso, não é levada em conta a intervenção não humana, qualquer que seja a sua representação – religiosa, determinista ou materialista. O casual "se opõe ao providencial", providencial no sentido do que é "'querido' de uma maneira que não é a humana" (Rosset, 1989, p. 92), ou seja, o casual se opõe àquilo que intervém antes da vontade humana, ou antes de uma intervenção da vontade humana como as leis da matéria, da história, da vida, de Deus, etc.

Assim, a ideia de natureza recusa um tipo particular de intervenção, a saber, a intervenção humana voluntária, isto é, "a natureza designa o que é sem a intervenção da vontade" (Rosset, 1989, p. 92). Daí Kant opor natureza à liberdade. Longe de se ligar ao acaso, a ideia de natureza assume profundo compromisso teológico e teleológico, de ordem antropocêntrica. Dizemos em face disso que a natureza é supraintervencionista, pouco casual, pois "constitui o modelo ideal e onipotente de intervenção, e da capacidade de colocar em xeque o acaso – cujos 'atos livres' não são senão pálidas e fracas cópias" (Rosset, 1989, p. 93).

Ora, segundo Rosset, o pensador do acaso, ou seja, o pensador trágico, ignora o conceito de natureza, pois ele "afirma que "o que existe" é constituído exclusivamente por circunstâncias", ou melhor:

> que os conjuntos relativamente estáveis que trazem, por exemplo, o nome de homem, de pedra ou de planta representam certas sedimentações de circunstâncias que têm por acaso, por um feliz (ou infeliz) concurso, resultado na organização de generalidades casuais e instáveis (tão casuais e instáveis como cada uma das singularidades das quais são constituídas); sedimentações que somente a brevidade de uma perspectiva humana permite encarar como generalidades, conjuntos, naturezas (Rosset, 1989, p. 100).

Assim, permanece válida a definição da natureza, vaga e negativa, ou seja, "a natureza designa, em todos os casos, a constituição de um ser cuja existência não resulta, nem dos efeitos da vontade humana, nem dos efeitos do acaso" (Rosset, 1989, p. 94).

A noção sofística de ocasião, *kairos*, designa essas vias casuais, e é a tessitura de tudo o que existe, na medida em que a ocasião produz as sensações singulares, os jogos de encontros, espacial e temporalmente imprevisíveis, entre um sujeito móvel e um objeto dotado das mesmas características – sensações que constituem o único fundamento do saber. E, além disso, a ocasião admite que "o homem e a sensação são ocasiões, não diferem um do outro senão por sua maior ou menor duração: um mesmo acaso, considerado em maior ou menor escala" (Rosset, 1989, p. 101).

Aliás, essa negação da ideia de natureza é herança dos sofistas, que tinham como intenção filosófica a recusa das noções de verdade e de natureza. De acordo com Rosset: "Essa denegação da ideia de natureza, que vem purgar o artificial dos sortilégios do natural para restituir, de certo modo, ao artifício as honras da veracidade, foi, ao que parece, a grande conquista do pensamento sofístico" (Rosset, 1989, p. 102). Uma das principais preocupações dos sofistas Protágoras e Górgias foi substituir a ideia de natureza pelas ideias de convenção e de instituição, ou seja, substituir a filosofia da *physis*, que traz a ideia de um ordenamento no mundo, pela filosofia do *nómos*. De modo semelhante, vinte séculos mais tarde, Montaigne irá substituir a ideia de natureza pela de costume.

O pensamento do acaso é, então, conduzido a eliminar a ideia de natureza e a substituí-la pela noção de convenção; então, o que existe passa a ser de ordem não natural, ou melhor, de ordem convencional. Nesse registro, consequentemente, não há diferença entre o natural e o artificial, pois, se nada é natural, a noção de artificialidade cai por terra e perde sua significação. "Mais precisamente, 'o que existe' não constitui, aos olhos do pensador trágico, uma 'natureza', mas um acaso; o termo natureza não tem sentido senão na medida em que define um acaso, ou seja, uma não natureza, no sentido clássico do termo" (Rosset, 1989, p. 49). O acaso prescinde da ideia de natureza.

Nesse sentido, a trilogia entre sorte/*tique/fors*, encontro/*casus* e contingência é considerada, por Rosset, acaso constituído ou "acontecimentual". Constituído porque supõe a existência de uma natureza como ponto de apoio, porque é posterior à constituição original da natureza, enfim, porque é constituído pela natureza, ou seja, natureza a princípio e acaso a *posteriori*, visto que, sem encadeamento de acontecimentos, não há sorte/*tique/fors* nem encontro/*casus*, e que sem necessidade não há contingência; "acontecimentual" porque concerne à maneira, relativamente imprevisível, com que se manifesta esse estado de coisas no seu desenvolvimento temporal, ou seja, revela a incapacidade humana de prever, a cada momento, o detalhe de todas as interferências entre séries.

No pensamento trágico, estamos tratando da modalidade de acaso original ou constituinte, por carecer de referenciais e por ignorar ou recusar a ideia de natureza, ao passo que o pessimismo filosófico tem como fundamento o acaso constituído.

Falamos em acaso original por não supor nenhuma natureza na origem de sua possibilidade; e constituinte por ser origem produtora de tudo o que poderá ser reconhecido sob o nome de natureza. O acaso constituinte ou original se distingue do acaso constituído ou "acontecimentual" por duas características fundamentais: primeiro, pela anterioridade em relação à ideia de natureza e, segundo, pelo imperialismo territorial ao se estender para toda forma de existência.

Assim, é o acaso, e não *casus*, que está no cerne do pensamento trágico dos sofistas, de Lucrécio, de Montaigne, de Pascal, de Nietzsche e de Freud. Porém, é *casus*, ou seja, a ideia de natureza, já e mal constituída, o centro do pessimismo filosófico de Schopenhauer, conforme afirma Rosset: "o fato é particularmente evidente em Schopenhauer, que se refere em toda a lógica pessimista ao *zufall* (*casus* em alemão), para dar conta do reino da tragédia" (Rosset, 1989, p. 96).

Nietzsche, ao trabalhar a questão da dualidade homem e natureza, em "A disputa de Homero", defende a ideia de que, na realidade, essa distinção não existe, pois a ideia de humanidade não é algo que separa e distingue o homem da natureza e que, portanto, todo homem de natureza possui atitudes desumanas: "O ser humano, em suas mais elevadas e nobres capacidades, é totalmente natureza, carregando consigo seu inquietante duplo caráter. As capacidades terríveis do homem, consideradas desumanas, talvez, constituem o solo frutífero de onde pode brotar toda a humanidade, em ímpetos, feitos e obras" (Nietzsche, 2000, p. 65).

Rosset especifica que "duas diferenças maiores, uma de conteúdo, outra de intenção, distinguem tais pensadores (trágicos) dos filósofos propriamente pessimistas, como Schopenhauer" (Rosset, 1989, p. 19). A primeira distinção se refere ao fato de que o pessimista admite um conteúdo, que consiste numa "'visão de mundo', dado primeiro do pessimismo, que é recusada enquanto tal pelos filósofos trágicos" (Rosset, 1989, p. 19). A segunda é que "a expressão trágica diverge fundamentalmente daquilo que parece, à primeira vista, constituir a forma mais elementar e mais radical da lógica do pior: *o pessimismo*". Assim, "a intenção trágica não é comandada por uma visão pessimista do mundo" (Rosset, 1989, p. 19).

O pessimismo tem como ponto de partida a consideração do dado, de uma existência dada, do já ordenado, ou, mais claramente, do mau ordenamento, mas ordenamento – isto é, o mundo está reunido, porém mal reunido, e constitui uma natureza, sempre má. É precisamente pelo fato de o mundo ser considerado "um *sistema* que o filósofo pessimista poderá declará-lo tenebroso *in aeterno*, não suscetível de modificação ou melhora" (Rosset, 1989, p. 20). Ou seja, o mundo do pessimista está constituído, de uma vez por todas, e dele não se escapa. Se o pessimismo designa um dado de fato, o que resta, portanto, é apenas a resignação (Rosset, 1989, p. 40).

Por outro lado, o pensador trágico designa "a impossibilidade prévia de todo dado, enquanto natureza constituída" (Rosset, 1989, p. 20). Ele não busca uma sabedoria ao abrigo da ilusão, e muito menos uma felicidade ao abrigo do otimismo – ao contrário, "busca uma coisa inteiramente outra: loucura controlada e júbilo". Pascal, de um lado, nos fala: "Nós somos tão necessariamente loucos que seria estar louco por outra espécie de loucura, não estar louco", e de outro: "Alegria, alegria, lágrimas de alegria" (Rosset, 1989, pp. 23-24).

Rosset pretende distinguir, principalmente, que o pessimista não acede à questão do acaso, e que "a negação do acaso é a chave-mestra" de seu pensamento, ao passo que "a afirmação do acaso é aquela de todo pensamento trágico" (Rosset, 1989, p. 20). Assim, o mundo trágico não está constituído *a priori*.

Em última instância, Rosset enfatiza que o pessimismo é a filosofia do dado, já ordenado, e que é, portanto, uma filosofia do absurdo, do não sentido, como a de Schopenhauer (Rosset, 1989, p. 21).

Se o itinerário pessimista toma, sem referências teológicas ou teleológicas, uma natureza a pensar, ele chega necessariamente a uma filosofia do absurdo, que se dá em dois tempos: 1) A lógica do dado é forçosamente uma lógica do ordenado; 2) Se nada legitima esse ordenamento, a lógica do ordenado é uma lógica do absurdo. Esse é o itinerário de quem pensa o pessimismo da maneira mais rigorosa, como Schopenhauer (Rosset, 1989, p. 21).

De maneira geral, diz o autor, a ligação entre a filosofia do dado e a filosofia do absurdo é imediata desde que o pensamento do dado se prive de qualquer vínculo metafísico teleológico, como é o caso de Schopenhauer. É, então, nessa dimensão que o filósofo alemão é incluído e tomado como o inspirador e o representante mais original dessa filosofia, ao admitir um único pensamento para pensar e descrever o mundo: a Vontade. E essa Vontade, que é cega, se repete mecanicamente e "basta para fazer a passagem do caos ao mundo do ordenamento, na medida em que constitui um acontecimento" (Rosset, 1989, p. 21). Tal acontecimento, que significa relevo sobre a existência e, ao mesmo tempo, fracasso do acaso, permite a passagem do caos ao pensamento da ordem. Para Schopenhauer, a Vontade é o acontecimento por meio do qual um dado, o mundo, se constitui. Rosset o considera o filósofo alemão o maior dos pessimistas, pois, uma vez sobrevinda a Vontade, todo o resto é silêncio. Ou seja, a Vontade é:

> ato isolado e único: após ele não haverá nunca mais acontecimentos no mundo, que não fará senão repetir-se cegamente de modo inerte (de maneira geral, Schopenhauer foi o maior pessimista porque

> foi aquele que se deu o mínimo de acontecimentos a pensar: uma vez 'sobrevinda' a vontade, todo o resto é silêncio (Rosset, 1989, p. 22).

Diferentemente, para o pensador trágico, "o que existe – que não é nem natureza, nem ser, nem objeto adequado de pensamento – não dá lugar para o acontecimento" (Rosset, 1989, p. 22), pois se passam encontros, ocasiões que não supõem o recurso a nenhum princípio que transcenda as perspectivas trágicas da inércia e do acaso. Decorre daí a inutilidade da metafísica aos olhos do pensador trágico, visto que, para ele, não há outra coisa senão aquilo que existe, único lugar possível de alojamento para o objeto inacessível do desejo, uma vez que o desejo, propriamente dito, não remete a nenhuma satisfação possível ou pensável.

Dizemos que o pensamento de Schopenhauer dispõe de *uma natureza*, de *um mundo*, pois existe a Vontade. Grau zero do ordenamento, sem dúvida, contudo grau essencial que opera a passagem do acaso do que existe ao dado de *um mundo*. Nisso consiste a metafísica schopenhaueriana (Rosset, 1989, p. 22).

Rosset salienta que a originalidade de Schopenhauer reside nos seguintes elementos: a ordem da Vontade schopenhaueriana é a desordem; a explicação pela Vontade é muda; e a constituição do mundo é absurda. Enfim, causalidade sem causa, necessidade sem fundamento necessário, finalidade sem fim são as mais notáveis características da Vontade.

Além de Rosset, Mann identifica Schopenhauer como um filósofo pessimista. Para ele, a inversão, em relação à filosofia tradicional, operada por Schopenhauer na hierarquia entre a inteligência e a Vontade, basta para ser encarada como "uma apreciação notavelmente pessimista" (Mann, 1951, p. 21), pois despertou uma humilhante angústia em muitos pensadores de sua época, visto que evidenciou o conteúdo das tendências do homem para se iludir e imaginar que sua vontade receberia instruções da inteligência. Assim, Schopenhauer "foi necessariamente pessimista porque era o filósofo e o psicólogo da Vontade" (Mann, 1951, p. 22).

Consonante com Mann, Barboza considera que Schopenhauer se consagra como pessimista por efetuar o despotenciamento da razão, que é relegada ao lugar de um mero momento no curso do irracional, e por atribuir ao irracional, em definitivo, o princípio do mundo: "admitir tal princípio do mundo acarreta, ao mesmo tempo, assumir um pessimismo metafísico, ou seja, o mal radical impera nos seres" (Barboza, 2009, p. 195). O mal radical é "a mais íntima, infinita, incondicionada natureza do mundo" (Barboza, 2009, p. 196).

Arte e ascese

Segundo Schopenhauer, o ser humano pode se livrar de uma vida trágica/pessimista por meio da arte, considerado um estágio insuficiente. Somente a ascese, negação da vontade, seria a forma mais completa de nos livrarmos das consequências de uma vida desejante.

Como já vimos, o conhecimento está submetido ao princípio de razão e, portanto, se encontra a serviço da Vontade:

> O conhecimento em geral, quer simplesmente intuitivo, quer racional, provém, portanto, originariamente da Vontade e pertence à essência dos graus mais elevados de sua objetivação, como uma mera *mecané*, um meio para conservação do indivíduo e da espécie como qualquer outro órgão do corpo. Por conseguinte, originariamente a serviço da Vontade para a realização de seus fins, o conhecimento permanece-lhe quase sempre servil em todos os animais e em quase todos os homens (Schopenhauer, 2005, pp. 217-218).

Esse conhecimento, "via de regra, sempre permanece a serviço da Vontade, tendo de fato surgido para seu serviço. Ele, por assim dizer, brotou da Vontade como a cabeça do tronco" (Schopenhauer, 2005, p. 245). Esse tipo de conhecimento, servo da Vontade, aborda o mundo pelo ângulo do princípio de razão.

No entanto, Schopenhauer pensa um segundo tipo de conhecimento, mais importante e elevado, embora bem mais raro. Para ele, é possível, em circunstâncias excepcionais, a passagem do conhecimento das coisas particulares, ou das relações das coisas particulares entre si, ao conhecimento das Ideias. Isso é viável porque, para o filósofo alemão, as Ideias podem ser conhecidas. Assim, Szondi nos diz que, se, por um lado, em Schopenhauer, o conhecimento em quase todos os homens está subordinado à vontade, por outro, ele pode "escapar dessa servidão", em casos isolados e, assim, "livre de todos os objetivos da vontade", estabelecer a arte como "espelho claro do mundo" (Szondi, 2004, p. 54), pois Schopenhauer postula que podemos nos libertar de uma vida trágica por meio da contemplação artística pura, em que "uma ocasião exterior", um impulso, uma "disposição interna", nos arrancam subitamente da torrente sem-fim do querer e libertam o conhecimento do serviço escravo da Vontade.

Para a compreensão da teoria schopenhaueriana da arte é, portanto, indispensável a introdução do conceito de Ideia – palavra retirada da doutrina platônica a partir da passagem "exposta na alegoria da caverna, no início do sétimo livro da *República*" (Machado, 2006, p. 171). Schopenhauer salienta: "Menciono aqui de passagem a palavra IDEIA para doravante poder usá-la nesse sentido. Ela deve, em minha obra, ser entendida na sua significação autêntica e originária, estabelecida por Platão" (Schopenhauer, 2005, p. 191). Na referida passagem, Platão diz que "as ideias são apresentadas como a única realidade verdadeira, enquanto os fenômenos são apenas aparências" (Machado, 2006, p. 171).

Assim, Schopenhauer, inspirado em Platão, considera as ideias "(...) espécies determinadas, ou formas e propriedades originárias e imutáveis dos corpos orgânicos e inorgânicos, bem como das forças naturais que se manifestam segundo as leis da natureza. (...), se expõem em inúmeros indivíduos e fenômenos particulares, com os quais se relacionam como os modelos se relacionam com suas cópias" (Schopenhauer, 2005, p. 235).

Dito de outro modo, a ideia é entendida como "cada fixo e determinado GRAU DE OBJETIVAÇÃO DA VONTADE, na medida em que esta é a coisa em si e, portanto, é alheia à pluralidade. Graus que se relacionam com as coisas particulares como suas formas eternas ou protótipos" (Schopenhauer, 2005, p. 191). Ou então: "Os indivíduos se classificam em tipos graduados em série, desde a pedra até o homem, passando pela planta e o animal; esses tipos são eternos como as ideias platônicas e permanecem fixos e permanentes em meio à diversidade dos indivíduos que os representam" (Bréhier citado por Machado, 2006, p. 173). Embora "pareça assimilar fenômeno e aparência", Schopenhauer estabelece claramente "a distinção entre ideia e coisa em si" porque "a ideia é apenas a manifestação mais imediata da coisa em si" (Machado, 2006, p. 172). As ideias são propriedades originais, universais e imutáveis dos corpos naturais, dos objetos particulares, contudo não se confundem com a Vontade. Ou seja, "o fato de ser manifestação, objetivação, faz da ideia representação. Mas não se trata de uma representação como é o fenômeno, o mundo fenomenal" (Machado, 2006, p. 172). A grande diferença em relação aos fenômenos é que as ideias não são sujeitas à pluralidade e à mudança: "Elas são inalteráveis, únicas e idênticas; são protótipos ou formas eternas das coisas e o princípio de razão e o princípio de individuação não valem para ela. Elas são formas independentes da existência temporal dos indivíduos, as *species rerum*, que constituem a pura objetividade própria dos fenômenos" (Schopenhauer citado por Machado, 2006, p. 172).

As coisas particulares são objetivações da Vontade. Porém, os objetos fenomenais são objetivações indiretas, mediatas, ao passo que a ideia é uma objetidade, *objektität*, imediata e a mais adequada possível da coisa em si, e a Vontade, como sua essência, é contemplada através de diversas objetivações, esclarece (Machado, 2006, pp. 172-173). Ou seja, as ideias são objetidades adequadas em diferentes graus de clareza e perfeição, que são os graus mais ou menos complexos na objetivação da Vontade: natureza inanimada, vegetal, animal e humana, que é o grau mais elevado de objetivação, uma vez que é nele que a Vontade toma consciência de si própria.

Chegamos ao ponto de poder formular que a concepção de mundo schopenhaueriana se apresenta em três níveis: o da Vontade, considerada como coisa em si; o da ideia, que é a objetidade imediata e adequada da Vontade em diferentes graus de clareza e perfeição; e o do fenômeno, que é apenas uma objetivação indireta, mediata da coisa em si. A ideia é superior ao fenômeno, pois esse está sob o jugo do princípio de razão, e inferior à Vontade, já que essa é a coisa em si (Machado, 2006, p. 173).

Entraremos, a seguir, na relação das ideias com o conhecimento em geral. O conhecimento das Ideias, atributo possível apenas em algumas pessoas, isto é, só como exceção, é aquele em que o sujeito se torna sujeito puro, ou seja, livre do serviço da Vontade, destituído de desejo, sem subjetividade, enfim, resignado:

> O conhecimento, em alguns homens, furta-se a essa servidão, emancipa-se desse jugo (da vontade) e pode subsistir para si mesmo livre de todos os fins do querer, como límpido espelho do mundo, do qual procede a arte. (...) Veremos como mediante esse modo

> de conhecimento, retroagindo sobre a Vontade, permite a // sua autossupressão, ou seja, a resignação, que é o alvo final, a essência íntima de toda virtude e santidade, a própria redenção do mundo (Schopenhauer, 2005, p. 218).

Assim, essa postura em face da Vontade permite ao sujeito a anulação da sua individualidade, a renúncia de si mesmo. Esse estado pode ser encontrado, excepcionalmente, no gênio e no santo. A condição para que as ideias sejam objeto de conhecimento é a supressão da individualidade no sujeito que conhece, o que ocorre quando o sujeito se torna isento de vontade:

> A transição possível – embora, como dito, só como exceção – do conhecimento comum das coisas particulares para o conhecimento das Ideias ocorre subitamente, quando o conhecimento se liberta do serviço da Vontade e, por aí, o sujeito cessa de ser meramente individual e, agora, é puro sujeito do conhecimento destituído de Vontade, sem mais seguir as relações conforme o // princípio de razão, mas concebe em fixa contemplação o objeto que lhe é oferecido, exterior à conexão com outros objetos, repousando e absorvendo-se nessa contemplação (Schopenhauer, 2005, p. 245).

A atenção não é mais direcionada aos motivos do querer, e sim, ao contrário, à apreensão das coisas livres de sua relação com a Vontade. Isso faz com que o mundo como vontade desapareça e permaneça somente para nós o mundo como Ideia, "sem interesse, sem subjetividade, considerando-as de maneira puramente objetiva, estando nós inteiramente entregues a elas, na medida em que são simples representações, não motivos" (Schopenhauer, 2005, p. 267). Ou seja, essa condição subjetiva do prazer estético libera o conhecimento escravo da vontade, esquece o eu individual e transforma a consciência em puro sujeito que conhece, liberto da vontade. A libertação do conhecimento em relação à vontade tem como correlato necessário a condição objetiva da contemplação estética: a Ideia. A disposição interna e a preponderância do conhecimento sobre o querer podem introduzir a pessoa nesse estado em qualquer ambiente.

A arte, obra do gênio, "repete as Ideias eternas apreendidas por pura contemplação, o essencial e permanente dos fenômenos do mundo que, conforme o estofo em que é repetido, expõe-se como arte plástica, poesia ou música" (Schopenhauer, 2005, p. 253). Assim, "sua única origem (da arte) é o conhecimento das Ideias, e seu único fim é a comunicação desse conhecimento" (2005, p. 253). A obra de arte é a reprodução de um conhecimento da Ideia, previamente realizado pelo artista. Esse "conhecimento da Ideia, todavia, é necessariamente intuitivo, não abstrato" (2005, p. 255).

Schopenhauer estabelece em *O mundo*, diferentemente do que havia exposto na dissertação sobre *A quádrupla raiz do princípio de razão suficiente*, que nossas representações existem em estado intuitivo e abstrato. Essas representações "podem ser divididas de maneira geral em intuitivas, em puramente intelectuais, ou em intuitivas e abstratas, em imagens e em conceitos" (Philonenko, 1989, pp. 85-86).

As representações abstratas são os conceitos produzidos pela razão, ou seja, a reflexão. Entretanto, elas só têm conteúdo e significação em virtude de sua relação com a representação intuitiva. Assim, podemos dizer que a representação abstrata é uma representação derivada, uma cópia do mundo intuitivo e, "por isso, os conceitos podem ser denominados de maneira bastante apropriada representação de representações" (Schopenhauer, 2005, p. 87).

A virtude e a santidade não têm origem na reflexão, e sim na profundeza da vontade, pois a conduta humana não se dá por meio de conceitos, mas de sentimentos. No entanto, o sentimento não é, para Schopenhauer, conhecimento abstrato da razão, não é conceito (2005, p. 100). A razão é necessária para a manutenção das decisões, embora ela não seja a fonte da virtude, pois a conduta transcorre conforme o sentimento. Por isso, a representação abstrata, isto é, a razão, está subordinada a "máximas indizíveis" (Schopenhauer, 2005, p. 108):

> Que, todavia, tudo isso seja por inteiro diferente e independente do valor moral da ação, que a ação racional e a virtuosa são duas coisas completamente distintas, que a razão se encontra unida tanto à grande maldade quanto à grande bondade, que o seu auxílio confere grande eficácia seja a esta primeira ou à segunda, que ela está igualmente preparada e disponível para executar metodicamente e de maneira consequente tanto os propósitos nobres quanto vis, tanto a máxima inteligente quanto a imprudente (...) (Schopenhauer, 2005, p. 141).

Portanto, na representação intuitiva, o entendimento é de vital importância porque é o entendimento da causa e do efeito, mecanismo essencial para a compreensão do mundo; na representação abstrata, a razão é essencial para comunicar a fala de modo a ser entendida, isto é, por meio de conceitos.

Porém, a representação intuitiva é um conhecimento originário:

> Esta última modalidade de conhecimento pertence sempre ao entendimento, não à razão, cujos conceitos abstratos podem servir tão somente para acolher aquela compreensão imediata, fixá-la e ligá-la, jamais produzi-la. Cada força e lei natural, não importa onde se exteriorize, tem de primeiro ser conhecida imediatamente pelo entendimento, apreendida intuitivamente, antes de aparecer *in abstracto* para a razão na consciência refletida (Schopenhauer, 2005, p. 65).

É nesse sentido que Schopenhauer critica como "um velho erro" o pensamento que só admite como perfeitamente verdadeiro aquilo que é provado, pois toda prova, para ele, se apoia em uma verdade não comprovada, isto é, numa intuição, que é a fonte de toda verdade (Machado, 2006, p. 175).

Os conceitos derivam, portanto, da intuição, a partir da qual são abstraídos, de maneira que a última evidência é sempre uma intuição. Ao atribuir à intuição um papel fundamental, Schopenhauer acaba por desvalorizar o racionalismo, a dedução e a demonstração (Machado, 2006, p. 175).

A representação intuitiva, simples passagem da causa ao efeito e vice-versa, é livre de dúvida e nela tudo parece claro. Ela faz parte tanto do reino animal como do humano, mas somente neste surge outra faculdade de conhecimento, uma nova consciência, que é a reflexão abstrata de todo o mundo intuitivo representado. A representação intuitiva compreende a experiência em geral, com as condições que a tornam possíveis: o tempo, o espaço – formas da intuição –, e não é de ordem puramente sensível, pois somente o entendimento conhece por intuição, ou seja, para Schopenhauer "toda intuição é intelectual e não somente sensível" (Philonenko, 1989, p. 57), no entanto o intelectual não é o racional. O entendimento transforma a sensação em intuição, isto é, o entendimento cria a intuição com os dados fornecidos pelos sentidos. Assim, Schopenhauer não diferencia sensibilidade e entendimento, mas faz coincidir o entendimento com a intuição. A intuição intelectual, para esse autor, não está, portanto, conectada à razão, e sim à representação. Podemos dizer, por conseguinte, que o mundo é configurado segundo nossa subjetividade: "Dizer que a intuição é sempre intelectual significa dizer que ela é sempre ligada ao entendimento, é sempre representativa, isto é, implica uma estruturação do mundo a partir de nossa subjetividade, o que é bem diferente da intuição intelectual de Schelling, que Schopenhauer chama de intuição racional e dela se afasta" (Machado, 2006, p. 176).

Lembremos que, para Schopenhauer, mais do que dedução, a sua filosofia é intuição e, nesse sentido, se aparenta mais com a arte do que com a ciência. "Sem dúvida, esta filosofia como arte resulta muito incômoda para muitas pessoas", mas, "no meu modo de ver, o fracasso de toda filosofia, como ciência, isto é, segundo o princípio de razão suficiente, praticada há três mil anos, poderia bastar historicamente para concluir que não a fundaremos por esse meio"; "minha filosofia deve distinguir-se de todas as precedentes, excetuando-se a de Platão, por não ser uma ciência, mas uma arte" (Schopenhauer citado por Philonenko, p. 231).

Por meio da intuição, tomamos consciência da essência das coisas. O conhecimento das ideias é a apreensão intuitiva da essência dos objetos, provenientes do abandono do princípio de razão. E é exatamente como conhecimento intuitivo das Ideias que Schopenhauer concebe a arte: "Podemos, por conseguinte, definir a arte COMO O MODO DE CONSIDERAÇÃO DAS COISAS INDEPENDENTEMENTE DO PRINCÍPIO DE RAZÃO" (Schopenhauer, 2005, p. 254). O objeto da arte é a Ideia, e nada mais (2005, p. 310). Ou seja: "O modo de consideração que segue o princípio de razão é o racional, único que vale e ajuda na vida prática e na ciência; já o modo que prescinde do conteúdo desse princípio é o genial, único que vale e ajuda na arte" (Schopenhauer, 2005, p. 254). A contemplação estética é, portanto, uma apreensão direta, imediata, uma representação intuitiva pura.

A única fonte da arte é a Ideia apreendida e, justamente porque a ideia é e permanece intuitiva, "o artista não está consciente // *in abstracto* da intenção e do fim de sua obra; não um conceito, mas uma Ideia paira diante de si: por conseguinte, não pode relatar sua atividade: trabalha, como se diz, com o simples sentimento, inconsciente, sim, de maneira intuitiva" (Schopenhauer, 2005, p. 312).

Se a ciência produz um conhecimento submetido ao princípio de razão, a arte reproduz as Ideias eternas por meio da contemplação pura. Se o conhecimento científico, guiado pelo interesse e pelo aspecto utilitário da vida, dá conta somente das relações suscetíveis de servir à Vontade, o conhecimento artístico, que contempla as Ideias independentes do princípio de razão, possibilita que o homem se liberte da vontade e da individualidade e se eleve ao estado de puro sujeito que conhece, pois Schopenhauer considera "a arte como a grande elevação, o desenvolvimento mais perfeito" (2005, p. 349).

Na contemplação estética, o mundo é visto como não subordinado ao tempo e ao espaço, mas, do ponto de vista da eternidade, "o poeta apreende a Ideia, a essência da humanidade exterior a toda relação, a todo tempo, vale dizer, apreende a objetidade adequada da coisa em si em seu grau mais elevado" (Schopenhauer, 2005, p. 323). A contemplação estética é desinteressada, objetiva, visto não se submeter ao querer, à vontade: "A contemplação pura, o êxtase da intuição, a beatitude da contemplação, liberta da vontade, faz com que o mundo como vontade desapareça e só permaneça o mundo considerado como ideia" (Machado, 2006, p. 177). Schopenhauer salienta o predomínio dessa capacidade inata de contemplação estética no gênio, ou seja, o dom do gênio, o que lhe é inato:

> A essência do gênio consiste justamente na capacidade preponderante para tal contemplação. Ora, visto que só o gênio é capaz de um esquecimento completo da própria pessoa e de suas relações, segue-se que a GENIALIDADE nada é senão a OBJETIDADE mais perfeita, ou seja, orientação objetiva do espírito, em oposição à subjetiva que vai de par com a própria pessoa, isto é, com a vontade (Schopenhauer, 2005, p. 254).

Há, na contemplação estética, um processo de inversão na relação entre a Vontade e a representação: "Se no conhecimento comum ou científico, a representação está subordinada à vontade, na contemplação estética, em que a ideia é acessível para quem deixou de se conhecer como indivíduo, esquecendo o seu eu individual e tornando-se puro sujeito de conhecimento, a relação se inverte: a vontade fica a serviço da representação" (Machado, 2006, 177).

Pela contemplação desinteressada das ideias, o sujeito se eleva ao estado de puro sujeito de conhecimento, se desinteressa do mundo como vontade e como representação. O gênio é situado como o representante desse conhecimento intuitivo produzido pela arte. A genialidade é a aptidão do sujeito de se manter na intuição pura e de se abstrair do princípio de razão, isto é, do tempo, do espaço e da causalidade, e de realizar, portanto, a abstração das coisas particulares. Além disso, a genialidade é a capacidade da intuição intelectual de se emancipar do domínio das motivações da vontade sobre o conhecimento. A genialidade é, assim, a realização de um conhecimento puro, e o gênio é um puro sujeito do conhecimento (Machado, 2006, p. 178).

Outro elemento indispensável no gênio é a sua relação com a imaginação. Se a arte é um conhecimento intuitivo das ideias, uma visão do geral no particular, a função da imaginação é impedir que o gênio se limite à ideia dos objetos que estão efetivamente presentes, e levá-lo a estender seu horizonte para além da experiência pessoal e a evocar as imagens que a vida pode oferecer. Assim, "a imaginação permite que o gênio alargue o raio de sua visão; ela é uma potência de horizonte" (Machado, 2006, p. 178).

Se a aptidão para reconhecer as ideias pode, em princípio, existir em todos os homens, a vantagem do gênio é possuir essa faculdade num grau muito mais elevado e contínuo. Excesso da atividade da inteligência que provoca enorme separação entre o intelecto e a vontade, o que caracteriza a perfeição e a energia do conhecimento intuitivo. O gênio possui um desenvolvimento da faculdade de conhecimento consideravelmente superior às necessidades da vontade (Machado, 2006, p. 179).

Encontramos no modo de conhecimento estético "DOIS COMPONENTES INSEPARÁVEIS", que são os responsáveis pelo despertar do prazer estético: o conhecimento do objeto considerado não como coisa isolada, mas como IDEIA platônica, e a consciência daquele que conhece como "PURO SUJEITO DO CONHECIMENTO DESTITUÍDO DE VONTADE" (Schopenhauer, 2006, pp. 265-266). Assim, por um lado, temos o prazer objetivo de contemplar o objeto em sua essência e, do outro, o prazer subjetivo de se saber independente da vontade.

A poesia, que objetiva a Ideia de humanidade e representa a luta da vontade contra si mesma, tal como se manifesta nos conflitos humanos, tem como finalidade a expressão da Ideia no grau mais alto da objetidade da vontade. Schopenhauer diz que "o poeta é o espelho da humanidade, e traz à consciência dela o que ela sente e pratica" (2005, p. 329). Ou seja, o poeta dá conta da Ideia, da essência da humanidade, representando as ações humanas, "a luta da vontade contra si mesma, tal como ela se encarna nos conflitos humanos" (Machado, 2006, p. 181).

Apresentaremos a seguir o lugar especial, em relação às outras artes, que Schopenhauer confere à música, com base nesta consideração: "Esta (a música) se encontra, por inteiro, separada de todas as demais artes" (Schopenhauer, 2005, p. 336). A tese fundamental é que a música é diferente de todas as outras artes; ela não é a reprodução, a repetição, ou a cópia de uma ideia, e sim a cópia da própria Vontade: "As artes tendem a expressar as ideias, atos nos quais se objetiva a vontade, mas a música expressa a vontade mesma" (Philonenko, 1989, p. 215). Em síntese, a música é cópia imediata da Vontade, e não do fenômeno: "Em consequência, poder-se-ia denominar o mundo tanto música corporificada como Vontade corporificada" (Schopenhauer, 2005, p. 345).

Vejamos o que significa essa concepção profundamente original da música, arte suprema, como conhecimento superior da coisa em si.

Uma das principais propriedades da música é realizar o conhecimento da vontade de modo "universal, preciso e íntimo" (Philonenko, 1989, p. 215). Em primeira instância, a música é uma linguagem universal, mais precisamente "uma linguagem universal cuja compreensão é 'inata'" (Philonenko, 1989, p. 215). Ao reconhecer o efeito estético da música, Schopenhauer atribui a ela uma significação muito profunda, associada à essência íntima do mundo e de nós mesmos: "É uma arte tão elevada e majestosa, faz efeito tão poderosamente sobre o mais íntimo do homem, é aí tão inteira e profundamente compreendida por ele, como se fora uma linguagem universal, cuja distinção ultrapassa até mesmo a do mundo intuitivo" (Schopenhauer, 2005, p. 336).

Schopenhauer faz questão de salientar que a universalidade da música se distingue da universalidade conceitual, da generalização dos conceitos, da abstração, das "formas extraídas da intuição", pois ela dá "a universalidade da forma pura", o "verdadeiro ser das coisas", "o que há de metafísico no mundo físico", a "quintessência da realidade", o "ser sempre idêntico do mundo" (Schopenhauer citado por Machado, 2006, 198).

Em segunda instância, a música é fundamentalmente "uma linguagem íntima", uma linguagem que expressa o ser íntimo, porque em sua universalidade expõe a profundidade do sentimento. A música é "a apresentação direta da própria vontade. Daí provém sua ação imediata sobre a vontade, isto é, sobre os sentimentos, as paixões e as emoções do ouvinte, que ela rapidamente exalta ou transforma" (Schopenhauer, 2009, p. 1189).[20]

Assim, o efeito da "maravilhosa arte dos tons" (Schopenhauer, 2005, p. 338) é mais poderoso do que o das outras artes, já que essas falam de sombras, ao passo que aquela fala da essência. A música exprime os sentimentos, as paixões, as emoções do homem, porém, apresentando sua essência, o que não significa que a música produz uma imitação dos sentimentos como nós os vivemos – os sentimentos fenomenais –; ao contrário, ela exprime o sentimento puro, livre de toda representação, por meio do qual se remonta à vontade; ela exprime as emoções da própria vontade e é capaz de exprimir, por seus meios, cada movimento da vontade, cada sentimento. Ao se referir a uma sinfonia de Beethoven, Schopenhauer declara que ela nos faz ouvir "todas as paixões, todos os afetos humanos; alegria e tristeza, amor e ódio, terror e esperança, etc., e são expressos em nuances infinitos, mas sempre, de certo modo, *in abstracto* e sem nenhuma particularização: trata-se somente da forma, sem a substância, como um mundo de puros espíritos sem matéria" (Schopenhauer, 2009, p. 1191).

Uma das maneiras como Schopenhauer explica esse aspecto metafísico de sua teoria é a partir das relações entre a consonância e a dissonância musicais. Qual a relação dessa característica da música como harmonia dissonante com a problemática dos sentimentos, dos desejos, da vontade no homem? O filósofo alemão explicita que a dissonância – o irracional – fornece a imagem das resistências opostas a nossa vontade e, ao contrário, a consonância – o racional – representa a satisfação da vontade. Isto é, as dissonâncias traduzem a luta entre forças hostis a nossa vontade, ao passo que as consonâncias traduzem as forças que a satisfazem (Schopenhauer, 2009, p. 1192).

Por meio da melodia é, então, possível reconhecer expressamente e de forma universal a história mais íntima da Vontade consciente de

20 Algumas citações referentes aos Suplementos são extraídas da edição em língua francesa *Le monde comme volonté et comme représentation*, que será apresentada pela abreviação *Le monde.*

si mesma, ou seja, a vida mais secreta, o sofrimento e a alegria, o fluxo e o refluxo do coração humano:

> Porém a melodia diz mais: narra a história secreta da Vontade, pinta cada agitação, cada esforço, cada momento seu, tudo o que a razão resume sob o vasto e negativo conceito de sentimento, que não pode ser acolhido em suas abstrações. // Por isso disse que a música é a linguagem do sentimento e da paixão, assim como as palavras são a linguagem da razão (Schopenhauer, 2005, p. 341).

De forma semelhante, Platão já havia explanado que "o movimento da melodia imita as paixões da alma" (Schopenhauer, 2005, p. 341).

A essência do homem consiste em sua vontade se esforçar, ser satisfeita, e novamente se esforçar, incessantemente; sim, sua felicidade e bem-estar são apenas a transição do desejo para a satisfação, e desta para um novo desejo, o que ocorre rapidamente, pois a ausência de satisfação é sofrimento, a ausência de novo desejo é anseio vazio, *langor*, tédio. Justamente por isso a essência da melodia é um afastar-se, um desviar-se contínuo do tom fundamental, por diversas vias, não apenas para os intervalos harmônicos, mas também para os dissonantes e os extremos; contudo, sempre seguido de um retorno ao tom fundamental (Schopenhauer, 2005, p. 341). Os desvios da melodia reproduzem, portanto, os desejos do homem:

> A melodia é sempre um desvio da tônica por milhares de vias tortuosas e surpreendentes, até a dissonância mais dolorosa, para ao fim reencontrar o tom fundamental, que expressa a satisfação e o repouso da Vontade, depois do qual, entretanto, nada mais pode ser feito e cuja continuação produziria uma monotonia insípida e arrastada, correspondente ao tédio (Schopenhauer, 2005, p. 413).

A invenção da melodia e a revelação de todos os mistérios mais profundos do querer e do sentir humanos constituem a obra do gênio.

Schopenhauer considera, então, que a música, com suas consonâncias e dissonâncias, está intimamente ligada ao prazer e ao desprazer; ela "é capaz de exprimir todas as emoções do coração humano, isto é, da vontade, cujo resultado essencial é, em seus graus infinitos, o prazer e o desprazer" (Schopenhauer, 2009, p. 1193); ela "consiste, portanto, na perpétua sucessão de acordes que nos perturbam mais ou menos, isto é, que excitam nossos desejos, e de acordes que nos trazem, mais ou menos, calma e contentamento" (Schopenhauer, 2009, p. 1198).

Em síntese, vimos que as ideias são a objetivação adequada da vontade, e a finalidade das artes é levar o homem a reconhecer essas ideias universais e eternas pelas quais a vontade se objetiva. As artes não objetivam a vontade diretamente, mas por intermédio das ideias. Entretanto, "a música expressa a Vontade mesma" (Philonenko, 1989, p. 215). Ela vai além das ideias, é independente do mundo fenomenal. A música não tem as mesmas características que as demais artes, e seu fim é "ser uma melodia cujo texto é o mundo!" (Philonenko, 1989, p. 217).

O modo de enfrentamento mais elevado diante de uma vida trágica/pessimista, para Schopenhauer, é a ascese, isto é, como o homem compassivo pode atingir seu auge: a ascese, entendida no seu sentido estrito como "a quebra PROPOSITAL da Vontade pela recusa do agradável e a procura do desagradável, mediante o modo de vida penitente voluntariamente escolhido e a autocastidade, tendo em vista a mortificação contínua da Vontade" (Schopenhauer, 2005, p. 496).

A visão do homem por meio do princípio de individuação possibilita que sua compaixão aceda à completa negação da Vontade. Porém, isso é acessível somente quando o conhecimento imediato atinge um grau elevado em determinado ser humano, a ponto de ele não mais considerar diferença alguma entre a sua pessoa e todo o mundo ao seu redor, o que é raro. Essa identificação do indivíduo com o mundo só ocorre após a consciência de que todo o ser a sua volta também sofre como ele. Por isso, "conhece o todo, apreende o seu ser e encontra o mundo entregue a um perecer constante, em esforço vão, em conflito íntimo e sofrimento contínuo. Vê, para onde olha, a humanidade e os animais sofredores. Vê um mundo que desaparece" (Schopenhauer, 2005, p. 481) porque tudo isso agora é, para ele, tão próximo, como o é para o egoísta a própria pessoa: "(...) isso ocorre devido ao fato de na fantasia nos colocarmos vivamente no lugar do sofredor, ou por também mirarmos em seu destino a sorte de toda a humanidade, consequentemente antes de tudo a nossa; portanto via um longo desvio, sempre choramos de novo por nós mesmos, somos nosso próprio objeto de compaixão" (Schopenhauer, 2005, p. 479).

O reconhecimento da essência em si das coisas, portanto, do todo, acaba por proporcionar um quietivo, a supressão da vontade, ou seja, uma repulsa pela Vontade de vida em cuja essência o sofrimento é contínuo, e permite que o homem se veja em todos os lugares, ao mesmo tempo, "e se retira. – Sua Vontade se vira; ela não mais afirma a própria essência espelhada no fenômeno, mas a nega. O acontecimento, pelo qual isso se anuncia, é a transição da virtude à ASCESE" (Schopenhauer, 2005, p. 482), que culmina com uma paz inabalável, celestial. Este é o modo de vida do asceta: "Esse homem reconhece em todos os seres o seu próprio íntimo, o seu verdadeiro si mesmo, e desse modo tem de considerar também os sofrimentos infindos de todos os viventes como se fossem seus: assim, toma para si mesmo as dores de todo o mundo; nenhum sofrimento lhe é estranho. (...) tudo lhe é igualmente próximo" (Schopenhauer, 2005, p. 481).

Daí surge, no homem, uma repulsa pela essência da qual seu fenômeno é a expressão, uma recusa da Vontade de vida, núcleo e essência de um mundo povoado de penúria e precariedade. O homem nega a Vontade, cessa de querer algo, evita atar sua vontade a alguma coisa, procura estabelecer em si uma grande indiferença por tudo e desmente seu corpo: não quer satisfação sexual alguma, sob nenhuma condição – primeiro passo da ascese. Caso essa máxima se tornasse universal, o gênero humano se extinguiria.

O conhecimento do todo e da essência das coisas é um quietivo para a vontade, um sedativo para qualquer volição; ele faz a vontade efetuar "uma viragem diante da vida", desligar-se da vida fenomenal, no sentido de que o homem atinge um estado de "voluntária renúncia, resignação, verdadeira serenidade e completa destituição da Vontade" (Schopenhauer, 2005, pp. 481-482), de paralisação absoluta do querer, de perfeita indiferença em relação a todas as coisas, pois conhece o todo, apreende o seu ser e encontra o mundo entregue ao perecer constante, ao esforço em vão, ao conflito íntimo e ao sofrimento contínuo.

Segundo Schopenhauer, "a negação da Vontade de vida, ou a resignação completa, a santidade, sempre procede do quietivo da Vontade, que é o conhecimento do seu conflito interno e de sua nulidade essencial, a expressarem-se no sofrer de todo vivente" (Schopenhauer, 2005, p. 503). A resignação resulta da compreensão do conflito da Vontade consigo mesma. "Salvação verdadeira, redenção da vida e do sofrimento, é impensável sem a completa negação da Vontade" (Schopenhauer, 2005, p. 503). A negação do querer, esse estado em que o desejo se cala, em que a vontade cessa de ter motivos, é o remédio – ou, mais precisamente, o calmante – para a doença de viver submetido ao princípio de individuação. Para Schopenhauer, "libertar-se da vontade de viver é ultrapassar a ilusão do princípio de individuação" (Machado, 2006, p. 184).

A realização desse projeto requer um tipo superior de conhecimento, pois, enquanto o conhecimento está subordinado ao princípio de individuação – o véu de Maia que turva o olhar do indivíduo comum (Schopenhauer, 2005, p. 450) –, e ao princípio de razão, o poder dos motivos é irresistível. Mas, se ocorre não só a compreensão de que uma mesma vontade constitui a essência da coisa em si, como também o apaziguamento do querer, por meio desse conhecimento, os motivos particulares tornam-se impotentes, na medida em que o modo de conhecimento que a eles correspondia é abolido e substituído por um conhecimento diferente (Schopenhauer, 2005, p. 511).

A ascese é a vida livre do homem que atinge um conhecimento tal que, ao conhecer a essência do mundo, mortifica a vontade de seu corpo como forma de recusa à essência da Vontade, sofrimento contínuo. É a vida feliz e alegre – impossível no homem de desejo – do homem cuja vontade não está acalmada só por um instante, como na contemplação e na criação estéticas, mas completamente aniquilada, salvo a última centelha indispensável para sustentar o corpo, e que deve perecer com ele. De acordo com Schopenhauer:

> Daí podermos supor quão aventurada deve ser a vida de um homem cuja vontade é neutralizada não apenas por instantes, como na fruição do belo, mas para sempre, sim, inteiramente extinguida, exceto naquela última chama que conserva o corpo e com o qual será apagada.// Tal homem que, após muitas lutas, subsiste somente como puro ser cognoscente, espelho límpido do mundo (Schopenhauer, 2005, p. 495).

O filósofo trágico Nietzsche se pergunta, em *O nascimento da tragédia*, o que pensava, afinal, Schopenhauer sobre a tragédia? E a resposta foi: "O que dá a todo o trágico o empuxo peculiar para a elevação é o surgir do conhecimento de que o mundo e a vida não podem proporcionar verdadeira satisfação e, portanto, não são dignos de nosso apego: nisto consiste o espírito trágico – ele conduz à resignação" (Schopenhauer citado por Nietzsche, 2007, p. 18). Ou seja, o verdadeiro efeito da tragédia para Schopenhauer é a resignação, célebre tese "duramente criticada pelo último Nietzsche" (Machado, 2006, p. 186). Para Schopenhauer, a catástrofe trágica nos convence de que a vida é um pesadelo do qual devemos acordar. Mas como? O conhecimento artístico propiciado pela tragédia é de suma importância, pois, por meio dele, o homem compreende que a vontade é dor e sofrimento. Essa mesma vontade pode voltar-se contra si mesma, isto é, deixar de querer, aceitar o próprio desaparecimento, seja ao libertar permanentemente o personagem, seja ao acalmar momentaneamente o espectador de seus desejos.

Em suma, a afirmação da vontade de vida, fundamentada no querer, conduz o homem, por meio de seu corpo, a realizar sempre esse querer. Isso ocorre porque o seu conhecimento está baseado no princípio de individuação. Porém, a negação da vontade de vida, sustentada na supressão do querer, se dá por meio da ascese, em que aquele que conhece a essência do mundo quer mortificar a vontade de seu corpo, como forma de recusa à essência da Vontade, contínuo sofrimento.

Após a mortificação da Vontade, "a morte do corpo (que é apenas fenômeno da Vontade) não é tida como amarga, mas é muito bem-vinda" (Schopenhauer, 2005, p. 495). Como fato empírico na realidade, verificamos que a ascese dá origem às manifestações de castidade, de penitência, do jejum, do autoflagelo e da autopunição, todas expressas e evidenciadas na vida dos santos, de todas as épocas e de todos os lugares, no Oriente e no Ocidente, com o intuito de mortificar, propositadamente, a Vontade.

Aliás, em Schopenhauer, "a liberdade propriamente dita, isto é, a independência do princípio de razão, pertence tão somente à Vontade como coisa em si, não ao seu fenômeno, cuja forma essencial em toda parte é o princípio de razão, o elemento da necessidade" (2005, p. 508). Assim, a liberdade é o reino da graça, e a necessidade é o reino da natureza (Schopenhauer, 2005, p. 510); o efeito do quietivo é, em última instância, o ato de liberdade da Vontade (Schopenhauer, 2005, p. 511). Segundo o filósofo alemão, "sentimos que toda a satisfação de nossos desejos advinda do mundo se assemelha à esmola que mantém hoje o mendigo vivo, porém prolonga amanhã a sua fome. A resignação, ao contrário, assemelha-se à fortuna herdada, pois livra o herdeiro, para sempre, de todas as preocupações" (Schopenhauer, 2005, p. 494).

Assim, no fenômeno homem, quando a compaixão e a ascese entram em movimento, a Vontade permanece livre não para contradizer-se a si mesma, isto é, não para transformar-se a si mesma em não querer, e sim porque a Vontade é, como já vimos, além do tempo e do espaço – portanto, livre na forma de conhecimento de si mesma, a ponto de poder negar-se, no fenômeno homem.

Lembremos que a compaixão e a ascese não são provenientes de uma mudança de caráter, qualidade da Vontade, e sim de uma mudança de conhecimento, isto é, "de uma forma modificada de conhecimento" (Schopenhauer, 2005, p. 509), pois, "o ato deriva do ser e não o ser, do ato". Desse bloco indiviso do *esse* surgem no tempo ações, vacilações, que podem, de fato, servir de fundamento para a ilusão do livre-arbítrio. Philonenko metaforiza que o livro da contabilidade da vida "é estabelecido não antes da ação, senão depois de uma inteligência que se parece com um escrivão. O intelecto calcula o ato, mas uma vez já realizado" (Philonenko, 1989, pp. 262-263). Na metafísica de Schopenhauer, em primeiro lugar queremos, depois julgamos a nossa decisão. Portanto, o conhecimento vem depois da vontade e tem como tarefa meditar sobre a decisão tomada, mas não é capaz de prepará-la. Entretanto, a disputa entre a vontade e o intelecto vai mais longe. É impossível fazer do ato, do *operari*, uma essência, uma vez que "o homem não tem, pois, que deliberar se chegará a ser tal ou qual nem se chegará a ser outro diferente do que ele é; ele é o que é uma vez por todas" (Schopenhauer citado por Philonenko, 1989, p. 263).

Schopenhauer distingue que "o homem é um produto industrial – porém, ao interiorizar-se, descobre que, ao menos em certo sentido, é único" (Philonenko, 1989, p. 264). Como se dá essa singularidade? Para Schopenhauer, a vontade, expressão do caráter inteligível, corresponde ao desejo. E "esse desejo não é impessoal; surgindo no homem enquanto é 'de alguma forma' uma ideia, não deixa de ter uma cor íntima e se acha oposto em todos os casos a uma razão prática anônima" (Philonenko, 1989, p. 264).

Então, a afirmação de Schopenhauer de que "não apenas a Vontade em si, mas até mesmo o homem devem ser denominados livres, e assim diferenciados de todos os demais seres" (2005, p. 373), deve ser assim compreendida: se não há mudança de caráter, o homem não pode produzir a sua liberdade, e esta somente pode aparecer no estado de ascese quando o ascético conhece a essência da Vontade, que é querer, e entra no estado de santidade. Desta forma, a liberdade da Vontade faz o fenômeno homem se contradizer a si mesmo, em face de que, por ser fenômeno, o homem está condenado a querer não querer mais. Nesse estado, "aquela paz, sempre procurada antes pelo caminho do querer, e sempre fugidia, entra em nós de uma só vez por si mesma e tudo está bem conosco" (Schopenhauer, 2005, p. 267), como sugere Epicuro: "É o estado destituído de dor que Epicuro louvava como o bem supremo e como o estado dos deuses" (Schopenhauer, 2005, p. 267). Assim, atingimos a liberdade, "somos alforriados do desgraçado ímpeto volitivo, festejando o *Sabbat* dos trabalhos forçados do querer, a roda de Íxion cessa de girar" (Schopenhauer, 2005, p. 267). Esse é o estado exigido para o conhecimento da Ideia como pura contemplação: "Absorver-se na intuição, perder-se no objeto, esquecimento da individualidade, supressão do modo de conhecimento que segue o princípio de razão suficiente e apreende apenas relações" (Schopenhauer, 2005, p. 267).

Vimos, portanto, que, em Schopenhauer, a resignação total, a ascese, que versa sobre o destino e a liberdade do homem, é o estado de conduta mais elevado para o homem enfrentar sua vida trágica.

Schopenhauer nos fala, então, sobre a resignação:

> Por fim, esse conhecimento, no indivíduo purificado e enobrecido pelo sofrimento, atinge o ponto no qual o fenômeno, o véu de Maia, não mais o ilude. Ele vê através da forma do fenômeno, do *principium individuationis*, com o que também expira o egoísmo nele baseado. Com isso, os até então poderosos MOTIVOS perdem seu poder e, em vez deles, o conhecimento perfeito da essência do mundo, atuando como QUIETIVO da Vontade, produz a resignação, a renúncia, não apenas da vida, mas até mesmo de toda a Vontade de viver (Schopenhauer, 2005, p. 333).

O estado de completa negação da Vontade traz o repouso, a paz do "NIRVANA" (Schopenhauer, 2005, p. 519). Nenhuma Vontade: nenhuma representação, nenhum mundo.

O trágico em Freud

VIMOS NO primeiro capítulo que a noção de trágico tem suas raízes na tragédia ática. O trágico grego está ligado à noção de conflito, *agon*, e à ideia de que o fundamento do mundo é a livre vontade divina e que, portanto, praticamente o homem não tem liberdade de escolha. Ou seja, o trágico grego é a existência do conflito insolúvel, da luta sem trégua entre a vida dos humanos, mortais portadores de *hybris*, e o desejo soberano das moiras, deusas imortais do destino. É o acaso, o caráter contingente da existência humana. O caos se instala à medida que o homem se dá conta de que não tem pleno controle nem sobre si nem sobre sua vida.

No segundo capítulo, explicitamos que, ao migrar para a filosofia, o trágico se apresenta atrelado ao acaso. No mundo antigo, Lucrécio é o primeiro filósofo a proclamar, de forma contundente, a existência do acaso na filosofia. Na filosofia moderna, Schopenhauer é, ao mesmo tempo, identificado como trágico e pessimista segundo o comentador. Discutimos que Szondi e Philonenko consideram que o trágico em Schopenhauer é a sua concepção de Vontade, a coisa em si, como um impulso cego, irracional, que contém em seu interior uma discórdia contra si mesma. Philonenko acrescenta que essa visão trágica de mundo conduz Schopenhauer ao pessimismo, à resignação completa do asceta como o estado mais elevado para o homem enfrentar uma vida imersa em sofrimento.

Ainda no segundo capítulo, Rosset afirma que "o acaso (...) é o trágico mesmo" (Rosset, 1989, p. 90) e apresenta o acaso original como o elemento que marca uma distinção entre a filosofia trágica, que o afirma, e a filosofia pessimista, que o nega. Nas palavras de Rosset: "A afirmação do acaso é aquela de todo pensamento trágico", ao passo que "a negação do acaso é a chave-mestra de todo pessimismo" (Rosset, 1989, p. 20). A partir dessa decisiva diferenciação, Rosset reconhece Schopenhauer como um filósofo indiscutivelmente pessimista, pois sua filosofia, ao partir de um *a priori*, de um dado – a Vontade cósmica intratável – despreza o acaso original.

Neste capítulo final, o escopo consiste em examinar se Freud pode ser incluído entre os pensadores trágicos, conforme propõe Rosset ao inserir o universo freudiano, referido ao psíquico, na dimensão trágica. Será introduzido o pensamento do filósofo e psicanalista Garcia-Roza, que elabora uma articulação entre o acaso e as pulsões freudianas, ao considerar "as pulsões pura potência indeterminada" (Garcia-Roza, 1990, p. 53), e ao afirmar que "a pulsão de que nos fala Freud seria a emergência desse caos original, dessa força não domada e que persiste como fundo não ordenado de todo ser vivo. A pulsão seria, pois, a reafirmação constante do acaso" (Garcia-Roza, 1986, p. 19). Enfim, "a pulsão (...) é o lugar do acaso" (Garcia-Roza, 1990, p. 127). Portanto, na psicanálise, é o conceito de pulsão que introduz, literalmente, a presença do acaso. Assim, a construção freudiana da dualidade pulsional e sua conexão com o acaso serão os principais focos de trabalho deste capítulo, em direção ao estabelecimento do trágico em Freud.

Inicialmente levantaremos algumas conexões entre a tragédia e a psicanálise. Em seguida adentraremos a pesquisa sobre a teoria das pulsões para, então, caminhar em direção à concepção de trágico e ao seu modo de enfrentamento em Freud. Por fim, faremos um cotejamento entre algumas noções schopenhauerianas que possam ter aberto caminhos para a instauração de algumas ideias freudianas, especialmente no que concerne à esfera do trágico, tendo como base as declarações de Rosset, ao dizer que: "A filosofia de Schopenhauer contém o germe do pensamento de Nietzsche e de Freud" (Rosset, 1989, p. 35); e de Barboza ao afirmar que: "A psicanálise de Freud absorve por completo a teoria dos impulsos inconscientes, o papel da sexualidade na vida humana, o retorno ao inorgânico, etc. de *O mundo*" *como vontade e como representação*, de Schopenhauer (Barboza, 2005, p. 11).

Tragédia e psicanálise

Sigmund Freud nasce em Freiberg, na Morávia, antiga Tchecoslováquia, no dia 6 de maio de 1856. Muda-se com sua família para Leipzig, e, mais tarde, aos quatro anos, para Viena, onde permanece por quase oitenta anos. Freud tinha dois meios-irmãos, Emmanuel e

Philipp, cujas idades eram próximas à de sua mãe. Assim, ele era ligeiramente mais novo que seu sobrinho John, filho de Emmanuel. Freud morre em Londres em 1939, com 83 anos.

Forma-se em medicina em 1881. No seu percurso acadêmico, seu foco de interesse se dirige especialmente para os cursos de fisiologia de Brücke, de biologia e zoologia de Claus, de filosofia de Brentano e de psiquiatria de Meynert, considerado o maior anatomista do cérebro da época. O pensamento desses mestres constitui as principais influências na sua formação médica e na formulação posterior de certas concepções psicanalíticas. Freud inicia sua carreira no campo da neurologia, no instituto de Brücke, no setor de pesquisa histológica de laboratório. Mais tarde, encaminha-se para a prática clínica e ingressa no Hospital Geral de Viena, no departamento de doenças nervosas. No período entre 1885 e 1886 faz um curso com Charcot, grande mestre de neurologia, na Salpetrière, em Paris, e entra em contato com o campo da histeria. Em 1891, dedica-se ao estudo das afasias e revela que sua preocupação não reside na localização anatômica desses distúrbios, visto que o corpo anatômico não elucidava os problemas psíquicos nos quais estava interessado. Penetra, então, no domínio dos processos psíquicos e situa aí a matriz da problemática da histeria e da afasia.

Emerge, então, o período de constituição da psicanálise em que Freud questiona certos estatutos do corpo e da psique já estabelecidos pelo saber científico e opera, de forma gradual e complexa, rupturas com esse modelo, dirigindo-se para uma concepção topológica do aparelho psíquico e para o estabelecimento das noções psicanalíticas de corpo e de subjetividade. A teoria freudiana trava um embate de forças com o modelo científico de sua época, ora se filiando a ele, ora dele se distanciando, estabelecendo uma relação de paradoxo. Logo no início de sua obra, além de se preocupar com o estudo do inconsciente por meio da análise dos sonhos, Freud se envolve com a investigação do corpo histérico e dá origem ao corpo pulsional – objeto de nosso interesse neste capítulo.

Em seu estudo sobre os sonhos, datado de 1900, Freud depara com a insuficiência da psicologia moderna para explicar os fenômenos oníricos. Restrita aos aspectos racionais e conscientes do homem, a psicologia não oferece auxílio para a compreensão dos métodos de funcionamento anímico que Freud observa nos relatos dos sonhos de suas pacientes. Diante desse cenário tão circunscrito sobre o conhecimento da alma humana, característico das tradicionais psicologias da consciência, Freud cria uma nova ciência que aborda, desde o início, o jogo de forças e a abundância de cadeias inconscientes de pensamento que se encontram ativos nos processos psíquicos, e em luta por encontrar expressão. Facilitar a expressão dessas forças e pensamentos por meio da fala se torna, então, o ofício do psicanalista.

Ao tratar o inconsciente como um modo de funcionamento psíquico, Freud propõe uma ciência capaz de produzir conhecimento sobre os aspectos psíquicos encobertos, que eram destituídos de valor pela corrente de cientistas e filósofos tradicionais de sua época que levavam em conta apenas os aspectos racionais e conscientes como formadores da psique. Freud, diferentemente, designa que "o inconsciente é a verdadeira realidade psíquica; em sua natureza mais íntima, ele nos é tão desconhecido como é a realidade exterior, e é tão incompletamente apresentado pelos dados da consciência como o é o mundo externo pelas comunicações de nossos órgãos dos sentidos" (Freud, 1900/1976, p. 651). Freud opera uma ultrapassagem no vínculo entre a consciência e a psique, ao formular as noções de inconsciente e de conflito entre as pulsões opostas, porém complementares, que agem na psique independentemente de qualquer racionalidade ou consciência.

Ao percurso descrito acima acrescentemos que Freud constrói o edifício psicanalítico marcado pela cultura grega, mais especificamente sua mitologia e sua tragédia. O pensamento freudiano estabelece uma relação estreita com a tragédia antiga, em especial com a de Sófocles, e a partir desse vínculo surgem metáforas temáticas sobre as quais Freud elabora um universo de análises. Na aurora do século XX, em plena modernidade, Freud extrai do *corpus* mítico grego, muitos alicerces para a fundação da psicanálise. Devemos ao autor a sensibilidade e a habilidade para transpor as fronteiras entre as idades da humanidade ao remontar à Grécia antiga, nosso berço, e pinçar em seus relatos míticos, como o mito de Édipo, elementos que servirão de matéria-prima para a elaboração de noções básicas desenvolvidas pela psicanálise. Nesse sentido é que Freud recomenda a nós, psicanalistas, não só a inclusão de um curso de mitologia na formação psicanalítica, como também o conhecimento do desenvolvimento da linguagem – a etimologia.

O homem trágico comporta uma lógica contrária à verdade filosófica tradicional na medida em que não apresenta um corte tão nítido entre o falso e o verdadeiro. É uma lógica montada sobre discursos duplos que se opõem e lutam entre si, sem se destruir mutuamente. As contradições e os conflitos são passíveis somente de sustentação, uma vez que jamais são suprimidos. Esse efeito duplo decorre do fato de a tragédia colocar em cena as paixões, *pathos*, que dividem e dilaceram o homem. A tragédia pressupõe a transcendência (Romilly, 2008, p. 173), no sentido de sustentação do conflito, sabendo-o insuperável. Essa noção de conflito é incorporada por Freud, que considera não só a vida intrapsíquica como também a vida coletiva, por princípio, conflituosa, e da qual não conseguimos erradicar as contradições e os *polemos*. A presença do paradoxo que estrutura a tragédia também faz parte da constituição do aparelho psíquico formulado por Freud, e consequentemente, vigora na clínica psicanalítica.

Essa lógica expressa no desenvolvimento das ações, na tragédia, leva Freud, já nos primórdios de sua obra, no célebre texto *A interpretação dos sonhos* – um referencial para o início da psicanálise –, a estabelecer afinidades entre o processo psicanalítico e a tragédia grega, em especial *Édipo Rei*, de Sófocles. Ela fornece os elementos para Freud nomear e descrever o complexo de Édipo, invariância que fincará um dos pilares de seu pensamento, conforme diz: "O que tenho em mente é a lenda do *Rei Édipo* e o drama de Sófocles que traz o seu nome. (...) A ação da peça consiste em nada mais do que o processo de revelação, com pausas engenhosas e sensação sempre crescente – comparável ao trabalho de uma psicanálise" (Freud, 1900/1976, p. 277). *Édipo Rei* continua abalando o homem moderno não menos do que os gregos de sua época, pois seu conteúdo nos atinge em nossas inclinações incestuosas infantis que ficam conservadas no inconsciente. O destino de Édipo nos comove porque também pode ser o nosso – a nossa neurose. O vínculo entre esse mito trágico e o complexo de Édipo, em sua acepção psicanalítica, é articulado por Freud a partir do material onírico de seus próprios sonhos e os de seus pacientes. Como Édipo tendemos a viver na ignorância desses desejos, que nos são forçados pela natureza, e, depois de sua revelação, procuramos fechar os olhos para essas cenas de nossa infância, conforme considera Freud:

> Há, sem dúvida, uma voz interior que nos impele a reconhecer o poder arrebatador do destino de Édipo. [...] É que a lenda do rei tebano encerra alguma coisa que fere em todo homem uma essência natural e íntima. Se o destino de Édipo nos comove, é porque teria podido ser o nosso e porque o oráculo colocou igual maldição suspensa sobre as nossas cabeças antes de nascermos. Quiçá estivesse reservado a nós todos dirigirmos para nossa mãe o nosso primeiro impulso sexual e para nosso pai o primeiro sentimento de ódio e o primeiro desejo de destruição. Nossos sonhos dão testemunho disso. O rei Édipo, que matou o pai e esposou a mãe, não é senão a realização de nossos desejos infantis. (Freud, 1905/1976, p. 278).

A propósito da tragédia sofocliana *Édipo Rei*, Freud afirma que o herói trágico não se vale do destino como defesa para suas ações:

> O drama grego, embora mantendo o crime, introduz magistralmente a atenuação indispensável, projetando o motivo inconsciente do herói na realidade, sob a forma de uma compulsão por parte de um destino que lhe é estranho. (...) Após sua culpa ter sido revelada e tornada consciente, o herói não faz qualquer tentativa de se eximir apelando para o expediente artificial da compulsão do destino. Seu crime é reconhecido e punido como se fosse um crime integral e consciente, algo fadado a parecer injusto à nossa razão, mas, psicologicamente, perfeitamente correto. (Freud, 1928/1976, p. 217).

Diante das leis divinas, o homem devia se responsabilizar por seu destino, traçado alhures, diz Sófocles, pois a ação divina presente na tragédia grega não exime a responsabilidade humana; ao contrário, convoca-a. A tragédia grega apresenta o herói não como agente de sua decisão, mas nem por isso menos responsável por aquilo que, por desconhecer, lhe escapa. Ao se decidir por determinado sentido, o herói trágico também participa da escolha de seu destino. A helenista Romilly insiste que se trata de uma dupla causalidade: aquela em si mesma irrevogável posta em jogo pela dimensão divina e sua contrapartida, a responsabilidade humana diante da potência divina (Romilly, 2008, p. 172). O panteão grego, por um lado, ordena o cosmos e garante tanto a ordem natural como a ordem política; por outro, caracteriza um elemento de opacidade e imprevisibilidade. Diante dessa dimensão de alteridade imanente – os deuses não são alheios ao mundo grego –, o homem, na figura privilegiada do herói trágico, deve se responsabilizar por seu destino. Visão trágica por excelência, uma vez que o mundo grego antigo é regido por forças divinas cujo caráter é equívoco e opaco e, contudo, o homem não é menos responsável por seus atos. Os deuses não justificam nem legitimam a ação do herói, tampouco podem ser invocados como sua causa ou finalidade. Apenas o próprio herói responde por seu ato. Eis o paradoxo constitutivo da problemática trágica.

Se tomarmos o crime como correspondendo à ação e a punição à responsabilidade, o que é estranho ao sujeito freudiano é o campo do inconsciente e, por conseguinte, do desejo. Esse é o motor da ação, que o sujeito deve, em última instância, se responsabilizar. O desejo é garantido por um sujeito por ele comandado, implicando a responsabilidade por esse campo que o determina e o constitui. Determinado pelo desejo inconsciente, o sujeito freudiano também deve se responsabilizar por suas ações. O herói trágico sofocliano não se confunde com uma representação ideal de homem, menos ainda com um exemplo de cidadão, pois não age em nome de uma suposta glória póstuma, como o herói épico. Antes, encarna, em ato, a dimensão trágica do desejo que insiste em nos comandar. Ao ultrapassar os limites humanos e ao trazer consigo a ambiguidade – das palavras, dos atos, das relações (Ingrid Vorsatz, 2013, p. 210) –, o homem trágico nos devolve a dimensão de nossa humanidade.

Assim, conforme dramatizado em *Édipo Rei*, o sujeito é responsável por seus atos inconscientes ou não, o que instaura uma conexão entre a tragédia e a psicanálise. A clínica psicanalítica, com sua técnica e seu método de tratamento, vem possibilitar a recuperação, por meio da passagem da catarse à palavra e de um *setting* individual, da experiência da cena trágica oriunda, agora, do nosso inconsciente, do estrangeiro de nós mesmos, desse Outro que nos habita e nos faz agente de nossas paixões.

Jacques Lacan, em sua releitura da obra de Freud, discute no seminário *A ética da psicanálise* as proposições acerca da essência da tragédia. E faz menção ao parentesco originário e fundante entre a psicanálise e a tragédia, ao afirmar que "a tragédia está presente no primeiro plano de nossa experiência, a dos analistas, como é manifestado nas referências que Freud – impelido pela necessidade dos bens oferecidos por seu conteúdo mítico – encontrou em Édipo, mas também em outras tragédias" (Lacan, 1997, p. 296). Para Lacan, "é na dimensão trágica que as ações se inscrevem e na qual somos solicitados a nos orientar em relação aos valores" (Lacan, 1997, p. 376). Lacan ressalta que não devemos esquecer que a inspiração de Freud "é fundamentalmente pessimista". E acrescenta que Freud "nega qualquer tendência ao progresso. Ele é fundamentalmente anti-humanista na medida em que há no humanismo esse romantismo que gostaria de fazer do espírito a flor da vida. Freud deve ser situado numa tradição realista e trágica, o que explica que é à sua luz que podemos hoje compreender os trágicos gregos" (Lacan, 2008a, p. 283).

Gérard Lebrun também enfatiza que Freud não compartilha o otimismo dos cientistas de seu tempo e desconfia da palavra "progresso", pois o criador da psicanálise concebe como uma quimera a existência de uma tendência à perfeição no homem (Lebrun, 1983, p. 86), conforme afirma em *Além do princípio do prazer*: "não tenho fé, contudo, na existência de tal tendência interna, e não vejo razão alguma para que essa ilusão benevolente deva ser conservada" (Freud, 1920/1976, p. 60).

Os gregos antigos tinham uma concepção de condição humana diferente da moderna. Durante séculos, o homem julgou que o universo era regido por um princípio divino e que os deuses o faziam sofrer para que entendesse que não devia tomá-lo como seu igual. A experiência da *hybris*[21], isto é, da desmedida do homem em suas ações, correspondia ao seu desejo entusiasta e furioso de querer se igualar aos deuses; de transgredir o limite que separa o humano do divino, ou seja, de transgredir a condição finita do homem. Dessa forma, a *hybris* era uma afronta aos deuses e, portanto, uma ofensa religiosa. Assim, os deuses da Grécia antiga punem os homens acometidos pela desmedida, *hybris*. Por meio do relato das dinastias reais – Átridas ou Labdácidas –, podemos apreender o movimento alternado que leva o herói trágico, esse semideus, a ocupar ora o lugar de um déspota, arrebatado pela embriaguez do poder, ora o de uma vítima submetida a um destino implacável.

21 *Hybris* significa, ao mesmo tempo, "excesso", "desmedida" e "injúria" (Roudinesco, 2008, p. 15). A *hybris* pode ser traduzida como violência, impetuosidade, orgulho, arrogância, e está atrelada também ao sentido de *aner,* que indica o excesso na esfera da excelência, do homem virtuoso, da pureza, da busca de perfeição, etc.

Édipo é seu protótipo. Após ter sido o maior rei de sua época, vê-se reduzido ao estado de desonra por ter cometido, sem saber, o pior dos crimes: esposar a mãe, matar o pai e ser, ao mesmo tempo, pai e irmão dos próprios filhos, condenado ao opróbrio de sua descendência. Nada é mais humano do que esse sofrimento de um homem responsável – portanto, culpado à sua revelia – por um destino organizado pelos deuses. Assim, somos convocados à fala de Lacan de que "Édipo é a passagem do mito à existência" (Lacan, 2010, p. 310).

Diversas outras noções freudianas tiveram como fonte de inspiração a cultura grega. É curioso notar que, etimologicamente, a palavra clínica tem origem no grego *klinico*, *kline* e no verbo *klino*, que significam "tratamento", "leito ou repouso" e "deitar", "debruçar", "reclinar", "inclinar". Asclépio, deus da medicina e filho de Apolo, no ritual da cura por incubação, em seu santuário, em Epidauro, recebe o doente para passar a noite a fim de ingressar no sono e incubar o sonho curativo. Paglia nos fornece sua interpretação de que "os sonhos são a magia dionisíaca na inflamação sensória do sono. O sono é a caverna à qual descemos toda noite, a cama uma toca de primeva hibernação" (Paglia, 1992, p. 100). Coube a Freud, em sua clínica, a invenção do artifício do divã, representante emblemático da posição privilegiada para nossos pacientes incursionarem nas suas experiências de nascimento, sonhos, doença, sexo, morte, etc. Deitar-se para relembrar o que não pode ser esquecido é o convite de trabalho psíquico a ser realizado pelo analista.

E àquilo que não pode se apagar dá-se o nome, em grego, de *alethéia* – não esquecimento –, traduzido, também, por desvelamento, verdade. *Alethéia*, deusa da verdade, faz par com Palavra cantada – *Moûsa*, as musas, filhas da deusa *Mnémosyne* (Memória) –, com Luz e com Louvor. Nessa configuração de ordem mítico-religiosa, *Alethéia-Verdade* é "potência criadora de ser" (Marcel Detienne, 2008, p. 77). É desse tipo de verdade que se ocupam o mito e a psicanálise. Se o objetivo fundamental do mito é dar conta de contradições, ao nos referirmos à questão da verdade, trazemos com ela a sua antítese, ou seja, o esquecimento, *Léthe* em grego, cúmplice do Silêncio, da Censura e da Obscuridade. Se a psicanálise se ocupa da *alethéia* enquanto verdade do desejo, que, por sua vez, porta um enigma, então, verdade e engano são elementos complementares para sua emergência. Além disso, a concepção de memória implicada no processo psicanalítico também gira em torno de uma ideia transformadora que transita entre os contrários memória e esquecimento, produzindo como que uma invenção da verdade, a palavra poética – abrigo da ambiguidade, do paradoxo, da dialética e do luto.

Marcel Detienne lembra-nos que, ao final do século IV a.C., na Grécia arcaica, uma espécie de ritual báquico e órfico testemunha a força escritural dos meios filosófico-religiosos fascinados pelos jogos da Memória, do Esquecimento e da Verdade. Às margens do mar Negro, escavadores soviéticos encontram, em tabuinhas de osso, grafites datados de 500 a.C. em que aparecem lado a lado as palavras Dionísio-Verdade (*Alethéia*) sob os três termos Vida-Morte-Vida. Na segunda plaqueta, ao lado do par Paz-Guerra, temos Verdade-Engano (*Alethéia-Pseudos*). Na terceira tabuinha, sob o nome de Dionísio abreviado, aparece *Psychê*, alma, associada à *Alethéia* (Detienne, 2008, p. 88). Encontramos, portanto, desde os tempos arcaicos, a indelével presença não só de Dionísio – o deus trágico –, como também da Memória no mito grego e, mais recentemente, na teoria e clínica psicanalítica.

E, também lembremos que as Musas sabem dizer ao mesmo tempo verdades e coisas enganosas semelhantes a realidades, conforme declaram: "sabemos muitas mentiras dizer símeis aos fatos / e sabemos se queremos dar a ouvir revelações (*alethéia*)" (Hesíodo, 2009, vv. 27-28, p. 103). Ou seja, o canto/fala das musas transita entre o falso e o verdadeiro, entre a ficção e a verdade, ou melhor, se localiza na verdade como ficção. Memória, por sua vez, requer um outro que a escute, e seu canto/fala transita em torno do que foi, mas na visada do que será: "Eia! pelas Musas comecemos, (...) dizendo o presente, o futuro e o passado" (Hesíodo, 2009, vv. 36-38, p. 105). O par antitético, porém dialético, verdade-esquecimento, conduz Lévi-Strauss a declarar que há muita psicanálise no mito. O mito está intimamente ligado à noção de verdade, velada em seu próprio interior. É o anúncio de um dos princípios fundamentais da psicanálise, o princípio da dualidade como estruturante da vida psíquica.

Em *A interpretação dos sonhos*, Freud já se utiliza do mito como via de compreensão dos processos inconscientes. A linguagem dos sonhos se aproxima da linguagem ambígua dos oráculos cuja fala indica os desígnios, no entanto fica a cargo do homem interpretá-la. O sonho, à semelhança do mito, abarca a projeção de desejos inconscientes de um sonhador particular. Assim, o mito expressa o sonho da humanidade, ao passo que o sonho de um sujeito designa seu mito singular, ou o mito individual do neurótico, segundo Lacan. O mito é um saber que nos atravessa sem que saibamos, assim como o inconsciente é um saber que não se sabe que se sabe.

Outra forte influência sobre Freud é a teoria (trágica) de Darwin de que a humanidade primitiva se assemelha aos símios superiores que viviam em pequenas hordas formadas por um macho todo-poderoso e possuidor de muitas mulheres a seu redor. Thomas W. Atkinson diz que esse fato levaria, inevitavelmente, como em muitos animais superiores, à situação em que o macho possessivo proibiria o incesto entre seus rivais mais novos. A partir daí, Freud levanta a hipótese de que, periodicamente, os filhos machos, já crescidos, se agrupam em bandos para atacar e devorar o pai.

Totem e tabu, de 1913, é um dos primeiros textos em que Freud aproxima o homem de sua violência originária. A civilização humana se origina desse mito darwiniano de uma horda primitiva no raiar dos tempos, em que um macho teria submetido todos os outros seres – fêmeas e filhos – ao seu mundo pulsional. Os seres seriam subjugados aos desejos desse pai selvagem e seus desejos estariam acima dos desejos do grupo. As fêmeas seriam sexualmente de posse exclusiva desse pai tirânico e seus filhos, castrados, mortos ou expulsos do bando. Como consequência, o bando em conjunto teria matado o macho-pai, devorando-o numa refeição esquartejadora. Desse macho morto nasce o totem. Das mulheres da horda, agora interditadas, nasce o tabu do incesto. Os preceitos do tabu constituem o primeiro direito ou lei. Surge assim a comunidade de irmãos, que são homens interditados à sexualidade com suas mães, irmãs e filhas. A cultura e a sociedade se fundam na culpa desse parricídio. Esse é o pecado original, conclui Freud em *Moisés e o monoteísmo* – pecado que levamos como marca da espécie. "Está instalado o imperativo categórico que nos acompanhará" (Sonia Azambuja, 2012, p. 210). O assassinato do pai da horda é o mito fundador da moral, da religião e da sociedade.

Nesse texto Freud propõe, a partir do mito filogenético da horda primeva, a existência de uma violência original que o homem sofreu de um pai tirânico, da qual só se libertou por meio de outro ato de violência – a refeição totêmica com a devoração e a matança do pai primevo violento pelos filhos, o que pôs fim à horda patriarcal. É o fundamento do Édipo: a refeição totêmica, ato memorável e criminoso, isto é, a morte do pai da horda primeva possibilitou a cultura. Pelo ato de devorar, cada filho se identifica com esse pai e adquire parte de sua força. Trazemos, portanto, em nossa origem o crime e o castigo, a vida e a morte.

Freud constata que a cultura se origina a partir de um crime, que é a expressão da reação dos irmãos diante de um pai primordial selvagem que tem livre acesso para gozar de todas as mulheres. Esse pai ao mesmo tempo admirado e odiado é também fonte de identificação, principalmente após sua morte. Esse lugar vazio, que deve ser mantido desocupado, demanda leis para que essa figura selvagem, após a morte, não seja substituída por outra. O crime, diz Georges Bataille, "é próprio da espécie humana, é inclusive próprio apenas dessa espécie, mas acima de tudo é seu aspecto secreto" (Bataille, 2004, p. 117). Para esse autor, "o princípio da tragédia é o crime", e o crime evoca a noite, pois "o crime sem a noite não seria crime, porém, embora profundo, o horror da noite aspira ao brilho do sol" (Bataille, 2004, p. 117).

Stefan Zweig conta as palavras pronunciadas por Freud em uma conversa quando eles se encontram em Londres, onde se refugiam do nazismo após a Primeira Guerra: "está vendo, e achavam que eu era pessimista sobre o futuro da humanidade" (Zweig, 1999, p. 283). Azambuja lembra que, em seguida, Zweig escreve sobre o enterro desse grande homem, ali no exílio, enquanto parte de sua família, que não consegue fugir, morre nos campos de concentração. A ideia da horda primitiva é o mito freudiano que nos ajuda a pensar nessa origem que nos habita, nessa violência escura da qual tentamos sair por meio da cultura.

Freud também tem contato com as ideias de Robertson Smith acerca do sacrifício e das festas sacrificiais, em que o totem é, ritualmente, morto e comido, à semelhança de uma repetição do fato original. Em princípio, essas cerimônias são acompanhadas de luto e, mais tarde, de júbilo triunfante e excessos selvagens.

No primeiro capítulo deste livro mencionou-se que todos os heróis trágicos são representações de Dionísio e que, portanto, a tragédia põe em cena os sofrimentos vividos por ele e sua dilaceração. Lembremos que, nesse mito, Dionísio, filho de Zeus e Sêmele, nasce duas vezes. Zeus, ao ver Sêmele fulminada ao querer admirá-lo em todo o seu esplendor, arranca o bebê Dionísio das entranhas da mãe e o guarda em sua coxa até o momento do nascimento. Retirado de sua mãe, é então gestado e nascido de seu pai. Mas, por ordem de Hera, com ciúme de Sêmele, Dionísio é despedaçado pelos Titãs e colocado em um caldeirão, do qual seus pedaços são retirados por sua avó Reia, que o reanima.

Nas derradeiras páginas de *Totem e tabu*, a alma de Freud é tomada por uma dupla indagação acerca do sofrimento do herói e da culpabilidade trágica: "Mas por que tinha de sofrer o Herói da tragédia? E qual era o significado de sua 'culpa trágica'?" (Freud, 1913/1976, p. 185). Segundo Freud, "a cena no palco provinha da cena histórica através de um processo de deformação sistemática – um processo de refinada hipocrisia, poder-se ia mesmo dizer" (Freud, 1913/1976, p. 185). Assim, Freud explicita o lugar de redentor, de salvador atribuído ao herói trágico:

> Na realidade remota, havia sido os membros do coro que tinham causado o sofrimento do herói; agora, entretanto, desmanchavam-se em comiseração e lamentações e era o próprio Herói o responsável por seus próprios sofrimentos. O crime que fora jogado sobre seus ombros, a presunção e a rebeldia contra uma grande autoridade, era precisamente o crime pelo qual os membros do Coro, o conjunto de irmãos, eram responsáveis. E assim o herói trágico se tornou, ainda que talvez contra a sua vontade, o redentor do Coro (Freud, 1913/1976, p. 185).

Para Freud, portanto, o herói trágico grego deve padecer porque encarna o pai primevo do mito da origem da cultura e deve pagar pela culpa com o intuito de absolver o coro de sua própria culpa, como nos diz: "a culpa trágica era a que tinha que tomar sobre si próprio, a fim de aliviar a culpa do coro" (Freud, 1913/1976, p. 185). O herói trágico se transforma em salvador da culpabilidade do coro. Por isso, "o coro acompanhava o Herói com sentimentos de comiseração, procurava retê-lo, adverti-lo, moderá-lo, pranteando-o quando encontrava o que sentia ser a punição merecida por seu ousado empreendimento" (Freud, 1913/1976, p. 185). Freud alega que o sofrimento do herói trágico constitui, até hoje, a essência da tragédia, ao falar que "o herói da tragédia deve sofrer; até hoje isso continua sendo a essência da tragédia" (Freud, 1913/1976, p. 185). Freud articula que o banquete totêmico, a eliminação do pai primevo por um grupo de filhos, é um acontecimento cujas cicatrizes acompanham a história da humanidade até nossos dias, pois seu legado não é passível de ser erradicado. Ele faz a advertência de que, quanto mais relegamos esse acontecimento primordial ao esquecimento e ao silêncio, mais substitutos sangrentos são originados.

Assim, na esteira de Smith, Freud afirma que um desses substitutos é a tragédia grega, ao nos dizer que "na história da arte grega deparamo-nos com uma situação que apresenta notáveis semelhanças com a cena da refeição totêmica (...). Tenho em mente a situação da mais antiga tragédia grega" (Freud, 1913/1976, p. 184). E, ao fazer referência ao tema central da representação da tragédia grega, evoca "os sofrimentos do bode divino, Dionísio, e a lamentação dos bodes seguidores, que se identificavam com ele" (Freud, 1913/1976, p. 185). Ou seja, o pesar do coro em face do sofrimento de Dionísio, com quem se identificam, é o conteúdo dessa representação.

Freud insiste que essa investigação mostra que "os começos da religião, da moral, da sociedade e da arte convergem para o complexo de Édipo", e acrescenta que essa interpretação vai ao encontro da "descoberta psicanalítica de que o mesmo complexo constitui o núcleo de todas as neuroses" (Freud, 1913/1976, p. 185). A constituição da cultura se efetiva, portanto, a partir do assassinato do pai, como metáfora da organização da lei, do pacto que visa colocar uma ordem nas paixões humanas. Freud fundamenta a origem da cultura na função paterna, que é simbólica e tem o propósito de estabelecer uma ordem na selvageria, na dimensão indomável do ser humano.

Em *O mal-estar na civilização*, Freud afirma que a religião é um recurso utilizado pelo homem para prolongar a proteção que a criança espera de seu pai. Na religião, o pai, simples mortal, é tornado divino e substituído pela figura de Deus, a fim de apaziguar o desamparo que se instala no homem desde o momento do nascimento. Assim, na organização da cultura ocidental, a relação com o pai, divina ou não, é um fator de referência ordenadora. O pai é fonte de identificação e ponto de partida para que o sujeito adquira um lugar no mundo. Freud localiza nas funções parentais, sobretudo na função paterna, o fator de estabilização da relação entre o sujeito e o mundo, a origem do destino dos homens e da dimensão simbólica. Munido dessa articulação, o sujeito pode se deslocar do caos, da morte e encontrar caminhos possíveis para suportar o peso da dura realidade e da proliferação de suas produções imaginárias.

As reflexões contidas em *Totem e tabu* levam Freud a assinalar o surgimento do sentimento de ambivalência, bem como a convivência entre a realidade psíquica e a realidade histórica, isto é, a existência da filogênese e da ontogênese nas nossas disposições anímicas. Se, por um lado, a lei simbólica produz seu efeito de pacificar a selvageria, por outro, deixa um resíduo que permanece selvagem e incita o sujeito a ir sempre mais além do princípio do prazer. A ambivalência em relação a esse mito organizador das paixões humanas traz como consequência a culpa.

Já enfatizamos no primeiro capítulo deste livro que a ideia de tragédia implica sempre a queda, em algum nível, do herói trágico. Como expressão teatral, a tragédia oferece a oportunidade de experimentá-la de maneira artística. O homem inventa o sentido para assegurar a sua existência. Mas, se ocorre a experiência da queda, temos como consequência a perda da garantia da existência e a possibilidade do sofrimento. A exposição pública do nível mais íntimo desse sofrimento, por meio dessa expressão artística teatral, implica promover uma transfiguração da derrisão da queda em júbilo.

Para trabalhar as implicações dessa queda que representa a perda simbólica, a psicanálise se baseia, a partir da pesquisa antropológica, na universalidade da interdição do incesto, ou da lei presente em toda sociedade organizada. É em torno desse tabu, em que a mãe é vista como inatingível, que se dá a organização das relações de parentesco. Nesse contexto, a função paterna é convocada não só para efetuar o interdito, como também, para mantê-lo, e invocar a perda original como causa do desejo, o que posiciona o sujeito numa busca incessante de renovação dos traços daquilo que foi irremediavelmente perdido. Penetramos dessa forma no domínio dos deslocamentos, das substituições, ou seja, do simbólico em que o complexo de Édipo ocupa seu lugar metafórico que demarca a relação entre o desejo e a lei.

A tragédia grega, em especial a trilogia tebana de Sófocles, reflete o momento de constituição da polis e de nascimento do Direito como via privilegiada de organização da cultura. A tragédia expõe o apelo à lei como tentativa de responder aos impasses da existência. Esse apelo à lei, referido ao oráculo, aos deuses, ou à cidade, é exibido na tragédia pela desmedida, *hybris*, pelo esgarçamento de seus limites, até que, pelo seu efeito, tal valor privilegiado se rasga e deixa o herói ao desabrigo. Ao ultrapassar a *Até*, o limite que sustenta a existência humana, Édipo e Antígona atingem o termo radical do desejo e têm, como consequência, que pagar um preço, o de serem aniquilados como sujeitos, o que mostra o risco da ultrapassagem.

O descentramento do sujeito moderno operado pela noção psicanalítica de inconsciente veio, de alguma forma, recriar algo comparável à fragilidade do herói trágico, eternamente dividido entre *êthos* e *daímôn*, o caráter e a potência divina (Vernant; Vidal-Naquet, 2008, p. 27). Da mesma maneira que o herói-trágico aparece ora como agente – causa e fonte dos seus atos –, ora como alguém que é movido de fora, por uma força que o ultrapassa e o arrasta, o homem freudiano também se reconhece numa eterna tensão entre a consciência e o inconsciente. Essa tensão e ambiguidade que fazem o sujeito oscilar entre uma identidade inconstante e a alteridade mais radical tinham sido dissimuladas pela filosofia platônica e, assim, permaneceram ao longo da modernidade. Foi Freud que, seguindo as pistas dos filósofos Schopenhauer e Nietzsche, as trouxe à tona novamente e criou uma nova ciência.

Jean Hyppolite, em seu livro *Ensaios de psicanálise e filosofia*, afirma que Freud não mede esforços em direção ao desvelamento de uma verdade sobre a psique, desde muito pressentida, embora pudesse ser penoso e decepcionante. Freud "queria desmistificar o homem" e compara "a psicanálise à tragédia de Édipo, a essa descoberta heroica e progressiva do verdadeiro que chega a uma espécie de reconhecimento, a um "eu sempre soube disso"" (Hyppolite, 1989, p. 89).

Trágico na alma humana

Conforme vimos no segundo capítulo, a afirmação do acaso é a definição e o projeto da filosofia trágica e de todo pensador trágico, segundo Rosset, que introduz o pensamento freudiano nessa dimensão.

Investigaremos, assim, o lugar ocupado pelo trágico na psicanálise com o apoio do pensamento do filósofo e psicanalista Luiz Alfredo Garcia-Roza, que estabelece uma articulação entre o acaso e as pulsões freudianas ao considerar que "a pulsão (...) é o lugar do acaso" (Garcia-Roza, 1990, p. 127). Para tanto, pesquisaremos as noções de acaso e de pulsão na psicanálise em direção ao estabelecimento do trágico em Freud.

Acaso, pulsão e trágico

A noção de acaso tem sido rechaçada não só pela filosofia tradicional, como também pela ciência, e se apresenta como a fronteira que divide o que é filosofia do que não é, o que é ciência do que não é. Na psicanálise, o acaso também aparece no limiar dos desenvolvimentos teóricos, como um divisor de águas que indica o momento em que podemos teorizar sem ultrapassar a porta de entrada da pura metafísica.

Assim, ao tratar das noções de caos, acaso, vida e morte, Freud recorre ao mito e à literatura. Em um de seus primeiros textos, *A psicopatologia da vida cotidiana*, 1901, Freud declara acreditar que "uma grande parte da visão de mundo mitológico (...) nada mais é do que psicologia projetada no mundo externo" (Freud, 1901/1976, p. 309), o que significa aceitar que "o mito é uma espécie de inconsciente da ciência" (Garcia-Roza, 1986, p. 84). Em decorrência disso, é o próprio Freud que admite ser possível "transformar metafísica em metapsicologia" (Freud, 1901/1976, p. 309). Ao estabelecer um paralelo entre a metafísica de Schopenhauer e a metapsicologia de Freud, Lebrun explicita que "Freud, é verdade, não profere esse discurso extremo. Mas nem por isso o essencial da metafísica de Schopenhauer deixou de passar para a metapsicologia: aqui, ali, os indivíduos são apenas crispações efêmeras na superfície do 'gérmen' imortal" (Lebrun, 1983, p. 92). Dentro de certos limites, Garcia-Roza também admite "que a psicanálise contenha implicitamente uma metafísica" (Garcia-Roza, 1990, p. 12).

A teoria das pulsões ocupa um lugar privilegiado na psicanálise freudiana e nos remete ao centro da atividade criadora de Freud, àquilo que no seu pensamento há de mais inovador, mais perturbador e de ruptura com os saberes da ciência de sua época. As pulsões sempre foram vistas como forças em conflito que agem na psique independentemente de qualquer racionalidade ou consciência. Convém salientar que, embora a pulsão seja um conceito crucial dos fundamentos da metapsicologia, e caracterize a originalidade e a singularidade do pensamento freudiano, sua conceituação é discutida e interpretada de diferentes formas no interior da psicanálise, segundo o posicionamento teórico de cada autor.

Freud apresenta, inicialmente, o conceito de pulsão ao definir a especificidade e a originalidade da sexualidade humana no tocante à variabilidade de seu objeto, definido por ele como o mais indeterminado da pulsão. Assim, os termos pulsão, *trieb*, e instinto, *instinkt*, adquirem sentidos distintos em Freud. O período em que a pulsão é pensada como apoio-desvio compreende aquele entre os textos *A interpretação dos sonhos*, 1900, até os *Artigos sobre metapsicologia*, de 1915. Após esse período, Freud pôde abandonar a noção de apoio como referência, ao estabelecer a segunda tópica do aparelho psíquico. Assim, na primeira exposição sobre a pulsão, até 1915, Freud a entende como desvio do instinto. Mas pensar a pulsão como desvio do instinto implica considerá-la perversão em relação a uma primeira ordem natural, a ordem biológica dos instintos? A noção de apoio, *Anlehnung*, é o referencial privilegiado nessa primeira concepção de pulsão. Se, nesse momento, a pulsão é considerada por Freud desvio do instinto, ela é desvio da ordem e, portanto, só pode ser concebida como acaso constituído, e não como o acaso original conforme a categorização de Rosset apresentada no segundo capítulo. Essa concepção de que a pulsão tem seu apoio no instinto, ou seja, de que provém originalmente desse padrão, mas dele se desvia ao perder sua função de autoconservação, ou, pelo menos, ao não mantê-la com exclusividade, é um modelo genético, próximo do positivismo, que descreve como se opera o desvio do instinto para a pulsão.

Garcia-Roza, porém, interpreta o conceito de apoio baseado em outros pressupostos e defende a ideia de que a pulsão não é desvio do instinto, como veremos mais adiante. Para esse autor, a consideração inicial de Freud acerca do apoio, *Anlehnung*, da pulsão, *trieb*, no instinto, *instinkt*, teria sido o produto de seu compromisso com a ciência positivista de sua época e um disfarce para adiar o pronunciamento da novidade radical que o conceito de pulsão introduziria na psicanálise.

Além disso, Garcia-Roza sublinha que o mundo da cultura, ao temer o novo, tem como primeiro impulso recusá-lo e reinscrevê-lo no saber já constituído. Na psicanálise, esse é o caso do conceito de pulsão ao ser reduzido e identificado com a noção de instinto: "A redução da pulsão ao biológico foi um dos mais lamentáveis desvios impostos à teoria psicanalítica" (Garcia-Roza, 1990, p. 9).

No texto "As aberrações sexuais", o primeiro dos *Três ensaios sobre a teoria da sexualidade*, de 1905, Freud trabalha em torno dos quatro elementos constituintes da pulsão: o impulso, *drang*, o alvo, *ziel*, o objeto, *objekt*, e a fonte, *quelle* (Freud, 1905/1976, pp. 135-175). Discutiremos que a pulsão, força constante, está relacionada com a fonte, com o objeto, que é indeterminado, e com o fim, que é imutável.

Freud aborda a gênese da sexualidade humana, ou seja, suas manifestações na mais tenra infância em "A sexualidade infantil", o segundo dos *Três ensaios sobre a teoria da sexualidade*. Nesse texto, ele propõe três noções originais e complexas para descrevê-la, baseando-se no modelo da sexualidade oral. O primeiro conceito é o de apoio, *Anlehnung*, sobre uma função essencial à vida. O segundo é o de autoerotismo, definido como ausência de objeto, um estado inicial anobjetal, ou seja, trata-se de uma atividade sexual em "que a pulsão não é dirigida para outras pessoas, mas obtém satisfação no corpo do próprio indivíduo" (Freud, 1905/1976, p. 186). Quanto ao terceiro, é o conceito de zona erógena, definida por Freud como "o órgão cuja excitação confere à pulsão um caráter sexual" (Freud, 1905/1976, p. 171). Esses três conceitos, que ultrapassam a sexualidade da idade infantil e definem a peculiaridade da sexualidade humana, apresentam certa indeterminação, que dará lugar às determinações que a história irá traçar para cada sujeito. Não há, consequentemente, uma estação de chegada.

Ao tomarmos o corpo como fonte da pulsão, emerge a questão sobre o estatuto desse corpo. É o corpo da biologia? É o corpo simbólico? Afinal, de que corpo estamos falando? A partir de Descartes, o corpo é concebido como algo organizado, composto de partes, com seus limites e um princípio de funcionamento análogo ao de uma máquina. Esse corpo é um corpo natural, dotado de uma organização e de um modo de articulação com o mundo, independentemente da linguagem. Porém, na psicanálise falamos de um corpo erógeno, que é um dos seus temas centrais, e a pulsão é considerada uma força psíquica, e não física – objeto de estudo das ciências naturais.

A infância, segundo Freud, mostra a sexualidade perversa polimorfa, visto que nesse período ainda não se instalaram a vergonha, o asco e a moral. Além das zonas erógenas, existem outros elementos que envolvem não só o corpo da criança, como também outras pessoas como objetos sexuais. Assim, as pulsões de olhar, de exibir e de crueldade aparecem já na infância e mais tarde se associam à vida genital.

Freud introduz o termo apoio, *Anlehung*, especialmente, para descrever a pulsão, ou melhor, para descrever o fato de que a pulsão sexual se apoia numa função não sexual, mas vital, isto é, numa função corporal essencial à vida. O autor se utiliza da função alimentar - mais especificamente da diferença entre a sucção do seio e o chupar o dedo, modelo das manifestações da sexualidade infantil, para demonstrar sua teoria do apoio da pulsão sexual numa função conectada à conservação da vida. Porém, Freud salienta que a finalidade da sucção ultrapassa a satisfação da necessidade de nutrição, uma vez que a criança também suga outros objetos que não estão relacionados com a alimentação, como o próprio dedo, e apresenta, após essa ação, um estado de relaxamento, uma espécie de orgasmo. Assim, o bebê tem necessidade de leite, mas desejo de seio, e o desejo é relacionado a traços mnêmicos, a lembranças, a fantasias.

A demonstração de Freud é de que paralelamente ao funcionamento da alimentação em que o recém-nascido se satisfaz com o alimento-leite se dá um processo sexual de excitação dos lábios e da língua, que se constituem, então, em zonas erógenas por meio do contato com o mamilo da mãe e com o fluxo de leite materno. Freud fala que "de início, a atividade sexual se liga às funções que atendem à finalidade de autopreservação e não se torna independente delas senão mais tarde" (Freud, 1905/1976, p. 186). Essa excitação estaria, portanto, calcada numa função, mas de modo que a diferença entre as duas seria quase imperceptível. Para Freud, "é claro que o ato de sugar da criança é determinado pela busca de um prazer já vivenciado e agora relembrado" (Freud, 1905/1976, p. 186). O desejo é ligado, portanto, às primeiras experiências de satisfação.

Freud considera, também, que a necessidade de repetir a satisfação sexual se descola quase que imediatamente da necessidade de nutrição, ou seja, a sexualidade efetua um movimento de separação, deslocamento e transformação. Então, no nosso exemplo, o protótipo da sexualidade oral é o chupar e não a sucção, e o objeto da função, o leite – o *isso* que penetra pela boca –, é abandonado. Além do objeto da pulsão, o alvo e a fonte também sofrem transformações. O alvo da alimentação é a ingestão, contudo, no tocante à pulsão oral, falamos de incorporação. Há um deslocamento, por analogia, por metáfora e não por contiguidade, do alvo da função para o alvo sexual.

A singularidade da pulsão é o que Freud denomina excitação, *reitz*, que é radicalmente diferente de toda excitação exterior, pois é um *reitz* interior. Não se trata de uma pressão interior, de uma necessidade tal como a fome ou a sede. Freud explicita que, pela excitação da pulsão, certos elementos desse campo são catexizados pulsionalmente. A catexia constitui uma energia, mas, de acordo com Lacan, não uma energia qualquer, e sim uma energia psíquica potencial. Freud afirma que a pulsão é uma força constante, *konstantekraft*, e não uma *stoss-kraft*, que, segundo Lacan, é uma força cinética. Assim, na pulsão não se trata de uma força cinética e a descarga está situada num plano que não é, fundamentalmente, de natureza biológica.

A fonte da pulsão, ou seja, o corpo, aparece, num primeiro momento, atrelado ao biológico, como se as zonas erógenas estivessem relacionadas a uma espécie de montagem biológica que faz brotar a sexualidade a partir de certas zonas predestinadas. Porém, não mais que de repente, a fonte se espraia para toda a região cutânea que pode, então, servir de ponto de partida da excitação. Posteriormente, todos os órgãos podem ser erogeneizados e, por último, todas as funções, todas as atividades humanas podem ser sexualizadas. Assim, a partir das zonas erógenas a fonte se espalha e se dispersa pelo corpo inteiro, por todas as suas funções e por todas as atividades humanas. O objeto, o alvo e a fonte se tornam autônomos em relação à alimentação e ao sistema digestivo.

Freud parte, originalmente, do domínio biológico, mas para pensar o corpo sexual num registro outro, num registro diferente. Esse é o salto dado por ele a partir do estudo das perversões, em direção à diferenciação entre o instinto e a pulsão, ao levantar a hipótese da existência de uma pulsão sexual anterior e independente do seu objeto e ao definir a sexualidade humana em um nível distinto do biológico.

O objeto surge como um meio que permite atingir o alvo final, que tem como prioridade a satisfação da pulsão. Pelo estudo das diversas perversões, evidência empírica no ser humano, Freud enfatiza que a pulsão não traz consigo o objeto; ele postula a contingência do objeto da pulsão, ou seja, a não especificidade do objeto da pulsão, sua total indeterminação. A necessidade, exigência biológica, encontra sua satisfação em objetos adequados, como o alimento, ao passo que o objeto da pulsão é inapreensível. Nos *Três ensaios* Freud nos instrui a "afrouxar o vínculo que existe em nossos pensamentos entre a pulsão e o objeto. É provável que, de início, a pulsão sexual seja independente de seu objeto, e tampouco deve ela sua origem aos encantos do objeto" (Freud, 1905/1976, p. 149). No desenvolvimento da criança, aquilo que é, inicialmente, necessidade biológica, satisfeita na relação do bebê com a mãe, se inscreve no psíquico como traço de desejo. O desejo está sempre em busca de um objeto perdido e, como tal, temos um leque de encontros objetais variados para o desejo.

Na psicanálise, o objeto não é necessariamente uma coisa e não implica a objetivação de uma relação. O objeto é, fundamentalmente, fantasmático. Decorre daí sua possibilidade de ser um objeto parcial, não necessariamente uma pessoa total, e de dispensar a necessidade de ser objetivado. Aliás, é a propósito da pulsão parcial, ou seja, das pulsões descobertas pela investigação da sexualidade infantil, que Freud elabora suas formulações mais precisas a respeito do objeto. É a partir da noção de objeto parcial que Lacan aprofunda o conceito psicanalítico de objeto e o denomina objeto *a* (Serge Leclaire, 1971, p. 67).

O alvo é definido como o ato impelido pela pulsão para sua satisfação, isto é, para o apaziguamento de certa tensão provocada pelo impulso. A regulação do aparelho psíquico pelo princípio do prazer impõe que a tensão, produtora de desprazer, seja eliminada, mas para isso é necessária uma ação específica como comer, ver, ouvir, etc. Assim, não só o impulso como também o apaziguamento da pulsão, seu alvo final, são intermediados pela ação.

O alvo pode ser atingido por meio de duas vias. Uma delas é a via da fonte, um dos quatro elementos constitutivos da pulsão, o que designa uma orientação mais biológica. A fonte, espécie de *x* biológico cuja tradução ou representatividade é a pulsão, designa um processo somático desconhecido, mas potencialmente cognoscível, por exemplo, para a biologia. A questão, então, é que a fonte aponta para um fora, um além do campo psicanalítico que, no entanto, não podemos desconsiderar enquanto elemento constitutivo da pulsão. Dessa forma, a pulsão aparece como um conceito-limite entre o somático e o psíquico e se situa num lugar de borda.

Essa é a segunda e definitiva definição de pulsão, *trieb*, que Freud expressa em 1915, no texto *As pulsões e suas vicissitudes*. Nesse momento a pulsão é assim concebida:

> O conceito de 'pulsão' nos aparece como um conceito limite entre o anímico e o físico, como o representante psíquico das excitações, oriundas do interior do corpo e chegando a psique, como uma medida da exigência de trabalho que é imposta ao psíquico em consequência de sua ligação ao corporal (Freud, 1915b/1976, p. 142).

Freud deixa claro, a partir de então, que a pulsão não é nem psíquica nem corporal, mas se constitui na fronteira *entre* ambos os registros. Essa definição circunscreve de forma original a problemática da relação entre os registros somático e psíquico. Freud vislumbra a possibilidade de uma articulação inextrincável entre os dois registros, inaugurando um novo objeto do saber, diferente daquele da medicina e da psicologia, e se distanciando definitivamente da biologia. Assim, ao postular a pulsão como limite *entre* o psíquico e o somático, Freud delimita um novo campo epistêmico.

A outra via para a pulsão alcançar seu alvo se dá por meio do objeto, derivando o conceito de relação de objeto, que surge após Freud. Esse conceito propõe uma imbricação entre dois termos heterogêneos: o tipo de atividade ou modo específico da ação e seu objeto privilegiado. Esse conceito nos encaminha para uma visão intersubjetiva, ou seja, para a relação oral, entre outras.

A pulsão diz respeito às relações entre o corpo, que é sua fonte, e os objetos do mundo, ou, mais precisamente, entre o corpo e a linguagem. Esquema semelhante se aplica ao instinto, porém, com uma diferença fundamental, pois na esfera do instinto as relações se dão segundo esquemas corporais inatos, de tal modo que entre as disposições internas da pessoa e os objetos do mundo externo há uma adequação natural, ao passo que, na dimensão da pulsão, novas articulações, não naturais, são constituídas. Na realidade, Freud considera a pulsão disjuntiva dos esquemas corporais inatos e produtora de novos esquemas, perversos em relação ao natural. A pulsão é, portanto, desmanteladora da ordem natural e constituinte da ordem humana. Essa disjunção deve ser entendida como morte do natural, negação/superação do natural, o que dá lugar à emergência da ordem humana. A vida humana é, portanto, uma *Aufhebung* do natural (Garcia-Roza, 1986, p. 113). Freud está pensando em algo que no homem ultrapassa o próprio homem.

Ao considerar a pulsão disruptiva, Freud tem em mente a pulsão de morte, que, ao disjuntar os esquemas corporais, que têm como objetivo o cumprimento de uma função vital, permite o aparecimento de outras formas de articulação com o objeto, que diretamente nada têm a ver com a função vital. Na medida em que os esquemas biológicos inatos são pervertidos em sua função conservadora, temos o surgimento da diferença. Assim, o termo "perversão", no homem, adquire um sentido próprio: o homem *é* perverso, entendido como perverso em relação ao natural. Para o homem, o normal não é o natural, ou o que é natural para o homem nada tem a ver com o natural da biologia.

Para Garcia-Roza a característica fundamental do conceito de pulsão e o que faz dele um conceito psicanalítico é o fato de a pulsão ser concebida como não natural. "E esse "não" já é uma limitação à autonomia do conceito. A pulsão é diferente do instinto, e não desviante dele" (Garcia-Roza, 1995, p. 68). O autor acrescenta que não se opõe a pensar a pulsão como desvio, desde que se defina previamente como esse desvio está sendo concebido: "Uma coisa é concebermos o desvio como *desvio da ordem*, isto é, como secundário em relação a uma ordem que é primeira; outra coisa é concebermos o desvio como sendo primeiro, *desvio original*" (Garcia-Roza, 1995, p. 68). O desvio/*clinamen* de Lucrécio é tomado como referência na medida em que se refere a uma ausência de qualquer ordem, e não a uma alteração da ordem. O *clinamen* lucreciano é "o desvio presente *desde o começo* determinando os encontros, ao acaso, dos átomos. Toda ordem será secundária em relação a esse desvio primeiro" (Garcia-Roza, 1995, p. 69). A pulsão seria, portanto, um desvio original e não um desvio secundário em relação à ordem natural instintiva. Garcia-Roza indaga se a ideia de ordem natural é pertinente em relação às pulsões? E propõe: "Não seria a ideia de natureza, isto é, de uma ordem primeira, a nossa verdadeira mitologia?" (1995, p. 69).

Freud se refere à teoria das pulsões como uma "região obscura" (Freud, 1915b/1976, p. 131). No texto "Ansiedade e vida pulsional", a XXXII das *Novas conferências introdutórias*, de 1933, ele apresenta inovações teóricas, aprofundamentos metapsicológicos e uma compreensão acerca do estatuto e do lugar fundamental que a teoria das pulsões ocupa em sua obra. Salienta que as pulsões, enquanto "entidades míticas", resistentes ao olhar teórico, são imprescindíveis e não podem ser desprezadas em nenhum momento de seu pensamento. Este é o estatuto da pulsão no interior do discurso psicanalítico: "A teoria das pulsões é, por assim dizer, nossa mitologia. As pulsões, *Triebe*, são entidades míticas, *magníficas na sua indeterminação*. Em nosso trabalho, nós não podemos desprezá-las um só instante, porém nós nunca estamos seguros de vê-las claramente" (Freud, 1933/1976, p. 119). Para Freud, na esfera pulsional, assim como em todo mito, não se trata de encontrar um referente empírico que a ela corresponda adequadamente e que seja objetivamente dado. A partir da noção de pulsão, Freud introduz, literalmente, a questão do acaso e da contingência na psicanálise.

O que significa dizer que a pulsão é um conceito-limite? Seria um limite ontológico, como se a pulsão pertencesse a uma região de penumbra do ser? Ao falar da inacessibilidade da pulsão, Freud estaria se referindo a uma inacessibilidade metafísica, análoga à dos anjos e dos demônios, daí o recurso ao mito? Essas são algumas inquietações que estamos percorrendo acompanhados do pensamento de Garcia-Roza (1986, p. 9).

Nos escritos metapsicológicos, Freud afirma que a fonte da pulsão é corporal e que seu objeto é psíquico. Ou seja, o objeto não é um *em-si*, pois na sua função de signo ele é retirado de sua articulação natural e com o próprio corpo são submetidos a outra articulação, isto é, à ordem simbólica. Ambos são desnaturalizados. Isso não quer dizer que a pulsão pertence à esfera simbólica, "mas que é pela sua relação com a ordem simbólica que ela se exerce" (Garcia-Roza, 1986, p. 114), visto que a pulsão "possui um umbigo que remete ao insondável e ao silêncio, para algo que ficou excluído do simbólico" (Garcia-Roza, 1986, p. 124) e que marca o lugar do trágico na psicanálise. A radicalização da função simbólica, ao fazer com que ""todo real seja racional", é a tentativa de "recuperar" esse trágico tornando-o ordem" (Garcia-Roza, 1986, p. 125). Garcia-Roza explicita que a pulsão é uma palavra que nós nomeamos, mas sobre a qual em seguida silenciamos. Trata-se, sobretudo, do silêncio conceitual e não de um silêncio absoluto: "Na medida em que define um campo distinto do simbólico, é o lugar do silêncio" (Garcia-Roza, 1986, p. 123). Ao se situar fora do simbólico, fora da ordem e da lei, a pulsão definiria o lugar do acaso na psicanálise? Não seria a pulsão o fundo anárquico, natureza primeira, "sem fundo além de qualquer fundo (...) feito unicamente de moléculas furiosas e dilacerantes?", conforme propõe Deleuze? (Deleuze citado por Garcia-Roza, 1986, p. 123).

Se a pulsão é um conceito situado na fronteira *entre* o psíquico e o somático, se é o representante psíquico dos estímulos que se originam dentro do organismo e alcançam a psique, se tem sua fonte no corpo e seu objeto no registro psíquico, então não só podemos falar dela "do ponto de vista do corpo" como podemos fazê-lo "do ponto de vista psíquico" (Garcia-Roza, 1986, pp. 12-13). O autor adverte que não se trata aqui do corpo biológico em si, ou seja, o "corpo biológico é um produto da biologia e não a essência do corpo" (Garcia-Roza, 1986, p. 13). A afirmação decisiva de que a pulsão é um conceito-limite, situado *entre* o psíquico e o somático, implica dizer que a pulsão se inscreve, justamente, no limite *entre* esses dois registros. Dessa consideração decorre também que a pulsão não se inscreve nem no discurso da psicologia nem no da biologia. É exatamente por isso que a pulsão é considerada, na essência, um conceito eminentemente metapsicológico.

Na primeira página de *A pulsão e suas vicissitudes*, Freud salienta que o conceito de pulsão é fundamental, *grundbegriff*, na teoria psicanalítica, e não na biologia. Garcia-Roza esclarece que "o termo *trieb* tem uma longa história, mas o conceito psicanalítico de *trieb* é exclusivo de Freud" (Garcia-Roza, 1986, p. 13); ele também informa que não podemos biologizar um conceito psicanalítico – é necessário procurar entender sua especificidade irredutível. Freud recorre à biologia para tomar emprestado o conceito de "estímulo": a pulsão é "um estímulo para o psíquico" (Freud, 1915/1976, p. 114). Notemos que a pulsão é estímulo *para* o psíquico e não estímulo psíquico, ou seja, é algo externo ao aparato psíquico que funciona como estímulo para este último.

Apesar da referência à fisiologia, Freud se apressa em diferenciar os estímulos pulsionais dos fisiológicos, sobretudo, porque os primeiros não atuam como pressão momentânea, e sim como força constante. Podemos caracterizar o estímulo pulsional como necessidade e, como tal, exige ser satisfeita (Garcia-Roza, 1990, pp. 137-138). A afirmação de Freud de que o estímulo corporal é representado, *repräsentiert*, na vida anímica pela pulsão tem causado certa confusão, pois levou alguns leitores a entenderam a pulsão como psíquica, à diferença do estímulo que seria corporal. Mas, é o próprio Freud que esclarece a distinção ao dizer que "uma pulsão nunca pode tornar-se objeto da consciência – só a ideia que a representa" (Freud, 1915a/1976, p. 203). A pulsão, portanto, está além da distinção entre consciente e inconsciente, e se faz presente na psique somente através de seus representantes. Não é a pulsão em si mesma que representa o corpo na psique; ela o faz por meio de seus representantes psíquicos. Embora sua origem seja na fonte somática, na esfera da vida anímica a pulsão nos é conhecida apenas por suas metas, ou pelo objeto, "que é aquilo em relação à qual ou através da qual a pulsão é capaz de atingir sua finalidade (a satisfação)" (Freud, 1915b/1976, p. 143). Conhecemos as pulsões por seus efeitos, e não em si mesmas, e estes efeitos se dão no nível da representação.

Reflexões para os tempos de guerra e morte é um texto muito pessimista sobre a natureza humana. Nele, Freud é contundente ao afirmar que a pesquisa psicanalítica revela "que a essência mais profunda da natureza humana consiste em pulsões primitivas" e que, na realidade, "não existe 'erradicação' do mal" (Freud, 1915c/1976, p. 317) porque essas pulsões, como as egoístas e as de crueldade, são imperecíveis e, portanto, mesmo o indivíduo dito "civilizado" pode a elas regredir em determinadas circunstâncias.

Neste texto contemporâneo da primeira síntese dos artigos metapsicológicos, ao realizar uma análise da grande "desilusão" gerada pela guerra, Freud mostra como, em uma guerra, os homens rasgam os tratados de lógica e de ética, e como os contratos sociais se desfazem. As leis de conduta moral formuladas pelo Estado para a proteção do indivíduo e para sua participação em uma comunidade civilizada exigem demasiado dele, a saber, alta dose de autodomínio e de renúncia à satisfação das pulsões, nem sempre acessível para o ser humano. Complementa que as nações ditas civilizadas se conhecem e se compreendem tão pouco que, facilmente, se voltam umas contra as outras com ódio e asco, e "os homens perpetram atos de crueldade, fraude, traição e barbárie tão incompatíveis com seu nível de civilização que qualquer um julgaria impossível" (Freud, 1915c/1976, p. 316). Assim, devemos admitir que todas as pulsões que a sociedade condena são de natureza primitiva, mas humana. Freud atribui que um dos fatores de hostilidade à psicanálise está ligado à denúncia pública dessas verdades inconvenientes. Freud ainda enfatiza que acolhemos as ilusões, como, por exemplo, de que a maldade humana inexiste, porque elas nos poupam de sentimentos desagradáveis e em troca oferecem o gozo das satisfações, mesmo que enganosas. Entretanto, somos advertidos de que as ilusões entram facilmente em choque com a realidade, que então as despedaça, aumentando assim o sofrimento.

Próximo de finalizar suas reflexões no mesmo texto, a esperança ética se evidencia em Freud ao expressar que a "natureza" conseguirá manter certa hegemonia do amor sobre o ódio e que, talvez, possamos acreditar "que devemos as mais belas florações de nosso amor à reação contra o impulso hostil que sentimos dentro de nós" (Freud, 1915/1976, p. 338). Freud termina o ensaio aliando-se ao preceito estoico de aceitação da morte como liberação para a vida, ao consumar: "Se desejas suportar a vida, prepara-te para a morte" (Freud, 1915c/1976, p. 339).

Freud ressalta, em *Uma dificuldade no caminho da psicanálise*, que abordará não uma dificuldade intelectual, mas antes uma dificuldade afetiva do ser humano, ao descrever como "o narcisismo universal dos homens, o seu amor-próprio" (Freud, 1917/1976, p. 174), sofre com três severos golpes.

O primeiro golpe é o cosmológico: trata-se do descentramento da Terra realizado por Copérnico, no século XVI. Até então, o homem acreditava que a Terra, seu domicílio, era o centro do universo, com todos os planetas girando ao seu redor, o que se ajustava perfeitamente à sua propensão a se considerar o senhor do universo. A destruição dessa ilusão narcísica por Copérnico é o primeiro golpe ao narcisismo do homem.

O segundo golpe, de ordem biológica, é atribuído a Darwin, que escancara para o homem sua origem no macaco. Somos uma espécie de macaco. No curso do desenvolvimento da civilização o homem adquire uma posição dominante sobre as outras criaturas do reino animal. Sua presunção e arrogância são desfeitas por Darwin, para quem o homem não só não é diferente do animal como, ademais, tem ascendência animal. A pesquisa científica não conseguiu apagar as evidências da estrutura física e da aptidão psíquica do homem como análogas às do animal.

O terceiro golpe é de natureza psíquica e, talvez, o que mais fere o homem, diz Freud, seu autor. E, para o que interessa à nossa pesquisa, ele é um dos elementos trágicos da psicanálise, ou seja, a famosa constatação freudiana de que "o ego não é o senhor da sua própria casa" (Freud, 1917/1976, p. 174), ou seja, Freud anuncia que "uma parte do ego, sabe Deus quão importante parte do ego, também pode ser inconsciente, é certamente inconsciente" (Freud, 1917/1976, p. 174). Assim, a razão não é a senhora em seu próprio lar, pois o inconsciente sequestra a possibilidade de tomarmos, integralmente, em nossas próprias mãos, o leme de nossa vida. As pulsões não se deixam ser domesticadas de forma completa, e os processos psíquicos inconscientes só se submetem ao controle do ego por meio de percepções, também, incompletas:

> Essas duas descobertas – a de que a vida das nossas pulsões sexuais não pode ser inteiramente domada, e a de que os processos psíquicos são, em si, inconscientes, e só atingem o ego e se submetem ao seu controle por meio de percepções incompletas e de pouca confiança –, essas duas descobertas equivalem, contudo, à afirmação de que *o ego não é o senhor da sua própria casa*. Juntas, representam o terceiro golpe psíquico. Não é de espantar, então, que o ego não veja com bons olhos a psicanálise e se recuse obstinadamente a acreditar nela. (Freud, 1917/1976, p. 178).

Assim como na tragédia antiga em que a peripécia aponta que as coisas não são exatamente como aparentam ser de início e que o homem não está no comando de sua vida, não sendo, portanto, senhor de seu destino, a psicanálise como a responsável pela terceira grande ferida no orgulho da humanidade também rouba do homem a ilusão do domínio de si pela razão e o confronta com o fato de que, sem sabê-lo, ele age movido por seus desejos mais vergonhosos e incivilizados, seja pelo seu caráter erótico, seja pelo seu conteúdo destrutivo. O homem trágico tropeça num universo que não pode governar plenamente, mas ao mesmo tempo não renuncia a ter nele um papel ativo.

Rosset considera que a noção de interioridade, na psicanálise, é um dos elementos determinantes para inseri-la no pensamento trágico. De acordo com esse autor, Sófocles e Freud revelam que há no homem uma força interior, anímica, que basta para provocar suas desgraças: "Nada mais trágico, nada mais terrificante para o homem como aquilo que provém de sua própria profundeza" (Rosset, 1989, p. 68): "A ideia de interioridade basta, talvez, (...) para designar o campo específico do trágico, assim como as ligações que unem a tragédia grega às perspectivas modernas abertas pela psicanálise. Situar a fonte do horror, não alhures, mas em si mesmo, é um programa comum a Sófocles e a Freud" (Rosset, 1989, p. 68). Ou seja, na psicanálise, o terror "exterior", "cósmico" está agora alojado em nossa psique.

Na origem do caráter terrorífico do pensamento do acaso, Rosset alega duas razões. A primeira delas é que "a ideia de acaso dissolve a ideia de natureza e põe em questão a noção de ser"; a segunda é a definição de Freud sobre o terror: "a perda da familiaridade ou, mais exatamente, a descoberta de que o familiar é, de maneira inesperada, um domínio desconhecido por excelência, o cume da estranheza" (Rosset, 1989, p. 99).

Do horror primeiro ante si mesmo se origina o recalcamento, segundo Freud. Esse mecanismo faz com que a representação que é mais próxima seja, também, a mais distante, a mais conhecida seja a mais desconhecida, a mais familiar seja a mais estranha. Esse é um tema que alimenta "ao mesmo tempo a tragédia grega, o enigma policial e o pensamento psicanalítico" (Rosset, 1989, p. 68). Rosset se indaga: qual é o desconhecido buscado pelo herói trágico, pelo inspetor de polícia e pelo psicanalista? Tu mesmo, responde o herói trágico; o inocente número um, descrito desde o início como o personagem demasiado familiar para ser suspeito, diria o inspetor; a força desconhecida de ti que em ti recalca, responderia o psicanalista.

Do que você tem medo?, pergunta Freud ao neurótico, ou melhor, a todos os homens. Não, talvez, daquilo que há de terrível no que você esquece, mas daquilo que você esquece a *sua revelia*. É de você próprio que você tem medo, dessa pessoa desconhecida de você mesmo, que ordena a você o mecanismo de exclusão da sua consciência de tal ou qual representação. E, se você desperta angustiado, tentando em vão reencontrar o sonho que o aterrorizou, não é o terror de reviver o sonho que o assusta, mas o medo de se confrontar face a face com a força desconhecida *que age em você*, que surge no instante mesmo de fazer você esquecer seu sonho. Freud diz que repudiamos "não apenas o que está em mim, mas vez e outra 'age' também desde mim para fora" (Freud, 1925d/1976, p. 165). Rosset acrescenta que "Isso é o que ensinou Freud, é o que já ensinava a tragédia grega, notadamente *Édipo Rei* (...)" (Rosset, 1989, p. 70).

No estudo intitulado *O estranho*, Das *Unheimlich*, 1919, Freud se utiliza das decomposições semânticas desse termo em alemão para descrever a concepção psicanalítica de vivências psíquicas de encontro dos contrários de familiaridade e estranheza. A palavra *Unheimlich* abarca não só o familiar, *heimlich*, como também o secreto, o escondido, o não familiar, *un-heimlich*, que expressa, segundo Freud, o efeito do processo de recalque. Freud foi fiel à semântica do *Unheimlich* como a categoria do desconhecido/terrorífico que remete ao conhecido/familiar de outrora, mas que, em certas condições, se torna alheio pelo processo de recalque a que foi submetido e que por isso mesmo, como sombra, pressiona o retorno. A experiência de *Unheimlich* corresponde ao retorno do desejo inconsciente vivido pelo sujeito como essa enigmática presença do estranho no mais íntimo – inquietante estranheza. Estranhamento familiar, movimento ambíguo do desejo de proximidade e de afastamento. Essa ambiguidade traz o elemento do terror, do que não fala. Para Rosset, a experiência da inquietante estranheza é a experiência trágica por excelência: "Ver de súbito – e demasiado tarde – o presente, o próximo, o familiar como ausente, longínquo e estranho é a experiência trágica por excelência" (Rosset, 1989, p. 69). O que é mais *seu* é, também, o mais estranho para o homem. Assim, para Rosset, "o que afirmam conjuntamente os trágicos gregos e a psicanálise de Freud é a *proximidade do silêncio*, que – e contrariamente, nesse ponto à teoria de Lacan – o que no homem é força eficaz não fala, não está estruturado como linguagem" (Rosset, 1989, p. 71).

Freud retorna, no texto citado acima, à questão de que o homem não se sente em casa nem dentro de si mesmo, porque é em parte estranho a si, nem no contexto civilizacional, devido aos limites repressivos inerentes à vida civilizada. Contrariamente a Hegel, que se refere a uma progressiva adequação do sujeito à realidade proporcionada por um processo histórico considerado na sua positividade (Silva, 2011, p. 113), Freud afirma que o homem não está em si como quem está "em casa" porque o estranhamento está embutido na relação que ele mantém consigo próprio. As instituições, a sociabilidade, a religiosidade, a intersubjetividade, etc. estão comprometidas com a experiência de uma temporalidade complexa, apenas parcialmente acessível ao próprio sujeito, em que sua existência se dá como um processo trágico de uma revelação que é um desencobrimento de si mesmo. Nossas ações podem recobrir motivações e significações de que não suspeitamos. Camadas profundas da nossa história determinam nossos desejos e obscurecem a reflexão sobre a questão de quem somos. O sujeito é uma história pessoal que, desde a infância e pela vida afora, se constitui no contexto de outra história maior do que a dele, não só a família e a sociedade, como também o passado arcaico da civilização, a pré-história, uma memória mais vasta do que o próprio indivíduo e que, de algum modo, atua sobre ele, na sua constituição interna e na sua ação.

A teoria das pulsões sofre uma mudança radical com a introdução do conceito de pulsão de morte, em *Além do princípio do prazer*. Até então a pulsão havia sido pensada segundo os parâmetros da primeira tópica e da primeira teoria pulsional, ou seja, segundo o domínio das representações, e não com uma existência fora da configuração representativa do aparelho psíquico. O conceito de pulsão de morte vem abarcar exatamente essa dimensão da pulsão que não havia sido suficientemente explorada. A pulsão de morte, desvinculada da representação, é marcada pela força muda e bruta, deixando o sujeito desamparado diante do *id*. A elaboração desta nova teoria das pulsões é, então, acompanhada de uma reformulação do aparelho psíquico, a segunda tópica.

Freud teve que reconsiderar sua divisão inicial entre as pulsões sexuais e as pulsões do eu – a primeira teoria das pulsões – a partir do momento que introduz em seu corpo teórico o conceito de narcisismo. Pois, se a pulsão sexual poderia tomar o próprio Eu como objeto, a dualidade pulsional se anularia e a pulsão sexual se encontraria sem sua necessária oposição complementar. E, Freud pretende manter a dualidade pulsional em todo percurso de sua reflexão: "Nossas concepções, desde o início, foram dualistas e são hoje ainda mais definidamente dualistas do que antes, agora que descrevemos a oposição como se dando, não entre pulsões do ego e sexuais, mas entre pulsões de vida e de morte" (Freud, 1920/1976, p. 73). Assim, o campo psicanalítico constituído até então pela ordem abre espaço para o caos, para o acaso, transformando a própria prática psicanalítica.

Ao refletir sobre a compulsão à repetição, evidenciada não só nos sonhos das neuroses traumáticas, em que o paciente revive repetidamente, com toda a carga de terror e angústia, as situações traumáticas vivenciadas, como também na neurose de transferência, em que o paciente revive compulsivamente suas dores, frustrações, fracassos, etc., Freud observa que em ambas as situações a repetição não traz nenhuma satisfação pulsional, conforme rege o princípio do prazer, mas, ao contrário, produz um excesso de excitação que não alcança as vias associativas. Ou seja, o que encontramos nesses casos é o desprazer, o que demanda um repensar sobre o princípio do prazer e uma remodelação teórica.

Dessa forma, em o *Além*, Freud apresenta uma das teorias antropológicas mais audaciosas, ou seja, a pulsão de morte como força que, em oposição à pulsão de vida, impele o homem de volta para uma situação anterior inanimada, evidenciando a transitoriedade da existência pela inevitabilidade da morte de tudo aquilo que se tornou vivo. *Além do princípio do prazer* se constitui, portanto, em um texto significativo na medida em que nele Freud opera uma guinada em seu pensamento com o estabelecimento da segunda teoria pulsional, com ênfase na força da pulsão de morte. O conflito se dá agora entre o sexual – aglutinação da pulsão sexual com a pulsão do eu, que passa a ser considerada sexual –, sob a rubrica da pulsão de vida, e o não sexual, a pulsão de morte. Nesse mesmo texto, Freud também revela o caráter autônomo da pulsão de morte.

Nesse novo contexto, verificamos que o aparato simbólico se mostra insuficiente para dar conta do pulsional – por isso a repetição e a desorganização. O que se repete é o que não consegue ser simbolizado. Há sempre um resto não simbolizável relativo à pulsão, que ao mesmo tempo desagrega e confere movimento ao sistema. Em suma, Freud articula que:

> Se tomarmos em consideração o quadro total formado pelos fenômenos de masoquismo imanente em tantas pessoas, pela reação terapêutica negativa e pelo sentimento de culpa encontrados em tantos neuróticos, não mais poderemos aderir à crença de que os eventos mentais são governados exclusivamente pelo desejo de prazer. Estes fenômenos constituem indicações inequívocas da presença de um poder na vida mental que chamamos de pulsão de agressividade ou de destruição, segundo seus objetivos, e que remontamos à pulsão de morte original da matéria viva (Freud, 1937/1976, p. 276).

As primeiras palavras de Freud no capítulo IV do *Além* alertam que "o que se segue é especulação, amiúde especulação forçada (...)" (Freud, 1920/1976, p. 39). Nesse capítulo, Freud se ocupa de sua hipótese de que "todas as pulsões tendem à restauração de um estado anterior de coisas" (Freud, 1920/1976, p. 55). Por isso Lebrun sugere que esqueçamos a perfectibilidade de Rousseau e reconheçamos a soberania do princípio de constância, de Fechner, como propõe Freud desde o *Projeto* (Freud, 1895/1976, pp. 396-398), pois "é a inércia que existe de direito. A adaptação só vem posteriormente – e sob a pressão de perturbações externas" (Lebrun, 1983, p. 86).

Para Freud, a vida psíquica – e, talvez, a vida nervosa em geral – é moldada pela tendência a anular a tensão interna oriunda dos estímulos, isto é, a evitar as excitações conforme rege o princípio de Nirvana, expressão de Barbara Low. Essa tendência constitui uma das mais fortes razões para Freud acreditar na existência da pulsão de morte (Freud, 1920, p. 76). O princípio de Nirvana está a serviço da pulsão de morte, que tem como objetivo conduzir a inquietação da vida para a estabilidade do estado inorgânico. Freud se refere "à tendência a *repetir* e não a *progredir*" (Lebrun, 1983, p. 86), uma vez que a pulsão recalcada não desiste de desejar uma satisfação completa, que é a de repetir uma suposta experiência primária de satisfação.

Ao atrelar a vida pulsional à compulsão à repetição, Freud depara "com um atributo universal das pulsões e, talvez, da vida orgânica em geral", que ele declara não ter sido, até o presente, claramente especificado; trata-se da característica conservadora da pulsão, isto é, "*uma pulsão é um impulso, inerente à vida orgânica, a restaurar um estado anterior de coisas* (...)" (Freud, 1920/1976, pp. 53-54). Se tomarmos como verdade, continua Freud, "que não conhece exceção o fato de tudo o que vive morre, por razões *internas*, torna-se mais uma vez inorgânico, seremos então compelidos a dizer que '*o objetivo de toda vida é a morte*', e, voltando o olhar para trás, que '*as coisas inanimadas existiram antes das vivas*'" (Freud, 1920/1976, p. 56). E mais: "O objetivo da pulsão de vida não é evitar que a morte ocorra, mas evitar que ela ocorra de forma não natural. O que nos resta é o fato de que o organismo deseja morrer apenas do seu próprio modo" (Freud, 1920/1976, p. 57). Ao afirmar que "o objetivo da vida é a morte", podemos dizer que Freud recupera os traços dionisíacos do homem, de forma que na teoria psicanalítica reencontramos a trágica consideração de uma força primitiva no homem que o leva à morte, mas que é atravessada por outra força que prolonga a travessia mortal.

Freud acrescenta que "os atributos da vida foram, em determinada ocasião, evocados na matéria inanimada pela ação de uma força (sobre) cuja natureza não podemos formar concepção" (Freud, 1920/1976, p. 56), ou seja, não podemos representar. Freud admite que "o resultado talvez dê a impressão de misticismo ou de falsa profundidade, mas podemos sentir-nos inocentes de ter quaisquer desses propósitos em vista" (Freud, 1920/1976, p. 55). Trata-se, afinal, da reflexão metapsicológica de Freud. E ele prossegue: "esse impulso que a entidade viva foi obrigada a abandonar sob a pressão de forças perturbadoras externas (...) é uma espécie de elasticidade orgânica, ou, para dizê-lo de outro modo, a expressão da inércia inerente à vida orgânica" (Freud, 1920/1976, p. 54), na medida em que "o caminho para trás que conduz à satisfação completa acha-se, via de regra, obstruído pelas resistências que mantêm as repressões" (Freud, 1920/1976, p. 60). É essa impossibilidade de retorno ao passado que nos impulsiona para o futuro, pois não há alternativa "ao organismo senão avançar na outra direção em que o crescimento ainda se acha livre, embora sem a perspectiva de levar o processo a uma conclusão ou de ser capaz de atingir o objetivo" (Freud, 1920/1976, p. 60). O pulsional é, antes de tudo, conservador, e as pulsões sexuais têm como único efeito manter a vida.

O preço a ser pago pelo homem para alcançar a civilização é o recalque das pulsões, nossa dose de sacrifício para participar e colaborar com o convívio grupal: "aquilo que numa minoria de indivíduos humanos parece ser uma pulsão incansável no sentido de maior perfeição pode ser facilmente compreendido como resultado da repressão pulsional em que se baseia tudo o que é mais precioso na civilização humana" (Freud, 1920/1976, p. 60). A cultura, *kultur*, é a soma das realizações e regulamentos que distinguem nossas vidas da de nossos antepassados animais, e que servem para proteger o homem contra a natureza e para ajustar o relacionamento entre eles. É por isso que Lebrun reitera que "a *Kultur* é *Kulturversagung*, renúncia imposta à satisfação das pulsões" (Lebrun, 1983, p. 87). É um mecanismo inconsciente contínuo porque a pulsão recalcada nunca deixa de se wesforçar em busca de satisfação completa, que consiste na repetição de uma suposta experiência primária de satisfação. Freud adverte que as "formações reativas ou substitutivas, bem como as sublimações, não bastam para remover a tensão persistente da pulsão reprimida" (Freud, 1920/1976, p. 60). Dessa forma, a crítica de Freud contra a ideia de uma tendência ao progresso e ao aperfeiçoamento do homem, ou seja, a afirmação da natureza conservadora das pulsões e de que o objetivo da vida é a morte, é mais uma evidência do homem trágico em Freud. Não agrada a Freud a ideia de um futuro "super-homem".

Em suma, *Além do princípio do prazer* é o texto em que Freud conceitua a pulsão de morte e descreve como a pulsão de vida, que deseja e tem por objetivo a vida, o amor, a integração e o crescimento, está em conflito com a pulsão de morte, considerada aqui como uma tendência de retorno ao estado inorgânico. Em sua importante manifestação como compulsão à repetição de experiências desagradáveis, a pulsão de morte se presta à reprodução de vivências edípicas infantis. Freud comenta também sobre a dificuldade de perceber a pulsão de morte, em razão de ela ser silenciosa e invisível.

Retornemos à questão de que a pulsão seria o lugar do acaso na psicanálise. Ao romper com a ordem natural, as pulsões se constituiriam como puro acaso dos encontros? Seria esse o ponto de distinção entre o instinto e a pulsão?

Incursionaremos, primeiramente, na conexão entre a Vontade schopenhaueriana, tratada no segundo capítulo, e a pulsão de morte em Freud. Ao tratar das questões pulsionais, em *Além do princípio do prazer*, Freud ressalta que não podemos deixar de levar em conta o pensamento de Schopenhauer e reconhece, textualmente, a influência da concepção de Vontade schopenhaueriana sobre a constituição de sua teoria da dualidade pulsional:

> Detenhamo-nos por um momento nessa concepção notadamente dualista da vida pulsional. De acordo com a teoria de E. Hering, na substância viva operam ininterruptamente dois tipos de processos, em direções opostas – uns construtivos, anabólicos, os outros destrutivos, catabólicos. Podemos ousar reconhecer, nessas duas direções dos processos vitais, a atividade de nossos dois movimentos pulsionais, das pulsões de vida e das pulsões de morte? *E, há outra coisa que não podemos ignorar*: que inadvertidamente *adentramos o porto da filosofia de Schopenhauer, para quem a morte é "o autêntico resultado" e, portanto, o objetivo da vida, enquanto a pulsão sexual* (sexualtrieb) *é a encarnação da vontade de vida* (Freud, 1920/1976, p. 69). (Grifo nosso.)

Assim, Freud revela a existência da pulsão sexual, de vida, e da pulsão de morte no pensamento de Schopenhauer. De certa forma, Freud opera nesse momento, guardando as devidas diferenças de campos e de métodos entre a metafísica e a metapsicologia, uma aproximação entre a Vontade schopenhaueriana e a pulsão de morte da psicanálise, e demarca sua filiação mais direta com Schopenhauer. Porém, essa proximidade porta também um distanciamento, pois se a Vontade é o *a priori*, o elemento que nega o acaso e designa o pessimismo em Schopenhauer, a pulsão é o lugar do acaso na teoria psicanalítica, de acordo com Garcia-Roza, e caracteriza o trágico em Freud, segundo Rosset.

No pensamento freudiano, encontramos a presença do acaso no texto *Leonardo da Vinci e uma lembrança encobridora*, em que Freud faz referência à poderosa influência das circunstâncias acidentais de nossa constelação parental sobre o destino de uma pessoa, ao dizer: "se considerarmos que o acaso não pode determinar nosso destino será um retorno ao ponto de vista religioso sobre o Universo" (Freud, 1910/1976, p. 124). Ele ressalta a disposição do ser humano em acreditar numa proteção divina e relegar ao esquecimento o conhecimento de que, de fato, praticamente tudo é acaso na vida dos homens:

> (...) esquecemos que praticamente tudo na vida humana é acaso, desde o momento em que nos originamos através do encontro do espermatozoide com o óvulo – acaso, porém, que participa das leis e da necessidade da natureza e não tem nenhum nexo com nossos desejos e ilusões. Ainda pode ser incerta, em pormenores, a divisão dos fatores de nossa vida entre as "necessidades" de nossa constituição e as "casualidades" de nossa infância; no conjunto, porém, não cabem mais dúvidas sobre a importância dos primeiros anos da infância. Todos nós ainda mostramos pouquíssimo respeito para com a natureza, que (...) [22] "é plena de incontáveis razões (*ragioni*) que nunca entram na experiência" (Freud, 1910/1976, p. 124).

Não escolhemos nascer e nem morrer. Estamos sujeitos não só à morte como também a todas as contingências do nascimento: sexo, pais, família, país, herança genética, etc., ou seja, estamos sujeitos "às condições gerais da encarnação: carne, sexo e história" (Patrick Guyomard, 1996, p. 72). Freud anuncia que "Uma pessoa nascida com uma constituição instintiva especialmente desfavorável e que não tenha experimentado adequadamente a transformação e a redisposição de seus componentes libidinais indispensáveis às realizações posteriores, achará difícil obter felicidade em sua situação externa, em especial se vier a se defrontar com tarefas de certa dificuldade" (Freud, 1930/1976, pp. 103-104), e, acrescenta que a natureza, por dotar os indivíduos "de atributos físicos e capacidades psíquicas extremamente desiguais, introduz injustiças contra as quais não há remédio" (Freud, 1930/1976, p. 135). A natureza não está ao nosso alcance; a natureza é bem maior do que nós. O homem é marcado pelas relações de necessidade que são, porém, atravessadas por aquilo que poderia acontecer de outra maneira, ou seja, pelo acaso, pela contingência. E o acaso tem razões que desconhecemos. Na ação humana, o acaso também não está em nosso poder, e então, temos que nos habilitar para o encontro com o imprevisível. O acaso é característico de nossas ações, mas para que nossa ação não fique totalmente à mercê do acaso temos que mobilizar recursos, disposições para que nossos desejos sejam minimamente realizados.

---

22 Freud faz alusão à frase de Horácio contida numa famosa passagem de Hamlet: "Há mais coisas entre o céu e a terra, Horácio,/ Do que imagina nossa vã filosofia".

A ideia de destino tem uma longa e poderosa tradição na cultura grega, conforme vimos no primeiro capítulo. O destino, "*heirmarméne*, deriva do particípio passado passivo do verbo *meímorai*, no qual se encontra a raiz *mer*, que aparece na palavra *meros* (parte)" (Chaui, 2010, p. 346). O destino dá a cada um a parte que lhe é devida, o lugar que lhe cabe no mundo. Desse mesmo verbo deriva *moirai*, as moiras, as filhas da deusa *Ananké*, a Necessidade. Vimos que o destino se manifesta de maneira exemplar na tragédia como força transcendente e desconhecida que dirige o agente e o pune por aquilo que o obrigou a fazer. Na *República*, o destino é a deusa Necessidade, *ananké*, acompanhada das moiras, que tecem e cortam o fio da vida. O estoicismo é a corrente helenística fundada no início século III a.C. que se ocupou de discutir a problemática da combinação de causas ou do entrecruzamento de duas ordens causais heterogêneas: o acaso e a necessidade, ou, a contingência e a necessidade. Os estoicos faziam uma distinção entre causa externa e interna:

> (...) os estoicos fiavam-se em uma distinção entre a causa antecedente ou externa e a causa principal ou "interna" com o intuito de explicar como os seres humanos são parte da rede de interconexões causais de modo que haja espaço para a responsabilidade pessoal. A justificativa estoica consiste em fazer das causas internas, embora não das externas, as causas principais das ações humanas. Embora o ambiente aja sobre nós de um modo que não está em nosso poder, nossas reações "estão em nosso poder", visto que dependem de nosso estado interior. Clemente explica essa interação como segue. A visão da beleza provoca amor em um homem desgovernado (*akólastos*). A visão da beleza é a causa antecedente. A reação da pessoa está, no entanto, "em seu poder", visto que sua atitude amorosa com a beleza física é, afinal de contas, parte de sua constituição interna, e não é causada pela impressão externa. (Dorothea Frede, 2006, p. 212).

As causas principais, internas, dependem de nós e as auxiliares são exteriores a nós e não dependem de nós e sim do destino. Mas, se há coisas que estão em nosso poder, por conseguinte, há coisas que não acontecem pela força do destino, isto é, nem tudo o que acontece ocorre segundo o destino. A dupla causalidade aponta para a distinção do que está e do que não está em nosso poder. Isso significa que, para os estoicos, nossas reações estão de *alguma* forma em nosso poder, só que indiretamente. Podemos ter *certo* controle sobre a nossa constituição interna, mas não sobre o efeito que será gerado a partir do contato desta com a causa externa. Dessa forma o que nós podemos modificar é somente a causa interna e a partir dela – indiretamente – controlar as reações, uma vez que essas são provenientes da causa principal, da causa interna. Essa modificação na constituição interna pode se dar por meio da racionalidade, mas este processo se dá indiretamente. A 'vontade' é, no estoicismo, um *eupátheia*, um bom afeto, ou uma boa paixão. Assim, o responsável por modificar a causa interna é um afeto; proveniente da razão, mas ainda assim um afeto. Não se trata de ultrapassar os dados imediatos e sensíveis. Pelo contrário, de procurar que a razão tome corpo neles. Os estoicos defendem que temos *algum* poder sobre as paixões através da razão, mas de forma alguma esse poder é *absoluto*. Diante da constatação de que há coisas que não controlamos, os estoicos admitem como preceito a aceitação de nossos limites, daquilo que não está ao nosso alcance. Por isso dizemos que a vida é *kairós*: nossa vida depende da experiência, da inteligência, da criatividade, da astúcia, da maleabilidade psíquica, etc., e esses fatores funcionam como uma "tentativa" de afastar o acaso e de perceber o momento oportuno, mas, vale frisar, que é uma "tentativa" de administrar, na medida do possível, o imponderável, cônscios de que, queiramos ou não, encontraremos nossos próprios limites que é nossa humanidade. Certos fatores criam "disposições" para ludibriarmos a natureza e o acaso, mas com limitações. Aliás, este é o princípio da arte e do trágico: a incapacidade humana de prever a totalidade das consequências de uma decisão, de uma escolha, embora seja o homem por ela responsável. No livro *Ler os estoicos*, David Sedley afirma que "Mesmo num mundo em que todo o curso da história humana é predeterminado, o significado moral de nossas ações não depende simplesmente das decisões que efetivamente tomamos, mas também daquilo que *poderia* acontecer se, (...), tivéssemos decidido de outro modo" (Sedley, 2013, p. 105). No universo trágico estamos condenados a escolher, e, além disso, escolhemos sempre na incerteza. Toda decisão humana é precária e frágil.

Freud ainda lembra que não podemos deixar de lado a poderosa influência que o inconsciente exerce sobre nossa reflexão racional e sobre as nossas decisões:

> Ao tomar uma decisão de menor importância, eu descobri que é sempre vantajoso considerar todos os prós e contras. Em assuntos vitais, no entanto, tais como a escolha de um companheiro ou profissão, a decisão deve vir do inconsciente, de algum lugar dentro de nós. Nas decisões importantes da vida pessoal, devemos ser governados, penso eu, pelas profundas necessidades íntimas da nossa natureza (Freud, 1930/1976, p. 84).

Para Garcia-Roza, o acaso escapa "à demonstração e está mais próximo do silêncio do que dos enunciados claros e distintos" (Garcia-Roza, 1990, p. 37). Esse autor acrescenta que "a grande ameaça à inteligibilidade plena da realidade foi sempre o acaso puro, isto é, o acaso que não é considerado desvio da ordem, mas pura fortuidade" (Garcia-Roza, 1990, p. 38).

Cabe aqui um esclarecimento fundamental. O acaso na psicanálise recobre uma questão crucial, isto é, quando Freud afirma que todos os fenômenos psíquicos são determinados pelo inconsciente, isso não implica que, *a priori*, possamos saber e nomear o que vai acontecer, mas sim que, uma vez acontecido algo, seja possível remetê-lo a uma série determinante. Lembremos que o determinismo proposto por Freud se refere a uma sobredeterminação. A psicanálise mostra que, muitas vezes, preferimos nos considerar vítimas do acaso, em vez de admitirmos que, na realidade, somos movidos por questões inconscientes que nos empurram para a fabricação de situações que nos provocam angústia, perturbação e destruição. Para Freud, o ato é anterior à representação, que vem se aproximar do que já teria acontecido. Jamais como um retrato fiel do ocorrido, mas com distorções, a representação traz a realidade do passado e também reflete o desejo do presente em que o ato imprime efeitos no real que a representação visa, incessantemente, abarcar. A relação de causa e efeito não ocorre de modo linear, mas se dá *a posteriori*. Trata-se de um *a posteriori* relativo ao processo de simbolização, ao campo da representação.

Ao estabelecer conexão entre o acaso e as pulsões, Freud rompe com os limites da ciência de sua época. Na sua reflexão sobre a origem caótica da psique e das pulsões fundamentais de sua teoria, em *Análise terminável e interminável*, de 1937, ele nos convoca a um retorno para nossas origens gregas e se dirige, assim como Schopenhauer, ao poeta-filósofo pré-socrático siciliano Empédocles de Agrigento, do século V a.C. trágico, reverenciado por Lucrécio como um dos grandes cosmólogos da Antiguidade, conforme consta no prefácio de sua obra *De rerum natura*: "Depois de Epicuro, os seus elogios (de Lucrécio) mais calorosos vão para Empédocles, que ele coloca acima de todas as maravilhas e de todos os esplendores da ilha triangular. Admira o poema de Empédocles, e sem dúvida o deve ter lido, porque se encontram nele muitos traços e muitas expressões que parecem tirados diretamente do poeta siciliano" (Lucrécio, 1973, p. 37).

Um dos parentescos que Freud encontra em Empédocles é com o fato da expressão "pré-socrático" designar um filósofo com um pensamento anterior ao discurso conceitual do Sócrates platônico, o que vai ao encontro da consideração freudiana de que a filosofia tradicional e a ciência teriam recalcado seu passado mito-poético, mas de que a psicanálise, coerente com seus princípios, tem o direito de recorrer ao mito e à poesia na procura de sua verdade. Assim, a obra de Freud nos remete frequentemente à imaginação poética e à visão mítica do mundo, sem prejuízo da explicação científica, entretanto sugerindo que esta última se prolonga nas primeiras.

Será que para Freud, além daquilo que a ciência consegue abarcar, existe a região do mistério? E, nesse caso, mistério seria outro nome para acaso? Ou apontaria para outra ordem distinta da ordem científica? Assim, nos vemos novamente às voltas com a questão do acaso e da ordem.

Empédocles, nascido por volta de 495 a. C., século V a.C., é um daqueles jônios que investigam do que são feitas as coisas: se de água, fogo, terra, ar ou indeterminado. O médico e místico de Agrigento, engolido pelo Etna, acredita na mistura dos quatro elementos, por ele designados "raízes de todas as coisas" (Reale, 1993, p. 134), que explicam a variedade de tudo. Em seu livro *A antinatureza: elementos para uma filosofia trágica*, Rosset esclarece que, em Empédocles, podemos falar que a natureza "tem origem 'natural': os quatro elementos primordiais cuja constituição precedeu o surgimento do acaso". Contudo, acrescenta "o natural aí se detém, não se manifestando nunca mais enquanto tal" (Rosset, 1990, pp. 134-135). A natureza é então "uma matéria originalmente primeira, ofertada aos caprichos do acaso, único ao qual pertence o papel na elaboração das existências" (Rosset, 1990, p. 135). Empédocles não concebe a presença de "forças naturais" no mundo e considera que toda ação é o resultado da associação e do acaso: "Chamamos de vida a capacidade dos elementos de se agregarem e se desagregarem produzindo, desse modo, de acordo com seu grau de conveniência ou inconveniência, toda a variedade das existências, diferentes tanto pela constituição como pela duração" (Rosset, 1990, p. 135). Além disso, "o aparecimento de uma espécie não significa uma vitória da evolução, e sim uma possibilidade efetivada de agregação fortuita a partir de agregados inutilmente constituídos" (Rosset, 1990, p. 135). Ou seja, para que um homem seja produzido, é necessário o acaso de encontros favoráveis, a partir de misturas de elementos formadas antecipadamente, sem que nenhuma finalidade nem "evolução" possam ser invocadas.

O amor e o ódio não são forças transcendentes aos elementos que animariam os elementos inertes para constituir um mundo organizado; ao contrário, são os próprios elementos considerados suscetíveis ou não de associação. No fragmento 21, das *Purificações*, Empédocles diz que "pelo efeito do ódio tudo é destruído e separado, enquanto pelo efeito da amizade, tudo se reúne sob a ação de um desejo recíproco" (Empédocles citado por Rosset, 1990, p. 141). Rosset adverte que esse "efeito" deve ser visto como "um catalisador: condição de uma reação não sua causa. O amor, em Empédocles, é de ordem circunstancial, e não essencial: designa a possibilidade de uma união entre elementos que nenhuma causa reúne, já que erram infatigavelmente ao acaso, que é o único a reger seus encontros" (Rosset, 1990, p. 140). Nos inumeráveis encontros, "algumas misturas podem advir e outras não: amor e ódio nada mais indicam que essa 'compossibilidade' e essa 'incompossibilidade'" (Rosset, 1990, p. 141). De maneira semelhante, Lucrécio afirma que as combinações atômicas são viáveis ou inviáveis, segundo apresentem as características da conveniência ou da inconveniência.

Empédocles, portanto, desmistifica as essências, recusa considerar que as essências sejam a fonte das produções naturais: as existências particulares, cuja soma constitui o universo, são agregações fortuitas que não resultam de nenhum plano, ideia ou forma (Rosset, 1990, p. 137). No fragmento 26, ele afirma que "os elementos são sempre os mesmos, e circulando uns pelos outros se tornam homens e espécies de outros animais" (Empédocles citado por Rosset, 1990, p. 138).

Assim, Freud evidencia que, na Antiguidade grega, o *acaso* já comparece no pensamento do filósofo que "incluiu, no corpo teórico do conhecimento, ideias modernas como a evolução gradual das criaturas vivas, a sobrevivência dos mais aptos e o reconhecimento do papel desempenhado pelo acaso nessa evolução" (Freud, 1937/1976, p. 279):

> Nascido, como foi, numa época em que o reino da ciência ainda não estava dividido em tantas províncias, algumas de suas teorias devem inevitavelmente impressionar-nos como primitivas. Explicava ele a variedade das coisas pela mistura dos quatro elementos, a terra, o ar, o fogo e a água. Sustentava que toda a natureza era animada, e acreditava na transmigração das almas. Mas, também, *incluiu, no corpo teórico do conhecimento, ideias modernas como a evolução gradual das criaturas vivas, a sobrevivência dos mais aptos e o reconhecimento do papel desempenhado pelo acaso nessa evolução* (Freud, 1937/1976, p. 279). (Grifo nosso.)

Freud também declara que localiza o par de opostos amor e discórdia no pensador grego, "um dos maiores pensadores da antiga Grécia" e "uma das maiores e mais notáveis figuras da história da civilização grega" (Freud, 1937/1976, pp. 278-279). No pensamento de Empédocles, cuja "mente parece ter unido as mais agudas contradições" (Freud, 1937/1976, p. 279), Freud identifica uma teoria em íntima ligação com a teoria psicanalítica das pulsões:

> A teoria de Empédocles que merece especialmente nosso interesse é uma teoria que se aproxima tanto da teoria psicanalítica das *pulsões*, que ficaríamos tentados a sustentar que as duas são idênticas, não fosse pela diferença de a teoria do filósofo grego ser uma fantasia cósmica, ao passo que a nossa se contenta em reivindicar validade biológica. Ao mesmo tempo, o fato de Empédocles atribuir ao

universo a mesma natureza animada que aos organismos individuais despoja essa diferença de grande parte de sua importância (Freud, 1937/1976, p. 279). (Grifo nosso.)

Os dois princípios, amor e discórdia, do devir na vida do mundo e na vida da mente, estabelecidos por Empédocles, guerreiam entre si e se alternam na predominância de um sobre o outro. Freud concorda com Empédocles ao considerá-los "forças naturais a operar como pulsões, e de maneira alguma inteligências com um intuito consciente" (Freud, 1937/1976, p. 280):

> *O filósofo postula dois princípios do devir na vida do mundo e na vida da mente, e que esses princípios estão perenemente em guerra um com o outro.* Chamou-os de *philia* (amor) e *neikos* (discórdia). Desses dois princípios – que ele concebeu como sendo, no fundo, "*forças naturais a operar como pulsões*, e de maneira alguma inteligências com um intuito consciente" –, *um deles se esforça por aglomerar as partículas primevas dos quatro elementos numa só unidade, ao passo que o outro, ao contrário, procura desfazer todas essas fusões e separar umas das outras as partículas primevas dos elementos.* Empédocles imaginou o processo do universo como uma alternação contínua e incessante de períodos, nos quais uma ou outra das duas forças fundamentais leva a melhor, de maneira que em determinada ocasião o amor e noutra a discórdia realizam completamente seu intuito e dominam o universo, após o que o outro lado, vencido, se afirma e, por sua vez, derrota seu parceiro (Freud, 1937/1976, pp. 279-280). (Grifo nosso.)

Freud reconhece que, decorridos dois milênios e meio, os dois princípios de Empédocles, que organizam o cosmo, correspondem – em nome e sobretudo em função – às nossas pulsões primevas *Eros e destrutividade* formuladas pela psicanálise. Vejamos isso mais de perto pela pena do próprio Freud:

> Os dois princípios fundamentais de Empédocles – *philia*, amor, e *neikos*, discórdia – são, tanto em nome quanto em função, os mesmos que nossas duas pulsões primevas, *Eros e destrutividade*, das quais a primeira se esforça por combinar o que existe em unidades cada vez maiores, ao passo que a segunda se esforça por dissolver

essas combinações e destruir as estruturas a que elas deram origem (Freud, 1937/1976, p. 280).

Empédocles, portanto, explica a constituição do cosmo pelas ações contrárias e complementares de dois princípios sobre as quatro raízes – água, ar, terra e fogo – de todas as coisas. Os princípios moventes, *philia* e *neikos*, amor e ódio, são responsáveis pela junção e separação das raízes. Esse duplo movimento estabelece uma tensão inerente ao cosmo e explica a existência dos diferentes seres, todos sujeitos aos dois impulsos simultâneos e divergentes.

Freud explicita algumas diferenças entre a sua teoria e a de Empédocles, principalmente no que se refere ao fato de que a teoria do filósofo grego concerne a uma "fantasia cósmica, ao passo que a nossa se contenta em reivindicar validade biológica" (Freud, 1937/1976, p. 279). Sim, porque Freud lança seu olhar para o homem enquanto indivíduo concreto, e não para o universo em sua totalidade. Na teoria psicanalítica, qualquer tentativa de totalidade está fadada ao fracasso, pois nos remete ao "umbigo do sonho" de que nos fala Freud em *A interpretação dos sonhos*. Empédocles antecipa, em dois milênios e meio, noções próximas não só da dualidade pulsional de Freud, como também da teoria evolucionária de Darwin.

O homem trágico ressurge, portanto, no discurso psicanalítico a partir do reconhecimento da presença de forças em constante conflito – pulsão de vida e pulsão de morte – implicadas na existência humana. A mais primitiva delas, a pulsão de morte, é irrepresentável e seu movimento se expressa, inexoravelmente, em direção à morte, à extinção do indivíduo e ao seu retorno a um estado anterior de coisa.

Em *O futuro de uma ilusão*, Freud enfatiza que não somos deuses. Ele trata do paradoxo entre o empenho do homem em construir e levar avante a civilização e a sua hostilidade para com ela, a ponto de ser preciso defendê-la de seus próprios impulsos hostis: "Tem se que levar em conta o fato de estarem presentes, em todos os homens, tendências destrutivas e, portanto, antissociais e anticulturais" (Freud, 1927/1976, p. 17), assim como o fato de que a civilização se consolida à custa da coerção externa e da renúncia à satisfação pulsional. Os sacrifícios pulsionais exigidos pela civilização proíbem, frustram e privam o sujeito de satisfações que, de outro modo, poderiam ser obtidas. Por serem "preguiçosas e pouco inteligentes" (Freud, 1927/1976, p. 18) e por não se proporem à inevitabilidade da renúncia pulsional, às massas não se pode dispensar a coerção; torna-se necessário um líder para dirigi-las, na pessoa de alguém que tenha alcançado uma compreensão interna, um *insight*, sobre as necessidades da vida e domínio dos próprios desejos. Seria possível encontrar essa pessoa com tamanha retidão? Certamente não, tendo em vista que o homem carrega uma diversidade de disposições pulsionais, entre elas as destrutivas.

Nesse texto, Freud traz à tona o superego. Em muitos trechos de sua obra, ele fala da função social do superego enquanto produtor de mediação. Para Freud a psique, desde seus tempos primitivos até hoje, passou por desenvolvimentos e avanços, razão pela qual a coerção externa obteve o êxito de se tornar gradativamente internalizada pelo sujeito desde sua infância, na forma de uma instância fiscalizadora, "um agente mental especial": o superego. Assim, o "superego constitui uma vantagem cultural muito preciosa no campo psicológico. Aqueles em quem ele se realizou são transformados de opositores em veículos da civilização" (Freud, 1927/1976, p. 22). Pela internalização das leis da cultura, aquilo que leva o sujeito a se contrapor a ela pode ser colocado a seu serviço. Como a função do superego é a negociação entre a pulsão de vida e a de morte, ele se torna um reservatório de pulsão de morte, porém a serviço da vida e da instauração da moral necessária à civilização. Porém, o homem não abre mão da satisfação de suas pulsões com facilidade, e sim a duras penas, o que provoca sua hostilidade para com a civilização. Além disso, para Freud, a maioria das pessoas se sente insatisfeita em ter que se submeter à civilização. Ele então pergunta se não adviria mais vantagem na abolição da civilização, se o homem não seria mais feliz se satisfizesse suas inclinações livre das proibições impostas pela sociedade. Outra vez, o paradoxo, pois, foi precisamente para se proteger dos perigos da natureza e da hostilidade entre seus semelhantes que o homem recorreu à civilização. Freud responde que, com a extinção da civilização, "restaria um estado de natureza, muito mais difícil de ser suportado" (Freud, 1927/1976, p. 26).

Próximo do término de *O futuro de uma ilusão*, a narrativa de Freud apresenta a criação de um interlocutor imaginário, que dá voz aos argumentos que ele pretende contestar. A contradição e a incerteza acompanham Freud ao refletir sobre os meios de que dispõe o ser humano para lidar com as indomáveis pulsões e com as crueldades da realidade.

Por um lado, ele diz que "os homens não podem ser dirigidos por sua inteligência, que são governados por suas paixões e suas exigências pulsionais. Por outro, propõe substituir a base afetiva de sua obediência à civilização por uma base racional" (Freud, 1927/1976, p. 60) e se mostra esperançoso ao afirmar: "Estamos justificados em ter esperanças no futuro – a de que talvez exista, ainda a ser desenterrado, um tesouro capaz de enriquecer a civilização" (Freud, 1927/1976, pp. 62-63).

Ao propor condições de possibilidade da subjetividade e da cultura sem o concurso a uma subordinação ao discurso religioso, Freud transfere para as mãos do homem a complexa provisão de seu próprio desamparo:

> Encontrar-se-ão, é verdade, numa situação difícil. Terão de admitir para si mesmos toda a extensão de seu desamparo e insignificância na maquinaria do universo; não podem mais ser o centro da criação, o objeto de terno cuidado por parte de uma Providência beneficente. Estarão na mesma posição de uma criança que abandonou a casa paterna, onde se achava tão bem instalada e confortável (Freud, 1927/1976, p. 63).

Realmente, uma tarefa nada fácil, pois ligada à desmontagem de uma satisfação narcísica daquele que se crê, no plano da natureza, contemplado com o prêmio da providência divina, mas, cujo avesso é o encontro com o desamparo frente à incomensurável maquinaria do universo. Freud está problematizando a saída do narcisismo ilimitado. Por isso é que, em *O mal-estar na civilização*, ele rejeitará a noção de sentimento oceânico que traz a função de, em benefício de uma suposta legalidade da conduta moral, alienar os sujeitos numa ilusão vã e nefasta de totalidade a custa da condição originária do desamparo subjetivo. Ora, se o sentimento oceânico é interpretado como uma regressão à plenitude narcísica do eu, sua contrapartida se revela na experiência do desamparo. O operador metapsicológico em jogo é o da regressão, mas não a uma totalidade narcísica indiferenciada e entorpecida por um prazer oceânico, e sim à constatação de uma condição originária de desamparo, no bojo da qual o sofrimento e a indeterminação da existência é que se fazem predominantes.

No horizonte ontogenético desse movimento regressivo, entra em cena uma circunstância descrita por Freud, no *Projeto*, a saber, que "o organismo humano é, em princípio, incapaz de levar a cabo a ação específica" (Freud, 1895/1976, p. 422), ou seja, o bebê humano é absolutamente desprovido de recursos para manejar seus apelos elementares de sobrevivência, assim como os modos de satisfação de suas mais remotas inclinações desejantes. Ainda que Freud se apresse em discernir a "assistência alheia" na figura de uma pessoa disponível e atenta para o estado da criança (Freud, 1895/1976, p. 32) que intervém sobre a realidade externa de modo a ampará-la, é importante reter aqui esse momento limítrofe, em que a vida se revela na sua extrema fragilidade. O bebê aqui descrito é o avesso desolador da figura bela, plena e satisfeita que, em seu estudo *Sobre o narcisismo*, Freud chamou de "Sua majestade o bebê" (Freud, 1914b/1976, p. 108) referindo-se, então, à criança saciada, mergulhada na satisfação libidinal proporcionada pelo irrestrito atendimento dos pais às suas demandas, e coroada com os edificantes predicados dos quais os fantasmas parentais são capazes. A tênue fronteira que separa esses dois momentos das experiências infantis primordiais fará toda a diferença no curso das vicissitudes posteriores. Pois, as origens do sujeito humano são aqui aludidas em sua precariedade, em sua fragilidade e em seu sofrimento frente àquilo que não coincide com as cálidas águas do oceano parental, mas com a desproteção constitutiva diante dos imperiosos apelos de satisfação das demandas pulsionais e das precoces exigências de intervenções sobre o mundo externo. Freud alerta que esta situação não é nova – é, sim, um protótipo filogenético. Ele acredita que persiste a desagradável suspeita de que não é possível exorcizar e remediar nem os terrores da natureza, nem a crueldade do destino, tampouco a perplexidade e o desamparo da raça humana. E lembra que, na Antiguidade grega, alvoreceu a noção de que as moiras alçavam-se acima dos deuses e que mesmo estes tinham os seus destinos por elas designados desordenadamente (Freud, 1927/1976, p. 29), como já foi dito no primeiro capítulo. Desse modo, o desamparo, *Hilflosigkeit*, estrutural e estruturante da condição humana, designa o elemento trágico primordial da existência humana.

A questão do desamparo nos transporta para uma noção que figura no *Projeto* cunhada quase quarenta anos antes. Ao cabo de uma narrativa que descreve a experiência primordial de satisfação, Freud aponta que "o desamparo inicial do ser humano é a fonte primordial de todos os *motivos morais*" (Freud, 1895/1976, p. 422). Freud delineia uma saída, ou uma posição ética para o sujeito frente à imensidão da realidade e de suas necessidades que não se funda sobre o assentimento às significações universais, ou sobre o prazer consolador do sentimento oceânico. Os "honestos arrendatários nessa Terra", diz Freud, que não recuarem frente à sua condição trágica se tornarão capazes de sobreviver de sua cultura, isto é, "aprenderão a cultivar seu terreno de tal modo que ele os sustente" (Freud, 1927/1976, p. 64). No desamparo primordial Freud ancora a origem dos motivos morais, cujos contornos são singulares e vinculados aos mais remotos modos de apreensão e manejo dessa condição na relação com o mundo e com a alteridade.

Estabelecendo uma ponte com a Antiguidade, lembremos que para assinalar a precariedade humana, os gregos trágicos se remetiam à morte, esse imponderável sempre à espreita, conforme mostrado no primeiro capítulo. Frente à morte, o homem grego se via irremediavelmente desamparado. Essa era a sua condição trágica que também é a nossa, e que temos a chance de reencontrar por meio da psicanálise. O desamparo é a realidade da condição humana – trágica por excelência –, que leva o sujeito a endereçar-se ao Outro, nas tragédias aos deuses, a pedir sem saber qual será a resposta – se é que haverá alguma. O desamparo como o fundo sobre o qual a angústia emerge já como uma espécie de proteção é, assim, o próprio fundamento da condição objetal humana. O preceito délfico: "Conhece-te a ti mesmo" remete menos a uma exortação ao autoconhecimento do que a uma advertência para o homem se reconhecer mortal, isto é, reconhecer sua incapacidade de se assenhorar da própria vida, seu limite, sua finitude, a precariedade de sua existência e seu desamparo frente às exigências da vida e do desejo. É um alerta que aponta para o fato de que o conhecimento é insuficiente não só para orientar o homem acerca do que ele deve fazer como também para prepará-lo para enfrentar a morte, em relação à qual é impotente – a condição humana por excelência é o desamparo. É justamente em virtude de uma aporia, de um impasse, inerente à sua condição que o homem trágico deve se engajar na luta, partindo de seu desamparo fundamental, e não daquilo que ele sabe, seguindo os passos da ironia trágica de Sófocles, na *Antígona*: "Há muitas maravilhas, mas nenhuma/ é tão maravilhosa quanto o homem" (Kury,

1997, vv. 385-386, p. 210), no entanto, "(...) contra a morte clamará/ em vão por um socorro (...)" (Kury, 1997, vv. 413-414, p. 210). De maneira semelhante, Schopenhauer também ilustra, com os versos de Lord Byron, a consciência trágica assim: "Dor é Conhecimento: os que mais sabem/ Devem suportar o duelo mais profundo desta fatal Verdade/A árvore do conhecimento não é a árvore da vida" (Schopenhauer citado por Philonenko, 1989, p. 49-50). E, ainda, Freud ao dizer que capaz das mais ousadas e nobres realizações, diante da morte o homem se encontra sem recursos, desamparado – esta é a sua condição trágica.

Um dos fortes propósitos de Freud, em *O futuro de uma ilusão*, é mostrar a importância de um passo à frente no devir humano em direção à ultrapassagem da condição de "sua majestade o bebê" que irá inserir o homem no princípio da realidade:

> Mas não há dúvida de que o infantilismo está destinado a ser superado. Os homens não podem permanecer crianças para sempre; têm de, por fim, sair para a "vida hostil". Podemos chamar isso de '*educação para a realidade*'. Precisarei confessar-lhe que o único propósito de meu livro é indicar a necessidade desse passo à frente? (...) *E quanto às grandes necessidades do Destino, contra as quais não há remédio, aprenderão a suportá-las com resignação.* De que lhes vale a miragem de amplos campos na Lua, cujas colheitas ainda ninguém viu? Como honestos arrendatários nessa Terra, aprenderão a cultivar seu terreno de tal modo que ele os sustente. (Freud, 1927/1976, p. 64). (Grifo nosso).

O amadurecimento psíquico se dá graças à internalização do princípio da realidade, responsável pelo estabelecimento do compromisso entre a lei e a aspiração ao prazer, tendo como atribuições a percepção do possível e do razoável, isto é, a percepção de que estamos fadados a enfrentar os efeitos que a natureza indomada, o destino, nos inflige: o nosso desamparo, a dependência do outro, a nossa constituição psíquica, as doenças, a degradação psíquica e corporal, e o penoso enigma da morte, "contra o qual remédio algum foi encontrado e provavelmente nunca será" (Freud, 1927/1976, p. 27). Freud nutre a expectativa de que a introjeção do princípio da realidade possa se sobrepor às nossas ilusões: "Ninguém, no entanto, alimenta a ilusão de que a natureza já foi vencida, e poucos se atrevem a ter esperanças de que um dia ela se submeta inteiramente ao homem" (Freud, 1927/1976, p. 27).

Em *O futuro de uma ilusão*, Freud explicita que a função do tratamento psicanalítico é a de "reconciliar os homens com a civilização" (Freud, 1927/1986, p. 59), servindo-se de seus métodos que visam "substituir os efeitos da repressão pelos resultados da operação racional do intelecto" (Freud, 1927/1986, p. 58). Programa esse efetivamente interligado às apostas acerca das conquistas civilizatórias da ciência que o conduzem a conferir, neste momento, um lugar de soberania à razão sobre as pulsões: "A primazia do intelecto sobre a vida pulsional é um dos poucos pontos sobre o qual se pode ser otimista a respeito do futuro da humanidade, e, em si mesmo, não é de pequena importância. E dele se podem derivar ainda outras esperanças". Em seguida, porém, Freud efetua certa hesitação e descrença ao dizer que essa relação de poder entre a razão e as pulsões está "num futuro muito distante, mas, provavelmente, não num futuro *infinitamente* distante" (Freud, 1927/1976, p. 68).

Freud se refere ao par *Logos*[23] e *Ananke*[24], razão e necessidade, em diversas passagens de sua obra com as mais diversas roupagens, conforme o momento teórico-clínico. Assim, *Ananke* é sinônimo de realidade exterior, de leis da natureza, de necessidade da vida e também é articulada com a morte. No contexto do ensaio sobre Da Vinci, 1910, *Ananke* ocupa o lugar de leis da natureza, conforme diz Freud ao se referir a Leonardo: "As reflexões que encerram a profunda sabedoria dos últimos anos de sua vida exalam a resignação do homem que se submete à *Ananke*, às leis da natureza, e que nenhuma misericórdia espera da bondade ou da graça divina" (Freud, 1910/1976, p. 114). Em 1913, em *Totem e tabu*, Freud aponta para a mesma direção ao conceber que a fase científica do homem corresponde ao estado de maturidade em que ele renuncia ao princípio do prazer, resigna-se ante a morte e submete-se a todas as

23 *Logos* pode significar, entre outras coisas, "palavra, máxima, argumento, razão, inteligência, juízo" (Isidro Pereira, 1984, p. 350); *Logos* "reúne numa só palavra quatro sentidos: linguagem, pensamento ou razão, norma ou regra, ser ou realidade íntima de alguma coisa" (Chaui, 2002, p. 504).

24 *Ananke* tem os sentidos de "necessidade, destino, miséria, sofrimento, cárcere" (Pereira, 1984, p. 37); Necessidade indica os laços de sangue que determinam o destino individual pelos laços do parentesco, da família, e da estirpe; a necessidade significa que não se pode negar a origem e o destino que ela impõe a alguém; lei da natureza; opõe-se ao acaso (Chaui, 2010, p. 344).

outras necessidades da natureza (Freud, 1913/1976, p. 111). É a fase que impõe ao homem certa renúncia ao narcisismo e à onipotência.

Em 1920, no *Além do princípio do prazer*, texto especulativo de Freud, *Ananke*, necessidade, é descrita como a implacável e soberba lei natural, (Freud, 1920/1976, p. 64). Assim, "*Ananke* traduz o estabelecimento de uma realidade despojada de toda ilusão" (Carvalho, 1973, p. 35). Freud opõe a um mundo interior, que procura satisfação por meio da ilusão, um mundo exterior que progressivamente impõe ao homem, através da percepção, o princípio da realidade. E, o ingresso do homem na realidade acarreta a aceitação da sua própria morte. Se, as pulsões de auto conservação têm a função de assegurar ao ser vivo seu caminho peculiar para a morte, eliminando qualquer acaso, como diz Freud: "o organismo deseja morrer apenas do seu próprio modo" (Freud, 1920/1976, p. 57), *Ananke* afirma sua existência e soberania. Contudo, desde o homem primitivo, a aceitação resignada da própria morte tem sido "tão inimaginável e irreal como ainda o é hoje para cada um de nós" (Freud, 1915c/1976, p. 331) porque o "homem das eras pré-históricas sobrevive inalterado em nosso inconsciente" (Freud, 1915c/1976, p. 335). A admissão da "implacável lei natural" está diretamente atrelada à aceitação, por parte do homem, de sua própria natureza. Assim, num movimento de idas e vindas próprio do pensamento freudiano, retornamos à alusão, presente em *Totem e tabu*, sobre o par divino *Logos/Ananke* e sobre a ideia de que a tarefa acima mencionada é executada pela visão científica do mundo, em que a onipotência do desejo é atribuída, não mais aos deuses ou aos homens, mas à natureza. Com o estabelecimento da trindade *Eros, Thânatos e Ananke*, o pensamento freudiano, ao se referir à natureza, se apresenta vinculado ao corpo pulsional.

Em 1924, n'*O problema econômico do masoquismo*, Freud comenta sobre sua concordância com o poeta holandês Multatuli, que substituiu a moira, deusa grega do destino, *heimarméne*, pelo par indissolúvel *Logos* e *Ananke*, "razão, necessidade" (Freud, 1924/1976, p. 210). Ao fazer essa articulação, Freud pretende relativizar ambas as figuras e toma o cuidado de não reduzir, na investigação dos fenômenos inconscientes, nenhum dos dois termos desse par ao outro.

Em *O futuro de uma ilusão*, o tema da realidade se liga à *Ananke*, que, nas palavras de Freud, "Foi vislumbrado pelo povo mais dotado da Antiguidade como um poder superior aos próprios deuses" – as moiras (Freud, 1927/1976, p. 29). Nesse artigo, a emblemática expressão "deus-*logos*" consta como um dispositivo civilizatório, mas com limitações: "Nosso Deus, *Logos*, atenderá todos nossos desejos que a natureza exterior (*Ananke*) permita", mas "o fará de modo muito gradativo, num futuro imprevisível e para novas criaturas humanas. Não oferece compensação para nós que sofremos penosamente com a vida"; e enfatiza que "à longo prazo, nada poderá resistir à razão e à experiência" (Freud, 1927/1976, p. 68). Num movimento de hesitação e oscilação, podemos pensar que a reflexão freudiana posiciona *Ananke* impulsionando *Logos*, contrapondo-se à ideia de que a razão teria pleno poder de domínio e de entendimento sobre a natureza. Mais adiante, Freud subtrai a onipotência da razão: "O nosso deus, *Logos*, talvez, não seja um deus muito poderoso, e poderá ser capaz de efetuar apenas uma pequena parte do que seus predecessores realizaram (...)" (Freud, 1927/1976, p. 69).

Ao refletir sobre a evolução da família e retomar as hipóteses de *Totem e tabu*, Freud explicita, em *O mal-estar na civilização*, o duplo fundamento da vida humana em comunidade: o poder do amor e do trabalho, imposto pelas necessidades exteriores. Assim, *Eros* e a inconstante *Ananke* se convertem nos genitores da cultura humana com vias de facilitar a vida em comunidade a um maior número de seres (Freud, 1930/1976, p. 121). O amor, força erótica que impulsiona o sujeito para a busca de outros objetos sexuais fora de si, ou quando inibida em relação ao objetivo, alimenta a amizade, contribui na formação de grupos de autoridade e afeição tão fundamentais como a família. Porém, o amor é ao mesmo tempo genitor e inimigo da civilização: "De um lado, o amor se coloca em oposição aos interesses da civilização; de outro, esta ameaça o amor com restrições substanciais" como os tabus, as leis e os costumes. (Freud, 1930/1976, p. 123). Além disso, um número pequeno de pessoas "acha-se capacitada, por sua constituição, a encontrar felicidade no caminho do amor" (Freud, 1930/1976, p. 122).

O mal-estar na civilização é um texto trágico em que Freud se avizinha de Schopenhauer, pois se esse tem como máxima "Toda vida é sofrimento", Freud também irá considerar que "o desejo de que o homem 'seja feliz' não se acha incluído no plano do 'Criador'" (Freud, 1930/1976, p. 95). O destino do homem está mais próximo da infelicidade que deriva de muitas fontes, como, de um mundo sem Providência, de uma cultura sem tolerância, e, sobretudo, da natureza insaciável das pulsões humanas: "nossas possibilidades de felicidade sempre são restringidas por nossa própria constituição. Já a infelicidade é muito mais fácil de experimentar" (Freud, 1930/1976, p. 95). Sem deuses, abandonados ao desamparo fundamental que caracteriza a existência humana, é no campo da ética que se trava a batalha decisiva da civilização. E, Freud se recusa a proclamar a existência de soluções ou a se erigir como profeta diante de seus semelhantes. Ao contrário, ele aponta que cada um terá que encontrar seu próprio caminho para enfrentar a dureza da vida, e adverte que nenhum caminho levará a realização plena dos desejos: "Não existe uma regra de ouro que se aplique a todos: todo homem tem de descobrir por si mesmo de que modo específico ele pode ser salvo" (Freud, 1930/1976, p. 103), de acordo com sua economia libidinal, pois "a felicidade é algo essencialmente subjetivo" (Freud, 1930/1976, p. 108). Dentre os diversos fatores que concorrem nesta empreitada para a obtenção de uma vida razoável, a nossa constituição psíquica desempenha um papel decisivo e não garante jamais o êxito, que "depende da convergência de muitos fatores, talvez mais do que qualquer outro, da capacidade da constituição psíquica em adaptar sua função ao meio ambiente e então explorar esse ambiente em vista de obter um rendimento de prazer" (Freud, 1930/1976, p. 103).

Joel Birman reafirma a não existência, na psicanálise, de "um projeto genérico de felicidade, isto é, que seja amplo, geral e irrestrito" (2005, p. 94), como acreditava o pensamento iluminista do século XVIII, pois a felicidade "estaria na dependência estrita da singularidade de cada economia psíquica. Seria isso, enfim, a marca inconfundível da poética trágica presente no discurso freudiano. Essa foi retomada agora numa outra retórica conceitual, certamente, mas que relançou a intuição inaugural lançada na Psicoterapia da histeria" (Birman, 2005, p. 94).

Em *O mal-estar*, Freud indaga sobre o propósito da vida do ser humano: "A questão do propósito da vida humana já foi levantada várias vezes; nunca, porém, recebeu resposta satisfatória e talvez não a admita" (Freud, 1930/1976, p. 94). Ele reafirma o conflito entre o princípio do prazer e as restrições da sociedade:

> (...) o que decide o propósito da vida é simplesmente o programa do princípio do prazer. Esse princípio domina o funcionamento do aparelho psíquico desde o início. Não pode haver dúvida sobre sua eficácia, ainda que o seu programa se encontre em desacordo com o mundo inteiro, tanto com o macrocosmo quanto com o microcosmo. Não há possibilidade alguma de ele ser executado; todas as normas do universo são-lhe contrárias (Freud, 1930/1976, pp. 94-95).

Ao elencar as três fontes de sofrimento humano, Freud identifica que a fonte predominante é aquela oriunda do relacionamento mútuo entre os seres humanos: na família, na amizade, no Estado e na sociedade: "é o menos fatidicamente inevitável do que o sofrimento oriundo de outras fontes" e, por isso, "é mais penoso do que qualquer outro" (Freud, 1930/1976, p. 95). A psicanálise se apresenta como uma tentativa terapêutica de lidar com esse que é um dos pontos mais dolorosos para que a civilização possa ser erguida e mantida: o do convívio entre os seres humanos. O paradoxo ainda o acompanha, ao relembrar que, no convívio em sociedade, o homem busca a proteção, a felicidade e o prazer, porém encontra a crueldade e o sofrimento:

> (...) nossa civilização é em grande parte responsável por nossa desgraça e seríamos muito mais felizes se a abandonássemos e retornássemos às condições primitivas. Chamo esse argumento de espantoso porque, seja qual for a maneira por que possamos definir o conceito de civilização, constitui fato incontroverso que todas as coisas que buscamos a fim de nos protegermos contra as ameaças oriundas das fontes de sofrimento, fazem parte dessa mesma civilização (Freud, 1930/1976, pp. 105-106).

A nossa liberdade não é um dom da civilização, ao contrário, à medida que a civilização se desenvolve mais restrições são impostas à liberdade. Há um conflito irreconciliável entre as reivindicações do indivíduo e as culturais. O homem vive, portanto, em estado de sítio; vive sitiado pela morte. Na medida em que constitui uma reação contra a morte, a cultura obriga o homem a declarar uma guerra muitas vezes desumana contra esse inimigo invencível. A *práxis* da psicanálise pretende incidir exatamente no ponto em que a morte parece colocar a vida em perigo. A cultura – e a psicanálise é cultura – surge como uma reação que se eleva acima da própria vida, mesmo que não esteja totalmente desvinculada da morte. Fica claro, mais uma vez, que os termos "civilização" ou "cultura", para Freud, não é sinônimo de "aperfeiçoamento, de que constitui a estrada para a perfeição, pré-ordenada para os homens" (Freud, 1930/1976, p. 117).

A segunda fonte de sofrimento se origina da fragilidade de nosso próprio corpo, condenado à decadência e à dissolução. E, a terceira, do poder superior da natureza, que nunca dominaremos completamente, aí incluídos nosso organismo corporal e o mundo exterior, que pode se voltar contra nós com forças de destruição esmagadoras e impiedosas. Esse reconhecimento nos orienta para uma ação realista no mundo ao iluminar que se não é possível mitigar plenamente o sofrimento, podemos pelo menos atenuá-lo, levando em conta a existência de uma parcela de natureza inconquistável – uma parte de nossa própria constituição psíquica.

Freud acaba por admitir, em *O mal-estar*, a existência da potência de destruição no ser humano. Nosso corpo, ao pretender evitar a morte, desvia a pulsão de morte para fora e, desse modo, o ataque destrutivo é dirigido contra os objetos. Com a noção de pulsão de morte, que traduzimos por destruição voltada para o próprio sujeito, e, quando exteriorizada, dirigida para o objeto, Freud inscreve a violência como um forte elemento no aparelho psíquico. Pulsão de morte que inclui não só o retorno ao inorgânico, como o prazer na destruição de si mesmo e do outro.

A pulsão de morte, de destruição, é considerada uma disposição primária do ser humano, de caráter silencioso, e o grande obstáculo à civilização, essa que tende a reunir indivíduos, famílias, nações com vistas a uma grande unidade que seria a humanidade. A civilização fica, portanto, a serviço de *Eros*, que tende à unificação, à indiferenciação. Assim, a pulsão de morte é anticivilizatória para Freud: "Adoto, portanto, o ponto de vista de que a inclinação para a destruição constitui, no homem, uma disposição instintiva original e auto-subsistente, e retorno à minha opinião de que ela é o maior obstáculo à civilização" (Freud, 1930/1976, p. 144). Assim, há uma luta incansável entre *Eros* e a Morte.

Nesse contexto de destrutividade, Freud (1930/1976, p. 133), assim como Schopenhauer (2005, p. 212), se alia a Hobbes, ao confirmar que o próprio indivíduo é o inimigo potencial da civilização. A máxima hobbesiana, contida no *Leviatã: "homo homini lupus"* é assimilada, textualmente, por ambos os autores em suas obras.

O ser humano, portanto, traz consigo um potencial destrutivo. O destino de cada homem é a consciência de si mesmo como o próprio inimigo e como o inimigo do outro, do qual depende. Sua tendência é explorar, infligir dor, roubar, humilhar, matar, escravizar, torturar e transformar a si mesmo e o outro em objeto sexual. Assim, Freud declara não só a onipresença da pulsão de morte, como também sua autonomia. Reconhecer uma pulsão destrutiva é reconhecer a maldade fundamental e irredutível existente no ser humano. Não se trata mais de uma sexualidade que, regida pelo princípio do prazer, lança mão da agressividade para atingir seu objetivo, mas sim de "uma disposição pulsional autônoma, originária do ser humano" (Freud, 1930/1976, p. 117). A pulsão de morte estaria na origem de uma necessidade humana de praticar o mal pelo mal.

Ao refletir sobre o destino das inclinações recalcadas, a preocupação de Freud, assentada no estudo clínico, indica que os conteúdos recalcados ou as pulsões não satisfeitas não se aquietam de uma maneira que, talvez, mais nos conviesse. Desta forma, Freud não esconde seus temores quanto ao futuro da humanidade, já que nada garante que *Eros* triunfará sobre *Thânatos*. Ao final de *O mal-estar* apresenta seu receio e incerteza:

> A questão fatídica para a espécie humana parece-me ser a de saber se, e até que ponto, seu desenvolvimento cultural conseguirá dominar a perturbação de sua vida comunal causada pela pulsão humana de agressão e autodestruição. (...) Os homens adquiriram sobre as forças da natureza um tal controle que, com sua ajuda, não teriam dificuldades em se exterminarem uns aos outros, até o último homem. (...) Agora só nos resta esperar que o outro dos dois 'Poderes Celestes', o eterno Eros, desdobre suas forças para se afirmar na luta com seu não menos imortal adversário. Mas quem pode prever com que sucesso e com que resultado? (Freud, 1930/1976, pp.170-171).

Freud cita Heine, que se permite "expressar verdades psicológicas severamente proscritas", ao confessar ironicamente:

> Minha disposição é a mais pacífica. Os meus desejos são: uma humilde cabana com um teto de palha, mas boa cama, boa comida,

> o leite e a manteiga mais frescos, flores em minha janela e algumas belas árvores em frente de minha porta; e, se Deus quiser tornar completa a minha felicidade, me concederá a alegria de ver seis ou sete de meus inimigos enforcados nessas árvores. Antes da morte deles eu, tocado em meu coração, lhes perdoarei todo o mal que em vida me fizeram. Deve-se, é verdade, perdoar os inimigos – mas não antes de terem sido enforcados (Freud, 1930/1976, p. 132).

Freud reconhece, também, a fortíssima influência do mundo social e de uma violência externa, que perpetua uma ordem social injusta, gera ressentimentos e incita atos de violência individual ou coletiva pelos quais a própria sociedade é responsável. Ele insiste que a sociedade adote uma abordagem mais realista das pulsões destrutivas, as quais causariam menos danos à civilização se fossem mais bem compreendidas. Mas essa admissão tem se mostrado dolorosa e difícil, persistindo a negação e a repressão maciças da função dessas pulsões na vida humana e nas sociedades.

Diferentemente de Schopenhauer, Freud revela que a proposta de ascese, a paz do nirvana – paz perpétua, resignação absoluta, eterno repouso, aniquilamento completo do querer, dissolução total do eu, da subjetividade – como forma de enfrentamento de uma existência trágica é impossível no homem de desejo. Freud se refere à ação do princípio de inércia ou nirvana, nível zero de investimento, retorno ao seio divino, recusa da condição desejante, tendência última à supressão da tensão interna provocada pelas excitações visando à imobilidade e à coagulação, como expressão da pulsão de morte: "O princípio de *Nirvana* expressa a tendência da pulsão de morte; o princípio do *prazer* representa as exigências da libido, e a modificação dele; o princípio de *realidade*, a influência do mundo externo" (Freud, 1924/1976, p. 201). E, o discurso freudiano institui as formas pelas quais o sujeito insiste em afirmar o seu desejo contra a pulsão de morte que o habita. O estado de perfeito equilíbrio é encontrado apenas no mundo inorgânico, antes de a vida ter feito sua emergência. Uma vez tendo produzido o desvio – a vida –, seu destino natural não pode ser outro senão o retorno ao inanimado. Desse modo, a pulsão sexual e o instinto sexual são ordens emergentes a partir de um estado anárquico que seria a vida em seus começos. Para Freud, a vida é, sobretudo, perturbação; e o que é perturbado é a quietude do inorgânico, espécie de paraíso perdido ao qual tende a própria vida. O princípio de Nirvana corresponde à desvitalização psíquica, já que a vida em si é vista como rompedora da paz.

Freud nutre a esperança de que o homem pode atenuar seu sofrimento se ele for capaz de obter *certo* controle sobre as fontes internas pulsionais mediante a instauração do princípio de realidade como contraponto ao princípio do prazer:

> (...) podemos ter esperanças de nos libertarmos de uma parte de nossos sofrimentos, agindo sobre as pulsões. Esse tipo de defesa contra o sofrimento se aplica mais ao aparelho sensorial; ele procura dominar as fontes internas de nossas necessidades. A forma extrema disso é ocasionada pelo aniquilamento das pulsões, tal como prescrito pela sabedoria do mundo peculiar ao Oriente e praticada pelo ioga. Caso obtenha êxito, o indivíduo, é verdade, abandona também todas as outras atividades: sacrifica a sua vida e, por outra via, mais uma vez atinge apenas a felicidade da quietude. (Freud, 1930/1976, p. 98).

Em continuidade Freud reitera que a moderação das expectativas, da busca de prazer é um meio para o sujeito alcançar certo domínio sobre as pulsões, de forma que a vida psíquica não seja tão exigida e sacrificada, e ele possa ora afirmar e ora renunciar ao seu desejo, Freud reafirma as vantagens do ingresso no princípio da realidade:

> Seguimos o mesmo caminho quando os nossos objetivos são menos extremados e simplesmente tentamos *controlar* nossa vida pulsional. Nesse caso, os elementos controladores são os agentes psíquicos superiores, que se sujeitaram ao princípio da realidade. Aqui, a meta da satisfação não é, de modo algum, abandonada, mas garante-se uma certa proteção contra o sofrimento no sentido de que a não satisfação não é tão penosamente sentida, no caso das pulsões mantidas sob dependência como no caso das pulsões desinibidas. Contra isso, existe uma inegável diminuição nas potencialidades de satisfação. O sentimento de felicidade derivado da satisfação de um selvagem impulso instintivo não domado pelo ego é incomparavelmente mais intenso do que o derivado da satisfação de uma pulsão que já foi domada. A irresistibilidade das pulsões perversas, e, talvez, a atração geral pelas coisas proibidas encontram aqui uma explicação econômica. (Freud, 1930/1976, p. 98).

O princípio de realidade é a ponte que cada sujeito tem que atravessar para acessar a atenuação do sofrimento. A formação de um Eu também exige a quebra da indiferenciada "célula narcísica", o que implica sofrer a perda do paraíso, do reencontro com o ventre materno – refúgios mortíferos. É, pois, a perda do objeto que funciona como prova da realidade.

Freud diz que, em geral, a tarefa de evitar o sofrimento coloca a de obter o prazer em segundo plano. E comenta que a realização dessa tarefa pode ser feita por muitos caminhos diferentes "recomendados pelas diversas escolas de sabedoria secular e postos em prática pelos homens" (Freud, 1930/1976, p. 96). Nesse registro, a proposta de temperança no prazer em troca da atenuação do sofrimento nos remete à escola estoica seguindo as últimas palavras escritas pelo biógrafo Peter Gay ao considerar Freud um pensador "estoico": "O velho estoico conservou o controle de sua vida até o fim" (Gay, 1989, p. 587). E, o sentido da palavra estoicismo é "A coragem de suportar a dor, a infelicidade, as privações, sob a aparência de indiferença" (J.-B. Gourinat, J. Barnes, 2013, p. 16). Freud luta por mais de quinze anos contra um câncer até que finalmente aceita serenamente o inevitável. Numa carta a Fliess, Freud se refere à sua atitude de "resignação perante o destino" (Gay, 1989, p. 587), imagem estoica, perante aquele momento em que todos nós temos que deixar a vida – complacência diante do inelutável: "Enfim, de que nos vale uma vida longa se ela se revela difícil e estéril em alegrias, e tão cheia de desgraças que só a morte é recebida como uma libertação?" (Freud, 1930/1976, p. 108). Essa ideia tende a supor que o estoico é fatalista, o que, porém, não corresponde ao estoicismo que combate e refuta o fatalismo em nome de uma compreensão do que seja o destino, distinção feita anteriormente.

A consideração de Gay aproxima Freud de Schopenhauer que se orienta pela ética estoica no uso prático da razão, conforme mostrado no segundo capítulo. Sófocles também versa sobre o mesmo tema na abertura do cântico do coro ao acompanhar os últimos passos de Édipo rumo ao bosque de Colono: "Quem não se satisfaz com um quinhão/normal de vida e deseja um maior,/parece-me em verdade um insensato./Dias sem número nunca reservam/a ninguém nada mais que dissabores/mais próximos da dor que da alegria" (Sófocles, 1997, vv.

1421-26, p. 167; Lacan, 2008a, p. 284). Lado a lado a Gay, Guyomard assinala que "Freud não consegue pensar em sua vida sem que ela tenha um limite. Um limite além do qual, por excesso, tornar-se-ia pura infelicidade" (Guyomard, 1996, p. 72).

A tragédia grega foi fonte de inspiração para a escola estoica que diante da constatação de que o homem é um ser passional e insensato se ocupou de refletir sobre as formas dele tentar evitar os possíveis estragos e sofrimentos que a paixão poderia nele provocar, ou melhor, sobre as formas de o homem se pôr de acordo consigo mesmo, com os outros e com a sua natureza interna. E a razão modela a tendência como um artesão modela o barro ou o bronze, conferindo-lhe um sentido, isto é, uma certa ordem, como diz Diógenes de Laércio: "a razão é o artesão acrescentado à tendência" (Diógenes de Laércio, 1987, p. 85). O elemento trágico, para os estoicos, é o efeito das paixões sobre o homem. O sábio estoico Sêneca (IV a.C.-65 d.C.), preocupado em administrar as paixões humanas, o conflito entre o querer e o poder, entre o desejo e a racionalidade, se utiliza de peças com urdidura trágica como advertência para o desespero que pode acometer o homem ao se deixar dominar pelas paixões, ao ser incapaz de impor limites aos ardores do coração. Porém, os estoicos não preconizam a total erradicação de movimentos na alma, e sim a modificação moderada dos movimentos irracionais pelos racionais. Não acreditam no domínio absoluto da razão sobre as paixões nem na "aniquilação dos sentimentos da alma, mas nos bons sentimentos (*eupátheiai*) que se caracterizam por serem impulsos racionais, e que por isso se encaixariam muito mais no ideal de *ataraxia* (a imperturbabilidade da alma) do que no de *apatia*" (Drayfine T. Moura, 2012, p. 124). O determinismo estoico não conduz a um estado passivo de resignação, mas à reflexão cuidadosa de nossas aptidões e de nossas limitações (Frede, 2006, p. 227), com o fim criar a disposição para vivermos em conformidade com a natureza. Sêneca, no que diz respeito ao controle das paixões pela razão, atesta no *De ira* a dificuldade de delimitar as fronteiras entre a razão e a paixão na teoria estoica: "a paixão e a razão não ocupam lugares particulares e separados, são apenas modificações do espírito, para o bem e para o mal" (Sêneca, 1977, livro III-8).

Prosseguindo com sua reiteração acerca do conflito entre *Eros* e *Thanatos*, numa carta em resposta a Albert Einstein, que havia indagado sobre o que levariam os homens à guerra, do ponto de vista da psicanálise, Freud responde atribuindo uma continuidade entre o mito e a ciência: "Talvez ao senhor possa parecer serem nossas teorias uma espécie de mitologia e, no presente caso, mitologia nada agradável. Todas as ciências, porém, não chegam, afinal, a uma espécie de mitologia como esta? Não se pode dizer o mesmo, atualmente, a respeito de sua física?" (Freud, 1933/1976, p. 254). A "mitologia nada agradável" a que Freud se refere é sua teoria do conflito interminável entre *Eros* e *Thânatos*:

> De acordo com nossa hipótese, as pulsões humanas são apenas de dois tipos: aquelas que tendem a preservar e a unir – que denominamos eróticas, exatamente no mesmo sentido que Platão usa a palavra "Eros" em seu *Symposium*, ou "sexuais", com uma deliberada ampliação da concepção popular de "sexualidade" –; e aquelas que tendem a destruir e matar, as quais agrupamos como pulsão agressiva ou destrutiva (Freud, 1933/1976, p. 252).

Desde 1905, n' *Os três ensaios*, Freud já havia se referido a nós como seres aberrantes, desviantes da natureza, provocadores de uma série de rupturas, muitas vezes violentas e, ao mesmo tempo, grandiosamente simbólicas. Na referida carta trata da nossa relação com os animais e em sua resposta, Freud deixa clara sua mensagem sobre nós, humanos, como seres com um destino inevitável de conflito, barbárie e sofrimento.

Por que a guerra? ou, mais precisamente, haveria uma forma de livrar a humanidade da ameaça da guerra? – eis outra questão de Einstein, contida na carta citada acima, que Freud responde: "O senhor começou com a relação entre o direito e o poder. Não se pode duvidar de que seja este o ponto de partida correto para nossa investigação. Mas, permita-me substituir a palavra 'poder' pela palavra mais nua e crua 'violência'" (Freud, 1933/1976, p. 246). Estamos podendo notar que Freud tece uma série de considerações sobre o surgimento da violência na psique, ou seja, da pulsão destrutiva como inevitável nos caminhos constitutivos da psique, até o fim de sua obra.

O mérito de Freud consiste em se preocupar com a ação da morte na vida psíquica representando-a, hipotética ou metapsicologicamente, com a pulsão de morte – nosso desejo de matar e de morrer. Sem o valor estoico de Freud, que sempre tratou das limitações humanas com extrema lucidez e sem ilusões de cura, muitos dos seus seguidores rejeitaram a pulsão de morte.

Na XXXV das *Novas Conferências Introdutórias*, em que Freud aborda a questão da *Weltanschauung*, ele volta a assinalar as contribuições e os limites do pensamento racional no processo civilizatório. Advém a cumplicidade entre o modo de conhecimento derivado da psicanálise e os procedimentos da ciência:

> O pensar científico não difere, em sua natureza, da atividade normal do pensamento que todos nós, crentes ou incréus, empregamos ao cuidar de nossos assuntos na vida corrente. Ela apenas desenvolveu determinados aspectos: interessa-se por determinadas coisas, conquanto estas não tenham uso imediato, tangível; procura evitar, cuidadosamente, fatores individuais e influências afetivas; examina mais rigorosamente a credibilidade dos sensos de percepção nos quais baseia suas conclusões; equipa-se com novas percepções que não se podem obter pelos meios habituais e isola os fatores determinantes dessas novas experiências em experimentações modificadas deliberadamente. (Freud, 1933a/1976, p. 207).

De um lado, Freud afirma que o intelecto, ou, a razão "está entre os poderes que mais esperamos vir a exercer uma influência unificadora sobre os homens – sobre os homens que são tão difíceis de manter unidos e tão difíceis de governar" (Freud, 1933a/1987, p. 208); em relação ao domínio das pulsões diz que "Nossa maior esperança para o futuro é que o intelecto – o espírito científico, a razão – possa, com o decorrer do tempo, estabelecer seu domínio sobre a vida psíquica do homem" (Freud, 1933a/1976, p. 208). Por outro, lembremos que o deus-*logos* de Freud não é um deus todo-poderoso, como ele próprio afirma (Freud, 1927/1976, p. 69). Assim, Freud relativiza a ação da razão sobre as pulsões.

Nesta conferência Freud considera que "a psicanálise é incapaz de criar uma *Weltanschauung*", mas que ela "pode aderir à *Weltanschauung* científica" (Freud, 1933a/1976, p. 220), embora pondere que a ciência "porém, dificilmente merece um nome tão grandiloquente, pois não é capaz de abranger tudo, é muito incompleta e não pretende ser auto-suficiente e construir sistemas" (Freud, 1933a/1976, p. 220). E acrescenta que "Nenhum menosprezo à ciência pode alterar o fato de que ela está procurando levar em conta nossa dependência do mundo externo real" (Freud, 1933a/1976, p. 212).

Eis então que emerge, como elemento mediador, a função da arte. Freud descreve que o cientista "trabalha como um escultor no seu modelo de argila, o qual, incansável, modifica o esboço primitivo, remove, acrescenta, até chegar àquilo que sente ser um satisfatório grau de semelhança com o objeto que vê ou imagina" (Freud, 1933a/1976, p. 211). O trabalho do escultor é equiparado ao percurso da metapsicologia, que Freud jamais cessa de burilar, alterar e complementar, mas sem a pretensão de um acabamento conclusivo, de uma síntese final, ou, como ele próprio insiste, de constituir um sistema autossustentável de apreensão simbólica da totalidade da experiência pulsional humana. Freud não discute a ideia de uma cosmovisão fundada na experiência artística. A arte, afirma ele, "quase sempre é inócua e benéfica". Por não tentar "invadir o terreno da realidade" (Freud, 1933a/1976, p. 196) a arte não dá origem a uma visão de mundo e, no mais das vezes, "não procura ser nada mais do que uma ilusão" (Freud, 1933a/1976, p. 196).

Em *Análise terminável e interminável,* de 1937, Freud sintetiza que a *práxis* psicanalítica não se inscreve nem num projeto terapêutico de caráter científico, inspirado no paradigma da medicina, nem num projeto terapêutico de salvação de natureza religiosa. Sem promessas de cura e sem certezas, a psicanálise auxilia o sujeito a conviver com sua intransponível situação de desamparo e a inventar um estilo de vida condizente com a singularidade do seu desejo.

Após este longo percurso no pensamento freudiano, voltemos à ligação, entre o acaso e as pulsões, estabelecida por Garcia-Roza. Para este autor "a pulsão de morte deve ser entendida como vontade de destruição direta, o que não significa tampouco agressividade (esta seria um efeito)" (Garcia-Roza, 1990, p. 131). Ele acredita que a vontade de destruição não pode ser entendida como a encarnação do mal, como a afirmação de um niilismo fundamental implícito na teoria freudiana, embora outros pensadores não tenham o mesmo ponto de vista. O autor ressalta que "a verdadeira morte – morte do desejo, da diferença – sobrevém por efeito de *Eros* e não da pulsão de morte" (Garcia-Roza, 1990, p. 137). A pulsão de morte como atuação disjuntiva impede a perpetuação de formas ou uniões constituídas por *Eros*. Ora, se o desejo é pura diferença, o projeto de *Eros* seria eliminá-la numa indistinção final que seria a humanidade. Desse modo, a pulsão de morte é também criadora, e não apenas conservadora, ao impor novos começos em vez de reproduzir sempre o mesmo.

Neste registro, em Lacan, a pulsão de morte é antinatural, visto que provoca na natureza e na cultura a emergência de novas formas: "Vontade de recomeçar com novos custos. Vontade de Outra-coisa" (Lacan, 1997, p. 259). Hyppolite e Lacan concordam em definir "a pulsão de morte como vontade de destruição, se por ela e a partir dela o natural tem que ser recriado, sua identificação com a vontade de destruição é legítima" (Hyppolite e Lacan citados por Garcia-Roza, 1990, p. 135).

Garcia-Roza salienta que a dualidade crucial na psicanálise se encontra entre o que "*é ordenado*", incluídas aí não só a linguagem, como também a representação, e o que "*é exterior à ordem*" (Garcia-Roza, 1990, p. 53), ou seja, as pulsões em estado bruto. Temos, assim, de um lado, o corpo-linguagem e, de outro, "as pulsões, pura potência indeterminada" (Garcia-Roza, 1990, p. 53). No nível das pulsões, o fundamental é a dualidade entre a pulsão de vida e a pulsão de morte, *Eros* e *Thânatos*, e a dualidade entre as pulsões e as representações – correspondente à dualidade ordem e acaso. Essas são as dualidades que nos interessam neste estudo, mas não recobrem, sem dúvida, todos os aspectos em que ocorre sua manifestação na teoria freudiana. É possível incluir a dualidade de princípios, a saber, entre o princípio de prazer e o princípio de realidade; a dualidade tópica, entre o inconsciente e o pré-consciente/consciente, entre os processos primários e os secundários, e, ainda, a dualidade energética, entre a energia livre e a energia ligada.

Freud afirma que as pulsões, nos seus inícios, são anárquicas. Isso quer dizer que seu funcionamento não é integrado, pois cada pulsão, isoladamente, articula uma parte do corpo com um objeto, e essa articulação se faz em função do diferencial prazer-desprazer. O que há, nesse momento, é uma pluralidade de pulsões elementares, um estado de pura dispersão anárquica de energia, um caos original. Energia livre significa inexistência de ligações, ausência de ordem, disjunção. Energia livre e energia ligada correspondem ao acaso e à ordem, respectivamente. Assim, a dominância de energia livre corresponde à prevalência da pulsão de morte.

Esse caos original não se apresenta como um dado inicial que funciona como ponto de partida empírico para a construção da teoria psicanalítica. Ou seja, o estado inicial de pura dispersão é uma referência mítica. A ficção de um estado inicial anárquico, de puro caos de pulsões parciais, de um estado mítico, segundo Freud, não tem a mesma finalidade das narrativas míticas, não propõe uma concepção evolutiva da gênese do universo e também não pretende situar-se no registro da cosmologia desenvolvida pelos físicos da atualidade (Garcia-Roza, 1986, p. 66). A concepção da pulsão como um fundo de acaso que habita a psicanálise se refere ao acaso original ou constituinte, de acordo com a categorização de Rosset exposta no segundo capítulo deste livro.

Em Freud, "as pulsões não são dadas no inconsciente, mas sim presentificadas pelos seus representantes psíquicos" (Garcia-Roza, 1986, p. 105), isto é, aquilo que "encontramos" no inconsciente são os representantes das pulsões parciais (sexuais). Não é a pulsão em si mesma que representa o corpo na psique; ela o faz por meio de seus representantes psíquicos (*Vorstellung* e *Affekt*), conforme nos diz Freud em *O inconsciente*: "A antítese entre consciente e inconsciente não se aplica às pulsões. Uma pulsão nunca pode passar a ser objeto de consciência; somente pode sê-lo a representação (ideia) que é seu representante. Além disso, tampouco no interior do inconsciente pode estar representada, a não ser pela representação (ideia)" (Freud, 1915a/1976, p. 203). Porém, a pulsão de morte não tem propriamente representantes, ela se faz presente silenciosamente como princípio disjuntivo do sexual:

> Não era fácil demonstrar as atividades dessa suposta pulsão de morte. As manifestações de Eros eram visíveis e bastante ruidosas. Poder-se-ia presumir que a pulsão de morte operava silenciosamente dentro do organismo, no sentido de sua destruição, mas isso, naturalmente, não constituía uma prova (Freud, 1930/1976, p. 141).

A pulsão de morte, prossegue Freud, escapa a qualquer detecção, "podemos apenas suspeitá-la, por assim dizer, como algo situado em segundo plano, por trás de Eros" (Freud, 1930/1976, p. 144). Daí Freud considerar que o *não* se encontra presente como princípio de desunião, de disjunção de Eros, e não como *Vorstellung*. A pulsão de morte não é "dada" na psique nem mesmo no inconsciente; ela "não possui representantes ideativos e funciona muito mais como princípio disjuntivo portador da negação pura do que como conteúdo ideativo da psique" (Garcia-Roza, 1986, pp.106-107). Como o próprio Freud afirma, trata-se de uma entidade mítica – *Thânatos*.

Nos primórdios da constituição do aparelho psíquico, o *id* não é um domínio, em razão de não só não haver nele diferenciação alguma, como também não haver nada que se assemelhe a um princípio ordenador. Podemos dizer que há um diferencial prazer-desprazer, todavia ele não define um domínio e muito menos uma ordem. Mais do que um princípio ordenador, o *id* é uma pluralidade de lugares psíquicos, um "Isso" anterior ou exterior a qualquer ordem e a qualquer lei. Portanto, o que há inicialmente é prazer e não princípio de prazer, visto que este seria um efeito da multiplicidade de diferenciais prazer-desprazer, em vez de ser aquilo que os rege (Garcia-Roza, 1986, p. 107). Portanto, a vida psíquica em seus começos compõe-se desses diferenciais em estado de dispersão; nem "sequer poderíamos aplicar a essa subjetividade arcaica o termo 'aparelho'" (Garcia-Roza, 1986, p. 108): um aparelho supõe uma organização, limites, um princípio de funcionamento, enquanto o *id* é inicialmente pura dispersão de excitações oriundas das pulsões. "No entanto, o *Id* já é psíquico, enquanto as pulsões são pré-psíquicas" (Garcia-Roza, 1986, p. 108). Para Freud, os representantes psíquicos da pulsão, e não propriamente a pulsão, são os responsáveis pela ligação, *Bindung*; isso significa que é por meio da ligação que um estado (hipotético) de pura dispersão de excitações dá lugar a uma organização, isto é, ao aparelho anímico. A ideia de ligação ou vinculação nem sempre é empregada de forma unívoca por Freud. Seu aparecimento se dá no *Projeto*, de 1895, e diz respeito a *Q*, quantidade de energia de que um neurônio está investido. Nesse texto, *Q* é também concebida como uma energia física ou como a excitação que percorre um sistema neuronal. A expressão "energia psíquica" só é empregada por Freud em *A interpretação dos sonhos*, momento em que seu pensamento se afasta do naturalismo do *Projeto*.

Não obstante, Garcia-Roza concorde que as indicações iniciais fornecidas por Freud levem a considerar a pulsão um apoio-desvio, ele adverte que essa ideia ocorre apenas num tempo inicial da obra freudiana. Como já foi dito, Garcia-Roza interpreta o conceito de apoio baseado em dois pressupostos e defende a ideia de que a pulsão não é desvio do instinto. De acordo com o primeiro, "a pulsão não é instinto", pressuposto que o autor já considera bem estabilizado. No segundo, faz a afirmação de "que as pulsões são anárquicas" (Garcia-Roza, 1986, p. 20) e, "embora não concorde em que ela seja aplicada indistintamente à pulsão de morte e à pulsão sexual, pretendo defendê-la" (Garcia-Roza, 1986, p. 19). Nesse ponto se localiza a questão principal desse autor, que é saber se a pulsão "é ou não um *desvio* do instinto" (Garcia-Roza, 1986, p. 20). Eis sua sugestão:

> Admitamos que o ser vivo, em suas formas iniciais, embora organizado, não apresentasse padrões fixos de conduta (que seriam os instintos), mas que aquilo a que chamamos de vida consistisse num impulso anárquico produtor de encontros ao acaso. Desses encontros resultariam formas complexas, algumas eficazes (no sentido de serem autoconservadoras) e outras ineficazes (Garcia-Roza, 1986, p. 18).

Essa concepção de que a vida consiste "num impulso anárquico produtor de encontros ao acaso", dos quais resultam formas complexas eficazes e ineficazes, mantém o caráter original da pulsão entendida como acaso e possibilita pensar assim o conceito freudiano de pulsão de morte: "De fato, toda pulsão é pulsão de morte, já que ela não tem por objetivo a autoconservação, a repetição do 'mesmo', mas é, sobretudo, expansão, produção de diferenças, puro lugar da dispersão" (Garcia-Roza, 1986, p. 19).

Garcia-Roza insiste que a psicanálise trata do corpo, mas não do corpo da biologia e, portanto, não de um corpo remetido à condição de desviante da ordem biológica natural. Do ponto de vista psicanalítico, o corpo do recém-nascido é uma matéria sem forma, que pode ser concebida como pura potência indeterminada, pluralidade de intensidades anárquicas a que chamamos de pulsões. As pulsões vão constituir uma nova realidade corporal, irredutível ao natural, ao instintivo. "Não é desvio do natural, mas diferença pura" (Garcia-Roza, 1990, pp.18-19).

Ao considerar que "o instinto seria reativo, enquanto que a pulsão seria atividade pura" (Garcia-Roza, 1986, p. 19), Garcia-Roza pretende pensar a pulsão como pura potência indeterminada, ou seja, defender a ideia de que a pulsão não é desvio do instinto, e sim o lugar do acaso na teoria psicanalítica e mostrar que essa afirmação encontra sua fundamentação na pulsão de morte, que não pertence ao domínio psíquico, em função de estar além do princípio do prazer e do princípio de realidade – ou, como quer Lacan, além da rede de significantes, o que o leva a compará-la ao *automaton* aristotélico, uma vez que a "a pulsão ocupa um outro lugar, situado além da ordem e da lei, além do inconsciente e da rede de significantes, além do princípio do prazer e do princípio de realidade, além da linguagem: é o lugar do acaso" (Garcia-Roza, 1990, p. 127).

Garcia-Roza retoma as primeiras afirmações freudianas sobre o conceito de pulsão de morte, em que Freud é explícito ao afirmar que as pulsões são forças que ele supõe existentes *por trás* do *Isso* e que representam as exigências que o corpo demanda da psique. Portanto, a pulsão é algo que está para além do *Isso* e não algo que o habita.

Em termos psicanalíticos, não seria possível conceber um puro acaso ou uma ordem absoluta. O real não se constitui nem como puro acaso nem como ordem absoluta, mas como diferencial ordem-acaso: um fundo de acaso contra o qual se constituem ordens emergentes. Entretanto, não se trata de imaginar um grande caos original a partir do qual emergiriam conjuntos cada vez mais estáveis até o ponto em que, banido o acaso, não haveria mais do que uma grande ordem. Ordem-acaso não são duas entidades distintas, e sim dois modos do real.

Já foi dito que, em *Além do princípio do prazer*, Freud estabelece a oposição complementar entre a pulsão de vida e a de morte. De um lado, a pulsão sexual é ruidosa e pródiga em nos oferecer seus representantes psíquicos, e, de outro, a pulsão de morte é silenciosa e teima em se ocultar. Além disso, se a pulsão de vida age no sentido de constituir totalidades organizadas podemos dizer que ela representa a ordem, enquanto a pulsão de morte representa o caos-acaso. A pulsão de morte constitui esse fundo-acaso sobre o qual se diferencia a pulsão sexual como ordem. Assim, pulsão sexual e de morte designam, no nível dinâmico e econômico, aquilo que no nível descritivo corresponde à ordem-acaso. Não há pulsão sexual anárquica, pois ela sempre se dá no registro da ordem. Pulsão sexual significa pulsão ordenada, até porque, se fosse anárquica, não haveria como nem por que ser chamada de sexual.

A vida teria surgido por acidente no seio da matéria inerte, conforme fala Freud: "A tensão que então surgiu no que até aí fora uma substância inanimada se esforçou por neutralizar-se e dessa maneira surgiu o primeiro instinto: o instinto de retornar ao estado inanimado" (Freud, 1920/1976, p. 56). Naquela época era fácil a uma substância viva morrer, já que o curso de sua vida era provavelmente breve e, então, o retorno foi empreendido de início com facilidade devido à instabilidade do ser vivo. No entanto, os sobreviventes, que foram beneficiados por condições externas favoráveis, tiveram esse retorno retardado. É esse prolongamento do retorno ao inorgânico que deu lugar às pulsões de conservação. Pulsão de conservação diz respeito, portanto, ao nosso caminhar inevitável para a morte. Sua função "é garantir que o organismo seguirá seu próprio caminho para a morte e afastar todos os modos possíveis de retornar à existência inorgânica que não sejam os imanentes ao próprio organismo" (Freud, 1920/1976, p. 57). Assim, o sexual é uma ordem, ou uma pluralidade de ordens, instituída sobre um fundo pulsional anárquico. O estado de equilíbrio perfeito é encontrado apenas no mundo inorgânico, antes de a vida ter feito sua emergência. Uma vez tendo produzido o desvio – a vida –, seu destino natural não poderia ser outro senão o retorno ao inanimado. Desse modo, a pulsão sexual e o instinto sexual são ordens emergentes a partir de um estado anárquico que seria a vida em seus começos.

Esse estado anárquico original é uma ficção. Esse estado de dispersão absoluta, de pura indiferenciação, é, tanto na esfera da matéria inanimada como na de vida, uma abstração, que não corresponde a nenhum momento real. E, como não existe uma pulsão de morte em si nem uma pulsão de vida em si, falamos em campo pulsional, em um campo constituído de corpos-força que são a pulsão sexual e a pulsão de morte interligadas, como diz Freud: "Se não quisermos abandonar a hipótese das pulsões de morte, temos que supor que estão associadas, desde o início, com as pulsões de vida" (Freud 1920 /1976, p. 78).

Ao postular a pulsão de morte, Freud problematiza os limites do princípio do prazer, e seu referencial, num primeiro momento, não é a morte enquanto destino humano nem a destrutividade, mas a explicitação da compulsão à repetição. Nesse mecanismo, Freud encontra uma comprovação da tendência da pulsão a restabelecer estados anteriores, a voltar ao ponto de partida, o que o leva a supor a existência da pulsão de morte como aspiração de todo ser vivo à morte, em consequência de uma necessidade interna. A pulsão de morte se revela, com a máxima clareza, na compulsão à repetição. Mais do que a pulsão de morte, a morte em si assinala o limite da nossa experiência e o limite do próprio discurso. A morte como limite é o que não pode ser experimentado porque demarca o fim da experiência humana. Nem mesmo podemos ter a experiência da morte do outro, apenas a experiência dos últimos momentos da vida do outro. Portanto, há uma diferença entre a morte como possibilidade última da existência e a pulsão de morte enquanto hipótese metapsicológica, apesar de ambas serem recobertas pelo silêncio. Assim como não podemos falar nada da morte em si mesma, a pulsão de morte permanece igualmente silenciosa. Isso não quer dizer que ambas não se façam presentes na vida – ao contrário, em torno delas construímos nossos fantasmas, nossos mitos, nossas religiões. Em torno da morte erguemos, principalmente, nossas ilusões.

Seguindo Freud em *O ego e o id*, ao considerar que o Isso é uma instância psíquica, Garcia-Roza esclarece que "sem dúvida alguma o Isso é inconsciente – embora não seja *o* inconsciente" (Garcia-Roza, 1990, p. 128), e que há uma distinção entre o Isso e a pulsão, pois "o Isso é, também, uma instância psíquica enquanto a pulsão é extrapsíquica" (Garcia-Roza, 1986, p. 128). O autor salienta que, "sem dúvida alguma, há uma *presença* da pulsão no psiquismo e que as noções de *Triebrepräsentanz* e de *Vorstellungsrepräsentanz* pretendem designar exatamente isto" (Garcia-Roza, 1986, p. 60), ou seja, designar os modos de aparição da pulsão na psique. Garcia-Roza, contudo, diferencia que "uma coisa é o representante da pulsão no psiquismo, outra coisa é a pulsão ela mesma" (Garcia-Roza, 1986, p. 60). Assim, há uma dimensão psíquica que apresenta a pulsão como energia, a que Freud chama de delegação, *repräsentaz*, e a distingue da representação, *vorstellung*, que já é uma ideia de algo e, portanto, já é uma forma derivada daquele índice que anuncia a pulsão como tal. A função de delegação, *repräsentaz*, esvaziada em si mesma de conteúdo, é atribuída ao significante e por meio dela a representação, *repräsentaz*, se articula à pulsão, *trieb*.

Para desenvolver essa questão, Garcia-Roza se utiliza das duas dimensões já mencionadas, a da ordem e a do acaso. Assim, por um lado, na esfera da ordem, temos a pulsão sexual, que obedece ao princípio do prazer, referida ao corpo erógeno, produto da nomeação pelo Outro e, portanto, determinada pelo simbólico. Por outro, na esfera do acaso, temos aquilo que é exterior à ordem da linguagem, ou seja, o acaso, a pulsão de morte referida ao corpo pulsional.

Garcia-Roza sugere, então, que pensemos o corpo pulsional – não representável, pois situado fora da linguagem e, portanto, um corpo sem sentido – ocupando o lugar do real, e não o da representação. Dessa maneira, esse autor estabelece três categorias distintas para o corpo: o corpo pulsional, ligado ao real; o corpo simbólico, atrelado à linguagem, e o corpo erógeno, relativo ao imaginário. Garcia-Roza acrescenta que nenhuma dessas categorias propostas coincide com o corpo da biologia, embora "não esteja tentando afirmar o corpo psicanalítico como antítese do biológico", (...) nem "afirmar que o corpo biológico não existe, ou de recusar-lhe uma positividade em termos de realidade", mas afirmar o corpo psicanalítico "simplesmente como diferença" (Garcia-Roza, 1990, p. 65). O corpo pulsional não é representável, não é atravessado pela linguagem, não se constitui como sentido. Por isso, distingue-se não só do corpo simbólico como também do corpo biológico. Por isso Freud afirma um para além, ou aquém da linguagem e da representação, que é o lugar das pulsões.

Para Garcia-Roza, a pulsão é o instinto que se desnaturalizou, que se desvia de suas fontes e de seus objetos específicos, isto é, a pulsão é o efeito marginal do apoio-desvio. A pulsão se apoia no instinto, no entanto não se reduz a ele. O apoio não marca a continuidade entre o instinto e a pulsão, e sim, ao contrário, a descontinuidade entre ambos, ao transformar o somático em psíquico. Esse mecanismo permite ao sujeito a construção de seu mundo interno de representações, a partir das respectivas sensações das experiências emocionais primitivas. Ao pensar a desnaturalização do corpo pela psicanálise, Garcia-Roza lança mão de Lacan para falar da posse do corpo pelo simbólico, o que distingue o corpo biológico do corpo da psicanálise. Segundo Lacan, a noção de simbólico não constitui o problema para situarmos o lugar do corpo na psicanálise, e sim a ideia de natureza: "Não é a pulsão ou a palavra que se constituem como nosso maior problema, mas sim a ideia de *natureza*. Esta é que tem que ser repensada ao tratarmos do corpo na psicanálise" (Garcia-Roza, 1990, p. 61). Garcia-Roza se pergunta: como recusar a noção de natureza? Seria possível recusar-lhe uma realidade e uma ação sobre a psique?

Problemática semelhante também se apresenta no tocante ao objeto da pulsão. Como consequência da desnaturalização do corpo e da pulsão, o objeto absoluto falta desde o início, e "esta é a marca antimetafísica da psicanálise" (Garcia-Roza, 1990, p. 64). Se o objeto absoluto falta, algo fica em seu lugar para assinalar essa falta. E o que fica, segundo Lacan, é o objeto *a*. "Mas, o objeto *a* não é nenhum objeto em particular, ele é antes um furo em torno do qual gravitam os significantes" (Garcia-Roza, 1990, p. 68), antes mesmo de qualquer objeto contingente. O objeto *a* não é o seio, não é o corpo da mãe, etc., mas é aquilo que, no espaço da representação, ou, na rede de significantes, "aparece como falta central" (Garcia-Roza, 1990, p. 68).

Garcia-Roza salienta, assim, que nenhum objeto é o objeto *a* e que todos os objetos se apresentam como pretendentes ao seu lugar, impossível de ser ocupado porque inexistente, e possível somente de ser pretendido. Na psicanálise, não há distinção entre objetos legítimos e ilegítimos porque não há o objeto absoluto que funcione como modelo. O real não pode ser considerado esse ou aquele objeto, mas, somente e precisamente, o furo, a falta. "Estamos [a] anos-luz de distância de Platão" (Garcia-Roza, 1990, p. 68).

O objeto absoluto é definido como aquele que tornaria possível a satisfação plena e, portanto, a extinção temporária da falta. Garcia-Roza enfatiza que não podemos desprezar a distinção entre a relação *natural* corpo-objeto, caracterizada pela plenitude, e a relação *humana* corpo-objeto, marcada pela impossibilidade de completude, já que mediada pela linguagem. Esse objeto absoluto, que sempre falta e que nunca existiu como objeto da pulsão, se refere ao vazio em torno do qual se organizam as representações, *Vorstellungen*, conforme explicitação apresentada por Freud no *Projeto* (Garcia-Roza, 1990, p. 68).

Em Lacan, esse objeto absoluto é a Coisa, *das Ding*, mencionado em seu *Seminário 7*; a pulsão freudiana é a Coisa, *das Ding*, conforme nos diz Lacan: "O *trieb* não está longe desse campo de *das Ding*" (Lacan, 1997, pp. 114-115). No limite, a metapsicologia freudiana consignaria, sob a rubrica do conceito de *Das Ding* – a Coisa –, o ponto em que se abre, na abordagem do sujeito do inconsciente ao Real, um vazio, um vórtice de irrepresentabilidade, seja do todo da satisfação pulsional, seja da natureza como elemento figurável, apreensível pelas vertentes miméticas da forma ou do semblante.

Freud afirma que o alvo, a finalidade de uma pulsão é sempre obter a satisfação. E, por satisfação, ele considera "a eliminação do estado de estimulação na fonte da pulsão" (Freud, 1915b/1976, pp. 142-143), e o objeto é o meio pelo qual essa satisfação pode ser obtida. Entretanto, o objeto absoluto falta e essa falta não é carência momentânea, e sim inexistência, desde o início, do objeto da pulsão. Assim, em seu movimento em direção ao objeto, a pulsão contorna o objeto *a*, o objeto faltoso, e retorna à fonte. Contudo, a pulsão não consegue se satisfazer plenamente, apenas parcialmente, já que nenhum objeto é a ela plenamente adequado, e permanece sempre uma insatisfação que impede à pulsão de se esgotar no objeto. A pulsão é, portanto, inesgotável, pois nunca se satisfaz de forma completa. Daí a característica distintiva da pulsão de ser esse movimento constante de vaivém, esse retorno em circuito, que é a repetição (Garcia-Roza, 1990, p. 68). Embora esses caminhos pulsionais em direção ao objeto sejam variáveis e numerosos, "o alvo último permanece imutável" (Freud, 1915b/1976, p. 143).

Essa repetição envolve a natureza da pulsão, pois "o que se repete, com efeito, é sempre algo que se produz (...) como por acaso" (Lacan, 2008c, p. 56), e a "repetição demanda o novo" (Lacan, 2008c, p. 62). A repetição não é sempre a reprodução do mesmo, não é sempre mimese, mas é uma repetição diferencial, visto que cada novo encontro se produz com equivalentes simbólicos do objeto perdido. Assim, cada encontro é, ao mesmo tempo, um reencontro, porém original. A repetição implica, portanto, algo que já está, mas que simultaneamente lança algo novo. A repetição não é nem idêntica à situação anterior nem completamente original. Por isso dizemos que é uma repetição diferencial, e não mimese nem reprodução.

Podemos dizer, portanto, que a repetição da pulsão, ao não obedecer a nenhuma lei, ao não repetir nenhuma ordem, se dá no lugar do acaso e se refere à esfera da pulsão propriamente dita, e não dos seus representantes. Essa repetição difere, conforme Garcia-Roza, da repetição do inconsciente, da rede de significantes, que é o retorno dos signos, o *automaton* aristotélico (Garcia-Roza, 1986, pp. 53-54). Esse autor é levado a pensar que a pulsão navega no acaso dos encontros, que são sempre faltosos. Contudo, ao mesmo tempo, a pulsão recebe uma ordem, não da natureza, e sim da rede de significantes (Garcia-Roza, 1986, p. 53). Esse exterior, para o qual as pulsões são remetidas, é a pulsão de morte, que assinala um lugar da pura diferença, da dispersão, do acaso. Decorre daí que a pulsão de morte é a pura potência indeterminada e, nesse sentido, a pulsão por excelência, de acordo com a afirmação de Garcia-Roza.

O campo da representação, segundo Freud, se encontra sob a égide do deus *Logos*, e a esfera pulsional sob a égide do deus *Ananke*. Assim, se, por um lado, o corpo pulsional é nosso fado, aquilo que nos é dado a viver na nossa contingência, por outro, o corpo simbólico cria novas possibilidades. Ou seja, se Freud diz que o corpo é destino, ao mesmo tempo, ele expõe uma situação outra, isto é, o abandono do destino relativo à anatomia. Há, porém, uma força constante que não pode ser redutível à cadeia simbólica, que escapa à representação. Faz-se, então, necessária uma gestão interminável e infinita do conflito para que o sujeito seja capaz de atingir destinos pulsionais eróticos e sublimatórios.

Para terminar, citemos Joel Birman, em *Mal-estar na atualidade*, ao discutir sobre o ofício do psicanalista, inserindo-o nos campos clínico, cultural e político. Ao refletir criticamente sobre o mal-estar na civilização e o desamparo, Birman reconhece o lugar trágico da psicanálise:

> Se no começo de seu percurso teórico Freud acreditou na harmonia possível entre os registros do sujeito e do social, em seguida essa harmonia foi colocada incisivamente em questão, de maneira que a problemática do desamparo do sujeito no campo social foi a marca decisiva de sua leitura da inserção do sujeito na modernidade. Pelo enunciado da condição de desamparo da subjetividade no novo espaço social, foi a desarmonia nos laços sociais que então foi sublinhada por Freud. Com isso, o discurso freudiano assume um estilo trágico de leitura da modernidade (Birman, 1999, p. 123).

Birman retoma a oposição teórica entre um discurso freudiano sobre a harmonia do sujeito no campo social, em sua fase inicial na primeira década do século XX, e outro, a partir daí, em que o mal-estar e o desamparo estão em seu fundamento. Com isso, Freud destaca a posição estratégica do conceito de desamparo na psique e indica que, em face do desamparo do sujeito na cultura, não existe cura possível, mas somente a perspectiva de construir um estilo subjetivo que seja capaz de lidar com os conflitos insuperáveis, ou seja, a possibilidade do sujeito de sustentar e mobilizar os seus desejos de maneira a retirar do real, das coisas e das relações com os outros a efetividade de seu prazer, para a regulação singular de seu bem-estar. A relação conflituosa entre a pulsão de morte e a civilização jamais é ultrapassada, ao levarmos em conta que ela é de ordem estrutural e geradora da desarmonia nos laços sociais, o que revela a intransponível situação de desamparo psíquico em que se encontra o sujeito num mundo sem deus e assujeitado às exigências da cultura. Caracterizado o conflito como uma possibilidade apenas de certo domínio e jamais de cura, Birman propõe ao sujeito um tipo de administração que denomina "gestão do desamparo", gestão interminável e infinita do conflito, para que o sujeito possa atingir destinos pulsionais eróticos e sublimatórios.

Freud nos instiga a pensar sobre muitos possíveis: Proposta de reconstrução cultural que leve em conta as limitações da psique humana? Proposta desoladora ao insinuar que não há muito para fazer com o ser humano? Proposta ética fundada no desejo e não na racionalidade? Proposta de uma via de fundamentação ética para a conduta humana, permeável à sua condição trágica? Ou, de uma via para o vazio em vez da paixão pela idolatria e dos objetos reificados? Ou, quem sabe, a de uma comunidade humana na qual o que fundamentalmente se compartilhe seja, exatamente, aquilo que ninguém possui? E, afinal, o homem, tal como ele escreve em *O futuro de uma ilusão*, será capaz de extrair sua sobrevivência de suas próprias plantações, tendo a seu dispor o instrumento que ele propõe como fundamental: a sublimação?

Diante dessas inquietações, nosso próximo passo será a discussão dos mecanismos psíquicos descritos por Freud, em especial a sublimação, que podem auxiliar o homem a enfrentar sua trágica existência.

Para Freud, a pulsão de morte, em sua radicalidade, está na origem de uma potência humana de praticar o mal pelo mal, e, então, propõe que por meio da sublimação essa necessidade encontraria um destino favorável pelas infinitas possibilidades oferecidas pela cultura: "Um tipo diferente de satisfação é concedido aos participantes de uma unidade cultural pela arte" (Freud, 1927/1976, p. 25). A arte, portanto, serve de apoio para o pesado destino do homem civilizado. Freud mostra a relevância de sua fundamental abordagem da conexão entre a arte e o processo civilizatório:

> Como já descobrimos há muito tempo, a arte oferece satisfações substitutivas para as mais antigas e mais profundamente sentidas renúncias culturais, e, por esse motivo, ela serve, como nenhuma outra coisa, para reconciliar o homem com os sacrifícios que tem de fazer em benefício da civilização. Por outro lado, as criações da arte elevam seus sentimentos de identificação, de que toda unidade cultural carece tanto, proporcionando uma ocasião para a partilha de experiências emocionais altamente valorizadas. E quando essas criações retratam as realizações de sua conduta específica e lhe trazem à mente os ideais dela de maneira impressiva, contribuem também para sua satisfação narcísica. (Freud, 1927/1976, p. 25).

A arte está presente de forma relevante no desenvolvimento da psicanálise, desde Freud até hoje, na maioria dos autores.

O corpo teórico da psicanálise considerado em termos científicos emergiu, em sua grande parte, de obras de arte, que, por revelarem situações incontestáveis sobre o mundo e sobre as pessoas acabam se tornando referência para o prosseguimento da construção do conhecimento. Reconhecemos em Freud não só um leitor de literatura de inúmeros poetas e escritores que passeiam pelos porões da obscura alma humana, chegando a considerar o estudo da literatura uma peça essencial do programa de formação dos analistas, como também um estudioso da obra de artistas que exerceram uma influência determinante em suas investigações e descobertas acerca do funcionamento psíquico e da universalidade do inconsciente. Na literatura, é o caso de Sófocles, com a tragédia *Édipo Rei*, mote que Freud privilegia para construir um dos pilares da teoria psicanalítica – o complexo de Édipo; de Dostoievski, com *Os irmãos Karamazov*, cerne a partir do qual escreve *Dostoievski e o parricídio*; de Jensen e seu romance *Gradiva*, fonte de inspiração para seu primeiro estudo dedicado a uma obra literária, "Delírio e sonhos na *Gradiva* de Jensen", em que se apoia para sua teoria das psicoses, e onde apresenta um resumo da teoria dos sonhos, um esboço da teoria das neuroses e da ação terapêutica da psicanálise, e uma crítica à ciência psiquiátrica; de Hoffmann, com *O homem da areia*, motor para o desenvolvimento da ideia de *unheimlich*; das tragédias de Shakespeare, como *Hamlet, O mercador de Veneza, Rei Lear, Ricardo III* e a personagem Lady Macbeth; do dramaturgo Ibsen, com a personagem Rebeca; de Homero, com *Ulysses*, e sua travessia da terra natal para terras estrangeiras e seu retorno; da obra magistral *Totem e tabu*, na qual inventa um mito sobre a criação da cultura; de Goethe, Dante, entre outros. Nas artes plásticas, é o caso dos mestres do Renascimento como Michelangelo, em que Freud realiza um estudo detalhado de sua escultura "Moisés", num momento em que ele próprio estava preocupado com os rumos da psicanálise; e como o extenso ensaio sobre Leonardo da Vinci, *Uma lembrança de Leonardo da Vinci*, esboço para a teoria das pulsões e seus destinos, dentre os quais a sublimação, e para as teorias da sexualidade e do narcisismo.

Assim, é preciso levar em consideração toda essa espécie de interlocutores, na tentativa de compreender como eles orientaram o sentido do que Freud estava investigando, ao inserir os enunciados dentro de um campo e de um contexto específicos. Com isso, Freud inaugura uma nova metodologia que vai se distanciar radicalmente da abordagem pelo método das ciências positivas, dado que o objeto de sua investigação é, por sua natureza, singular e fugidio.

Em *Escritores criativos e devaneios*, 1908, Freud lança as bases para a adoção de um paradigma estético na psicanálise ao considerar a arte e o brincar infantil não só fontes de inspiração como também maneiras do sujeito recriar permanentemente novos objetos de satisfação erótica e a si mesmo. Este vértice, característico do pensamento freudiano atento às condições de possibilidade para a expressão criadora, leva Freud a aproximar a criação artística – tomando a literatura como modelo – do brincar infantil. O artista é, então, aquele que preserva o processo do recalcamento, ou, até mesmo, aprimora a faculdade da imaginação criadora experimentada pela criança no processo lúdico de constituição de si e do mundo dos objetos que merecerão seu investimento libidinal. Tanto o artista, ao produzir sua obra, como o leitor/expectador realizam, simbolicamente, desejos reprimidos, tal como a criança faz por meio do brincar, ao manipular a realidade, criando "uma outra cena". E, também o analista, pelo poder sensível da palavra, pode encontrar seu potencial de abertura para as sensorialidades.

No término do texto *Os caminhos da formação dos sintomas*, Freud chama a atenção para um aspecto da vida de fantasia que julga ser merecedor do nosso mais amplo interesse: "a existência de um caminho de volta da fantasia à realidade – isto é, o caminho da arte" (Freud, 1917a/1976, p. 438). O artista tem muitos recursos a seu dispor para encontrar esse caminho, pois, ao dar forma a seus devaneios, possibilita que outros compartilhem do prazer que pode advir das fantasias inconscientes ali contidas. Assim, o artista, pela faculdade da sublimação, modifica sua percepção da realidade e obtém *nela* o que lhe fora negado por ela: honras, poder e amor das mulheres. Ou seja, o artista teria a capacidade de, por meio de sua obra apoiada na sua fantasia, obter na realidade, e não mais na fantasia, o que de fato deseja. Notemos a sutileza de Freud ao descrever a criatividade artística. O artista não usa a fantasia apenas como meio de dobrar a realidade aos seus desejos, mas para obter o ressarcimento da realidade ao dilatar as fronteiras da moral e convidar outros a se candidatarem, livre e espontaneamente, à forma de prazer recém-inventada – realidade compartilhada. A criatividade depende de uma certa frouxidão da repressão e de uma certa tolerância do superego, pois, em última instância, a criatividade decorre do acesso, mesmo que indiretamente, às fantasias inconscientes que são a fonte para a criação.

É notadamente a partir da formulação do conceito de pulsão de morte, em *Além do princípio do prazer*, que Freud radicaliza a problemática da criação, ao afirmar que os sintomas, a compulsão a repetição e o imperativo do gozo, se instalam nas situações em que a intensidade da pulsão de morte, dessexualizada, não pode alcançar expressão criativa. Podemos afirmar, portanto, que o *ethos* civilizatório não se sustenta, necessariamente, na repressão da sexualidade, mas sim no impedimento da criação erotizante de estilos de existência singulares. A prática psicanalítica, por seu turno, potencializa a emergência de processos criativos nas subjetividades comprometidas na sua capacidade expressiva.

A partir de *O mal estar na civilização*, Freud sela definitivamente a amizade entre a psicanálise e as artes. Em um período anterior, identificado com Cristóvão Colombo, ele já havia confessado a Fliess que: "Não sou um homem de ciência. (...) Sou, por temperamento, um conquistador" (Masson, 1986, p. 399). Freud embeleza sua obra com diversas referências e citações de versos e poemas de amigos poetas e escritores, como Shakespeare, Goethe, Schiller, Heine, Voltaire, Mark Twain, entre outros, que ao trazerem à luz as verdades mais soturnas e recônditas da alma humana, fornecem metáforas para o trabalho psicanalítico e acesso privilegiado à criação transformadora, na medida em que ampliam os horizontes psíquicos e engendram novas significações.

A cultura é construída de produções artísticas, que transformam a imaginação e a fantasia, e ao serem compartilhadas criam uma rede de significações. Não se trata de tomar, em momento algum, a transgressão moral como o núcleo da criação. A arte é um meio, legitimado pela moral dominante, de se gozar com aquilo que seria proibido, caso fosse exposto na sua nudez pulsional, ou, no conteúdo excessivamente idiossincrático, particular a cada sujeito. O artista – modelo do criador para Freud –, reinventa novas formas de gozo de acordo com as regras morais e não contra elas, ou seja, a transgressão, em sua dimensão simbólica, é criadora.

A ciência, ao buscar o conhecimento para controlar o universo, teme a ilusão e a combate. Porém, na arte, a ilusão, filha da imaginação, é cultivada e utilizada como matéria prima. A palavra ilusão deriva de *illusio*, que por sua vez, se origina de *ludos*, que significa lúdico, jogo. Freud leva isso em consideração ao afirmar, em *O futuro de uma ilusão*, que a ilusão não é necessariamente negada pela realidade, e sim que ela pode ser confirmada. Não se refere, portanto, ao verdadeiro e ao falso, e sim à potência do desejo. A etimologia da palavra sugere que o lúdico é aquilo que se fantasia e se deseja; e é também aquilo que nos satisfaria muito se acontecesse e, algumas vezes, acontece. A partir desse referencial teórico, Freud considera que "As satisfações substitutivas, tal como as oferecidas pela arte, são ilusões, em contraste com a realidade; nem por isso, contudo, se revelam menos eficazes psiquicamente, graças ao papel que a fantasia assumiu na vida mental" (Freud, 1930/1976, p. 93). Ao "brincar" com a ilusão, a arte, muitas vezes, revela verdades e produz transcendências insuspeitadas. No universo da arte, a construção da realidade se dá em conexão com a fantasia, com a imaginação e com a ilusão, vazada pelas necessidades do corpo em interação com a cultura. Os fatos objetivos da vida, os acontecimentos, ao existirem neste espaço, tornam-se realidades do sujeito.

O artista possui a capacidade de compartilhar seu mundo interno, sua maneira de perceber as coisas e a vida, e assim permitir o alargamento do mundo interno daqueles que entram em contato com suas obras. Pode-se dizer que, desse ponto de vista, o analista, em seu consultório, no contato íntimo com seu paciente, tem funções semelhantes às do artista. A arte da psicanálise consiste nessa capacidade de compartilhar espaços mentais secretos e proibidos, de maneiras aceitáveis pela civilização, com a perspectiva de ampliar as potencialidades dos participantes, produzindo novos sentidos e tornando suas vidas mais criativas e significativas, ou seja, desenvolvendo a possibilidade de se construir uma visão criativa do mundo e das relações afetivas. Essa é a participação da arte na construção da subjetividade.

O conceito de sublimação é apresentado de forma pouco sistematizada na obra freudiana, embora o termo tenha surgido precocemente, já no *Projeto para uma psicologia científica*, de 1895, após trocas de ideias em suas correspondências com Fliess. Nelas, Freud articula a sublimação às fantasias, consideradas estruturas protetoras que servem para embelezar os fatos, aperfeiçoar as recordações e sublimá-las, ou seja, para afastar as cenas de conteúdo sexual e, ao mesmo tempo, promover o alívio.

O termo "sublimação" recebe um sentido psicanalítico propriamente dito n'*Os três ensaios*, em que Freud explicita que a pulsão escópica é desviada do objeto sexual e sublimada em direção à arte, ao deslocar o interesse dos órgãos genitais para a forma do corpo como um todo: "O que nos parece belo foi um dia sexualmente estimulante" (Freud, 1905/1976, p. 243).

A sublimação é definida, por Freud, como o processo por meio do qual ocorre o desvio das pulsões de seus alvos sexuais em direção a outros, que aparentemente não apresentam nenhuma relação com o sexual. Dizemos "aparentemente" porque na sublimação o alvo originário é substituído por outros, mas, em termos psicanalíticos, esses alvos substitutos sempre carregam, mesmo que obscuramente, algum vínculo com o alvo sexual. A sublimação é, assim, o processo com que contamos para transformar uma parte de nossas pulsões sexuais em laço social, ternura, obras culturais e prazer ligado ao fazer artístico ou científico.

Freud apresenta a distinção entre o recalque e a sublimação em *Cinco lições de psicanálise*, 1909, e considera que na última os desejos infantis não se anulam, mas permanecem utilizáveis pela substituição do alvo de algumas tendências por outro não sexual. Um ano mais tarde, Freud retoma o tema em *Leonardo da Vinci* e afirma que a curiosidade infantil sobre a origem dos bebês segue, no adulto, três possíveis direções, a saber, para a inibição neurótica, para a sexualização do pensamento e para a sublimação. A arte e a religião também são os demais alvos para os quais a libido sublimada se dirige.

Assim, para Freud, a cultura se edifica a partir do desvio das pulsões e do uso modificado de sua energia. Porém, essa concepção corre o risco de aproximar a sublimação do mecanismo de defesa denominado formação reativa.

Em *Sobre o narcisismo: uma introdução*, de 1914, Freud estabelece a distinção entre a sublimação, relativa à pulsão, e a idealização, relacionada com o objeto que é exaltado. Nesse texto, Freud também lança as bases para a reformulação da metapsicologia ao propor dois fluxos de investimentos libidinal, ou seja, a libido objetal e a libido do eu ou narcísica. A ideia de dessexualização da libido implica uma transformação da libido objetal, sexual, em libido narcísica, agora considerada não sexual. A escolha de um novo alvo, não mais sexual, ocorre à custa dessa manobra do aparelho psíquico.

Em *As pulsões e suas vicissitudes*, datado de 1915, a sublimação se torna um dos destinos da pulsão, mecanismo psíquico fundamental para a construção e a manutenção da civilização: "a sublimação da pulsão constitui um aspecto particularmente evidente do desenvolvimento cultural; é ela que torna possível às atividades psíquicas superiores, científicas, artísticas ou ideológicas, o desempenho de um papel tão importante na vida civilizada" (Freud, 1930/1976, p. 118).

Essa concepção freudiana perdura até o final de sua obra, conforme afirma em O *ego* e o *id*: "A transformação da libido de objeto em libido narcísica, que assim se efetua, implica (...) uma dessexualização – uma espécie de sublimação, portanto" (Freud, 1923/1976, p. 44).

Em *A dissolução do complexo de Édipo*, 1924, Freud postula que as tendências libidinais, pertencentes ao complexo de Édipo, podem ser em parte dessexualizadas e sublimadas, mecanismo que se aproxima da identificação, e em parte inibidas em seu objetivo e transformadas em pulsões de afeição. Finalmente em *Uma breve descrição da psicanálise*, Freud complementa: "A parte criadora das grandes instituições de religião, do direito, da ética, e de todas as formas de vida cívica tem por objetivo fundamental capacitar o indivíduo a dominar o seu complexo de Édipo e desviar-lhe a libido de suas ligações infantis para as ligações sociais que são, enfim, desejadas" (Freud, 1924b/1976, p. 258). Porém, ao mesmo tempo, Freud contrapõe algumas consequências prejudiciais: "Não é fácil entender como pode ser possível privar uma pulsão de satisfação. Não se faz isso impunemente. Se a perda não for compensada, pode-se ficar certo de que sérios distúrbios decorrerão" (Freud, 1930/1976, p. 118).

O conceito de sublimação sofre severas críticas de Laplanche e Pontalis, que alegam ser uma contribuição inconsistente na obra de Freud, mas fundamental na constituição da subjetividade e da cultura. Para esses autores, Freud esclarece o aspecto dinâmico e econômico da questão, porém não dá conta de seu aspecto descritivo.

Um exame detido sobre o conceito de sublimação na obra freudiana mostra que em nenhum momento Freud se deixa levar pelo juízo de valor ao tratar de descrever o funcionamento da sublimação. Isso quer dizer que não devemos pensar a sublimação das pulsões eróticas e destrutivas como um conceito moral, mas sim como um conceito metapsicológico.

Lacan empreende uma reflexão em torno do conceito de sublimação, a partir do *Projeto* de Freud, e justifica que a abertura do sujeito para diferentes possibilidades de satisfação se dá em função da inexistência de um objeto específico para a pulsão. Estamos, então, diante de um processo especial, visto que a mudança de objeto e de alvo não se faz por intermédio do retorno do recalcado, e sim diretamente.

Lacan se apoia especialmente no *Projeto*, texto que traz a diferenciação entre o objeto e a *coisa*, *das Ding*, em que Freud ressalta a dupla denominação da *coisa* em alemão, *das Ding* e *die Sache*. *Sache* é a *coisa* que se refere, em sua origem, a uma operação jurídica que marca a passagem para a ordem simbólica, conforme afirma Lacan: "A *Sache* é a coisa colocada na questão jurídica, ou, no nosso vocabulário, a passagem à ordem simbólica de um conflito entre os homens" (Lacan, 1997, p. 59). No texto *O inconsciente*, de 1915, ao propor um modelo psíquico, Freud distingue a representação das coisas, *sachevorstelung*, domínio do inconsciente, da representação de palavras, *vorstvorstelung*, pertencente ao pré-consciente, e demonstra a existência de uma relação entre o consciente e a palavra. Lacan, então, reflete que a *coisa*, *sache*, e a palavra, *vort*, estão estreitamente ligadas e compõem um par, pois *sache* é justamente a coisa, produto da ação humana governada pela linguagem, ao passo que *das Ding* não se insere nessa relação e se situa em outro lugar. Para Lacan, o que há em *das Ding* é um verdadeiro segredo, um verdadeiro mistério (Lacan, 1997, p. 61). Nesse mesmo texto, Freud salienta que a antítese entre consciente e inconsciente não se aplica às pulsões; se a pulsão não se prende a uma ideia, ou não se manifesta como um estado afetivo, nada poderemos saber sobre ela.

Na carta 52, assinala Lacan, Freud mostra a Fliess que entre a percepção e a consciência ocorre um fenômeno que nos faz avançar da impressão bruta do mundo a uma fala que pode ser formulada. O *Ich* seria o guardião dessa experiência acumulada e o promotor da operação simbólica que evita a pura descarga perante os estímulos. As coisas do mundo humano são coisas de um universo estruturado em palavras. A linguagem, os processos simbólicos são os governantes desse mundo e por meio deles nos tornamos humanos. Assim, na releitura lacaniana, *das Ding* é o elemento do objeto, originalmente isolado pelo sujeito como estranho, na sua experiência da percepção (Lacan, 1997, p. 68). Porém, toda qualidade do objeto que fosse reconhecida constituiria as representações, as *Vorstellungen*, que se submeteriam às leis do princípio do prazer-desprazer.

Freud retomará esse tema no texto *A negativa,* 1925, ao afirmar que o objetivo primeiro e imediato da prova de realidade não é encontrar na percepção real um objeto que corresponda ao representado, mas sim reencontrá-lo, se convencer de que ele ainda está presente. Enfim, o *Ding* como estranho, que pode ser hostil em um dado momento, como primeiro exterior, é o fulcro que orienta todo o encaminhamento do sujeito, em referência ao mundo de seus desejos. Como exterior e estranho, fica, portanto, fora daquilo que é regulado pelo princípio do prazer, não pertence à esfera da representação e não habita aquilo que Freud denomina aparelho psíquico, contudo nem por isso deixa de fazer presença, embora ausente. Tal como Freud concebe no *Projeto*, não é uma coisa, tampouco a própria *coisa* disfarçada de objeto, e sim um vazio ou um furo – o índice da *coisa*. Lacan, em consonância com a distinção freudiana entre o objeto e a coisa, especialmente no tocante ao conceito de sublimação fala:

> O mundo freudiano, ou seja, o da nossa experiência, comporta que é esse objeto, *das Ding*, enquanto o outro absoluto do sujeito, que se trata de reencontrar. Reencontramo-lo no máximo como saudade. Não é ele que reencontramos, mas suas coordenadas de prazer. É nesse estado de ansiar por ele e de esperá-lo que será buscada, em nome do princípio do prazer, a tensão ótima abaixo da qual não há mais nem percepção nem esforço. (Lacan, 1997, p. 69).

Lacan considera a Coisa como o objeto perdido, jamais reencontrado e, portanto, o "âmago da economia libidinal" (Lacan, 1997, p. 140). Decorre daí sua definição de sublimação como "a elevação do objeto à dignidade da Coisa" (1997, p. 141), e a consideração de que a sublimação é a ferramenta fundamental da cultura estética sob a ótica da psicanálise. Sob o regime de suas realizações, e sob o solo árido e opaco da consciência humana, Freud entrevê o mais fundamental de todos os empreendimentos civilizatórios: a liberdade. Liberdade humana de descobrir-se, como projeto ético e estético, sempre inacabado.

Para Lacan, a psique se estrutura por meio de três registros – o real, o simbólico e o imaginário –, e ao investigar o processo de sublimação ele faz uma aproximação entre a Coisa, *das Ding*, e o real, ou seja, aquilo que escapa da operação de simbolização, pois padece de significante. Por isso, *das Ding*, por estar velada, exige que a psique a contorne para concebê-la, ocupando o lugar do real na constituição do sujeito.

De acordo com o princípio do prazer, o significante projeta nesse "mais além" a homeostase, a tendência ao investimento uniforme do sistema do eu, tornando-o falta. O princípio do prazer tem como função conduzir o sujeito de significante em significante e convocar quantos deles forem necessários para manter o mais baixo possível o nível de tensão que regula o funcionamento do aparelho psíquico.

A questão da criação do sujeito, como a sublimação na arte, é central. Seguindo Lacan, "um objeto pode preencher a função que lhe permite não evitar a Coisa como significante, mas representá-la (ou evocá-la) na medida em que esse objeto é criado" (Lacan, 1997, p. 151). Em torno do campo da Coisa se estrutura a cadeia significante, que é a primeira produção do ser humano; é o que salienta Lacan ao dizer que os "significantes são, em sua individualidade, modelados pelo homem, e provavelmente ainda mais com suas mãos do que com sua alma" (Lacan, 1997, p. 150).

Para Lacan, como já foi dito, não só o nosso corpo se desnaturalizou, como também a palavra nos desnaturalizou. A partir dela, o instinto, com seu ciclo previsível, se torna pulsão, exigência constante de trabalho psíquico. Assim como o significante se cria em torno do real, de um vazio, a Coisa é sempre representada por um vazio, precisamente pelo fato de que ela só pode ser representada por outra coisa. Em toda forma de sublimação, o vazio é determinante, e toda arte se caracteriza por uma criação que contorna o vazio.

Se, para Freud, a sublimação, satisfação substitutiva da satisfação sexual, é uma das possíveis modalidades de satisfação da pulsão, podemos dizer que, nesse ponto, Freud nos brinda com um destino esperançoso para o ser humano, pois o mecanismo de sublimação nos fornece mais do que uma maneira de satisfazer a pulsão. Trata-se da pulsão de alvo inibido, isto é, de um processo em que há uma mudança no modo de obtenção da satisfação, mas, ao mesmo tempo, uma inibição ou um desvio em relação ao alvo sexual. Assim, a sublimação traz uma satisfação parcial, ou melhor, a sublimação implica a possibilidade de uma satisfação parcial devido à plasticidade das pulsões, conforme a metáfora dos vasos comunicantes expressa por Freud no *Os três ensaios*: "os trajetos por onde passa a libido relacionam-se mutuamente, desde o início, como vasos comunicantes" (Lacan, 1905, p. 152):

> Assim, devemos levar em consideração que as pulsões, *Triebe*, as comoções pulsionais sexuais, são extraordinariamente plásticas. Elas podem entrar em jogo umas no lugar das outras. Uma pode pegar para si a intensidade das outras. Quando a satisfação de uma é recusada pela realidade, a satisfação de uma outra pode oferecer-nos uma completa compensação. Elas se comportam umas em relação às outras como uma rede, como canais comunicantes preenchidos por um líquido (Freud citado por Lacan, 1997, p. 116).

Freud adverte que a sublimação não é um processo tão fácil de ser atingido, por estar sempre à espreita o risco de cairmos nas garras da supremacia do *Genitalprimat*. Desta forma, o conceito de sublimação assume um lugar ímpar no elenco dos conceitos psicanalíticos, desde que não se considere que, por meio da sublimação, nossos desejos de perfeição e harmonia com a cultura possam encontrar uma forma de legitimação no seio da própria teoria psicanalítica, o que seria uma idealização da sublimação. Em *A moral sexual "civilizada" e doença nervosa moderna*, Freud alerta que a exigência de um ideal sublimatório aumentaria os riscos neuróticos:

> Não é arriscado supor que, sob o regime de uma moral sexual culta, a saúde e a eficiência dos indivíduos estejam sujeitas a danos, e que tais prejuízos causados pelos sacrifícios que lhes são exigidos terminem por atingir um grau tão elevado, que indiretamente cheguem a colocar também em risco os objetivos culturais. (Freud, 1908/1976, p. 187).

Se a exigência da civilização ultrapassa a fronteira imposta pela constituição psíquica do indivíduo, advirão as perturbações neuróticas: "aqueles que desejam ser mais nobres do que suas constituições lhes permitem, serão vitimados pela neurose" (Freud, 1908/1976, p. 197). Essas situações poderiam ser evitadas por meio de uma reformulação da moral sexual civilizada, já que contingente. É o que propõe Freud:

> (...) é justo que indaguemos se a nossa moral sexual "culta" vale o sacrifício que nos impõe, já que estamos ainda tão escravizados ao hedonismo ao ponto de incluir entre os objetos do nosso desenvolvimento cultural uma certa dose de satisfação da felicidade individual. Certamente não é atribuição do médico propor reformas, mas me pareceu que eu poderia defender a necessidade de tais reformas se

> ampliasse a exposição de Von Ehrenfels sobre os efeitos nocivos de nossa moral sexual "culta", indicando o importante papel que essa moral desempenha na doença nervosa moderna (Freud, 1908/1976, p. 208).

Lacan lança mão de uma caracterização esclarecedora acerca das pulsões: "O *Trieb* deve ser traduzido o mais próximo possível do equívoco e comprazemo-nos, às vezes, em dizer – à *deriva*" (Lacan, 1997, p. 115). Estar sempre à deriva é ser constantemente remetido ao acaso dos encontros sempre faltosos, que são subjugados ao ordenamento dos signos (Lacan, 2008c, pp. 56-57). Ou seja, a articulação da pulsão com a rede de significantes impõe-lhe uma ordem, uma organização. Trata-se, portanto, de uma ordem externa, uma ordem própria dos signos e não da própria pulsão. Por essa razão, essa articulação torna possível somente uma satisfação parcial, jamais a satisfação plena.

Garcia-Roza lembra que a libido é estruturada pela articulação da rede de significantes, e não pelo primado do genital. Além disso, essa articulação não se encontra atrelada à suposta relação entre as pulsões e o mundo natural, e nem é dele derivada como uma espécie de desvio. O autor recorre a Lacan ao afirmar que as imagens ligadas às pulsões engendram um mundo apenas na fantasia (Garcia-Roza, 1990, p. 70).

Nossa problemática não gira em torno de a satisfação ser parcial, mas das incontáveis maneiras de gratificação. Se, de um lado, a submissão ao mundo dos signos impede a satisfação plena, por outro, essa subserviência multiplica suas formas de gratificação. Esse "é o equívoco fundamental da pulsão" (Garcia-Roza, 1990, p. 70). A pulsão dirige sua busca para um mundo que é emprestado, virtual, mundo que nunca foi habitado pelo objeto perdido e que, portanto, não há como encontrá-lo, somente buscá-lo.

O que está em jogo na sublimação é, além do alvo, o objeto. A sublimação descreve algo que acontece com a pulsão, mas é um processo que corresponde à libido de objeto, pois o que se exige é que o objeto seja socialmente aceito. Como defesa contra o sofrimento aberto pela não saciedade plena da pulsão, "a sublimação é uma das mais eficientes, além de ser extremamente flexível e possibilitar satisfações substitutas altamente valorizadas socialmente" (Garcia-Roza, 1990, p. 71). Mas, como costumamos dizer: tudo tem seu preço! Qual será o preço a ser pago por essa satisfação pela via de objetos sublimados?

É sua própria não sustentação, pois ela "não comove nossa corporeidade" (Garcia-Roza, 1990, p. 71). Nisso reside o limite da sublimação. A pulsão exige um mínimo de satisfação no nível do real, já que é seu atributo uma intensidade tal que comova nossa corporeidade. Por isso nem todas as pulsões alcançam a sublimação.

Em *O mal-estar na civilização*, Freud faz referência a essa comoção da corporeidade. Ele fala da satisfação do artista com seu processo de criação, e do pensador ao procurar a solução de conflitos em gratificações "mais finas e superiores", se comparadas àquelas obtidas pela saciedade de moções pulsionais mais grosseiras e primárias.

Na sublimação, como já vimos, o objeto precisa apresentar uma valorização social. Além disso, toda relação com o objeto tem como ponto de partida uma relação narcísica, portanto, imaginária. A passagem dessa relação imaginária, relativa a uma situação primitiva, para uma relação simbólica exige um deslocamento da libido do eu ideal para o ideal do eu. Essa passagem instaura uma diferenciação entre a idealização, tangente não só à libido do objeto como à libido do eu, e a sublimação, referida apenas à libido do objeto. Porém, os objetos que se constituem a partir dessa identificação imaginária não são os objetos da pulsão – no máximo, podemos dizer que são objetos emprestados à pulsão. E é deles que a pulsão se serve para obter alguma satisfação, o que exige que tenham um mínimo de presença no real, um mínimo de "coisidade", de *das Ding*, segundo Lacan. Vale ressaltar que o fato de nossa relação com os objetos ser mediada pela fantasia não implica que esses objetos sejam puramente fantasmáticos.

É necessário, ainda, precisar a distinção entre o retorno do recalcado e a sublimação, lugar em que a pulsão se apresenta como um paradoxo. Segundo Birman, no recalque há o malogro, ao passo que na sublimação há o êxito da tentativa de inscrição da pulsão no universo da representação. O recalque indica a impossibilidade da passagem do processo primário para uma inscrição no sistema do processo secundário, enquanto a sublimação assinala a realização da inscrição pulsional e suas consequências na estruturação psíquica (Birman, 2009, pp. 89-107). Para esse autor, a sublimação é a condição para a estruturação psíquica do sujeito, por instituir a inscrição pulsional, ou seja, a sublimação é um processo que mantém a energia ligada sem que seja necessária a manutenção do recalque. Daí sua importância na produção artística e científica e também como mediadora primordial para o advento do sujeito. A inscrição da pulsão, mediante a transposição da força pulsional do *isso* para o campo da representação, engendra a constituição do sujeito e do sentido. A pulsão, como exigência de trabalho feita ao aparelho psíquico, é simultaneamente exigência de trabalho de simbolização e, portanto, de sublimação.

O real, na tópica lacaniana, é aquilo que é expulso da realidade psíquica pela intervenção do simbólico e que só pode ser definido em relação ao próprio simbólico e ao imaginário. Assim, descrito como o impossível, o real jamais pode ser totalmente simbolizado pela palavra; como consequência, haverá sempre um resto de real ao término de cada operação de simbolização. Esse resto, que escapa à inscrição, retorna exigindo trabalho psíquico. Dessa maneira, mesmo em um sujeito dotado de enorme capacidade de simbolização, ele jamais atinge totalmente o registro simbólico, o que o lança no campo do desejo. Há, portanto, uma assimetria estrutural entre a insistência da força pulsional e as formas de simbolização que expõem o sujeito à falta simbólica e, em decorrência, à exigência da interminável tarefa de produção de sentido. Se a pulsão recalcada se esforça sempre para a satisfação plena com vistas à repetição de uma experiência primeira de satisfação, provavelmente nem as formações reativas e substitutivas nem as sublimações serão suficientes para remover a tensão persistente da pulsão reprimida.

Freud atribui restrições ao alcance sublimatório diante da constatação do estatuto da pulsão como pressão constante e indomável, que não se acaba, que se satisfaz apenas parcialmente e que busca sempre uma nova experiência de satisfação, num movimento contínuo: "Formações reativas ou substitutivas, bem como as sublimações, não bastam para remover a tensão persistente da pulsão reprimida" (Freud, 1920/1976, p. 60). Assim, embora a arte e a ciência sejam concebidas como "as duas mais altas realizações do homem" (Freud, 1930/1976, p. 93), Freud considera que ambas possuem um poder sublimatório limitado, pois a força das pulsões é tão intensa que jamais o prazer obtido pela descarga das pulsões é superado por qualquer atividade artística, cultural ou científica.

A sublimação, apesar de seu alcance limitado, é o conceito freudiano que está na base da criação ética e estética e é o caminho privilegiado para o sujeito recriar, a cada momento, o mundo e a si mesmo em face de sua existência trágica. O conhecimento trágico da condição humana, compreendida como resultante de um embate pulsional que necessariamente termina com a morte, pode ser, então, tolerado perante a mediação da arte, isto é, da criatividade.

Schopenhauer e Freud: um elo inegável

Para Jean Hyppolite, em seu livro *Ensaios de psicanálise e filosofia*, algumas ideias de Freud já tinham sido postuladas por pensadores anteriores, mas Freud é quem clareia o caminho para que se faça notar em seus predecessores – como Schopenhauer –, aquilo que o antecede. Hyppolite considera Freud não só o descobridor de uma nova terapêutica aplicada às neuroses, como também um homem raro que abre um novo caminho para interpretar a realidade humana:

> Um desses homens de gênio (tão raros) que desvelam, descobrem um novo caminho. Muito antes e retrospectivamente, pode-se muito bem dizer que outros já haviam pressentido ou indicado o que foi assim descoberto, mas de qualquer maneira foi necessário esse esclarecimento novo para que se notasse em seus predecessores o que Freud pela primeira vez exprimiu claramente (Hyppolite, 1989, p. 88).

Segundo Hyppolite, a psicanálise freudiana introduziu conceitos indispensáveis para a reflexão filosófica. Freud é inovador ao transportar para a clínica psicanalítica, constituída como uma técnica terapêutica, muitas questões antes levantadas por cientistas, literatos e filósofos. Freud bebe dessas fontes, ora as aproximando, ora as distanciando do pensamento psicanalítico.

Para Rosset a presença de um elo entre a psicanálise e a filosofia schopenhauriana é inegável, pois a última antecipa algumas noções, preservadas as diferenças de campos, que serão mais tarde incorporadas por Freud, conforme declara: "A filosofia de Schopenhauer contém o germe do pensamento de Nietzsche e de Freud" (Rosset, 1989, p.

35). O filósofo Barboza também concorda que "A psicanálise de Freud absorve por completo a teoria dos impulsos inconscientes, o papel da sexualidade na vida humana, o retorno ao inorgânico, etc. de *O mundo*" (Barboza, 2005, p. 11).

Barboza salienta que Schopenhauer é o pioneiro das chamadas filosofias do impulso, e é quem lança as bases sobre as quais serão erguidas a filosofia da Vontade de poder de Nietzsche e a psicanálise de Freud:

> Schopenhauer, de fato, está na base do pensamento contemporâneo. Ora, se ele abre o horizonte para as filosofias do impulso, como a de Nietzsche, e a psicanálise de Freud, então em vez de dizer que os pilares do pensamento contemporâneo são Nietzsche, Freud e Marx, como o quer Foucault, talvez mais acertado seria dizer que esses pilares são Schopenhauer e Marx. Sem o primeiro, a filosofia da Vontade de poder e a psicanálise seriam impensáveis (Barboza, 2005, pp. 11-12).

Ao entrar em um antiquário em Leipzig, no ano de 1865, Nietzsche adquire a obra *O mundo*, de Schopenhauer, para sua leitura (Barboza, 2005, p. 7). Nietzsche, em seu livro *Schopenhauer como educador*, conhecido também como a III *Consideração intempestiva*, afirma explicitamente que o único mestre do qual sente orgulho é Schopenhauer:

> Certamente, existem outros meios de se encontrar a si mesmo, de escapar do aturdimento no qual nos colocamos habitualmente, como envoltos numa nuvem sombria, mas não conheço coisa melhor do que lembrar dos nossos mestres educadores. É por isso que vou *lembrar hoje o nome do único professor, único mestre de quem posso me orgulhar, Arthur Schopenhauer* (Nietzsche, 2009, p. 29). (Grifo nosso).

Anatol Rosenfeld [25] considera que as "Teorias da psicologia moderna como a da fuga para a doença, da racionalização, do ressentimento, dos lapsos cotidianos foram expostas por Schopenhauer" (Rosenfeld, 2009, p. 174). E, embora Freud tenha sido acusado por alguns filósofos, em especial Rosenfeld, de "ter 'recalcado' edipianamente a poderosa influência do seu pai espiritual" (Rosenfeld, 2009, pp. 174-175), no

---

25 Anatol Rosenfeld (1912-1973) foi o responsável, por volta de 1960, pela área de literatura alemã da seção Letras Estrangeiras do Suplemento Literário de *O Estado de São Paulo*.

caso Schopenhauer, o fundador da psicanálise reconhece claramente, ao longo de toda a sua obra, o poder dessa ascendência por meio de inúmeras referências a Schopenhaeur, o que nos permite afirmar que o filósofo Schopenhauer não somente é fonte de leitura de Freud, como também um dos precursores de vários conceitos psicanalíticos.

Em um dos seus primeiros escritos, o *Projeto para uma psicologia científica*, Freud não fala em "pulsão", mas sim em "vontade" (a mesma usada por Schopenhauer) – e ele usa essa palavra e não outra – como o impulso que sustenta toda a atividade psíquica, ou seja, o derivado dos instintos: "(...) no momento em que a via de condução alcança seu nível de saturação, essa acumulação não tem limites. Aqui os neurônios impermeáveis estão à mercê de *Q*, catexia, e é assim que no interior do sistema surge o impulso que sustenta toda a atividade psíquica. Conhecemos essa força como *vontade* – o derivado dos instintos" (Freud, 1895/1976, p. 421). Mais adiante, no mesmo texto, Freud fala que "o sono se caracteriza por uma *paralisia motora* (*paralisia da vontade*). A vontade é a descarga total da *Qn* do sistema de neurônios impermeáveis" (Freud, 1895/1976, p. 445). Portanto, somente mais tarde Freud usará a denominação "pulsão".

É interessante notar a peculiar evocação repentina de Schopenhauer por Freud em uma nota de rodapé de seu texto "Notas sobre um caso de neurose obsessiva", conhecido como o Homem dos Ratos, de 1909. Nele, em meio às considerações sobre o tipo de mecanismo de defesa envolvido na neurose obsessiva, a propósito do esquecimento seletivo de certos acontecimentos, ao explicitar que o obsessivo possui dois tipos de conhecimento, Freud se dirige a Schopenhauer. Vejamos o que diz a nota:

> [Por conseguinte, é preciso admitir que existem, numa neurose obsessiva, dois tipos de conhecimento, e afirmar, com toda justiça, que o paciente "conhece" seus traumas, tanto quanto *não* os conhece. Isso porque ele os conhece desde que não os esqueceu, e não os conhece por não estar ciente de sua significação. Com a mesma frequência, isso também acontece na vida normal. Os garçons que costumavam servir a Schopenhauer no restaurante que este frequentava em um determinado sentido o "conheciam", numa época em que, de outra forma, ele não era conhecido, nem em Frankfurt nem fora de Frankfurt; mas eles não o "conheciam" no sentido em que, hoje, dizemos "conhecer" Schopenhauer. (...)] (Freud, 1909/1976, p. 199).

Paul-Laurent Assoun admite a presença constante do personagem Schopenhauer na mente de Freud que, por associação de ideias, é facilmente atualizada. Assoun considera que "nesse filósofo maldito, Freud identifica secretamente o reflexo do pária excluído da comunidade científica, que era ele" (Assoun, 1978, p. 172). Trata-se de uma clara identificação do pensador Freud com Schopenhauer, no que tange à solidão enfrentada por eles decorrente da recusa na aceitação das ideias de ambos pela comunidade científica da época específica de cada um deles, banhada pelo racionalismo:

> Na realidade, é o "solitário de Frankfurt" [26]que é evocado aqui e que, a partir de 1831, e durante uns vinte anos, conheceu uma existência e produziu uma obra, quase totalmente desconhecidas. O que surpreende Freud é a dissonância entre o homem e seu tempo, entre a certeza da importância da mensagem e a incompreensão do século. Ora, essa simpatia repousa num mecanismo de identificação notável entre "o solitário de Frankfurt" e "o solitário de Viena", o próprio Freud no período dos inícios da psicanálise, tal como ele se evoca na *Selbstdarstellung*: "Durante mais de uma década depois de separar-me de Breuer, não tive nenhum discípulo. Encontrava-me isolado. Em Viena, evitavam-me, o estrangeiro nada conhecia de mim." (Assoun, 1978, p. 172).

Assoun ainda acrescenta que está em jogo um parentesco ideológico, em que Freud e Schopenhauer são os sujeitos e os emissários, com mais ou menos um século de intervalo, de uma verdade fundamental que, por seu conteúdo, inflige uma ferida ao narcisismo humano, e os condenam a uma espécie de maldição ideológica. Vejamos a seguir como se desenvolve esse parentesco.

A primeira referência a Schopenhauer feita por Freud, de acordo com o nosso conhecimento, já comparece em um de seus textos iniciais, o célebre *A interpretação dos sonhos*, de 1900. Ao refletir sobre as origens dos sonhos, Freud atesta a colaboração decisiva do pensamento de Schopenhauer ao dizer:

> *A linha de argumentação desenvolvida pelo filósofo Schopenhauer, em 1851, exerceu decisiva influência em grande parte dos escritores.*

26 Schopenhauer viveu em Frankfurt de 1831 até sua morte em 1860.

> Nosso quadro do universo, segundo seu ponto de vista, é alcançado por nosso intelecto tomando-se as impressões que estão ligadas a ele e remodelando-as sob as formas de tempo, espaço e causalidade. Durante o dia, os estímulos do interior do organismo, do sistema nervoso simpático, exercem, no máximo, um efeito inconsciente sobre o nosso estado de espírito. Mas, à noite, quando não estamos mais ensurdecidos pelas impressões do dia, as que surgem de dentro são capazes de atrair atenção – do mesmo modo que, à noite, podemos ouvir o sussurrar de um regato que é abafado pelos ruídos do dia. Mas, como irá o intelecto reagir a esses estímulos, senão executando sua própria função peculiar sobre eles? Os estímulos são, em consequência, remodelados em formas que ocupam espaço e tempo e obedecem às regras da causalidade e assim surgem os sonhos [cf. Schopenhauer, 1862, 1, 249 ss.]. (Freud, 1900/1976, p. 38). (Grifo nosso).

Essa citação revela o lugar de importância ocupado pelo sonho no pensamento de Schopenhauer, lugar sempre renegado pelo racionalismo ocidental, mas que, ao contrário, é incorporado por Freud.

Schopenhauer, ao afirmar que "temos sonhos", indaga-se não só se "não seria toda a vida um sonho?", como também, se haveria "um critério seguro para distinguir o sonho da realidade, os fantasmas dos objetos reais?" (Schopenhauer, 2005, p. 59). Schopenhauer responde que "sonho e realidade fluem conjuntamente, confundindo-se" e, assim, traz bastante próximo de nós "o parentesco íntimo entre vida e sonho" (Schopenhauer, 2005, p. 60). O autor retoma várias passagens poéticas consonantes com seu pensamento. Cita Píndaro: "O homem é o sonho de uma sombra", e Sófocles que no verso 125 de *Ajax* declama: "Vejo que nós, viventes, nada somos senão figuras ilusórias, imagens de sombras fugidias". Ao lado deles, Shakespeare, em *A tempestade*: "Somos feitos do mesmo estofo que os sonhos, e a nossa breve vida está rodeada de um sono". Por fim, Calderón de la Barca que, tão profundamente imbuído da mesma visão, a expressa, por assim dizer, através de um drama metafísico intitulado: "A vida é sonho". Schopenhauer metaforiza que "a vida e os sonhos são folhas de um mesmo livro. A leitura encadeada se chama vida real" (Schopenhauer, 2005, pp. 60-61) e prossegue:

> Quando, porém, finda a hora da leitura habitual – o dia – e chega o tempo de descanso e recuperação, ainda folheamos com frequência

> descontraídos, sem ordem e encadeamento, ora uma folha aqui, ora outra ali. Muitas vezes se trata de uma folha já lida, outras de uma desconhecida, mas sempre folhas do mesmo livro. Uma folha lida assim isoladamente se encontra de fato fora do encadeamento com a leitura consistente e sequencial do livro; todavia, não temos aí algo de muito discrepante, caso se pense que também o todo da leitura consistente e sequencial começa e termina, do mesmo modo, ao sabor do momento e, por isso, pode ser vista simplesmente como uma grande folha isolada. (Schopenhauer, 2005, p. 61).

Schopenhauer evoca os poetas ao dizer que "somos obrigados a conceder aos poetas que a vida é um longo sonho" (Schopenhauer, 2005, p. 61). Freud provavelmente vislumbra aí o princípio de continuidade entre o sonho e a realidade.

No prefácio à quarta edição de *Os três ensaios sobre a teoria da sexualidade*, texto de 1905, Freud enfatiza o papel desempenhado pela sexualidade na vida psíquica, inclusive na da criança de tenra idade, o que custou a ele a acusação à psicanálise de pansexualismo. Essa acusação é interpretada, por Freud, como resistência à inovação do lugar central ocupado pela sexualidade em sua teoria. Nesse texto Freud reconhece em Schopenhauer seu antecessor nessas ideias:

> Contudo, precisamos ainda ter em mente que muito do que este livro contém – sua insistência sobre a importância da sexualidade em todas as realizações humanas e a tentativa que faz para ampliar o conceito de sexualidade – forneceu, desde o início, os mais fortes pretextos da resistência contra a psicanálise. Certas pessoas chegaram ao extremo, em sua busca de termos pomposos e de fácil aceitação, de mencionar o 'pan-sexualismo' da psicanálise e de acusá-la levianamente de 'tudo' explicar pelo sexo. Isto poderia nos espantar se nos fosse possível esquecer como os fatores emocionais tornam as pessoas confusas e esquecidas. Pois, *já faz muito tempo que Arthur Schopenhauer, o filósofo, mostrou à humanidade o quanto suas atividades são determinadas pelos impulsos sexuais*, no sentido comum da expressão. (Freud, 1905/1976, p. 134). (Grifo nosso).

Em *Totem e tabu*, Freud lança mão de Schopenhauer ao se referir aos atos obsessivos primários como destinados a manter as desgraças afastadas, em especial a morte: "Schopenhauer disse que o problema da morte se encontra no começo de toda filosofia" (Freud, 1913/1976, p. 110).

Num texto posterior, *Uma dificuldade no caminho da psicanálise*, 1917, Freud traz a tona Schopenhauer e o reconhece como aquele que, pela primeira vez, não só reconhece os processos mentais inconscientes, por meio da "Vontade inconsciente", que Freud equipara textualmente às pulsões da psicanálise, como também anuncia aos homens a importância psíquica da sexualidade:

> Provavelmente muito poucas pessoas podem ter compreendido o significado, para a ciência e para a vida, do reconhecimento dos processos mentais inconscientes. Não foi, no entanto, a psicanálise, apressemo-nos a acrescentar, que deu esse primeiro passo. Há filósofos famosos que podem ser citados como precursores – acima de todos, *o grande pensador Schopenhauer, cuja 'Vontade' inconsciente equivale às pulsões mentais da psicanálise.* Foi esse mesmo pensador, ademais, que, em palavras de inesquecível impacto, *advertiu a humanidade quanto à importância, ainda tão subestimada pela espécie humana, da sua ânsia sexual.* A psicanálise tem apenas a vantagem de não haver afirmado essas duas propostas tão penosas para o narcisismo – a importância psíquica da sexualidade e a inconsciência da vida mental – sobre uma base abstrata, mas demonstrou-as em questões que tocam pessoalmente cada indivíduo e o forçam a assumir alguma atitude em relação a esses problemas. É somente por esse motivo, no entanto, que atrai sobre si a aversão e as resistências que ainda se detêm, com pavor, diante do nome do grande filósofo. (Freud, 1917b/1976, pp. 178-179). (Grifo nosso).

Schopenhauer se refere a um corpo com impulsos inconscientes e o principal deles é o impulso sexual. A Vontade tem seu foco nos órgãos genitais e o intelecto no cérebro. Essa topologia indica a gênese sexual da Vontade, sua manifestação como sexualidade, conforme explicita Rosenfeld: "O foco da Vontade, tal como concebida por Schopenhauer é o impulso sexual. É através desse impulso que se manifesta, da forma mais virulenta, a inconsciente vontade de viver. A filosofia de Schopenhauer é a primeira e única em que a sexualidade, concebida como o núcleo de todos os males, atinge um *status* metafísico"

(Rosenfeld, 2009, pp. 175-176). Verificamos, portanto, a posição central que cabe à vontade e à sexualidade no pensamento de Schopenhauer.

Schopenhauer, na *Metafísica do amor*, explica o sentimento amoroso como uma atração entre os sexos movida pela Vontade, com vistas à procriação e à perpetuação da espécie. No ato amoroso os indivíduos são completamente submetidos pelo querer-viver e estão iludidos por ele no que se refere à liberdade de escolha do parceiro. O comando se origina da espécie, que escolhe o par ideal para gerar seu representante mais adequado. É, portanto, a sexualidade que dirige o indivíduo e cabe ao intelecto, por meio de suas representações, a tarefa de enobrecer os sentimentos, em nome da exigência da espécie (Schopenhauer, 2004, p. 10).

Se, para Schopenhauer, na esfera humana, a Vontade e a sexualidade são conceitos que se recobrem e tomam a dianteira sobre os processos racionais, então a sexualidade não é pensada por ele de forma redutora. Cacciola afirma que no filósofo alemão "a sexualidade expande-se e amolda-se nas várias manifestações da vida afetiva e intelectual." (Cacciola, 1995, p. 59). Mas, se a Vontade é um dos lados do mundo, é só no organismo vivo que ela se manifesta como sexualidade. No mundo orgânico, ela se manifesta como forças que dominam a matéria, forças mecânicas, químicas e elétricas.

É, também, por meio da teoria do recalque que podemos evidenciar mais um parentesco entre Schopenhauer e Freud, e o confronto entre a metafísica e a metapsicologia. No texto *A história do movimento psicanalítico*, de 1914, em que há o registro da teoria do recalque como a pedra angular sobre a qual repousa a estrutura da psicanálise, Freud acaba, após hesitação, por designar Schopenhauer como seu precursor nessa teorização:

> A teoria do recalque sem dúvida alguma ocorreu-me independentemente de qualquer outra fonte; não sei de nenhuma impressão externa que me pudesse tê-la sugerido, e por muito tempo imaginei que fosse inteiramente original, até que Otto Rank (1911*a*) *nos mostrou um trecho da obra de Schopenhauer, World as Will and Idea*, na qual o filósofo procura dar uma explicação da loucura. O que ele diz sobre a luta contra a aceitação da parte dolorosa da realidade *coincide tão exatamente com o meu conceito de repressão* que, mais uma vez, devo a chance de fazer uma descoberta ao fato de não ser uma pessoa

> muito lida. (...) *Tive, portanto, de me preparar – e com satisfação – para renunciar a qualquer pretensão de prioridade nos muitos casos em que a investigação psicanalítica laboriosa pode apenas confirmar as verdades que o filósofo reconheceu por intuição.* (Freud, 1914/1976, pp. 25-26). (Grifo nosso).

De fato, desde os primeiros estudos sobre histeria, em 1895, Freud percorre o mecanismo do recalque, porém, o estabelecimento do estatuto metapsicológico desse conceito ocorre somente em 1915, nos *Artigos sobre metapsicologia.*

Para Schopenhauer, as formas racionais de consciência não passam de aparências e a essência de todas as coisas é alheia à razão: "A consciência é a mera superfície de nossa mente, da qual, como da terra, não conhecemos o interior, mas apenas a crosta" (Schopenhauer, 2005, p. 368). Assim, o inconsciente apresenta um papel fundamental na filosofia de Schopenhauer.

É no texto *Além do princípio do prazer,* de 1920, que Freud, ao discutir sua concepção dualista da vida pulsional, diz encontrar abrigo na baía da filosofia de Schopenhauer:

> Detenhamo-nos por um momento nessa concepção notadamente dualista da vida pulsional. De acordo com a teoria de E. Hering, na substância viva operam ininterruptamente dois tipos de processos, em direções opostas – uns construtivos, anabólicos, os outros destrutivos, catabólicos. Podemos ousar reconhecer, nessas duas direções dos processos vitais, a atividade de nossos dois movimentos pulsionais, das pulsões de vida e das pulsões de morte? *E, há outra coisa que não podemos ignorar: que inadvertidamente adentramos o porto da filosofia de Schopenhauer, para quem a morte é "o autêntico resultado" e, portanto, o objetivo da vida, enquanto a pulsão sexual (sexualtrieb) é a encarnação da vontade de vida.* (Freud, 1920/1976, pp. 219-220). (Grifo nosso).

A influência do pensamento schopenhaueriano sobre a constituição da teoria das pulsões é confirmada por Freud, que identifica a existência da pulsão sexual, de vida, e da pulsão de morte na filosofia de Schopenhauer.

Lebrun esclarece que as ideias de Schopenhauer pairavam na atmosfera de Viena na época de Freud, e que a leitura de seu pensamento "foi frutífera, e Freud homenageia Schopenhauer, por ter sido capaz de ver que "a pulsão sexual representa a encarnação da vontade de viver". O que é mera justiça, pois o Eros freudiano já está em ampla medida presente n'*O mundo como vontade e representação*" (Lebrun, 1983, p. 91).

Para Lebrun, a citação de Schopenhauer a seguir representa "a sua certidão de nascimento", visto que o filósofo elege o impulso sexual como a substância da vontade de viver:

> O instinto sexual é a substância da vontade de viver e representa a sua concentração. Assim, chamei justamente as partes genitais de foco da vontade. Mais, até pode-se dizer que o homem é um instinto sexual que tomou corpo... só este instinto liga e perpetua o conjunto dos seus fenômenos. Sem dúvida, a vontade de viver manifesta-se inicialmente enquanto esforço para a conservação do indivíduo; mas aí se trata apenas de um degrau no esforço para a conservação da espécie. (Schopenhauer citado por Lebrun, 1983, p. 91).

Segundo Lebrun "ninguém, mais que Schopenhauer normaliza a ideia de uma crueldade *legítima* que o gênio da espécie exerce sobre vocês e sobre mim, seus súditos." (Lebrun, 1983, p. 91). Acompanhemos as palavras de Schopenhauer citadas por Lebrun:

> Com efeito, em toda a parte o gênio da espécie está em guerra com os gênios protetores dos indivíduos: é o seu perseguidor e inimigo, sempre disposto a destruir implacavelmente a felicidade pessoal para garantir o cumprimento dos seus desígnios (...). A razão é que a espécie, sede raiz do nosso ser visível, tem sobre nós um direito mais íntimo e antigo do que o indivíduo (...). (Schopenhauer citado por Lebrun, 1983, pp. 91-92).

Seguindo nosso cotejamento, em uma nota de rodapé de *Além do princípio do prazer,* identificamos o texto "Sobre a aparente intencionalidade no destino do indivíduo", de Schopenhauer. Nele, o autor defende a ideia de que o querer controla, em última análise, a vida do indivíduo. Segundo Cacciola, nesse texto Schopenhauer diz que "do mesmo modo como cada um é o secreto diretor do teatro de seus sonhos então, por analogia, é também possível que venha por fim do querer o destino que controla o curso real de nossas vidas."

(Schopenhauer citado por Cacciola, 1995, p. 54). Cacciola aponta que essa hipótese é possível, para o filósofo, se considerarmos o resultado principal de sua filosofia: "O querer que vive e luta em cada indivíduo" (Cacciola, 1995, p. 54).

Ora, prossegue a autora, esse querer, que aparece como destino, opera a partir de uma região que está além de nossa consciência individual que representa, e é esse querer o âmago e a essência em si do homem. Além disso, esse querer se manifesta no curso do mundo, por meio de seus fenômenos, porém "cada homem contém aquela vontade de viver de um modo bem individual e único, como um ato individualizado dela" (Schopenhauer citado por Cacciola, 1995, p. 54). É, exatamente, nesse ponto, salienta Cacciola, que Schopenhauer conclui que a morte é o alvo final da existência temporal do indivíduo, que resulta do afastamento da vontade de viver. Ou seja, seremos todos conduzidos à morte, cada um a sua maneira e, muitas vezes, "aos poucos, por amplos desvios" (Schopenhauer citado por Cacciola, 1995, p. 54). De um lado, prazer e felicidade trabalham contra esse alvo, mas, de outro, infelicidade e sofrimento, inevitavelmente intricados em cada vida, trabalham a seu favor. Desta forma, Cacciola nos diz que a morte é uma *crisis* no pensamento schopenhaueriano:

> Assim, este guia que Schopenhauer qualifica como invisível e que se anuncia apenas como aparência duvidosa nos conduz à morte como resultado final. Na hora da morte irrompem e lutam todas as potências ocultas que determinam o destino do homem. E por isso a morte é, para o filósofo, uma *crisis* no sentido mais forte da palavra. (Cacciola, 1995, p. 54).

Esse é o destino do homem "conduzido à morte por forças que se enraízam nele próprio" (Cacciola, 1995, p. 54). Outra semelhança com a noção de pulsão de morte em Freud.

Em *As resistências à psicanálise*, Freud retoma a acusação de pansexualismo e discorre sobre o mecanismo da reação primitiva contra algo novo, no caso, suas ideias psicanalíticas, em especial, os processos psíquicos inconscientes e a ampliação do papel da sexualidade, incluída aí a sexualidade infantil, sobre a psique. Para Freud a resistência da maioria dos filósofos às suas ideias se deve ao fato deles admitirem a psique restrita à esfera da consciência. Porém, este não é caso de Schopenhauer que Freud, portanto, reafirma como o precursor não só no âmbito dos processos psíquicos inconscientes, como também no alcance do seu conceito de sexualidade que não se reduz à "concepção estreita de uma sexualidade genital e procriadora" (Assoun, 1978, pp. 182-183). Vejamos o que Freud declara:

> *A significação incomparável da vida sexual havia sido proclamada pelo filósofo Schopenhauer em uma passagem intensamente marcante.* Ademais. Aquilo que a psicanálise chamou de sexualidade não era em absoluto idêntico ao impulso no sentido de uma união dos dois sexos ou no sentido de produzir uma sensação prazerosa dos órgãos genitais; tinha muito mais semelhança com o Eros, que tudo inclui e tudo preserva, do *Banquete* de Platão.
>
> Os opositores da psicanálise esqueceram, contudo, seus precursores; caíram sobre ela como se houvesse cometido uma agressão à dignidade da raça humana. Acusam-na de 'pansexualismo', embora a teoria psicanalítica das pulsões tivesse sido sempre estritamente dualista e em tempo algum deixasse de reconhecer, juntamente com as pulsões sexuais, outras a que realmente atribuiu força suficiente para suprimir as pulsões sexuais. (Essas forças mutuamente opostas foram inicialmente descritas como as pulsões sexuais e as pulsões do ego. Um desenvolvimento teórico posterior transformou-as em Eros e pulsão de morte ou destruição). (Freud, 1925a/1976, pp. 270-271).

A palavra "marcante" utilizada por Freud é acompanhada de uma nota de rodapé que nos envia para o item Apêndice: *Extrato de O mundo como Vontade e como representação de Schopenhauer*, escrito por Freud. Nele, consta que Freud alude, algumas vezes, especificamente a "'uma passagem intensamente comovente', ou, a 'palavras de inesquecível impressividade', embora em parte alguma cite a referida passagem, ou indique sua fonte nos escritos de Schopenhauer" (Freud, 1925a/1976, p. 277). Mas, nesse extrato, cogita-se a possibilidade de que Freud tivesse em mente a longa passagem que reproduziremos mais adiante em que Schopenhauer debate o caráter do desejo sexual e declara ser ele diferente de qualquer outro desejo: "(...) ele não é apenas o mais forte, é, porém, mesmo especificamente, de um tipo mais poderoso que qualquer outro" (Schopenhauer citado por Freud, 1925a/1976, pp. 277-278). A longa citação se faz necessária:

> A tudo isto corresponde o importante *rôle* que a relação dos sexos desempenha no mundo dos homens, onde ela é realmente o invisível ponto central de toda ação e conduta, e se deixa entrever em toda parte, apesar de todos os véus que lhe são lançados por cima. Ela é a causa da guerra e o fim da paz, a base do que é sério e o alvo da zombaria, a inexaurível fonte do espírito, a chave para todas as alusões e o significado de todas as insinuações misteriosas, de todas as ofertas não enunciadas e de todos os olhares furtivos, a meditação diária do jovem e, amiúde, também a do velho, o pensamento de todas as horas do libertino e, mesmo contra sua vontade, a imaginação constantemente recorrente do casto, o material sempre pronto para um chiste, devido exatamente à profunda seriedade que jaz em seus fundamentos. É contudo, o elemento picante e o chiste da vida que a preocupação principal de todos os homens seja secretamente perseguida e ostensivamente ignorada, tanto quanto possível. Em realidade, porém, nós a vemos a todo momento sentar-se, como verdadeira senhora hereditária do mundo, na plenitude de sua própria força, em seu trono ancestral, e desde lá, olhando para baixo, com miradas desdenhosas, a rir dos preparativos que foram efetuados para amarrá-la, aprisioná-la ou, pelo menos, limitá-la, e, onde quer que possível, mantê-la oculta ou mesmo dominá-la de tal forma que pareça apenas como um interesse secundário, subordinado, da vida. Tudo isso, porém, concorda com o fato de a paixão sexual[27] ser o ponto central da vontade de viver, e, consequentemente, a concentração de todo desejo; portanto, no texto, chamei os órgãos genitais de foco da vontade. Em verdade, pode-se dizer que o homem é desejo sexual concreto, pois sua origem é um ato de cópula e seu desejo dos desejos, um ato de cópula, e somente essa tendência perpetua e mantém unida toda a sua existência fenomênica. A vontade de viver manifesta-se primariamente, com efeito, como um esforço de sustentar o indivíduo; contudo, isso constitui apenas um passo para o esforço de sustentar a espécie, e o último esforço tem de ser mais poderoso em proporção, na medida em que a vida da espécie ultrapassa a do indivíduo em duração, extensão e valor. A paixão sexual, portanto, é a mais perfeita manifestação da vontade de viver, seu tipo mais distintamente expresso; e a origem do

27 *Geschlechtstrieb* no original, palavra que, quando utilizada por Freud, é traduzida por "pulsão sexual". (Freud, 1925a/1976, p. 278).

> indivíduo nela e sua primazia sobre todos os outros desejos do homem natural estão em completo acordo com isso. (Schopenhauer citado por Freud, 1925a/1976, pp. 278-279). (Schopenhauer, 2009, p. 1264-1265).

Em *O mal-estar na civilização* Freud radicaliza sua teorização acerca do trágico como elemento constituinte fundamental do sujeito. Freud atribui ao conceito de desamparo o papel estratégico de sua metapsicologia e enfatiza a condição trágica do homem em relação ao desamparo a partir do qual se constitui – modelo formulado na segunda tópica que introduz a noção de pulsão de morte.

No texto *Ansiedade e vida pulsional*, a XXXII das *Novas conferências introdutórias*, de 1933, quinze anos após ter proferido as *Conferências Introdutórias*, Freud traz inovações teóricas e aprofundamentos metapsicológicos. Nesse texto escrito posteriormente a *Além do princípio do prazer* e a *O mal-estar na civilização*, Freud afirma o lugar crucial da teoria das pulsões em seu pensamento e a considera sua mitologia. Ele também faz menção à filosofia schopenhaueriana, ao refletir sobre a característica conservadora da pulsão de autodestruição e formula duas indagações. A primeira: como a característica conservadora das pulsões poderia nos auxiliar na compreensão de nossa destrutividade? E a segunda: qual seria o estado anterior que a pulsão de morte visaria restabelecer?

Para responder a essas perguntas, Freud desenvolve sua teoria de que as pulsões eróticas trabalham para a constituição de unidades cada vez maiores, culminando com a própria sociedade humana como um todo, ao passo que as pulsões de morte se opõem às pulsões eróticas e procuram desfazer suas construções:

> Se, é verdade que – em alguma época incomensuravelmente remota e de um modo irrepresentável – a vida se originou da matéria inorgânica, então, de acordo com nossa suposição, deve ter surgido uma pulsão que procurou eliminar a vida novamente e restabelecer o estado inorgânico. Se, reconhecemos nessa pulsão a autodestruição de nossa hipótese, podemos considerar a autodestruição como expressão de uma *pulsão de morte* que não pode deixar de estar presente em todo processo vital. Ora, as pulsões, nas quais acreditamos, dividem-se em dois grandes grupos – as pulsões eróticas, que buscam acumular cada vez mais substância viva em unidades cada vez maiores, e as pulsões de morte, que se opõem a essa tendência e levam o que está

> vivo a um estado inorgânico. Da ação concorrente e antagônica entre essas duas pulsões procedem os fenômenos da vida que chegam ao seu fim com a morte. (Freud, 1933/1976, pp. 133-134).

Em seguida, Freud se inquieta porque um pensador tão audaz como Schopenhauer não poderia ter feito uma descoberta que seria confirmada pela psicanálise: "Talvez os senhores venham a sacudir os ombros e dizer: "Isso não é ciência natural, é *filosofia de Schopenhauer*!" Mas, senhoras e senhores, porque um pensador ousado não poderia ter entrevisto algo que depois se confirma por intermédio de uma pesquisa séria e laboriosa?" (Freud, 1933/1976, p. 134).

No entanto, logo em seguida, Freud relativiza essa vizinhança e sentencia:

> E mais, o que estamos dizendo não é nem mesmo Schopenhauer autêntico. Não estamos afirmando que a morte é o único objetivo da vida; não estamos desprezando o fato de que existe vida, assim como existe morte. Reconhecemos duas pulsões fundamentais e atribuímos a cada uma delas a sua própria finalidade. Como ambas se mesclam no processo de viver e como a pulsão de morte é posta a serviço dos propósitos de Eros, sobretudo, em sua volta para o exterior como agressividade – são problemas que ficam postos para a investigação futura. (Freud, 1933/1976, p. 134).

Barboza, ao nos lembrar da presença do monismo da Vontade, faz um esclarecimento a respeito dessa hesitação operada por Freud:

> De fato, para Schopenhauer não existem dois impulsos *autônomos* que jogam entre si para constituir o mundo, mas apenas a Vontade de vida é o mais real dos objetos, e o jogo entre vida e morte é emanação dela – é o chamado monismo da Vontade. E aquele jogo, enquanto fenômeno no espaço e no tempo vinculados pela causalidade, é uma aparência não-essencial, é uma grande ilusão. (Barboza, 2005, p. XXII).

Schopenhauer constata que "vemos por toda parte na natureza luta, combate e alternância da vitória e, a partir daí, reconhecemos mais claramente a desunião (*Entzweiung*) da vontade consigo mesma" (Schopenhauer, 2005, p. 408). A introdução da discórdia no interior da Vontade provoca uma quebra em sua unidade fundamental, e a origem dessa partição é o fato de que a Vontade se objetiva num mundo. Portanto, o desfazimento da unidade originária da Vontade traz à tona o elemento de discórdia.

As metafísicas do amor e da morte schopenhauerianas nos apresentam o decisivo jogo entre pulsão sexual, que tende a criar unidades orgânicas, expondo a Vontade cósmica numa miríade de seres complexos, e a morte, que põe fim temporal a esses fenômenos. Há aqui um parentesco entre os pensamentos de Freud e Schopenhauer na medida em que ambos postulam uma luta contínua entre vida e morte, entre *Eros* e *Thânatos*.

Barboza assim se pronuncia sobre as noções schopenhaurianas: metafísica do amor e metafísica da morte:

> Com elas, pretende solidificar, por um lado, a concepção do amor sexual enquanto manifestação a mais direta da essência do mundo, a Vontade cega de vida, sedenta por excelência, por outro, a morte enquanto mero desaparecimento do organismo gerado no ato sexual, concernindo apenas ao fenômeno, não ao ser íntimo de cada particularidade. Em realidade, vida e morte, num jogo incessante, são emanações dessa única e mesma Vontade como coisa-em-si da qual o mundo multifacetado diante de nós é mero espelho. As metafísicas do amor e da morte apresentam-nos filosoficamente a trama conceitual do grande drama cósmico que é a existência, pois a Vontade é intrinsecamente uma autodiscórdia consigo mesma, o que faz do enredo dessa peça algo muitas vezes trágico, traduzido na famosa frase schopenhaueriana “toda vida é sofrimento.” (Barboza, 2004, pp. VII-VIII).

Está posto, portanto, que o conflito permanente entre vida e morte presente no pensamento de Schopenhauer nos apresenta seu caráter trágico da existência, embora seu ponto de partida, a Vontade cega como coisa em si, caracterize seu pessimismo.

Cacciola enfatiza que, em Schopenhauer, a despeito de o término último da vida individual ser a morte, a atitude afirmativa da vida tem sua independência naquelas pessoas capazes de lidar com a vida em suas vicissitudes:

> Ora, apesar da afirmação de Schopenhauer de que o resultado próprio da vida individual é a morte, como seu alvo natural, a

> afirmação do querer-viver contrapõe-se positiva e autonomamente à morte e à própria negação da Vontade. A atitude afirmativa guarda sua independência e especificidade para quem for capaz de aceitar a vida com todas suas vicissitudes, afirmando-a com e apesar delas – tal como no dizer-sim nietzschiano. (Cacciola, 1995, p. 66).

No entanto, acrescenta a autora, não podemos desconsiderar que a proposta niilista de Schopenhauer – a negação da vontade –, é o ato ético, por excelência, em seu pensamento, e é o que marca o destino do santo e do asceta. Nessas figuras encontramos a recusa do mal e do sofrimento, não por meio da morte individual, e sim por meio de uma morte simbólica que aniquila o impulso de um querer jamais satisfeito.

Cacciola faz um último comentário:

> Esse ato de exceção, única manifestação da liberdade na cadeia fenomênica, esse absoluto recomeçar, não significa, porém que a tendência da natureza seja a da morte ou negação do querer. Ao contrário, o querer viver, em perpétuo conflito, afirma-se como impulso constante, mesmo às custas da vida individual. O interesse maior da Vontade é a conservação da espécie e não a do indivíduo e, se esta perece, nada mais faz que cumprir seu destino que é o ser parte de uma unidade mais abrangente. Este caráter unificador do querer-viver nos evoca a própria tendência de Eros em Freud como "síntese do animado em unidades cada vez maiores." (Cacciola, 1995, p. 62).

No texto freudiano *Ansiedade e vida instintual*, Freud também adverte que a questão da extensão do elemento conservador das pulsões está inacabada:

> Também a questão de saber se o caráter conservador não poderia pertencer a todas as pulsões, sem exceção; se também as pulsões eróticas não poderiam estar buscando reconstituir uma situação prévia, ao se empenharem por efetuar uma síntese de coisas vivas em unidades maiores – também essas questões devemos deixar sem respostas. (Freud, 1933a/1976, p. 134).

Para terminar, não podemos deixar de lado a conhecida fábula dos porcos-espinhos de Schopenhauer, "expressão de sua luta pela existência" (Rosenfeld, 2007, p. 52), retomada mais tarde por Freud:

> Um grupo de porcos-espinhos ia perambulando num dia frio de inverno. Para não congelar, os animais chegavam mais perto uns dos outros. Mas, no momento em que ficavam suficientemente próximos para se aquecer, começavam a se espetar com seus espinhos. Para fazer cessar a dor, dispersavam-se, perdiam o benefício do convívio próximo e recomeçavam a tremer. Isso os levava a buscar novamente a companhia uns dos outros, e o ciclo se repetia, em sua luta para encontrar uma distância confortável entre o emaranhamento e o enregelamento. (Schopenhauer, 2009, p. 1467).

A metáfora diz respeito à ideia de um ciclo que se repete constantemente na convivência entre as pessoas, como uma luta infindável, na tentativa de encontrar uma distância confortável entre o frio do afastamento e a dor da aproximação. Para Schopenhauer, o vínculo conflitivo com o outro somente é tolerado se necessário à sobrevivência, e sempre evitado, se possível. Para o autor, a ideia de amor puro está ligada a uma satisfação completa. Decorre daí seu afastamento da sociedade como uma tentativa de esquivar-se da convivência e de suas frustrações.

Seguindo Schopenhauer, vimos que Freud também concebe o vínculo entre as pessoas – "casamento, amizade, relações entre pais e filhos" – como a fonte, dentre outras, mais espinhosa, no sentido de ser aquela que produz mais sofrimento para o homem. Acrescenta que contra o sofrimento que pode advir dos relacionamentos, "a defesa mais imediata é o isolamento voluntário, o manter-se à distância" (Freud, 1930/1976, p. 96). Porém, a felicidade passível de ser alcançada através deste método é a felicidade da quietude, próxima da ascese, meio recusado por Freud, mas aceito por Schopenhauer, conforme discutido nos capítulos anteriores.

Freud mantinha bem à vista, entre os objetos de sua escrivaninha, uma estatueta de porco-espinho que lhe foi presenteada pelo psicólogo G. Stanley Hall por ocasião da viagem de Freud para realizar conferências nos Estados Unidos – país a que se refere na época como "porco-espinho selvagem". Em seu texto *Psicologia de grupo e a análise do ego*, Freud retoma a fábula schopenhaueriana e explicita:

> Mantenhamos perante nós a natureza das relações emocionais que existem entre os homens em geral. *De acordo com o famoso*

> *símile schopenhaueriano dos porcos-espinhos* que se congelam, nenhum deles pode tolerar uma aproximação demasiado íntima com o próximo.
>
> Os dados da psicanálise mostram que quase toda relação afetiva íntima de certa duração entre duas pessoas – casamento, amizade, relações entre pais e filhos – contém um depósito sedimentar de sentimentos de aversão e hostilidade, que só escapa à percepção em decorrência do recalque. (Freud, 1921/1976, p. 56). (Grifo nosso).

Entre convergências e divergências, é preciso deixar claro que Freud jamais fez uma importação selvagem da filosofia schopenhaueriana para a psicanálise, nem pretendeu que a psicanálise se reduzisse a um prolongamento terapêutico da doutrina de Schopenhauer, estabelecendo uma descontinuidade entre as intuições totalizantes do filósofo e as pesquisas psicanalíticas. Referente ao pensar metapsicológico, Freud adverte em 1925, no *Selbstdarstellung*: "Mesmo quando me afastei da observação, evitei cuidadosamente qualquer contato com a filosofia propriamente dita" (Freud, 1930/1976, p. 95).

Considerações finais

O PRESENTE trabalho teve como objetivo pesquisar dois pontos de vista, o schopenhaueriano e o freudiano, no que refere ao pensamento trágico. Para tanto, partimos da investigação do trágico desde a Antiguidade grego-romana, passamos pelo trágico na filosofia moderna, em particular por Schopenhauer, até chegarmos ao trágico em Freud. Em cada um desses momentos, descortinou-se um novo universo de constelações conceituais a respeito do trágico inerentes a cada campo. O trágico, desde sua origem, não apresenta uma definição precisa e, portanto, cada tragediógrafo, cada filósofo ou cada pensador possui sua concepção sobre o trágico na condição humana (Patitucci, 2008, p. 256). Tivemos também como propósito investigar algumas semelhanças e dessemelhanças entre o pensamento de Schopenhauer e de Freud, levando em conta as distinções de campos e de métodos, e ressaltando que o primeiro faz metafísica imanente ao corpo, ao passo que o segundo constrói sua metapsicologia.

A tragédia grega, século V a.C., nos legou a noção de trágico que atravessou os tempos com vários ressurgimentos denotando sua vitalidade. Quatro séculos mais tarde, migra para a filosofia, com expressão no latino Lucrécio, que inaugura o trágico no mundo antigo; desbrava um lugar de reflexão na filosofia moderna e se desdobra na filosofia trágica, como a de Schopenhauer, entre outros, com seu conceito de Vontade cega, princípio metafísico de todo vivente, essência da vida e do homem, ímpeto livre e sem finalidade que sobrevive a nós, míseras sombras transitórias, enredados numa existência de sofrimento para o nada de onde viemos e para onde retornaremos; desponta no pensamento freudiano a partir das considerações desalentadoras de Freud acerca da alma humana, portadora de forças pulsionais destrutivas, em que a pulsão de morte é sua expressão máxima como princípio autônomo e independente de *Eros*.

No começo era o caos é o que diz Hesíodo na *Teogonia*. Sobre esse abismo, lugar indiferenciado, inabitado pelos deuses e pelos homens, anterior ao primeiro dia e à primeira palavra, cai o mais profundo silêncio. Rompido o silêncio do caos, o que se ouve é a palavra enigmática e lacunar do mito que contém a história dos começos. Ante o indeterminado surge o mito com suas narrativas, concebido não como anterior ao caos, mas como um efeito dele; não como fundamento necessário aos acontecimentos, não como razão imanente ao mundo e às coisas, mas como resultante do acaso original. No mundo grego antigo, o princípio de tudo, o fundo da realidade, é o caos.

A tragédia ática nasce em uma época longínqua, a do século V a.C., denominado "o século trágico" (Vernant; Vidal-Naquet, 2008, p. 150) e é o gênero literário a partir do qual germina a noção de trágico, como afirmam os helenistas deste estudo. Vernant, entre eles, explicita que "a tragédia é um gênero literário que cria o trágico: quando a tragédia funciona, então podemos dizer que existe um homem trágico" (Vernant, 2002, p. 364). Lesky também concebe o vínculo originário do trágico atrelado à tragédia ática, ao dizer que "toda a problemática do trágico, por mais vastos que sejam os espaços por ele abrangidos, parte sempre do fenômeno da tragédia ática e a ele volta" (Lesky, 2006, p. 23).

Além de fincar suas raízes na literatura, em particular por meio do teatro grego, da dramaturgia, a tragédia grega tem, também, origem religiosa, pois nasce nas festas em honra a Dionísio, deus do vinho, que são marcadas pelo excesso, pela luxúria e pela embriaguez. Deus trágico por excelência, Dionísio encarna não o domínio de si, a moderação, a consciência dos seus limites, a estabilidade e a ordem, mas a busca de uma loucura divina, de uma possessão extática. A tragédia subverte a ordem existente na polis, chegando mesmo a suprimir a ordem política. Ao invocar o espírito de Dionísio, patrono da tragédia, Vernant afirma: "A tragédia é ao mesmo tempo uma ordem e uma desordem" (Vernant &Vidal-Naquet, 2008, p. 233). E complementa: "A norma só é colocada para ser transgredida, ou porque já foi transgredida; é nisso que a tragédia depende de Dionísio, deus da confusão, deus da transgressão" (Vernant &Vidal-Naquet, 2008, p. 232). Em suma, o trágico grego como concepção de ser humano tem origem religioso-literária.

Uma das características da tragédia grega é sua forma dramática de explorar a relação entre o plano divino e humano. Encontramos na teoria literária de Aristóteles, em sua *Poética*, um roteiro que orienta como deve ser uma peça de teatro trágica. Para o filósofo, a tragédia é a imitação de uma ação importante e completa, de certa extensão; em um estilo que torne possível a empatia entre o herói e o espectador, para que nesse suscite o terror e a compaixão, e também a identificação com o herói em sua *hybris*, em seu sofrimento, em sua luta, em seu conflito e em seu destino/necessidade/*Ananke* quase sempre infeliz, provocando o sentimento de que ele próprio (o espectador) é também uma pessoa trágica e tendo como efeito a catarse daquelas emoções suscitadas. Assim, o dramaturgo trágico tem a função de produzir terror e compaixão no público e a catarse dessas emoções pela verossimilhança, para que o espectador assimile, por meio do medo, uma atitude de humildade diante da limitação humana e a não reprodução da conduta de imprudência, *hybris*.

Em nosso estudo, vimos que os elementos constituintes do trágico grego é a noção de conflito e a ideia de que o fundamento do mundo é a livre vontade divina, e que, portanto, a liberdade de escolha do homem é quase nula. Além disso, "Neste jogo, do qual não é senhor, o homem sempre corre o risco de cair na armadilha de suas próprias decisões. Para ele, os deuses são incompreensíveis" (Lesky, 2008, p. 21). O termo conflito é derivado, no grego arcaico, de *agon*, agonia, angústia, que também significa batalha, luta sem trégua entre os contrários, jogo, disputa interminável entre os opostos. Como diz Vernant, o trágico grego se refere ao fato de que "o homem, além de ter sua vida subordinada à vontade dos deuses, portanto, uma vida sem liberdade, é "um enigma sem resposta"" (Vernant, 2002, p. 373). Ou, como afirma Lesky:

> Nos trágicos, *a ação humana não tem força bastante para deixar de lado o poder dos deuses, nem autonomia bastante para conceber-se plenamente fora deles.* Sem a presença e apoio deles, ela nada é; aborta ou produz frutos que não são aqueles a que visava. A ação humana é, pois, uma espécie de desafio ao futuro, ao destino e a si mesma, finalmente um desafio aos deuses que, ao que se espera, estarão do seu lado. *Neste jogo, do qual não é senhor, o homem sempre corre o risco de cair na armadilha de suas próprias decisões. Para ele, os deuses são incompreensíveis.* Quando por precaução os interroga antes de agir e eles acedem em falar, a sua resposta é tão equívoca e ambígua quanto a situação sobre a qual seu conselho é solicitado (Lesky, 2008, p. 21). (Grifo nosso).

No registro trágico grego, a noção de conflito, que está ligada à *hybris*, é o coração da dinâmica da tragédia, juntamente com o fato de que o homem está à mercê, tanto para o bem quanto para o mal, dos desejos de deuses passionais, que, inseridos no *pathos*, interferem na vida dos mortais. Além disso, o homem é responsável por suas ações. Acima da vida dos deuses, imortais, e dos homens, criaturas efêmeras que surgem para desaparecer, pairam soberanas as moiras, *moirai*, as três divindades e trágicas fiandeiras do destino, filhas de *Ananke*, a necessidade: fio, sorte e corte que tecem, meio às cegas, desordenadamente, o tecido de nossas vidas, de nosso destino, *heimarméne*, que é a parte, *meros*, o lugar que cabe a cada um no mundo. É o acaso, é o caráter contingente da existência. Assim, o caos se instala na medida em que o homem não tem pleno controle nem sobre si mesmo, nem sobre sua vida.

A *hybris* é a marca humana, o "passo em falso" (Pondé, 2010, p. 119), que realiza o destino tecido pelas moiras na sua forma mais dramática. O *pathos* grego é esse desordenamento do cosmo que invade os mortais, e o cosmo grego é conflito insolúvel, combate constante. Como se isso tudo já não bastasse, adiciona-se o fato de que pouco importa o que faz o herói virtuoso – corajoso e humilde –, pois, no final ele será sempre derrotado. Pondé considera que esse é o destino humano porque "carregamos moiras em nossas células" (2010, p. 132). Tomando como referência a categoria da vontade, ou do desejo, na época da tragédia grega o ser humano não é o senhor de suas ações. As ações humanas estão estreitamente atreladas a um mundo transcendente – as moiras, com todos os complexos desdobramentos do efeito trágico: terror, compaixão, enigma, conflito, tensão, dor, sofrimento, aliança, hostilidade, peripécia e reconhecimento.

Na perspectiva da tragédia grega reina a contradição e a ambiguidade, "como meio de expressão e como modo de pensamento" (Vernant &Vidal-Naquet, 2008, p. 73), e até mesmo os deuses estão em luta revela Vernant. O homem é enigmático e problemático. Ambiguidade na medida em que os personagens conflitantes estão ao mesmo tempo corretos e errados. Paradoxalmente, eles têm direito e bons argumentos, porém o que os leva à ruína e à tragédia, na acepção mais funesta da palavra, é o *modo* como defenderão seus argumentos. A experiência do trágico implica um esforço, uma luta consciente do herói em conduzir seu próprio destino e, ao mesmo tempo, esse destino está determinado pelos deuses. O herói trágico é responsável por suas ações, mesmo que submetido à natureza, ao destino, vale dizer, o ser humano não é o centro de suas decisões por conta da força dos deuses. Porém, a presença divina na tragédia antiga não deve ser considerada uma fatalidade "inescapável", nota Romilly: "Mesmo quando os eventos são apresentados como relevando de uma decisão divina, irrevogável e soberana, falar de fatalidade é simplificar as coisas. Ou, pelo menos o termo é impróprio se sugerir que a responsabilidade (humana) seria negada" (Romilly, 2008, p. 172). Assim, na dimensão trágica o agir tem um duplo caráter. De um lado, "é deliberar consigo mesmo, pesar o pró e o contra, prever o melhor possível a ordem dos meios e dos fins". De outro, "é contar com o desconhecido e incompreensível, aventurar num terreno que nos é inacessível, entrar num jogo de forças sobrenaturais sobre as quais não sabemos se, colaborando conosco, preparam nosso sucesso ou nossa perda" (Romilly, 2008, p. 21).

A tensão entre a determinação referida ao campo dos deuses e a responsabilidade humana é constitutiva da religiosidade trágica. Ou seja, no mesmo ponto em que se encontra submetido à ordem divina, o herói deve se responsabilizar por uma decisão que é em si mesma uma ação. Na tragédia se inicia um questionamento sobre o lugar do homem enquanto agente, e uma inquietação em torno das relações que ele mantém com seus atos, num ambiente de tensão entre os planos e os projetos humanos e os caprichos e os desígnios divinos. Assim, "o agente, em sua dimensão humana, não é causa e razão suficiente de seus atos", nem mesmo de seu alcance, por depender menos das próprias intenções do que "da ordem geral do mundo à qual os deuses presidem" (Vernant &Vidal-Naquet, 2008, p. 49). A ação humana se encontra sujeita a duas ordens de realidade: ao *êthos*, o caráter, e ao *daimon*, a potência divina.

Os gregos antigos criaram a arte trágica e com isso realizaram uma grande façanha para o espírito, mas não desenvolveram nenhuma teoria do trágico que tentasse ir além da sua plasmação no drama e que chegasse a envolver uma concepção de mundo como um todo. Assim, no âmbito grego, "nenhum caminho nos leva à concepção do trágico no moderno sentido de cosmovisão" (Lesky, 2006, p. 29).

A conexão entre a tragédia grega e a psicanálise é possível no sentido de que aquilo que na tragédia antiga irrompe como destino é solidário à noção de determinação inconsciente em Freud. A problemática constitutiva da tragédia grega é homóloga, sem, no entanto, se embaralhar, àquela encontrada na psicanálise: a relação do homem com sua ação. Se, o homem grego trágico não é o centro de suas decisões, por estar submetido aos desígnios dos deuses, e é responsável por seus atos, de modo semelhante, o homem freudiano é agido por forças pulsionais desconhecidas e incontroláveis, e não menos responsável pelas suas ações, conscientes ou não. É conhecida a máxima freudiana: "O ego não é o senhor da sua própria casa" (Freud, 1917b/1976, p. 178), responsável pela terceira grande ferida narcísica da humanidade, na medida em que uma importante parte do ego é inconsciente. É neste texto que, por um lado, Freud credita à Schopenhauer, e não à psicanálise, a descoberta "dos processos mentais inconscientes" e da "importância psíquica da sexualidade" humana (Freud, 1917b/1976, pp. 178-179). Por outro, credita à psicanálise a vantagem de não ter considerado essas duas propostas, tão penosas para o narcisismo, assentadas sobre uma base *in abstracto*, e sim em questões que tocam pessoalmente cada indivíduo e o força a assumir alguma atitude em relação a estes problemas.

Ao migrar do universo religioso-literário para a filosofia, o trágico se estabelece a partir da ideia de acaso. Lucrécio, filósofo-poeta latino do século I a.C., herdeiro do atomismo grego, é o primeiro filósofo trágico ao introduzir, de maneira incisiva, a presença do acaso na filosofia antiga. Para Lucrécio, o universo se mantém sozinho. Não há senão corpos e vazio. Nós mesmos, nossos pensamentos, nossas almas, os deuses, tudo isso é corpo e vazio. Não há sequer unidade do mundo, há uma infinidade de mundos mortais e finitos. Não há nada fora do universo, nenhum espírito criador ou deus salvador, não há origem do universo, nenhuma inteligência o fez ou o quis, não há um fim do universo; ele é sem repouso sem objetivo. A natureza é só e é livre, absolutamente livre. Não há espírito puro, não há finalidade nem sentido. O universo existe. Desde sempre e para sempre. Não há que se perguntar por que nem em vista de quê. Ele é, eis tudo!

Dando um salto no tempo, no final do século XVIII e início do XIX, temos, a partir da reflexão estética idealista alemã, a constituição de um pensamento trágico em sua concepção filosófica moderna, que se dá independentemente da teoria estético-literária que a originou. A imagem moderna do homem é fortemente marcada pelo *cogito* de Descartes, ou seja, por uma matriz pensante, racional, que apreende a natureza do mundo sem nada deixar escapar; e, se o deixa, é para depois realocar esse resquício no pensamento, como um momento que passara à margem, mas que é agora processado cognitivamente. Contrários a essa corrente, Schopenhauer e Freud emergem como pensadores da modernidade que enfatizam a preponderância das determinações dos impulsos inconscientes, em detrimento da razão, sobre as ações humanas. Suas posturas são essencialmente trágicas, pois ressaltam a fragilidade do ser humano na condução de seu destino.

Aliás, um dos elementos trágicos centrais da psicanálise se refere exatamente à nossa precariedade psíquica: a já tão citada constatação freudiana de que "O ego não é o senhor da sua própria casa" (Freud, 1917b/1976, p. 178), visto que possui uma parte inconsciente e é agido por forças incontroláveis que nos roubam a tranquilidade de sermos os donos absolutos do nosso destino: "O ego está sujeito também à influência das pulsões, tal como o id" (Freud, 1923/1976, p. 53). Se, no período de vigência da primeira tópica, Freud estabelece a primazia da vida sobre a morte seguida pelo primado da razão em que o objetivo do método terapêutico é tornar consciente o que é inconsciente, após os anos 20 este quadro teórico-clínico sofre uma profunda modificação, e então, a primazia da vida é substituída pela primazia da morte, com a introdução da pulsão de morte, tendência fundamental de todo vivente a voltar ao estado inanimado. Daí resulta que o originário não é a vida, mas a morte. O originário é o repouso absoluto do inanimado. A vida é uma perturbação deste repouso, por isso todo ser animado tende a voltar ao estado inanimado das origens, como formula Freud: "O objetivo da vida é a morte" (Freud, 1920/1976, p. 56). Neste novo contexto, Freud recupera certos traços dionisíacos do homem, vale dizer, o embate entre *Eros e Thânatos*, de modo que, na teoria psicanalítica, reencontramos a trágica consideração de uma força primitiva no homem que o leva à morte, pois *Thânatos* assedia permanentemente a existência humana, mas que é atravessada por outra força que prolonga a travessia mortal. A psique é um campo de batalha. A presença da morte na vida psíquica é uma agonia, é *esse tornar-se cada vez menos*. A cultura se insurge contra a pulsão de morte, embora carregue consigo propriedades da morte. A cultura representa um salto fora da história natural. Como a prática psicanalítica nasce eivada de morte e como uma reação contra a mesma, ela se insere como um dos elementos da tarefa da cultura.

Rosset, filósofo trágico da atualidade, traz sua original e precisa contribuição à filosofia ao introduzir o conceito de acaso vinculado ao trágico: "O conceito de acaso sempre esteve ligado ao trágico e à tragédia" (Rosset, 1989, p. 90). Embora a filosofia de Schopenhauer "contenha o germe do pensamento de Nietzsche e de Freud" (Rosset, 2005, p. 35) e, Freud, de fato, tenha reconhecido a fecundidade do pensamento de Schopenhauer para suas reflexões e bebido na sua fonte, a diferenciação operada por Rosset entre a filosofia trágica, que afirma o acaso, e a pessimista, que o nega, constitui uma marca distintiva entre os dois autores. De acordo com esse critério estabelecido por Rosset, a filosofia de Schopenhauer, ao partir de um *a priori*, de um dado, a Vontade irracional e cega, que impregna o mundo e os seres, configura o filósofo como pessimista, ao passo que Freud, ao apresentar a pulsão como o lugar do acaso na psicanálise, segundo Garcia-Roza, é caracterizado como um pensador trágico, por Rosset. Esse é um dos pontos fundamentais de distanciamento entre os dois autores, a partir do qual se desdobram outros.

Mann e Barboza também concordam que Schopenhauer é um autor pessimista. Mann encara a inversão, em relação à hierarquia da filosofia tradicional, operada pelo filósofo alemão entre a inteligência e a Vontade como "uma apreciação notavelmente pessimista", que provocou uma humilhante angústia em muitos pensadores de sua época ao expor a fragilidade e a precariedade do homem para controlar sua vida (Mann, 1951, p. 21). Schopenhauer "foi necessariamente pessimista porque era o filósofo e o psicólogo da Vontade" (Mann, 1951, p. 21). A Vontade é a substância do mundo, a coisa em si, sem fundamento, *grundlos*, e exterior ao tempo; é um impelir abafado, obscuro, distante de qualquer capacidade imediata de conhecimento. A Vontade é definida ora como "ímpeto cego", *blinder drang*, ora como impulso, *trieb*, gratuito – esforço contínuo e destituído de alvo. Ela é primária e a razão é secundária e em momento algum adquire a sua realidade pela via do entendimento, que é um mero instrumento destinado a ajudar os seres na sua sobrevivência. É somente graças a essa ajuda que o intelecto, a razão, surge e, com ele, o mundo como representação, com todas as suas formas. O conhecimento simplesmente serve ao querer, é instrumental, *mekané*, no auxílio necessário à sobrevivência de suas objetivações mais complexas, os animais e os homens.

Barboza esclarece que embora Kant siga o caminho cartesiano e confira à razão prática o poder de legislar a moral e a destinação histórica do homem, surge entre os pós-kantianos uma desconfiança em face dos poderes da razão (Barboza, 2009, p. 187). Um marcante despotenciamento da razão é efetuado por Schopenhauer, que definitivamente a aponta como um mero momento do querer, ao declarar que o conhecimento, o intelecto, é acidental e exterior e, portanto, a obscuridade "não é uma mancha escura e casual em meio à região da luz, ao contrário, o conhecimento é uma luz em meio à obscuridade originária e sem limites, na qual o conhecimento se perde" (Schopenhauer citado por Barboza, 2009, p. 188). Nesse sentido, ao instaurar uma crítica contundente à razão e uma denúncia ao narcisismo intelectual do ser humano, Schopenhauer consuma uma revolução no pensamento ocidental, a partir da qual se redesenha a imagem do homem, já que os impulsos e as volições passam a definir a sua natureza íntima e nuclear que, na realidade, é essencialmente irracional. O filósofo efetua e leva a cabo a descoberta do irracional na filosofia, ao assumir todas as consequências do despotenciamento da razão e ao fazer do irracional, em definitivo, o princípio do mundo, relegando à razão o lugar de um mero momento no curso do irracional. "Admitir tal princípio do mundo acarreta, ao mesmo tempo, assumir um pessimismo metafísico, ou seja, o mal radical impera nos seres" (Barboza, 2009, p. 195). O mal radical é "a mais íntima, infinita, incondicionada natureza do mundo" (Barboza, 2009, p. 196). Desta forma, o pano de fundo da filosofia schopenhaueriana é "seu pessimismo metafísico" que "não admite conciliações" (Barboza, 2009, p. 195). A partir disso, se descortina uma vida oscilando entre a dor e o tédio, como o movimento de um pêndulo, metáfora recuperada mais tarde por Proust, como polos opostos do sofrimento e, portanto, como elementos constituintes do nervo mesmo da finitude.

O princípio irracional e cego do mundo é a fonte da autodiscórdia da Vontade que encontramos em toda parte do mundo, e a partir dela provem a luta de todos contra todos na natureza, de tal forma que quem não devora é devorado, pois o egoísmo de parte a parte entre os seres desencadeia múltiplas formas de crueldade. É uma batalha sem-fim e a razão não consegue extirpar esse mal radical. Pode, inclusive sem sabê-lo, arquitetar friamente a irrupção do irracional. Daí a pecha de inimigo da vida, de hostil à vida, com que Schopenhauer é identificado pela maioria dos comentadores (Barboza, 2009, p. 195). Neste contexto, não só Schopenhauer (2005, p. 212) como também Freud (1930/1976, p. 133) aderem à máxima hobbesiana "*homo homini lupus*". Ambos mantêm um olhar trágico sobre a existência: a finitude, a densa escuridão que carregamos e que a qualquer momento pode tragar a luz. Embora em nenhum momento utilize o termo "pessimismo", em sua obra capital Schopenhauer ostenta a famosa frase: "Toda vida é sofrimento" (2005, p. 345), pois "A vida não admite felicidade verdadeira; é fundamentalmente um sofrimento com aspectos diversos, um estado de desgraça radical" (Schopenhauer citado por Philonenko, 1989, p. 292). A Vontade é considerada em si mesma uma infelicidade, um tormento – desejo insatisfeito, esforço constante, sede ardente. De forma menos extrema, desde os *Estudos sobre a histeria*, 1895, Freud explicita que a meta do tratamento psicanalítico não é a felicidade, ao dizer que "ganharemos muito se conseguirmos transformar a miséria histérica em infelicidade comum" a todo ser humano mortal e finito (Breuer&Freud, 1895/1976, p. 363). Mais tarde, Freud reafirmará, em *O mal estar na civilização*, que a felicidade não está incluída "nos planos do Criador" (Freud, 1930/1976, p. 95). Se a felicidade é a obtenção completa de prazer, a concepção freudiana de existência humana é trágica: a satisfação plena da pulsão impossível, a felicidade sempre passageira, as adversidades externas imensas, incluindo ainda o ser humano movido por forças pulsionais destrutivas e a civilização impondo ao homem uma grande dose de sacrifício e sofrimento ao limitá-lo em seus prazeres.

O pessimismo schopenhaueriano é insuperável, pois, enquanto o pensador trágico integra o que existe na ideia de acaso, Schopenhauer recorre a uma noção metafísica de organização em que a ordem é a desordem, a Vontade cega, que é exatamente, o contrário da noção de acaso. Em sua filosofia tudo o que existe, ao se repetir sem modificação das instruções da Vontade, está desde sempre morto.

Os comentadores Szondi, Philonenko e Machado consideram Schopenhauer um pensador trágico e, para eles, a Vontade cega é o elemento fundamentalmente trágico. Philonenko concebe que a consciência trágica de Schopenhauer é o fundamento de seu pessimismo: "O autor do *Mundo* tem sido etiquetado como pessimista. Mas, como vemos, é mais um filósofo trágico. (...). Sabemos que o mundo é combate, que todos lutamos pela existência com a certeza, que não queremos confessar, de que seremos vencidos" (Philonenko, 1989, pp. 177-178). Ou seja, a vida é trágica por consistir num percurso em que o ser humano vai lentamente caminhando em direção ao sacrifício, à morte. Cabe ressaltar que o trágico na filosofia não nasce com Schopenhauer, e sim com Lucrécio, no mundo antigo.

O pensamento schopenhaueriano abriu o horizonte para "as chamadas filosofias do impulso, como a de Nietzsche e, sobretudo, a psicanálise de Freud" (Barboza, 2009, p. 195). No verão de 1919, período próximo ao anúncio de sua concepção da pulsão de morte, Freud escreve para Lou Andreas-Salomé: "Para minha velhice escolhi o tema da morte. Defrontei-me com uma noção notável baseada em minha teoria das pulsões e agora preciso ler todo o tipo de coisa a ela pertinente como, por exemplo, Schopenhauer (...) (Jayme Salomão, s/d, p. 133). Assinalamos também várias outras passagens que mostram o reconhecimento explícito de Freud acerca da influência da filosofia de Schopenhauer em seu pensamento. Uma delas, só para citar algumas, se refere à efetivação dos processos psíquicos inconscientes por Schopenhauer, conforme o próprio Freud afirma: "Quão importante passo, para a ciência e a vida, significaria a suposição dos processos anímicos inconscientes" (Freud, 1917/1976, pp. 178-179). E, Freud complementa: "Não foi, no entanto, a psicanálise, apressemo-nos a acrescentar, que deu esse primeiro passo. Há filósofos famosos que podem ser citados como precursores – acima de todos, o grande pensador Schopenhauer, cuja "Vontade" inconsciente equivale às pulsões mentais da psicanálise" (Freud, 1917b/1976, pp. 178-179). E ainda num momento posterior, em sua elaboração da teoria da dualidade pulsional, no *Além do princípio do prazer*, ao dizer: "Adentramos o porto da filosofia de Schopenhauer, para quem a morte é "o autêntico resultado" e, portanto, o objetivo da vida, enquanto a pulsão sexual (*sexualtrieb*) é a encarnação da vontade de vida" (Freud, 1920/1976, p. 69). Sabemos que a sexualidade também ocupa um lugar central no pensamento de ambos os autores. É no capítulo V desse texto que Freud apresenta a pulsão de morte e sua tendência radicalmente regressiva agindo sobre a pulsão de vida, que visa organizar o mundo psíquico e constituir o Eu. A pulsão de morte insiste em nos empurrar para a condição inorgânica de onde viemos, isto é, para a condição de coisa, seja a pedra, seja o pó, em que haveria o prazer total e nenhuma excitação; ela nos conduz à auto-destruição, pois seu objetivo final é a dissolução do Eu (Freud, 1940/1976, p. 175). Toda matéria orgânica deriva, está cercada e retorna à matéria inorgânica: "A tensão que então surgiu no que até aí fora uma substância inanimada se esforçou por neutralizar-se e dessa maneira surgiu a primeira pulsão: a pulsão de retornar ao estado inanimado" (Freud, 1920/1976, p. 56). A pulsão de morte é o desejo do ser humano de voltar ao estado de natureza, anterior à cultura e ao processo de individuação. Assim, a vida teria surgido por acidente no seio da matéria inerte.

Freud, assim como Schopenhauer, recorre ao pré-socrático Empédocles, que havia postulado, no século V a.C. – o século trágico –, o conflito entre os dois princípios cosmológicos, amor e discórdia, que Freud assemelhará, na esfera psíquica, ao conflito entre a pulsão de vida e a de morte. Outra questão de interesse para Freud é a presença do acaso no pensamento do filósofo grego que "incluiu, no corpo teórico do conhecimento, ideias modernas como a evolução gradual das criaturas vivas, a sobrevivência dos mais aptos e o reconhecimento do papel desempenhado pelo *acaso* nessa evolução" (Freud, 1937/1976, p. 279).

O homem trágico ressurge no discurso psicanalítico a partir do reconhecimento da presença de forças em constante conflito, *Eros* e *Thânatos*, implicadas na existência humana. A mais primitiva delas, a pulsão de morte, é irrepresentável e seu movimento se expressa, inexoravelmente, em direção à morte, à extinção do indivíduo e ao seu retorno a um estado anterior de coisa. A psicanálise pode ser concebida como uma nova ciência que opera a partir de uma ética trágica em que se encontra implicada a admissão do conflito inevitável à vida – vida essa que, compreendida como resultado de um embate pulsional, termina necessariamente com a morte, perpetuando assim a transitoriedade da existência.

No início dessas considerações afirmamos que, no mundo grego antigo, o princípio de tudo, o fundo da realidade, é o caos. E, na esfera psíquica, segundo Freud, as pulsões, nos seus inícios, são anárquicas. Isso quer dizer que não funcionam de modo integrado, pois cada pulsão, isoladamente, articula uma parte do corpo com um objeto, e essa articulação se faz em função do diferencial prazer-desprazer. Assim, o que há, nesse momento, é uma pluralidade de pulsões elementares, um estado de pura dispersão anárquica de energia, um caos original. Ao se situar fora do simbólico, fora da ordem e da lei, a pulsão define o lugar do acaso na psicanálise e o fundo anárquico, natureza primeira, "sem fundo além de qualquer fundo (...) feito unicamente de moléculas furiosas e dilacerantes" (Deleuze citado por Garcia-Roza, 1986, p. 123).

Somos submetidos às contingências do tempo e do espaço. Nascemos em um mundo já constituído em sua dimensão física e social: a família, o meio ambiente, a época, o lugar, a constituição física, a classe social, o regime político, etc. Não podemos mudar essa realidade porque não depende de nós, ela nos é dada. Porém, em psicanálise, podemos atribuir à realidade diferentes significados porque, como o mundo é humano, não existem fatos brutos, todos são possíveis significações, e cabe a cada sujeito conferir uma interpretação à realidade que o rodeia. A psicanálise indica que cada sujeito pode lidar com a realidade de diferentes maneiras: pode incorporá-la ou recusá-la, tentando ser de outro modo. Não temos o poder de virar as costas para o infortúnio, mas, uma vez acontecido, podemos enfrentá-lo de diversos modos. A liberdade, que está sempre esbarrando na necessidade, faz parte da experiência humana, e diante de realidades que não podemos mudar, ainda temos certa liberdade. Assim, nós somos ao mesmo tempo o que fazemos de nós, e o que fazemos com o que fazem de nós. De certa maneira, nós somos nossas invenções. Essa é a aposta freudiana para lidarmos com nossa trágica existência, em que a criatividade ocupa lugar central. Nossas ações e nossos gestos se multiplicam, se diferenciam, se contrariam e se superam. Contudo, é nesse percurso que nos reencontramos, lá onde nossas intenções podem ser dificilmente reconhecíveis, onde nossos projetos podem ser frustrados. A subjetivação é um processo constituinte – auto e heteroconstituinte. A formação do sujeito freudiano se dá através da sua existência, e então não podemos falar de um sujeito completamente constituído. A subjetividade não é pensada como um dado, um ser, mas como um vir-a-ser, como algo que nos tornamos ao longo do caminho que nos conduz a nós mesmos.

A presença do Outro, elemento de alteridade na psicanálise, afeta o exercício da liberdade de cada sujeito porque ao entrarmos em relação com o outro nos defrontamos com outras liberdades e com os conflitos eventualmente decorrentes. Pois, a intersubjetividade coloca em jogo a visão do outro como outro sujeito ou como outro Eu. Trata-se da dimensão problemática da liberdade em que cada sujeito tem que exercê-la diante da liberdade do outro – tarefa nada fácil; em que a liberdade de cada pessoa se dá num regime de tensão entre a liberdade subjetiva e os obstáculos postos pelo momento histórico. Nas nossas escolhas, nem tudo depende exclusivamente de nós porque a existência tem duas faces contraditórias: o sujeito se constitui, ao mesmo tempo, em que é constituído. É pela adoção de uma perspectiva dialética que o sujeito freudiano pode dar conta da tensão entre o objetivo e o subjetivo, o consciente e o inconsciente, e compreender o sentido da sua existência, inseparável da história. O sujeito freudiano se constitui porque pode construir a sua história; todavia, ele é igualmente constituído porque a história também o faz. As experiências interiorizadas, isto é, processadas na psique, subjetivadas, retornam ao mundo humano, significativo, como ações do sujeito, efeito de suas representações, complexo dos atos que perfazem a conduta humana, quer esse mundo seja favorável, quer seja adverso aos projetos subjetivos. Essa ação é, portanto, projeção dos desejos do sujeito representados em regime de possibilidades e de acasos que podem fazer com que muitos projetos se percam no caminho da sua realização, ou se tornem outros, ou até mesmo contrários ao que se pretendeu inicialmente. Os desejos correm o risco de serem desviados, pois a vida é uma grande inexatidão. Como lembra Birman "(...) a novidade maior de Freud foi ter concebido a figura de um sujeito encarnado" (Birman, 1999, p. 87). E é, exatamente, essa corporeidade do sujeito de carne e osso, formulada pelas concepções de corpo erógeno e de corpo pulsional, que vem revelar o que há de mais incerto na existência humana.

Em Schopenhauer, diferentemente, o homem é pensado como decorrente de uma forma *a priori* ou essência determinante. O homem é uma determinada essência, ou natureza, e sua situação aparece como pessimista, visto que a Vontade "é um destino (*operari sequitur esse*)", ou melhor, o homem tem "um destino, uma essência" (Philonenko, 1989, pp. 268-269). Nessa dimensão, o homem não pode forjar seu destino, seus desejos, seus atos, suas recusas, em suma, não há liberdade de escolha. A liberdade para Schopenhauer é obtida apenas quando se alcança o estado de ascese, em que o homem se liberta totalmente da Vontade. Porém, essa postura se encontra, raramente, ao alcance do homem.

Na vertente estética, Schopenhauer traz inovações e é fonte de inspiração para os artistas, na medida em que ele confere à arte uma forma especial de conhecimento ao lado da ciência. No contexto de seu profundo pessimismo, o autor aponta dois modos para a suspensão da dor: a arte e a ascese. Num primeiro e inferior estágio – da arte –, o caminho se encontra na contemplação artística. A contemplação desinteressada das ideias seria um ato de intuição artística e permitiria a contemplação da vontade em si mesma, o que, por sua vez, conduziria ao domínio da própria vontade. A atividade artística revelaria as ideias eternas através de diversos graus, passando sucessivamente pela arquitetura, escultura, pintura, poesia lírica, poesia trágica e, finalmente, pela música. No segundo e mais elevado estágio – da ascese –, a possibilidade última de redenção consiste no aniquilamento completo da vontade, ou seja, na total indiferença do Nirvana, conforme nos diz Gemma Muñoz-Alonso López: "(...) como veremos o homem ascético possui uma grande calma, pois encontra o caminho da paz do Nirvana" (López, 1989, p. 21). Ou, ainda, na ascese o sujeito humano se anula porque se destitui da vontade e anula os outros como tal, de acordo com Rosset:

> A única redenção consiste em aniquilar a vontade por meio da "ascese", mediante a qual nos suprimimos a nós mesmos numa vontade de total indiferença. Com isso o sujeito humano se anula: nega-se como indivíduo e também nega os outros como tal. Eles ficam diluídos na homogeneidade de um todo, tornando imperceptível a qualidade entitativa de cada ser. Então, a vontade se reduz – uma vez suprimida asceticamente no homem – a "nada". (Rosset, 2005, p. 27).

A descoberta filosófica da existência de pura violência no mundo leva Schopenhauer a postular como salvação para o homem essa aspiração ao nada (Philonenko, 1989, p. 274). Philonenko ironiza: "Perderemos a esperança, mas chegaremos à renúncia" (1989, p. 283). Ao "buscar uma vida sem dor, sem tempo, sem movimento, Schopenhauer acabou por encontrar a vida mística, que corresponde a uma felicidade inumana, a uma verdade oposta à vontade de viver. Essa é a origem da admiração de Schopenhauer pela ascese" (Brum, 1998, p. 49).

Vimos que na psicanálise a arte também ocupa um lugar de destaque ao oferecer "satisfações substitutivas para as mais antigas e mais profundamente sentidas renúncias culturais, e, por esse motivo, ela serve, como nenhuma outra coisa, para reconciliar o homem com os sacrifícios que tem de fazer em benefício da civilização" (Freud, 1920/1976, p. 25). Muito cedo em seu pensamento, nos *Estudos sobre a histeria*, Freud confere à arte sua importância:

> Ainda me causa estranheza que os relatos de casos que escrevo pareçam contos e que (...) ressintam do ar de seriedade da ciência. Devo consolar-me com a reflexão de que a natureza do assunto é evidentemente a responsável por isso, antes do que qualquer preferência minha. A verdade é que o diagnóstico local e as reações elétricas não levam a parte alguma no estudo da histeria, ao passo que uma descrição pormenorizada dos processos mentais, como as que estamos acostumados a encontrar nas obras dos escritores imaginativos, me permite, com o emprego de algumas fórmulas psicológicas, obter pelo menos alguma espécie de compreensão sobre o curso dessa afecção (Breuer & Freud, 1895/1976, pp. 209-210).

Os poetas e os romancistas são, em Freud, "aliados preciosos, e o seu testemunho merece a mais alta consideração", porque eles conhecem, "entre o céu e a terra, muitas coisas que a nossa filosofia ainda não nos deixou sonhar. São, no conhecimento da alma, nossos mestres, que somos homens vulgares, pois bebem de fontes que não se tornaram ainda acessíveis à ciência" (Freud, 1907a/1976, p. 18).

De maneira semelhante aos gregos trágicos, o homem freudiano é um ser passional, da desmedida, conflituoso – da luta sem tréguas entre os contrários, *agon*. Na tragédia grega encontramos o conflito, a contradição como algo próprio do humano. Essa consideração é partilhada por

Freud, para quem o homem é habitado pelo conflito psíquico irresolúvel, em suas diversas dimensões, mas que na sua capacidade de representação encontra a possibilidade de traduzir o sofrimento em arte.

Se, por um lado, Schopenhauer e Freud se aproximam em relação à proposta da arte, por outro, se distanciam, radicalmente, no que concerne à postura ascética diante da existência. O primeiro postula o caminho da redenção por meio de uma atitude de anulação voluntária, consciente e completa da vontade caracterizada pela ascese: resignação e paz do Nirvana. Para o segundo, o Nirvana é mortífero na medida em que corresponde à extirpação do desejo, à desvitalização e à morte psíquica. Por isso, diante de um cenário extremamente trágico da condição humana, o pensamento freudiano se direciona, então, para outro caminho, menos extremo e mais pulsante, que possibilita ao sujeito ora afirmar, ora renunciar aos seus desejos por meio da ação do princípio da realidade: "Nesse caso, os elementos controladores são os agentes psíquicos superiores, que se sujeitaram ao princípio de realidade. Aqui a meta da satisfação não é de modo algum abandonada, mas garante-se uma certa proteção contra o sofrimento no sentido de que a não satisfação não seja tão penosamente sentida (...)" (Freud, 1930/1976, p. 98). Podemos atenuar nosso sofrimento se formos capazes de alcançar certo domínio sobre as fontes internas pulsionais por meio da instauração do princípio de realidade como contraponto ao princípio do prazer: "(...) A substituição do princípio de prazer pelo princípio de realidade não implica a deposição daquele, mas apenas sua proteção. Um prazer momentâneo, incerto quanto a seus resultados, é abandonado, mas apenas a fim de ganhar mais tarde, ao longo do novo caminho, um prazer seguro" (Freud, 1911/1976, p. 283). Nesse momento entra em cena o recalque e a razão. Porém, a tentativa de atenuação da dor psíquica pela extinção do desejo, como na ascese, é vista por Freud como expressão do retorno à quietude absoluta: "Podemos ter esperanças de nos libertarmos *de uma parte* de nossos sofrimentos, agindo sobre as pulsões. (...) A forma *extrema* disso é ocasionada pelo aniquilamento das pulsões. (...) Caso obtenha êxito, o indivíduo, é verdade, abandona também todas as outras atividades: sacrifica sua vida e, por outra via, mais uma vez atinge a felicidade da quietude" (Freud, 1930/1976, p. 98). O estado de repouso psíquico é originalmente perturbado pelas exigências das necessidades internas e, portanto, para Freud, a vida em si é rompedora da paz.

Ao longo de seu percurso, Freud vai tentando integrar a arte e a razão como fatores facilitadores para que o homem seja, razoavelmente, capaz de dar conta de seu mundo pulsional, de sua trágica existência. Em alguns momentos teórico-clínicos Freud pende mais para o primeiro ao passo que, em outros, ressalta o segundo. Na epígrafe do livro inaugural da psicanálise, *A interpretação dos sonhos*, Freud se utiliza das palavras que Virgílio, no poema *Eneida*, colocou na boca da deusa Juno, que ferida na sua potestade pelos deuses olímpicos, busca ajuda daqueles que habitam o mundo subterrâneo, para descrever a tarefa fundamental a que se propõe: "Já que no céu nada alcanço, recorro às potências do Inferno" [28], "*Flectere si nequeo superos, Acheronta movebo*", vale dizer, Freud recorre ao submundo psíquico que subjaz à frágil camada de razão. Já vimos que, a partir de 1917, ele será categórico ao afirmar que a maior parte da vida psíquica é inconsciente, e, portanto, não é dominada pela razão, mas regida pela força das pulsões e das paixões. Nesta época Freud define que "O que caracteriza a psicanálise como ciência não é o material de que trata, mas sim a técnica com a qual trabalha" (Freud, 1917a/1976, p. 453). Em 1920, com a revisão da teoria pulsional e a definição da pulsão de morte, a racionalidade perde terreno sobre o controle das pulsões. Porém, no texto *O futuro de uma ilusão*, em que Freud explicita que a visão de mundo da psicanálise corresponde à visão de mundo científica, predomina a confiança na razão e no intelecto, que encontram sua expressão mais completa na ciência, como formas não só de superarmos as ilusões e de aceitarmos a realidade humana, como também de atingirmos, na sociedade, um modo de convívio mais racional e menos opressivo. O intelecto, mesmo que num "futuro longínquo", teria o predomínio sobre a vida pulsional. Na clínica psicanalítica, Freud aposta todas as fichas na interpretação, seguro de que "a voz do intelecto é fraca, mas não descansa enquanto não se faz ouvir" (Freud, 1927/1976, p. 68). No entanto, neste mesmo texto, Freud afirma que as necessidades humanas "jamais poderiam ser satisfeitas pela frígida ciência" (Freud, 1927/1976, p. 48), e que a inteligência desempenha um papel secundário nos assuntos humanos.

28 Tradução de Carlos Alberto Nunes. Virgílio, *Eneida,* VII, 312. Brasília, UnB, 1983.

Ou seja, se a ciência é necessária, nem por isso ela é suficiente para dar conta dos fenômenos psíquicos. Três anos mais tarde, em *O mal estar na civilização*, a configuração do conflito adquire maior complexidade e tragicidade, pois não se circunscreve mais entre as pulsões e o deus *logos*, entre a ilusão e a ciência, mas entre as pulsões de vida e de morte, essa última em sua dupla manifestação no homem: desejo de destruir e de se autodestruir. A problemática do conflito não gira mais em torno do domínio da racionalidade sobre as pulsões, mas da prevalência de uma das duas pulsões sobre a outra. O sonho racional e iluminista da supremacia da razão sobre a vida pulsional cai por terra, e entra em jogo um campo de forças de difícil controle pela via racional. A dinâmica dessas forças só pode ser compreendida numa dimensão que leve em conta, ao mesmo tempo, as tendências pulsionais originárias do homem e suas respostas às situações da vida real. O conhecimento científico da realidade não sai de cena, pois é um fator fundamental para que o homem adquira a percepção e a aceitação da negatividade, do mal – daquilo que no homem nos parece mais negativo em sua natureza: a destrutividade. Em *O mal estar*, a concepção trágica de um embate insolúvel entre "as duas potências celestes" conduz Freud para um certo pessimismo ao constatar que não há nenhuma garantia de que *Eros* vencerá *Thânatos*.

Schopenhauer e Freud salientam, portanto, a insuficiência da razão perante a Vontade e as pulsões, respectivamente, que sobredeterminam inconscientemente as nossas ações, tornando-as, muitas vezes, incompreensíveis para nós mesmos. É comum pensarmos que estamos caminhando numa direção, mas no final do trajeto verificamos que o resultado tomou um rumo diferente do que pretendíamos. Nem sempre os nossos desejos garantem a realização de nossos projetos. Estamos sujeitos ao inconsciente, ao acaso, às adversidades, aos obstáculos que podem nos levar ao fracasso, da mesma maneira que na tragédia grega o herói se pensa agente, mas, no entanto, se descobre agido por forças que ultrapassam sua capacidade racional de controle, e mesmo assim se responsabilize pelos seus atos. Atentemos para o que Freud diz:

> Não estou assim tão enamorado de minha habilidade expositiva, a ponto de poder declarar que cada uma das falhas de minha exposição constitui um encanto especial. Penso comigo que poderia ter

> feito mais em benefício dos senhores, se tivesse agido de outro modo; e, com efeito, esta era minha intenção. No entanto, nem sempre se pode levar a cabo as intenções racionais. Frequentemente, no próprio material existe algo que toma conta de nós e nos desvia de nossas intenções iniciais. Mesmo uma realização banal como a organização de determinada quantidade de material não depende inteiramente da escolha do autor; as coisas podem tomar o rumo que lhes apraz, e tudo quanto se pode fazer é perguntar-se, após os fatos, por que estes se passaram desta e não daquela maneira (Freud, 1917a/1976, p. 442).

Os textos freudianos estabelecem a ideia de um homem trágico compreendido a partir de um viés afirmativo da vida e do desejo, mesmo com toda a sua violência e sofrimento que podem ser elaborados pela via da criatividade. O sofrimento originado pelo conflito entre o desejo de vida e o de morte pode ser produtivo, no sentido de ser a mola para a criação de possíveis que abarque uma resistência à dor. Para a psicanálise, o sofrimento não é uma objeção contra o processo de individuação, e sim um elemento constituinte da sustentação do conflito entre *Eros* e *Thânatos*. Assim, a despeito de Schopenhauer e Freud incluírem o desejo e o seu decorrente sofrimento como parte da vida, as maneiras de lidar com eles são distintas, pois, para Freud, a dor faz parte da experiência da vida e possibilita a aprendizagem, o amadurecimento psíquico e a criação.

Ao retomar o mito da horda primeva, Freud expressa que a vida dos seres humanos em comunidade tem como fundamentos o amor e o trabalho: "o trabalho, criado pela necessidade externa, e o poder do amor, que fez o homem relutar em privar-se de seu objeto sexual – a mulher –, e a mulher em privar-se daquela parte de si própria que dela fora separada – seu filho" (Freud, 1930/1976, p. 121). *Eros* e *Ananke*, amor e necessidade, se tornaram os patronos da civilização humana (Freud, 1930/1976, p. 121), possibilidades "razoáveis" para o homem atingir uma vida "razoável". Esses fundamentos exigem um árduo trabalho psíquico e "os regulamentos da civilização precisam ser mantidos através de certo grau de coerção", pois os homens "não são espontaneamente amantes do trabalho e os argumentos não têm valia alguma contra suas paixões" (Freud, 1927/1976, p. 18). Na teoria freudiana, o apego do homem à vida se dá graças à libido de nossas pulsões sexuais que "coincidiria com o Eros dos poetas e filósofos, que mantém unidas todas as coisas vivas" (Freud, 1920/1976, p. 70). Dessa forma, o homem se movimenta de modo vacilante, amando objetos que o acompanham mais lentamente no seu inexorável trajeto para a morte.

No contexto civilizacional se instala o dilema da humanidade: o homem não pode viver sem civilização, mas não pode nela ser feliz, pois sua constituição não possibilita o alcance da serenidade e da paz permanente entre as paixões prementes e as limitações culturais. Freud enfatiza que sob a pressão de tantos sofrimentos, "os homens tenham se acostumados a moderar suas reinvindicações de felicidade" (Freud, 1930/1976, p. 95). Se, Gay se refere a um Freud "estoico" (1989, p. 587), supomos que ele estaria propondo que pensemos o trajeto freudiano pela via da ética estoica, no que concerne à resistência à dor, à moderação dos prazeres, à aceitação da natureza, principalmente, da inevitabilidade da morte. Na Antiguidade, "a *philosophia* designa não uma teoria ou maneira de conhecer, mas uma sabedoria vivida, uma maneira de viver segundo a razão, isto é, segundo o *Lógos*" (Pierre Hadot, 2004, p. 338). A lei divina "é o *Lógos* dos filósofos; ela inspira a circunspecção na ação, a prudência, a atenção consigo próprio, isto é, a atitude fundamental do estoico que proporciona tranquilidade da alma (...)" (Hadot, 2004, p. 339). Em carta para Lou Andreas-Salomé, em julho de 1915, Freud escreve: "Não posso ser um otimista e acredito que me distingo dos pessimistas apenas porque as coisas cruéis, estúpidas e sem sentido não me perturbam, pois desde o começo aceitei-as como parte daquilo de que é feito o mundo" (Jayme Salomão, s/d, p. 50). Freud também costumava evocar a máxima do poeta latino Terêncio, pronunciada na peça "O atormentador de si mesmo": "*Homo sum: humani nil a me alienum puto*", isto é, "Eu sou homem e nada do que é humano me é estranho" (Freud, 1901/1976, p. 40).

Em Schopenhauer, a satisfação da vontade por não ser plena e durável leva essencialmente, ao sofrimento e, portanto, a ascese é o estado privilegiado para o homem se livrar da vontade e, por conseguinte, do sofrimento. É a ideia de absoluto que reina. No entanto, para Freud, a não satisfação plena das pulsões, a incompletude, a falta, o vazio, a dor, podem ser os motores da vida. A angústia despertada pela incompletude, finitude e desamparo pode impulsionar o sujeito à criação. O tamponamento da angústia, ao contrário, produz uma alienação estéril. O conhecimento trágico, em Freud, pode ser tolerado se mediado pela arte, pela sublimação. Um dos pressupostos da teoria psicanalítica é que o objeto absoluto, "aquele que tornaria possível a satisfação plena" falta (Garcia-Roza, 1990, p. 64). O recém-nascido traz consigo a falta, a ausência sempre presente do objeto paradisíaco perdido, o da satisfação, a ser permanentemente buscado nas imagens, nas percepções e nos pensamentos. Freud explicita, n'*Os três ensaios*, a imprescindível sedução do bebê por sua mãe para que nele se instaurem a vida pulsional e o gosto pelo existir, pelo brotar constante do mundo psíquico. A psicanálise se ocupa desse corpo produzido pelo encontro com o outro. No entanto, a identificação com uma terceira pessoa que separa a criança do corpo a corpo jubiloso e destruidor com a mãe é, também, indispensável, pois é o que a faz sujeito com o ingresso na dimensão simbólica em que se desenrola, para além da insatisfação e da ausência, a linguagem. É necessário que a criança abandone a mãe e seja abandonada por ela, para que o pai a recolha e para que ela fale; é necessária a instauração do princípio de realidade. A palavra tem origem nesse luto endêmico propiciador do aparecimento do sujeito. Para dar conta da experiência clínica, Pontalis se refere ao tempo simétrico, de completude, da palavra plena que impede o aparecimento de qualquer "buraco", e ao tempo assimétrico, do desconhecido, do inesperado, do descompasso, da palavra circunstancial e da errância pulsional. Em suma, a psicanálise trata da relação do ser com a falta, das satisfações parciais, dos desvios sublimatórios. Dessa forma, o ser de que trata a psicanálise é marcado, ontologicamente, por um vazio, e "essa é a marca antimetafísica da psicanálise" (Garcia-Roza, 1990, p. 64).

A obra de cada um dos autores expõe o ser humano como um ser de desejo, lembrando a explicitação de Schopenhauer ao dizer que, em seu pensamento, a Vontade e o desejo têm certa equivalência (Philonenko, 1989, p. 234). O sujeito freudiano é o sujeito do desejo. Tragicamente desejante. O desejo visa uma meta muito além da necessidade. Desalojado das determinações fixas do mundo natural, em que a genética delimita a eficiência das ações no atendimento às necessidades, e inserido no universo errante da linguagem, o homem freudiano busca, por meio do desejo, transpor o talho cavado pela ruptura com o natural. Para Freud, a emergência do desejo funda a psique e a invenção do sentido. Em nossa psique, a partir das sensações e das percepções, se organiza o patrimônio das representações (*Vorstellungen*). Tais registros, que irão se inscrever nos sistemas mnêmicos, não são traços imutáveis, nem reproduções passivas das percepções, mas sinais que adquirem sentido na medida em que estão conectados entre si na passagem do tempo. Assim, para esse homem, as coisas não são o que são, e sim o que representam. Herança de Schopenhauer. E, ao tomar o Outro como referência, na constituição do próprio desejo, o homem paga com o assujeitamento o preço pelo seu ingresso no campo da linguagem e da cultura – universo humano por excelência. Passa por isso a se denominar sujeito.

O campo da representação, segundo Freud, se encontra sob a égide do deus *Logos*, e a esfera pulsional, sob a égide do deus *Ananke*. Se, por um lado, o corpo pulsional é nosso fado, por outro, o corpo simbólico nos possibilita a criação de novos caminhos. Se Freud diz que o corpo é destino, ao mesmo tempo, ele aponta uma situação outra, isto é, o abandono do destino relativo à anatomia, por meio da construção do simbólico que possibilita ao sujeito dar à pulsão destinos eróticos e sublimatórios.

Desde seus primórdios, o homem procura ordenar o caos criando modelos para os acontecimentos presentes e futuros. É a partir dos acontecimentos primeiros que o homem grego forja o conceito de natureza. Os feitos dos deuses e dos heróis não são determinados *a priori*, não obedecem a uma ordem preestabelecida, não são a manifestação de lei alguma; eles não atualizam uma natureza, mas a produzem a partir do caos original. E esses acontecimentos primordiais foram se transformando em modelos para a conduta humana. O homem das culturas arcaicas repetia esse modelo, e é por meio dessa repetição que as experiências cotidianas foram adquirindo sentido e realidade. O mundo humano é o mundo do sentido, que não é pensável fora da referência ao simbólico. Os acontecimentos do mundo não possuem realidade em si mesma, mas apenas na medida em que repetem os acontecimentos pretéritos. E a repetição de uma experiência, de uma palavra ou frase não traz com ela o mesmo sentido. A repetição implica o novo, o acaso, e está voltada para o lúdico.

O trágico implica a repetição, no entanto a repetição trágica não é uma negação do acaso, e sim a sua própria afirmação constituindo-se como necessidade. Porém, isso não faz com que o pensamento trágico opere sobre um dado. O acaso não é o dado sobre o qual o trágico vai se constituir, já que o dado implica o ordenado, enquanto o acaso é anterior a qualquer ordem. Em Schopenhauer, a repetição é a fonte de seu pessimismo, pois se trata de uma repetição do mesmo, isto é, "a impossibilidade em que se encontra o mundo para introduzir novidades em seu seio" (Rosset, 2005, p. 156). Contudo, a concepção psicanalítica do trágico não tem a ver com o pessimismo, pelo menos para Rosset, e é inclusive sua negação, já que o pessimismo supõe uma natureza que aparece como radicalmente insatisfatória. O trágico de repetição para Freud não pressupõe uma natureza, seja ela boa, seja má, nem se refere a uma culpa ou injustiça cósmica, à qual temos que nos submeter numa expiação infindável. Temos que distinguir duas formas de repetição: uma repetição-reprodução, repetição do mesmo, e outra repetição diferencial, produtora do novo e de diferenças.

Próximos do fim dessa escritura vale a pena enfatizar que Freud se apresenta, ao longo de sua obra, por meio de avanços e recuos, ora encantado, ora desencantado com as possibilidades humanas. Em seu breve e elegante ensaio *A transitoriedade*, ele se mostra esperançoso com a capacidade do homem para superar suas perdas, inclusive a morte. Desde a Antiguidade, a imortalidade é prerrogativa apenas dos deuses. Aos humanos foi imposta a finitude como limite para a nossa desmedida. Nem por isso deixamos de praticá-la das mais variadas formas. Numa caminhada, em que se avista uma bela paisagem de verão, Freud conversa com dois amigos sobre o valor daquilo que é transitório ao observarem a paisagem que em breve se extinguirá, por ocasião do inverno. Cogita-se que esses amigos sejam Lou Andreas-Salomé e Rainer-Maria Rilke, conforme o editor francês das *Oeuvres Complètes*. Um deles, se revolta contra o fato e se recusa a aceitar a existência da transitoriedade. O outro, expressa um sofrimento de penoso desalento porque não consegue desfrutar da natureza, pois a transitoriedade faz com que seus objetos amados percam seu valor por estarem fadados ao desaparecimento. Freud, porém, apresenta uma terceira perspectiva diante da constatação da transitoriedade dos objetos e da vida: "Eu não pude me decidir a refutar a transitoriedade universal, nem a obter uma exceção para o belo e o perfeito.

Mas, contestei a visão do poeta pessimista, de que a transitoriedade do que é belo implica a perda de seu valor. Pelo contrário, significa maior valorização!" (Freud, 1916/1976, p. 345). Essa postura revela sua aceitação, não passiva, mas combatente, da transitoriedade da vida, distanciando-o de uma opção pelo pessimismo; ela é o testemunho do "trabalho de luto" que ocorre sob a influência do princípio de realidade: trabalho psíquico de perda do objeto para que a libido possa ser liberada e encontrar novos caminhos.

Nesse texto, Freud reflete sobre nossa dificuldade de metabolizar os lutos, as perdas dos objetos durante nossa existência, e afirma que a transitoriedade pode imprimir um movimento constante de superação nos indivíduos que forem suficientemente capazes de elaborar os lutos e de permanecer no jogo da vida: "Tendo renunciado a tudo o que se perdeu, se terá consumido a si mesmo, e nossa libido estará novamente livre – se ainda somos jovens e vigorosos – para substituir os objetos perdidos por outros novos, possivelmente tão ou mais preciosos que aqueles" (Freud, 1916/1976, p. 348). Trata-se de um texto esperançoso em que Freud exorta à reconstrução da cultura devassada pela Primeira Guerra Mundial em curso naquela época. Freud termina o texto com uma aposta no "trabalho de luto" e na vitória de *Eros* sobre *Thânatos*: "Nós vamos reconstruir tudo o que guerra destruiu, talvez sobre uma base ainda mais firme e de forma mais duradoura que antes" (Freud, 1916/1976, p. 348).

Por isso Freud insiste tanto no corpo erógeno que, ao comportar nossa sexualidade perverso-polimorfa em sua dimensão simbólica, é criador de novos rumos possíveis. Freud resgata uma interessante passagem em que Mefisto, no *Fausto*, se queixa amargamente de que seus esforços destrutivos são perpetuamente frustrados pelo surgimento de novos germes da vida, de que ele não consegue instaurar a morte perante a germinação da vida, perante a vitalidade do psíquico que sempre a desafia (Freud, 1900/1976, p. 82).

Em nossa peregrinação para o túmulo, entre os sonhos e a monotonia, o poeta Novalis, recuperado por Freud, discorre sobre a poderosa função dos sonhos:

> Os sonhos são um escudo contra *a monotonia prosaica da vid*a; eles deixam a imaginação livre de seus grilhões, de modo que ela

> possa lançar em confusão todos os quadros da existência cotidiana e interromper a seriedade permanente dos adultos com o alegre jogo de uma criança. *Sem os sonhos, com certeza, envelheceríamos mais cedo*; de modo que podemos contemplá-los como uma *recreação preciosa, como companheiros amigos* em nossa peregrinação para o túmulo (Freud, 1900/1976, p. 87).

A monotonia, pulsão de morte, pode ser vencida e alcançar a simbolização. Para Freud, seguindo os passos de Novalis, o restabelecimento do vigor da existência por meio do universo onírico é nossa *recreação preciosa*, nosso *companheiro amigo,* marcas do simbólico.

No entanto, encontramos um trecho bem pessimista em relação a condição humana no último prefácio de Freud ao *Moisés e o monoteísmo*, momento próximo daquele em que ele repele o prolongamento de sua vida:

> Não partilho da opinião de meu contemporâneo Bernard Shaw, de que os seres humanos só conseguiriam algo de bom se pudessem viver até os trezentos anos de idade. Um prolongamento da vida não teria a menor vantagem, *a menos que houvesse muitas outras coisas profundamente modificadas, na base, na raiz, dentro das determinações da vida.* (Freud, 1939/1976, p. 71). (Grifo nosso).

Para Freud, essas mudanças, provavelmente, não ocorreriam tendo em vista sua descrença no progresso do homem. Assim, em face dessa visão e em sintonia com os trágicos gregos, Freud escreve em seu trabalho *Os chistes e sua relação com o inconsciente* que: "Não nascer seria a melhor coisa para os mortais", seguido do comentário: "Isso apenas acontece a uma em cada cem mil pessoas" (Freud, 1905b/1976, p. 74).

Em 1923, Freud recebe o diagnóstico de possuir um câncer de boca e, mesmo diante da doença, continua produtivo e resiste aos dolorosos tratamentos e a 33 cirurgias bucais. Em 1933, Hitler se torna o chanceler do Reich, época em que a Gestapo invade a casa de Freud, interroga sua filha Anna, que é, então, presa. Ameaçado pela ocupação nazista na Áustria, em 1938, ele migra com sua família para Londres, cidade onde falece um ano mais tarde. Freud vive tempos difíceis, mas no meio de circunstâncias adversas, consegue conviver com a natureza das coisas e, em particular, com a natureza do próprio homem.

"É trágico", disse Freud, "quando o homem sobrevive ao seu corpo". Lúcido, trabalha até quase o fim de sua vida; nessa época recebe de seu médico Max Schur três injeções de morfina por dia, em atendimento a seu pedido feito uma década antes, para que não o deixasse sofrer desnecessariamente. Aos 83 anos, em 23 de setembro de 1939, seu sofrimento atinge o fim, como embeleza Gay: "O velho estoico conservou o controle de sua vida até o fim" (Gay, 1989, p. 587). O Freud estoico foi capaz de enfrentar a dor oriunda de sua percepção, desde cedo na vida, da ideia da morte, e não somente quando a morte se escancarou diante dele de modo intratável, como podemos verificar por meio das associações de um sonho em que Freud evoca as parcas, as moiras. Na primeira associação, ele rememora vivamente a impressão que lhe causou, aos treze anos, a leitura do final de um romance em que "O herói enlouquece e chama sem parar os nomes das três mulheres que na sua vida significaram a maior felicidade e a desgraça" (Freud, 1900/1976, p. 217). Freud prossegue e associa que: "Em relação às três mulheres, lembro-me das três Parcas que fiam o destino do homem, e sei que uma delas, a dona do estabelecimento no sonho, é a mãe que dá a vida, e às vezes, como no meu caso, também o primeiro alimento ao ser vivente. No peito da mulher o amor e a fome se encontram. (...) Uma das Parcas, então, friccionava as palmas das mãos uma contra a outra como se fizesse almôndegas. Uma ocupação estranha para uma Parca, que precisa de uma explicação urgente!" (Freud, 1900/1976, p. 217). Retrocedendo ainda mais no tempo, Freud relembra que:

> Quando tinha seis anos de idade e minha mãe me dava as primeiras lições, queriam que eu acreditasse que somos feitos de pó e que por isso ao pó voltaremos. Isso não me agradou e pus o ensinamento em dúvida. Então, minha mãe esfregou as palmas das mãos uma contra a outra – exatamente como se fizesse almôndegas, mas sem nenhuma massa entre elas – e me mostrou as escamas enegrecidas da *epiderme* que assim se desprendiam como uma prova de que somos feitos de pó. Meu espanto diante dessa demonstração *ad oculos* não teve limites, e me resignei àquilo que mais tarde deveria encontrar expresso nas seguintes palavras: "Deves uma morte à natureza". Portanto, foram realmente as Parcas que encontrei na cozinha que entrei, tal como fiz muitas vezes

> na infância quando faminto, e minha mãe me advertia para esperar até o almoço estar pronto. (Freud, 1900/1976, pp. 217-218).

Em uma nota de rodapé, nesse texto do sonho, Freud complementa: "Os dois afetos correspondentes a essas cenas infantis, o espanto e a resignação ao inevitável, surgiram num sonho que tive pouco antes e que me devolveu pela primeira vez a lembrança dessa experiência infantil" (Freud, 1900/1976, p. 218).

Uma das narrativas mais emocionantes a respeito dos momentos derradeiros da vida de Freud e de uma carta trocada com Oskar Pfister, e que por isso vale a pena ser aqui transcrita em sua íntegra, foi redigida por Gay:

> Schur estava à beira das lágrimas, enquanto presenciava Freud encarando a morte com dignidade e sem autopiedade. Ele nunca vira alguém morrer assim. Em 21 de setembro, Schur aplicou em Freud uma injeção de três centigramas de morfina – a dose sedativa normal eram 2 centigramas –, e Freud mergulhou num sono pacífico. Schur repetiu a injeção, quando ele se tornou inquieto, e administrou uma dose final no dia seguinte, 22 de setembro. Freud entrou num coma do qual não mais despertou. Ele morreu às 3 horas da manhã de 23 de setembro de 1939. Quase quarenta anos antes, Freud escrevera a Oskar Pfister, indagando o que se faria, "quando as ideias falham ou as palavras não vêm?". Não pôde evitar um "tremor diante desta possibilidade. É por isso que, com toda a *resignação perante o destino* que convém a um homem honesto, eu tenho um pedido totalmente secreto: apenas nenhuma invalidez, nenhuma paralisia das faculdades pessoais devido a uma desgraça física. Que morramos em nosso posto, como diz o rei Macbeth". Ele providenciara que seu pedido secreto fosse atendido. O velho *estoico* conservou o controle de sua vida até o fim. (Gay, 1989, p. 587). (Grifos nosso).

Na presença inexorável da morte do corpo, Freud encara a Medusa nos olhos, sem autopiedade. Ele fala da sua "resignação perante o destino" como uma forma de antecipar, simular, ensaiar a inegociável morte. Ele se mantém em seu "posto", lutando e enfrentando a vida como ela é, até a queda derradeira – como um herói trágico. O discurso trágico, segundo Rosset, pode ser resumido na expressão *c'est la vie*, que designa em todas as línguas e em todas as épocas o trágico como experiência da condição humana. A pulsão de morte retira a libido investida nos objetos e a orienta para uma morte hipostasiada. A arte e a ciência, o amor e o trabalho nos equipam razoavelmente para enfrentar a vida e para aceitar a morte: psicanaliticamente falando, desistência do desejo e separação de Eros.

No universo trágico, a meta da existência é a morte daquilo que se fez vida, mas até que o fim se imponha é possível sustentar e lutar pela nossa existência mesmo com todo o conflito, sofrimento e morte que ela comporta. Ao anunciar o horizonte da travessia psicanalítica vazada pela pulsão de morte, pelo imponderável, pelo irrepresentável, Freud nos deixa como legado uma nau à deriva e o risco de nos aproximarmos dos limites do indeterminado.

Já é hora de nos retirarmos na companhia de um adágio trágico de nossos poetas Vinicius de Morais/Toquinho (1971): “A gente mal nasce começa a morrer”, ao lado de um verso de Paulo Vanzolini (1962): “Um homem de moral não fica no chão/Nem quer que mulher/Venha lhe dar a mão/Reconhece a queda e não desanima/Levanta, sacode a poeira/E dá a volta por cima”.

Referências bibliográficas

Abbagnano, N. (2007). *Dicionário da filosofia.* São Paulo: Martins Fontes.

Alves Júnior, D. G. (Org.). (2007). *Os destinos do trágico: arte, vida, pensamento.* Belo Horizonte: Autêntica/FUMEC.

Agrigento, E. de. (1973). Os pré-socráticos. In: *Os pensadores,* Vol. I. São Paulo: Abril.

Aristóteles. (1966). *Poética.* Trad. Eudoro de Sousa. Rio de Janeiro/Porto Alegre: Ed. Globo.

Aristóteles. (1969). Metafísica V. In: *Os pensadores,* Vol. IV. São Paulo: Abril.

_____. (2009). *Física I-II.* Campinas: Unicamp.

Assoun, P-L. (1978). *Freud, a filosofia e os filósofos.* São Paulo: Francisco Alves.

Azambuja, S. C. de (1993). Notas sobre o feminino. In: Anna Veronica Mautner et al. (Org.) *Em busca do feminino: ensaios psicanalíticos.* São Paulo: Casa do Psicólogo.

_____. (2006). *Presenças e ausências, parceiras na simbolização.* São Paulo: HePsykhe.

_____. (2012). Carta a um jovem psicanalista. In: Montagna, Plinio, ed. *Dimensões: Psicanálise. Brasil. São Paulo.* São Paulo: SBPSP, pp. 205-217.

Bakhtin, M. (1987). *A Cultura Popular na Idade Média e no Renascimento. O contexto de François Rabelais.* Trad. Yara F. Vieira. São Paulo, Hucitec/Ed. da Univ. de Brasília.

Barboza, J. (2003). *Schopenhauer.* Rio de Janeiro: Jorge Zahar.

_____. (2004). *Metafísica do amor, metafísica da morte.* São Paulo: Martins Fontes.

_____. (2005). Prefácio. In: Schopenhauer, Arthur. *O mundo como vontade e como representação.* São Paulo: Unesp.

_____. (2007). Teoria do amor sexual: uma reflexão em torno de Platão, Schopenhauer e Freud. In: *Rev. Filos., Aurora,* v. 19, n. 25. Curitiba: PUCPR, pp. 225-236.

_____. (2009). Metafísica do irracional. Mal radical em Schelling e Schopenhauer. In: *Veritas,* v. 54, n. 2. Porto Alegre: PUCRS, pp. 187-196.

Bataille, G. (2004). *Erotismo.* São Paulo: Arx.

Birman, J. (1999). *Mal-estar na atualidade.* Rio de Janeiro: Civilização Brasileira.

_____. (2003). *Freud e a filosofia.* Rio de Janeiro: Jorge Zahar.

_____. (2005). Frente e verso: O trágico e o cômico na desconstrução do poder. In: *Seria trágico... se não fosse cômico: humor e psicanálise.* Rio de Janeiro: Civilização Brasileira.

_____. (2009). Sublimação. In: Birman, J. *As pulsões e seus destinos: do corporal ao psíquico.* Rio de Janeiro: Civilização Brasileira.

Bornheim, G. A. (2004). *O sentido e a máscara.* São Paulo: Perspectiva.Brandão, J. de S. (1991). *Dicionário mítico-etimológico da mitologia grega.* Petrópolis: Vozes, vol. II.

_____. (1992). *Teatro Grego: Origem e Evolução*. São Paulo: Ars Poetica.

_____. (2008). *Dicionário mítico-etimológico da mitologia grega*. Petrópolis: Vozes, vol. I.

_____. (2009). *Teatro grego: tragédia e comédia*. 11° ed. Petrópolis: Vozes.

Brum, J. T. (1998). *O pessimismo e suas vontades: Schopenhauer e Nietzsche*. Rio de Janeiro: Rocco.

Burkert, W. (1993). *A Religião Grega das Épocas Arcaica e Clássica*. Lisboa: Edições 70.

Cacciola, M. L. M. e O. (1991). Schopenhauer e o inconsciente. In: Knobloch, Felícia (Org.). *O inconsciente: várias leituras*. São Paulo: Escuta.

_____. (1994). *Schopenhauer e a questão do dogmatismo*. São Paulo: Edusp/Fapesp.

_____. (1995). A vontade e a pulsão em Schopenhauer. In: Moura, Arthur Hyppolito de (Org.). *As pulsões*. São Paulo: Escuta.

Cambiano, G. (1994). Tornar-se homem. In: Jean-Pierre Vernant. *O Homem Grego*. Lisboa: Editorial Presença.

Canfora, L. (1994). O Cidadão. In: Vernant, J. -P. (dir.). *O Homem Grego*. Lisboa: Editorial Presença.

Carpeaux, O. M. (1959). *História da literatura ocidental*. Rio de Janeiro: Edições O Cruzeiro.

Carvalho, S. (1973). Destino em Freud. In: *Arq. Bras. Psic. Aplicada*, vol. 25, n° 4. Rio de Janeiro: ABPA, pp. 31-37.

Cézar, A. C. (1999). O trágico enquanto marca do texto literário. In: *Signum: estudos literários*, n° 2, pp. 139-15. Londrina.

Chaui, M. (2002). *Introdução à história da filosofia: dos pré-socráticos a Aristóteles*: Vol. I. São Paulo: Companhia das Letras.

_____. (2008). *Convite à filosofia*. São Paulo: Ática.

_____. (2010). *Introdução à história da filosofia*: as escolas helenísticas. Vol. II. São Paulo: Companhia das Letras.

Civita, V. (1973). *Mitologia*. São Paulo: Abril Cultural.

Danziger, M. K. e J., W. Stacy. (1974). A natureza da tragédia. In: *Introdução ao estudo crítico da literatura*. Tradução de Álvaro Cabral. São Paulo: Cultrix.

Darbo-Peschanski, C. (1999). Humanidade e justiça na historiografia Grega (V-I a. C). In: Novaes, A. *Ética*. São Paulo: Companhia das Letras.

Debona, V. (2009). Schopenhauer e a razão prática. In: *Kínesis*, Vol. I, n° 2. Marília: Unesp, pp. 277-286.

Deleuze, G. (2009). *Diferença e repetição*. Rio de Janeiro: Graal.

Detienne, M. (1988). *Dioniso a céu aberto*. Rio de Janeiro: Jorge Zahar Ed..

_____. (2008). *Os Gregos e nós*. São Paulo: Edições Loyola.

Dodds, E. R. (2002). *Os gregos e o irracional*. São Paulo: Escuta.

Durand, G. *Imaginação simbólica*. São Paulo: Cultrix, 1988.

Eliade, M. (1989). *Origens*. Lisboa: Edições 70.

_____. (2000). *Aspecto do mito*. Lisboa: Edições 70.

_____. (2010). *História das crenças e das ideias religiosas. Da Idade da Pedra aos mistérios de Elêusis*. Vol. I. Rio de Janeiro: Jorge Zahar Editores.

Epicuro. (1973). Antologia de textos de Epicuro. In: *Os pensadores*, Vol. V. São Paulo: Abril.

Ésquilo. (1991). *Oréstia*. Rio de Janeiro: Jorge Zahar Ed.

Eurípedes. (1988). *As Bacantes*. Rio de Janeiro: Ediouro.

_____. (1998). *Medéia*. Rio de Janeiro: Jorge Zahar Ed..

Fauconnet, A. (1933). *Schopenhauer, précurseur de Freud*. Paris: Mercure de France.

Finley, M. (1982). *O mundo de Ulisses*. Tradução de Armando Cerqueira. Lisboa: Editorial Presença.

_____. (2002). *Os Gregos Antigos*. Lisboa: Edições 70.

Frede, D. (2006). Determinismo estoico. In: Inwood, Brad (Org.). *Os Estoicos*. São Paulo: Odysseus Editora.

Freud, S. (1976). Projeto para uma psicologia científica. In: *Edição Standard Brasileira das Obras Psicológicas Completas de Sigmund Freud*. Vol. 1. Rio de Janeiro: Imago. (Trabalho original publicado em 1895).

_____. (1895). Estudos sobre histeria. In: *Edição Standard Brasileira das Obras Psicológicas Completas de Sigmund Freud*. Vol. 2. Rio de Janeiro: Imago. (Trabalho original publicado em 1895).

_____. (1976). A interpretação dos sonhos. In: *Edição Standard Brasileira das Obras Psicológicas Completas de Sigmund Freud*. Vols. 4 e 5. Rio de Janeiro: Imago. (Trabalho original publicado em 1900).

_____. (1976). A psicopatologia da vida cotidiana. In: *Edição Standard Brasileira das Obras Psicológicas Completas de Sigmund Freud*. Vol. 6. Rio de Janeiro: Imago. Rio de Janeiro: Imago. (Trabalho original publicado em 1901).

_____. (1976). Três ensaios sobre a teoria da sexualidade. In: *Edição Standard Brasileira das Obras Psicológicas Completas de Sigmund Freud*. Vol. 7. Rio de Janeiro: Imago. (Trabalho original publicado em (1905a).

_____. (1976). Os chistes e sua relação com o inconsciente. In: *Edição Standard Brasileira das Obras Psicológicas Completas de Sigmund Freud*. Vol. 8. Rio de Janeiro: Imago. (Trabalho original publicado em 1905b).

_____. (1976). Delírios e sonhos na *Gradiva* de Jensen. In: *Edição Standard Brasileira das Obras Psicológicas Completas de Sigmund Freud*. Vol. 9. Rio de Janeiro: Imago. (Trabalho original publicado em 1907a).

_____. (1976). Atos obsessivos e práticas religiosas. In: *Edição Standard Brasileira das Obras Psicológicas Completas de Sigmund Freud*. Vol. 9. Rio de Janeiro: Imago. (Trabalho original publicado em 1907b).

_____. (1976). Escritores criativos e devaneio. In: *Edição Standard Brasileira das Obras Psicológicas Completas de Sigmund Freud*. Vol. 9. Rio de Janeiro: Imago. (Trabalho original publicado em 1908).

_____. (1976). Moral sexual 'civilizada' e doença nervosa moderna In: *Edição Standard Brasileira das Obras Psicológicas Completas de Sigmund Freud*. Vol. 9. Rio de Janeiro: Imago. (Trabalho original publicado em 1908).

_____. (1976). Cinco lições de psicanálise. In: *Edição Standard Brasileira das Obras Psicológicas Completas de Sigmund Freud*. Vol. 11. Rio de Janeiro: Imago. (Trabalho original publicado em 1909a).

_____. (1976). Notas sobre um caso de neurose obsessiva In: *Edição Standard Brasileira das Obras Psicológicas Completas de Sigmund Freud*. Vol. 10. Rio de Janeiro: Imago. (Trabalho original publicado em 1909b).

_____. (1976). Leonardo da Vinci e uma lembrança de sua infância. In: *Edição Standard Brasileira das Obras Psicológicas Completas de Sigmund Freud*. Vol. 11. Rio de Janeiro: Imago. (Trabalho original publicado em 1910).

_____. (1976). Formulações sobre os dois princípios do funcionamento mental. In: *Edição Standard Brasileira das Obras Psicológicas Completas de Sigmund Freud*. Vol. 12. Rio de Janeiro: Imago. (Trabalho original publicado em 1911).

_____. (1976). Totem e tabu. In: *Edição Standard Brasileira das Obras Psicológicas Completas de Sigmund Freud*. Vol. 13. Rio de Janeiro: Imago. (Trabalho original publicado em 1913).

_____. (1976). A história do movimento psicanalítico In: *Edição Standard Brasileira das Obras Psicológicas Completas de Sigmund Freud*. Vol. 14. Rio de Janeiro: Imago. (Trabalho original publicado em 1914a).

_____. (1976). Sobre o narcisismo: uma introdução. In: *Edição Standard Brasileira das Obras Psicológicas Completas de Sigmund Freud*. Vol. 14. Rio de Janeiro: Imago. (Trabalho original publicado em 1914b).

_____. (1976). O inconsciente. In: *Edição Standard Brasileira das Obras Psicológicas Completas de Sigmund Freud*. Vol. 14. Rio de Janeiro: Imago. (Trabalho original publicado em 1915a).

_____. (1976). As pulsões e suas vicissitudes. In: *Edição Standard Brasileira das Obras Psicológicas Completas de Sigmund Freud*. Vol. 14. Rio de Janeiro: Imago, 1976. (Trabalho original publicado em 1915b).

_____. (1976). Reflexões para os tempos de guerra e morte In: *Edição Standard Brasileira das Obras Psicológicas Completas de Sigmund Freud*. Vol. 14. Rio de Janeiro: Imago. (Trabalho original publicado em 1915c).

_____. (1976). A transitoriedade. In: *Edição Standard Brasileira das Obras Psicológicas Completas de Sigmund Freud*. Vol. 14. Rio de Janeiro: Imago. (Trabalho original publicado em 1916).

_____. (1976). Conferências Introdutórias sobre psicanálise. In: *Edição Standard Brasileira das Obras Psicológicas Completas de Sigmund Freud*. Vols. 15-16. Rio de Janeiro: Imago. (Trabalho original publicado em 1917a).

_____. (1976). Uma dificuldade no caminho da psicanálise. In: *Edição Standard Brasileira das Obras Psicológicas Completas de Sigmund Freud*. Vol. 17. Rio de Janeiro: Imago. (Trabalho original publicado em 1917b).

_____. (1976). O estranho. In: *Edição Standard Brasileira das Obras Psicológicas Completas de Sigmund Freud*. Vol. 17. Rio de Janeiro: Imago. (Trabalho original publicado em 1919).

_____. (1976). Além do princípio do prazer. In: In: *Edição Standard Brasileira das Obras Psicológicas Completas de Sigmund Freud*. Vol. 18. Rio de Janeiro: Imago. (Trabalho original publicado em 1920).

_____. (1976). Psicologia de grupo e análise do ego In: *Edição Standard Brasileira das Obras Psicológicas Completas de Sigmund Freud*. Vol. 18. Rio de Janeiro: Imago. (Trabalho original publicado em 1921).

_____. (1976). O ego e o id. In: *Edição Standard Brasileira das Obras Psicológicas Completas de Sigmund Freud*. Vol. 19. Rio de Janeiro: Imago. (Trabalho original publicado em 1923).

_____. (1976). A dissolução do complexo de Édipo. In: *Edição Standard Brasileira das Obras Psicológicas Completas de Sigmund Freud*. Vol. 19. Rio de Janeiro: Imago. (Trabalho original publicado em 1924a).

_____. (1976). Uma breve descrição da psicanálise. In: *Edição Standard Brasileira das Obras Psicológicas Completas de Sigmund Freud*. Vol. 19. Rio de Janeiro: Imago. (Trabalho original publicado em 1924b).

_____. (1976). O problema econômico do masoquismo. In: *Edição standard brasileira das obras psicológicas completas de Sigmund Freud*. Vol. 19. Rio de Janeiro: Imago. (Trabalho original publicado em 1924c).

_____. (1976). As resistências à psicanálise. In: *Edição Standard Brasileira das Obras Psicológicas Completas de Sigmund Freud*. Vol. 19. Rio de Janeiro: Imago. (Trabalho original publicado em 1925a).

_____. (1925b). A negativa. In: *Edição Standard Brasileira das Obras Psicológicas Completas de Sigmund Freud*. Vol. 19. Rio de Janeiro: Imago. (Trabalho original publicado em 1925b).

_____. (1976). Um estudo autobiográfico In: *Edição Standard Brasileira das Obras Psicológicas Completas de Sigmund Freud*. Vol. 20. Rio de Janeiro: Imago. (Trabalho original publicado em 1925c).

_____. (1976). O futuro de uma ilusão. In: *Edição Standard Brasileira das Obras Psicológicas Completas de Sigmund Freud*. Vol. 21. Rio de Janeiro: Imago. (Trabalho original publicado em 1927).

_____. (1976). Dostoievski e o parricídio. In: *Edição Standard Brasileira das Obras Psicológicas Completas de Sigmund Freud*. Vol. 21. Rio de Janeiro: Imago. (Trabalho original publicado em 1928).

_____. (1976). O mal-estar na civilização. In: *Edição Standard Brasileira das Obras Psicológicas Completas de Sigmund Freud*. Vol. 21. Rio de Janeiro: Imago. (Trabalho original publicado em 1930).

_____. (1976). Novas conferências introdutórias sobre psicanálise In: *Edição Standard Brasileira das Obras Psicológicas Completas de Sigmund Freud*. Vol. 22. Rio de Janeiro: Imago. (Trabalho original publicado em 1933a).

_____. (1976). Por que a guerra? In: *Edição Standard Brasileira das Obras Psicológicas Completas de Sigmund Freud*. Vol. 22. Rio de Janeiro: Imago. (Trabalho original publicado em 1933b).

_____. (1976). Análise terminável e interminável. In: *Edição Standard Brasileira das Obras Psicológicas Completas de Sigmund Freud*. Vol. 23. Rio de Janeiro: Imago. (Trabalho original publicado em 1937).

_____. (1976). Moisés e o monoteísmo: três ensaios. In: *Edição Standard Brasileira das Obras Psicológicas Completas de Sigmund Freud*. Vol. 23. Rio de Janeiro: Imago. (Trabalho original publicado em 1939).

_____. (1976). Esboço de psicanálise. In: *Edição Standard Brasileira das Obras Psicológicas Completas de Sigmund Freud*. Vol. 23. Rio de Janeiro: Imago. (Trabalho original publicado em 1940).

Frye, N. (1957). *Anatomia da crítica*. Trad. de Péricles Eugênio da Silva Ramos. São Paulo: Cultrix.

Garcia-Roza, L. A. (1986). *Acaso e repetição em psicanálise: uma introdução à teoria das pulsões*. Rio de Janeiro: Jorge Zahar Editor.

_____. (1990). *O mal radical em Freud*. Rio de Janeiro: Jorge Zahar editor.

_____. (1995). Pulsão: *parénklisis ou clinamen?*. In Moura, Arthur Hyppolito de (Org.). *As pulsões*. São Paulo: Escuta.

Gay, P. (1989). *Freud: uma vida para nosso tempo*. São Paulo: Companhia das Letras.

Giacoia Jr., O. (2012). *Nietzsche x Kant: uma disputa permanente a respeito de liberdade, autonomia e dever*. Rio de Janeiro: Casa da Palavra, São Paulo: Casa do Saber.

_____. (2012). A filosofia de Schopenhauer. Mimeo. São Paulo: Casa do Saber.

Gourinat, J.-B., Barnes, J. (2013). Introdução. In: J.-B. Gourinat, J. Barnes, (Org.). *Ler os estoicos*. São Paulo: Edições Loyola.

Greenblatt, S. (2012). *A virada: o nascimento do mundo moderno*. São Paulo: Companhia das letras.

Grimal, P. (2009). *Mitologia clássica: mito, deuses e heróis*. Lisboa: Edições Texto & Grafia.

_____. (2005). *Dicionário da mitologia grega e romana*. Rio de Janeiro: Bertrand Brasil.

Guthrie, W. K. C. (1995). *Os sofistas*. São Paulo: Paulus.

Guyomard, P. (1996). *O gozo do trágico: Antígona, Lacan e o desejo do analista*. Rio de Janeiro: Jorge Zahar Ed..

Harvey, P. (1987). *Dicionário Oxford de Literatura Clássica*. Trad. Mário da Gama

Hadot, P. (2004). *O que é a filosofia antiga?*. São Paulo: Edições Loyola.

_____. (2012). *Elogio de Sócrates*. São Paulo: Edições Loyola.

Heinz-Mohr, G. (1994). *Dicionário dos símbolos: Imagens e sinais da arte cristã*. Trad. João Rezende Costa. São Paulo: Paulus.

Herzog, R. (1999). *Tyché* e *Aion* no pensamento freudiano. In: *Psicol. Reflex. Crit.* Vol. 12, nº 3. Porto Alegre.

Hesíodo. (2009). *Teogonia. A origem dos deuses*. Trad. Jaa Torrano. São Paulo: Iluminuras.

_____. (2008). *Os trabalhos e os dias*. Trad. Mary de Camargo Neves Lafer. São Paulo: Iluminuras.

Homero. *Ilíada*. (2003). Tradução de Haroldo de Campos. Trajano Vieira (Org.). Vols. I e II. São Paulo: Arx.

Hood, S. (1969). *A pátria dos heróis*. Trad. Tomé Santos Jr.. Lisboa: Editorial Verbo.

Hyppolite, J. (1989). *Ensaios de psicanálise e filosofia*. Rio de Janeiro: Taurus-Timbre.

Inwood, B. (Org.). (2006). *Os estoicos*. São Paulo: Odysseus Ed..

Jaeger, W. (2010). *Paidéia: a formação do homem grego*. São Paulo: Martins Fontes.

Janaway, C. (2003). *Schopenhauer*. São Paulo: Loyola.
Jones, E. (1979). *A vida e a obra de Sigmund Freud*, Rio de Janeiro: Imago.
Kaufmann, P. (1996). *Dicionário enciclopédico de psicanálise: O legado de Freud e Lacan*. Rio de Janeiro: Jorge Zahar Ed..
Kerényi, C. (2002). *Dioniso: Imagem arquetípica da vida indestrutível*. São Paulo: Odysseus.
Kitto, H. D. F. (1970). *Os Gregos*. Trad. José Manuel Coutinho e Castro. Coimbra: Armênio Amado.
_____. (1972). *Tragédia grega: estudo literário*. Trad. José Manuel Coutinho e Castro. Vol. I, II. Coimbra: Armênio Amado.
Knox, B. (2002). *Édipo em Tebas*. São Paulo: Perspectiva.
Kothe, F. R. (2000). *O herói*. 2º ed. São Paulo: Ática.
Kury, M. G. (1997). *A trilogia tebana*. Rio de Janeiro: Jorge Zahar Editor.
Lacan, J. (1997). *O Seminário, Livro 7, A ética da psicanálise*. Rio de Janeiro: Jorge Zahar Ed.
_____. (2008a). *O Seminário, Livro 3, As psicoses*. Rio de Janeiro: Jorge Zahar Ed.
_____. (2008b). *O mito individual do neurótico, ou, a poesia e verdade na neurose*. Tradução de Claudia Berliner. Rio de Janeiro: Jorge Zahar.
_____. (2008c). *O seminário, Livro 11, Os quatro conceitos fundamentais da psicanálise*. Rio de Janeiro: Jorge Zahar Ed.
_____. (2010). *O Seminário, Livro 2, O eu na teoria de Freud e na técnica da psicanálise*. Rio de Janeiro: Jorge Zahar Ed.
Laércio, D. (1987). *Vidas e doutrinas dos filósofos ilustres*. Brasília: UNB.
Laplanche, J. (1985). *Vida e morte em psicanálise*. Porto Alegre: Artes Médicas.
_____. (2001). Pulsão e instinto. *Percurso*, vol. 14, nº 27, pp. 5-13.
Lebrun, G. (1983). *Passeios ao léu*. São Paulo: Editora Brasiliense.
Leclaire, S. (1971). *Démasquer le réel. Un essai sur l'objet en psychanalyse*. Paris: Éditions du Seuil.
Lesky, A. (1995). *História da Literatura Grega*. Lisboa: Fundação Calouste Gulbenkian.
_____. (2006). *A tragédia Grega*. São Paulo: Ed. Perspectiva.
Lévi-Strauss, C. (2008). *Antropologia Estrutural*. São Paulo: Cosac Naify.
López, G. M-A. (1989). Introducción. In: Philonenko, Alexis. *Schopenhauer. Una filosofia de la tragédia*. Barcelona: Editorial Anthropos.
Loraux, N. (1992). A tragédia grega e o humano. In: Novaes, Adauto, (Org.). *Ética*. São Paulo: Companhia das Letras.
Lucrécio Caro, T. (1973). Da natureza. In: *Os pensadores*, Vol. V. São Paulo: Abril.
Machado, R. (2006). *O nascimento do trágico: de Schiller a Nietzsche*, Rio de Janeiro: Jorge Zahar Ed.
Mann, T. (1951). *O pensamento vivo de Schopenhauer*. Trad. Pedro Ferraz do Amaral. São Paulo: Livraria Martins Editora.
Masson, J. M. (Org.). (1986). *A correspondência completa de Freud a Fliess* (1887-1904). Rio de Janeiro: Imago.
Maurano, D. (2001). *A face oculta do amor: a tragédia à luz da psicanálise*. Rio de Janeiro: Editora UFJF.

Meiches, M. P. (2000). *A travessia do trágico em análise*. São Paulo: Casa do Psicólogo.
Mezan, R. (1985). *Freud: Pensador da cultura*. São Paulo: Brasiliense.
_____. (1988). *A vingança da esfinge*. São Paulo: Brasiliense.
_____. (1998). *Tempo de muda: ensaios de psicanálise*. São Paulo: Companhia das Letras.
Migliavacca, E. M. (2004). *A dimensão trágica do psiquismo: um ensaio na perspectiva psicanalítica*. Tese Livre Docência em Psicologia Clínica, Instituto de Psicologia da Universidade de São Paulo-USP. São Paulo.
Monzani, L. R. (1989). *Freud: O movimento de um pensamento*. Campinas: Unicamp.
Morais, V. e T. (1971). *Sei lá a vida tem sempre razão*. RGE.
Mossé, C. (2004). *Dicionário da civilização grega*. Rio de Janeiro: Jorge Zahar Ed.
Moura, C. de A. R. de. (2005). *Nietzsche: civilização e cultura*. São Paulo: Martins Fontes.
Moura, D. T. (2012). A ética dos estoicos antigos e o estereótipo estoico na modernidade. In: *Cadernos Espinosanos: Estudos sobre o século* XVII, nº 26. São Paulo: Departamento de Filosofia da FFLCH-USP, pp. 111-128.
Nietzsche, F. (2000). Cinco prefácios para cinco livros não escritos. Trad. Pedro Süssekind. Rio de Janeiro: Viveiros de Castro Editora.
_____. (2007). *O nascimento da tragédia ou helenismo e pessimismo*. Trad., notas e posfácio de J. Guinsburg. São Paulo: Companhia das Letras.
_____. (2009). *Schopenhauer como educador*. Edição, tradução e notas de Jacobo Muñoz, Madrid: Biblioteca Nueva.
Novaes, A. (Org.). (1999). *Ética*. São Paulo: Companhia das Letras.
Paglia, C. (1992). *Personas sexuais*. São Paulo: Companhia das Letras.
Pastore, J. A. D. (2013). É possível uma existência sem excesso? In: *ide: psicanálise e cultura*, vol. 35, nº 55. São Paulo: SBPSP, pp. 43-58.
_____. (2012). O caos, o acaso e o trágico. In: *ide: psicanálise e cultura*, vol. 35, nº 54. São Paulo: SBPSP, pp. 109-125.
____. (2008). Amor e sexualidade: uma linguagem extraviada. In: *ide: psicanálise e cultura*, vol. 31, nº 47. São Paulo: SBPSP, pp. 48-53.
_____. (2003). A invenção do humano. Trabalho apresentado em Reunião Científica. São Paulo: SBPSP, Mimeo, 35 p.
_____. (2002). O divã revisitado. In: *ide: psicanálise e cultura*, nº 35. São Paulo: SBPSP, pp. 94-107.
Patitucci, A. C. A. (2008). *O homem trágico de Freud*. Tese Doutorado em Ciências da Religião. PUC-SP.
Pessanha, J. A. Motta (1979). Marx e os atomistas gregos. In: Karl Marx, *Diferença entre as filosofias da natureza em Demócrito e Epicuro*. São Paulo: Global, pp. 7-8.
Philonenko, A. (1989). *Schopenhauer. Una filosofia de la tragédia*. Barcelona: Editorial Anthropos.
Prado Júnior, B. (Org.), Monzani, L. R., Gabbi Jr., O. F. (1990). *Filosofia da psicanálise*. São Paulo: Brasiliense.
Pereira, I. (1984). *Dicionário grego-português*. Porto: Livraria Apostolado da Imprensa.
Pereira, O. P. (1993). *Vida comum e ceticismo*. São Paulo: Brasiliense.

Pondé, L. F. (2009). Deus e a filosofia. Mimeo. São Paulo: Casa do Saber/Latitudes.

_____. (2010). *Contra um mundo melhor: ensaios do afeto*. São Paulo: Leya.

Reale, G. (1993). *História da Filosofia Antiga I – Das Origens a Sócrates*. Trad. Marcelo Perini. São Paulo: Ed. Loyola.

_____. (1994). *História da Filosofia Antiga III – Os sistemas da Era Helenística*. Trad. Marcelo Perini. São Paulo: Ed. Loyola.

Ribeiro Júnior, W. A. (Org.). (2010). *Hinos Homéricos*. Trad. Edvanda Bonavine da Rosa. São Paulo: UNESP.

Ricoeur, P. (1977). *Da interpretação: Ensaio sobre Freud*. Rio de Janeiro: Imago.

Romilly, J. de (2001). *Homero: Introdução aos poemas homéricos*. Lisboa: Edições 70.

_____. (2008). *A tragédia grega*. Lisboa: Edições 70.

Rosenfeld, A. (2007). *Texto/Contexto II*. São Paulo: Perspectiva.

_____. (2009). *Texto/Contexto I*. São Paulo: Perspectiva.

Rosenfield, K. H. (2000). *Antígona: de Sófocles a Hölderlin: por uma filosofia trágica da literatura*. Porto Alegre: L&PM.

Rosset, C. (1969). *L'Esthétique de Schopenhauer*. Paris: PUF.

_____. (1989). *Lógica do pior*. Rio de Janeiro: Espaço e Tempo.

_____. (1990). *A antinatureza: elementos para uma filosofia trágica*. Rio de Janeiro: Espaço e Tempo.

_____. (2005). *Escritos sobre Schopenhauer*. Trad. Rafael del Hierro Oliva. Valencia: Pre-Textos.

Safranski, R. (2011). *Schopenhauer e os anos mais selvagens da filosofia: uma biografia*. Tradução de William Lagos. São Paulo: Geração Editorial.

Said, E. (2004). *Freud e os não-Europeus*. São Paulo: Boitempo.

Salomão, J. (s/d). *Freud/Lou Andreas-Salomé: correspondência completa*. Rio de Janeiro: Imago.

Schopenhauer, A. (2001a). *Sobre o fundamento da moral*. São Paulo: Martins Fontes.

_____. (2001b). *Sobre a filosofia universitária*. São Paulo: Martins Fontes.

_____. (2003). *Fragmentos para a história da filosofia*. Trad. Maria Lúcia Cacciola. São Paulo: Iluminuras.

_____. (2004). *Metafísica do amor, metafísica da morte*. Trad. Jair Barboza. São Paulo: Martins Fontes.

_____. (2005). *O mundo como vontade e como representação*. Trad. Jair Barboza São Paulo: UNESP.

_____. (2006). *Aforismos para sabedoria de vida*. São Paulo: Martins Fontes.

_____. (2009). *Le monde comme volonté et comme representation*. Paris: PUF.

Sedley, D. (2013). Os deuses e os homens. In: J.-B. Gourinat, J. Barnes, (Org.). *Ler os estoicos*. São Paulo: Edições Loyola.

Segal, C. (1994). O ouvinte e o espectador. In: Vernant, J-P. *O Homem Grego*. Lisboa: Editorial Presença, pp. 173-198.

Silva, F. L. e (2011). *O conhecimento de si*. São Paulo: Casa do Saber. Rio de Janeiro: Casa da Palavra.

Sófocles. (1997). *A trilogia tebana*. Trad., apres. de Mário da Gama Kury. Rio de Janeiro: Jorge Zahar Ed..

Szondi, P. (2004). *Ensaio sobre o trágico*. Rio de Janeiro: Jorge Zahar.
Taminiaux, J. (1995). *Le théâtre des philosophes. La tragédie, l'être, l'action*. Grenoble: Jérôme Millon.
Thiercy, P. (2009). *Tragédias gregas*. Porto Alegre: L&PM.
Torrano, J. (2009). In: Hesíodo. *Teogonia*. São Paulo: Iluminuras.
Vanzolini, P. (1962). Volta por cima.
Vegetti, M. (1993). O Homem e os deuses. In: Vernant, J-P. *O Homem Grego*. Lisboa: Editorial Presença.
Vernant, J-P. (1990). *Mito e pensamento entre os gregos; estudos de psicologia histórica*. Rio de Janeiro: Paz e Terra.
_____. (1991). *A morte nos olhos*. Rio de Janeiro: Jorge Zahar Ed..
_____. (1994). *O homem grego*. Lisboa: Editorial Presença.
_____. (2000). *O universo, os deuses, os homens*. São Paulo: Companhia das Letras.
_____. (2002). *Entre Mito e Política*. Tradução de Cristina Murachco. São Paulo: Editora da Universidade de São Paulo.
_____. (2006). *Mito e religião na Grécia Antiga*. São Paulo: Martins Fontes.
_____. (2009a). *As origens do pensamento grego*. Rio de Janeiro: Bertrand do Brasil.
_____. (2009b). *A Travessia das Fronteiras: Entre Mito e Política II*. Trad. Mary _____.
e Vidal-Naquet, P. (2008). *Mito e tragédia na Grécia antiga*. Trad. Anna Lia A. de Almeida Prado et al. São Paulo: Perspectiva.
Amazonas Leite de Barros. São Paulo: EDUSP.
Vieira, T. (2003). *As Bacantes de Eurípedes*. São Paulo: Perspectiva.
Viereck, G. S. (1994). Entrevista com Sigmund Freud: o valor da vida. In: *Margem*, nº 19. São Paulo: PUC, pp. 13-21.
Vilhena, V. de M. (1958). *Panorama do pensamento filosófico*, vol. II. Lisboa: Cosmos.
Voilquin, J. e Capelle, J. (1964). Introdução. In: Aristóteles. *Arte retórica e arte poética*. Trad. Antônio Pinto de Carvalho. São Paulo: Difusão Europeia do Livro.
Vorsatz, I. (2013). *Antígona e a ética trágica da psicanálise*. Rio de Janeiro: Zahar.
Weissmann, K. (1980). *Vida de Schopenhauer*. Belo Horizonte: Itatiaia.
Zweig, S. (2010). *O mundo que eu vi*. Rio de Janeiro: Ed. Record.

O trágico: Schopenhauer e Freud
foi impresso em São Paulo pela Mark Press Gráfica e Editora
para Primavera Editorial em Março de 2015.